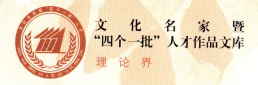

文化名家暨
"四个一批"人才作品文库

理论界

中国特色社会主义
经济问题

韩保江　著

中华书局

图书在版编目(CIP)数据

中国特色社会主义经济问题/韩保江著. —北京:中华书局,
2017.12
(文化名家暨"四个一批"人才作品文库)
ISBN 978-7-101-12685-3

Ⅰ.中… Ⅱ.韩… Ⅲ.中国特色-社会主义经济-文集
Ⅳ.F120.2-53

中国版本图书馆 CIP 数据核字(2017)第 162051 号

书　名	中国特色社会主义经济问题	
著　者	韩保江	
丛书名	文化名家暨"四个一批"人才作品文库	
责任编辑	齐浣心	
装帧设计	毛　淳	
出版发行	中华书局	
	(北京市丰台区太平桥西里 38 号　100073)	
	http://www.zhbc.com.cn	
	E-mail:zhbc@zhbc.com.cn	
印　刷	北京瑞古冠中印刷厂	
版　次	2017 年 12 月北京第 1 版	
	2017 年 12 月北京第 1 次印刷	
规　格	开本/710×1000 毫米　1/16	
	印张 21½　插页 4　字数 335 千字	
国际书号	ISBN 978-7-101-12685-3	
定　价	98.00 元	

出 版 说 明

实施文化名家暨"四个一批"人才工程，是宣传思想文化领域贯彻落实人才强国战略、提高建设社会主义先进文化能力的一项重大举措。这一工程着眼于对宣传思想文化领域的优秀高层次人才的培养和扶持，积极为他们创新创业和健康成长提供良好条件、营造良好环境，着力培养造就一批造诣高深、成就突出、影响广泛的宣传思想文化领军人才和名家大师。为集中展示文化名家暨"四个一批"人才的优秀成果，发挥其示范引导作用，文化名家暨"四个一批"人才工程领导小组决定编辑出版《文化名家暨"四个一批"人才作品文库》。《文库》主要收集出版文化名家暨"四个一批"人才的代表性作品和有关重要成果。《文库》出版将分期分批进行，采用统一标识、统一版式、统一封面设计陆续出版。

文化名家暨"四个一批"人才

工程领导小组办公室

2012年12月

韩保江

　　1963 年 3 月生于河北省遵化市。1986 年毕业于河北大学经济系，获经济学学士学位；1996 年毕业于南开大学经济学系，获经济学博士学位。历任中共中央党校经济学部副主任、国际战略研究所所长。现任中共中央党校经济学教研部主任、教授、博士生导师。主要从事经济体制改革、国有企业改革、收入分配、当代世界经济、经济全球化等领域的研究。出版《西方世界的拯救——现代资本主义收入分配制度变迁与贡献》《全球化时代》《刀尖上的舞者——关于中国职业经理人制度建设的案例研究》《中国奇迹与中国发展模式》《瞭望中国——关于中国发展前途的思考》《新常态下中国经济的难题与出路》等专著，合著和主编《国际市场学》《中国经济》《劳动关系概论》等著作和教材，发表论文 200 余篇。入选国家"万人计划"哲学社会科学领军人才，是国家社科基金学科规划评审组专家，享受国务院颁发的政府特殊津贴。

目 录

中国特色社会主义政治经济学研究关键是揭开

"六个结合"之谜(代序) ………………………………………… (1)

第一章 社会主义市场经济体制的建立与完善 ………………… (1)

计划经济与市场调节相结合操作中的梗阻分析 ………………… (1)

关于社会主义市场经济的哲学思考 …………………………… (6)

为什么要充分发挥市场在资源配置中的决定性作用? ………… (16)

市场起"决定性作用"必须过好政府转变职能这一关 ………… (20)

"市场势"、消费者主权与企业行为优化 ……………………… (22)

第二章 完善基本经济制度与产权改革 ……………………… (31)

股份合作制:与社会主义初级阶段相匹配的公有制实现形式 …… (31)

现代企业制度与公司治理结构 ………………………………… (40)

深化国有企业改革关键是落实企业发展权 …………………… (49)

资产重组与重振国有企业 ……………………………………… (53)

民营企业的制度缺失及创新途径 ……………………………… (60)

建立健全现代产权制度 ………………………………………… (64)

完善所有制结构与全面建设小康社会的经济基础 …………… (67)

坚持和完善基本经济制度与国有企业改革 …………………… (72)

第三章 发展理念创新与中国发展模式 ……………………（81）

　　论邓小平的经济发展观 ………………………………（81）

　　创新"以人为本"的实现形式 …………………………（88）

　　从"六个规律"高度把握发展理念创新 ………………（93）

　　中国经济中高速增长的"多元动力"

　　　　——论习近平经济发展思想的基本内核与逻辑框架 …………（96）

　　不断开拓发展新境界 …………………………………（108）

　　在共享发展中增进人民福祉 …………………………（113）

　　中国发展模式是怎样"炼成"的

　　　　——基于中国改革开放史的考察与思考 ……………（119）

　　中国发展模式运行的制度机理

　　　　——改革开放 30 年中国经济高速发展的制度奥秘 …………（159）

　　中国发展模式的运行动力探析 ………………………（173）

第四章 经济增长理论与经济增长动力 ………………（189）

　　现代经济增长理论与当前中国经济增长问题研究 ……（189）

　　双重创新：中国经济持续增长的引擎 ………………（198）

　　资源配置国际化：中国经济增长的"新引擎" ………（207）

　　分配制度与财产权制度"联动创新"：中国经济增长的"新引擎" …（211）

　　扩大内需与调整结构"互动"：中国经济稳定持续发展的关键 ………（214）

　　外国学者看中国经济高速增长的原因 ………………（222）

　　中国未来经济增长面临的困难与挑战 ………………（226）

第五章 经济结构调整与发展方式转变 ………………（230）

　　产业结构"趋同症"的症因及其根治 …………………（230）

　　产业结构调整成本与方式选择 ………………………（236）

　　国际金融危机后中国经济结构战略性调整的新约束与新对策 ……（239）

　　从"制度损耗"看经济增长方式的转变契机 …………（251）

加快转变经济发展方式要"动真格"
　　——学习习近平总书记关于加快转变经济发展方式的
　　　　重要论述 ………………………………………………（256）
经济发展战略与经济发展方式转变 …………………………（259）
中国经济新常态与供给侧结构性改革 ………………………（268）

第六章　城乡平衡与区域协调发展 …………………………（280）
我国城乡双重贫困的表现、原因与对策 ……………………（280）
城乡协调发展要"闯五关" ……………………………………（292）
西部大开发：先挣开西部经济发展的"制度瓶颈" …………（295）
新一轮西部大开发政策的调整与创新 ………………………（300）
经济发展"三级跳"——西部经济开发策略 …………………（309）
振兴东北的新机制如何破局 …………………………………（314）
振兴东北政府一定要"当主角"吗？ …………………………（317）
乡镇企业吸纳劳动力边际递减与剩余劳动力反梯度转移 …（321）

后记 ……………………………………………………………（331）

中国特色社会主义政治经济学研究关键是揭开"六个结合"之谜(代序)

马克思主义政治经济学要有生命力,就必须与时俱进。我们用几十年的时间走完了发达国家几百年走过的发展历程,我国经济发展进程波澜壮阔、成就举世瞩目,蕴藏着理论创造的巨大动力、活力和潜力。因此,习近平总书记指出,"要立足我国国情和我们的发展实践,深入研究世界经济和我国经济面临的新情况新问题,揭示新特点新规律,提炼和总结我国发展实践的规律性成果,把实践经验上升为系统化的经济学说,丰富发展中国特色社会主义政治经济学。"[1]

丰富发展中国特色社会主义政治经济学,继承马克思主义政治经济学把生产关系、生产方式及经济规律作为研究对象的传统,深入研究我国建国六十多年特别是改革开放三十多年探索和建设中国特色社会主义伟大实践中形成的生产关系、生产方式及经济规律,需要研究的重点内容很多,但关键是要研究充分体现中国共产党人伟大智慧和伟大创造的"六个结合",揭开这"六个结合"是如何解放和发展社会生产力,如何创造了"中国奇迹",如何"让一切劳动、知识、技术、管理、资本的活力竞相迸发,让一切创造社会财富的源泉充分涌流,让发展成果更多更公平惠及全体人民"的规律谜底。

为了解放和发展社会生产力,我国建设中国特色社会主义尝试的第一个"结合"就是我们在坚持社会主义制度的前提下,大胆地把无论是马克思主义传统理论还是现代西方经济学理论都认为是资本主义专有之物的市场经济成功地"嫁接"到了社会主义制度之上,建立了社会主义与市场经济有机结合

---

[1] 《习近平总书记系列重要讲话读本》(2016年版),学习出版社、人民出版社,2016年,第37页。

的中国特色社会主义市场经济新体制。

按照马克思恩格斯的设想,社会主义社会作为共产主义的第一阶段,是一个应坚持生产资料公有制、实行计划生产和遵循按劳分配原则的社会形态。因此,认为消灭商品货币关系、消灭私有制、否定市场经济成为社会主义社会的主要任务。现代西方经济学理论也认为只有资本主义可以搞市场经济,所以它们认为我们现在搞的社会主义市场经济是在搞"国家资本主义"。

邓小平早在1979年11月会见美国不列颠百科全书出版公司编委会副主席弗兰克·吉布尼等人的时候就提出社会主义也可以搞市场经济的思想。他指出:"说市场经济只存在于资本主义社会,只有资本主义的市场经济,这肯定是不正确的。社会主义为什么不可以搞市场经济。""市场经济不能说只是资本主义的。市场经济,在封建社会时期就有了萌芽。社会主义也可以搞市场经济。"①从那时起,中国的改革就主要体现在不断向计划经济体制内加入市场经济元素,不断削减计划经济元素,最终整体构建全新的社会主义市场经济体制的过程。在这一过程中,不管计划与市场"板块式"结合(计划经济为主,市场调节为辅),还是计划与市场"交融式"结合的尝试(国家调节市场,市场引导企业),最终都是想真正构建起能够充分发挥社会主义制度和市场经济体制"双重优势"的社会主义市场经济体制。关于发挥社会主义什么优势,邓小平指出:"社会主义同资本主义比较,它的优越性就在于能够做到全国一盘棋,集中力量,保证重点。"中国是一个生产力并不发达的社会主义国家,它要维护国家主权,自立于世界民族之林,必须在基础设施、关键技术、命脉行业、瓶颈环节有所突破,为此就要举全国之力,统一领导,重点投入。只有这样国家才能独立,社会才能稳定,经济才能实现跨越式发展。从上世纪五六十年代的"两弹一星"、七八十年代的宝钢、八九十年代的"三峡工程",再到进入新世纪后的青藏铁路、探月工程、成功举办奥运会、高速铁路和高速公路网建设等,无一不是通过发挥全国"一盘棋"和集中力量办大事的社会主义制度优势来完成的。也恰恰是在这些重点领域的突破,带动了整个国民经济和社会的快速发展。

为什么要实行市场经济,邓小平也指出,因为社会主义实行僵化的计划

① 中央文献研究室编:《邓小平年谱》(一九七五——一九九七)(上),中央文献出版社,2004年,第580—581页。

经济体制,经济搞得不活。而要经济搞活,必须得引入市场经济。因为市场经济是崇尚"经济自由"的经济。而经济自由的本质是承认个人和企业等经济主体追求物质利益的基本权利,维护经济主体的所有权及派生权的独立性,切实约束和规范政府干预,建设有限政府。改革开放三十多年中国的社会生产力发展取得如此举世公认的成就,创造的"中国发展奇迹",归功于社会主义与市场经济双重优势的充分发挥。因此,丰富发展中国特色社会主义政治经济学,必须研究如何发挥好社会主义与市场经济双重优势的内在规律。

第二个"结合"是公有制与私有制的有机结合,形成了公有制为主体,多种所有制共同发展的"混合所有制经济结构",充分发挥了公有制和私有制的"双重优势"。

首先,公有制经济是中国社会主义经济性质的根本体现,是社会主义现代化建设的支柱和国家进行宏观调控的主要物质基础。虽然从市场经济发展和市场交换的角度看,不同所有制经济之间的关系是平等竞争关系,它们之间不应有高低主次之分,但是,从生产关系的角度看,不同所有制经济在社会主义经济体制中的地位和作用却应该有所区别。公有制为主体,是社会主义经济制度的基础,也是多种所有制经济共同发展的基础。坚持公有制为主体,毫不动摇地巩固和发展公有制经济,不仅有利于消灭剥削,消除两极分化,实现共同富裕的社会主义目标,而且有利于宏观效益与微观效益、长期利益与短期利益的协调和统一。特别是通过国有资本向关系国家安全和国计民生的自然垄断行业、军工行业、公共产品、支柱产业等领域的集中,为其他所有制经济发展提供有力的物质支撑和安全保障,进而有利于促进非公有制经济的充分发展。

其次,非公有制经济是社会主义市场经济的重要组成部分,是为社会主义服务的经济成分,具有不可替代的积极作用。一方面,非公有制经济的发展打破了公有制经济一统天下的格局,增强了经济活力。垄断和竞争不充分,必然带来经济效率的损失。非公有制经济的发展,使得市场主体多元化,形成了多元竞争格局,这有利于促进各类主体降低经营成本,节约社会资源、提高经济效率,有利于促进各类主体加快技术创新,提高自主创新能力。另一方面,非公有制经济的发展促进了公有制企业特别是国有企业的改革和发展。非公有制经济的发展,不仅对国有企业形成了加快改革和发展的压力,为国有企业的改革和发展建立了一个"参照系",而且成为国有企业实施混合所有制改革,实现投资主体多元化,真正建立现代企业制度的必要条件。因为做大做强非公有制经济,提高非公资本购买国有资本股份的能力,让非公资本参与国有企业重组,是国有企业建立法人财产权和法人治理结构,实现所有权和经营权分离,形成企业内部的制衡机制和科学的决策机制的基本前提。特别是非公有制经济发展不仅已成为吸纳社会新增劳动力就业的主渠道,而且成为国有企业改革重组,特别是"去产能"、"去僵尸企业"导致的富余人员分流或下岗实现再就业的主渠道,从而为国有经济结构优化和国有企业改革创造条件。

第三,发展国有资本、集体资本、非公有资本等交叉持股、相互融合的混合所有制经济。混合所有制经济作为基本经济制度的重要实现形式,有利于国有资本放大功能、保值增值、提高竞争力,有利于各种所有制资本取长补短、相互促进、共同发展,有利于形成公有资本与非公有资本、资本与劳动"双重联合"的利益共同体,进而最大限度地克服或减少公与私、劳与资的内在冲突。因此,丰富发展中国特色社会主义政治经济学,不仅要研究公有制经济与非公有制经济在基本经济制度层面"合理分工、良性互动、共同发展"内在权利关系和内在规律,而且要从现代企业制度和财产组织形式层面研究混合所有制经济内部公有资本与非国有资本、资本与劳动联合的权力关系和内在规律。

第三个"结合"就是坚持按劳分配与按生产要素分配相结合的原则,形成了"按劳分配为主,多种分配方式并存"的收入分配制度。按劳分配不仅是社会主义条件下实现共同富裕的重要原则,而且是社会主义制度的价值选择。多劳多得、不劳者不得食(孤老病残者除外)不仅是实现效率的前提条件,而且也是实现社会公平、公正的重要保证。但是,从价值创造和财富形成的角度看,劳动的特殊贡献是无疑的,但还必须看到劳动之外的其他生产要素的作用和贡献。如果只强调劳动的稀缺性和贡献,看不到"土地、资本、管理、技术"等生产要素的稀缺性和贡献,甚至把这些要素的价值体现简单异化为"剥削"予以限制和反对,那么社会生产力就不能快速发展,财富就不能有效生产,社会就不能实现进步,人们的生活就实现不了真正改善。因此,我们在构建社会主义市场经济体制条件下的收入分配制度的时候,理性地承认非劳动生产要素的作用和贡献,鲜明地提出了"按劳分配和按生产要素分配相结合"的制度设计思想,形成了"按劳分配为主体,多种分配方式并存"的分配制度框架。在这种制度框架下,通过有效借助国家国民收入再分配机制和收入调节政策,努力实现居民收入增长和经济发展同步、劳动报酬增长和劳动生产率提高同步,提高居民收入在国民收入分配中的比重,提高劳动报酬在初次分配中的比重。这样不仅可以消除收入分配差距扩大和两极分化,而且有利于发展成果共享,实现共同富裕。因此,丰富发展中国特色社会主义政治经济学必须研究按劳分配与按生产要素贡献分配相协调的内在规律。

第四个"结合"是"看得见的手"与"看不见的手"有机结合,形成了"使市场在资源配置中起决定性作用与更好发挥政府作用"相互协调的经济运行机制。

重视发挥"宏观调控"这只"看得见的手"的作用,是社会主义市场经济体制最主要的特征。党的"十四大"在初步阐述社会主义市场经济构架的时候就明确地提出,"我们要建立的社会主义市场经济体制,就是要使市场在社会主义国家宏观调控下对资源配置起基础性作用"。直到党的十八届三中全会在强调"使市场在资源配置中起决定性作用"的同时,仍然强调"更好发挥政府作用",重视宏观调控。之所以这样强调政府及宏观调控的作用,一方面由于"市场失灵"和经济波动需要宏观调控,这是所有市场经济国家都看到的;另一方面就是更好发挥政府作用,搞好宏观调控是维护国家大局、实现中央政府意志的重要手段。如果说西方的宏观调控带有很大的"被动性"和"事后性"的话,中国的宏观调控则具有很强的"自觉性"和"前瞻性"。因此,正像习近平总书记指出:"强调科学的宏观调控,有效的政府治理,是发挥社会主义市场经济体制优势的内在要求。"①从某种意义上讲,能够顺利战胜1998年亚洲金融危机和2008年由美国次贷危机所引发的世界金融危机,我们的宏观调控立下了汗马功劳。当然,由于市场化改革不到位和政府越位、错位、缺位以及权力不透明导致的腐败问题仍较为突出,在重视政府宏观调控的同时,我们更加重视使市场在资源配置中起决定性作用成为必然选择。因为理

---

① 习近平:《关于〈中共中央关于全面深化改革若干重大问题的决定〉的说明》,《人民日报》2013年11月16日。

论和实践都证明,市场配置资源是最有效率的形式。市场决定资源配置是市场经济的一般规律,市场经济本质上就是市场决定资源配置的经济。因此,丰富发展中国特色社会主义政治经济学必须总结我国运用"两只手"的经验和教训,深入研究发挥市场决定性作用与更好发挥政府作用,进一步协调用好"两只手"的内在规律。

第五个结合是把坚持独立自主与对外开放有机结合,形成了充分利用国际国内"两种资源、两个市场"的开放经济新体制。

扩大对外开放,融入经济全球化是中国建立社会主义市场经济体制,实现现代化的不二选择。然而,如何在扩大开放和融入经济全球化过程中始终保持社会主义本色,不像俄罗斯以及一些拉美国家在开放中迷失自己,我们理性地坚持了"独立自主",用好"两种资源、两种市场"。正是中国的改革开放始终坚持"独立自主"的原则,才使得中国在推进经济体制市场化改革和融入经济全球化的过程中,没有"迷失自己"。在经济体制市场化改革过程中,没有像前苏联和东欧国家那样,不仅放弃了社会主义制度,而且丢失了共产党的政权。同时,在积极融入经济全球化、加入 WTO 和全方位、多领域、宽领域对外开放的过程中,也没有像阿根廷等拉美国家,以及东南亚一些国家那样,过早地"不设防火墙"地开放资本市场和金融领域,过多地依赖国际货币基金组织等国际机构,而失去了自己国家的经济主权甚至部分政治主权。中国则是从本国的根本利益出发,本着平等合作、互利共赢、和平发展的原则,循序渐进地开放,由浅入深地融入。但是,中国的对外开放又是积极而主动的。因为中国不仅已经饱尝了闭关锁国、夜郎自大的苦头,而且也为极"左"时代拒绝学习当代资本主义的先进技术和管理经验,拒绝商品经济和市场机制付出了沉重的代价。对此,邓小平说:"现在任何国家要发达起来,闭关自守都不可能,我们吃过这个苦头,我们的老祖宗吃过这个苦头。"[1]邓小平还说:"我们建国以来长期处于同世界隔绝的状态。这在相当长一个时期不是我们自己的原因,国际上反对中国的势力,反对中国社会主义的势力,迫使我们处于隔绝、孤立状态。六十年代我们有了同国际上加强交往合作的条件,但是我们自己孤立自己。现在我们算是学会利用这个国际条件了。"[2]因此,

---

① 《邓小平文选》第三卷,人民出版社,1993 年,第 90 页。
② 《邓小平文选》第二卷,人民出版社,1994 年,第 232 页。

中国一开始改革开放,就抱着一种积极、学习、包容的心态,能动地去融入世界经济和国际社会,实施全面深入的对外开放。在我国对外开放过程中,我们始终坚持"以我为主",高举和平、发展、合作旗帜,坚持奉行独立自主的和平外交政策,坚持走和平发展道路,坚持互利共赢的对外开放战略。既充分利用国际资源和国际市场来发展自己,又积极承担国际义务,向国际社会提供力所能及的公共产品,积极推动国际治理体系的变革,努力扮演好世界负责任大国的角色。特别是主要利用好国内劳动力资源丰富、市场潜力巨大、工业基础深厚,以及土地、矿产等自然资源公有制等优势,充分借助经济全球化、信息化和西方发达国家"去工业化"的机遇,大力推进了中国的工业化、信息化和城镇化,快速提高中国出口竞争力,使中国成为了当之无愧的"世界工厂"。尽管现在由于中国崛起引起美国、日本等国家焦虑,进而实施"重返亚太战略"和推进 TPP 和 TTIP 以围堵和孤立中国,但如何通过"一带一路"和国际产能合作战略以进一步扩大开放,进而继续用好"两种资源、两种市场"仍是我们丰富发展中国特色社会主义政治经济学需要重点研究的问题。

第六个"结合"是中国共产党领导与"强政府"有机结合,形成了支撑和维系中国经济发展的组织保障和独特优势。

习近平总书记指出:"中国共产党领导是中国特色社会主义的最本质特征。"因此,有人把中国发展模式简单概括为:"市场经济+共产党领导。"这种概括尽管有些简单,但却道出了中国发展模式的最突出的特点,那就是在中国的经济发展和现代化建设过程中,如果没有中国共产党的正确领导,根本不能取得如此辉煌的伟大成就。邓小平说:"没有党的领导,就没有一条正确的政治路线;没有党的领导,就没有安定团结的政治局面;没有党的领导,艰苦创业的精神就提倡不起来;没有党的领导,真正又红又专、特别是有专业知识和专业能力的队伍也建立不起来。这样,社会主义四个现代化建设、祖国统一、反霸权主义的斗争,也就没有一个力量能够领导进行。这是谁也无法否认的客观事实。"①的确,改革开放三十多年来,我们党一以贯之地坚持"一个中心,两个基本点"思想路线,并把这个基本路线通过"三步走"战略以及若干个五年发展规划予以具体落实,进而把整个国家的资源和全国各族人民的积极性聚焦在经济发展和实现现代化这一中心工作上,最终才取得今天这样

---

① 《邓小平文选》第二卷,人民出版社,1994年,第266页。

的发展成就。一个有作为、有担当的先进大党三十多年"一心一意谋发展,聚精会神搞建设",岂有干不成事的道理。当然,党的路线方针政策要切实得到贯彻落实,还需要有一个自觉接受党的领导的强有力政府。大量实证经验证明,强政府是落后国家实现现代化的必要条件。美国著名政治学家、保守主义政治学派的主要代表人物亨廷顿认为,强政府就是能够提供合法的政治秩序基础和有效政治参与(共同体)基础的政府。他特别强调,"强大政党"与"强大组织"是形成"强政府"的重要条件。所以,发展中国家欲根除国内社会政治的动荡与腐朽,必须建立起"强政府",舍此别无他途。而"强政府"的构建和维持必须依赖强大的政党和组织的力量。在中国,由于党的领导与强政府内在和谐统一,党的路线方针政策得到强政府不折不扣的落实,才能成就中国特色社会主义建设事业。因此,中国特色社会主义政治经济学必须研究在党政分开前提下,党的领导与政府作为和谐一体的内在规律。

(原载《理论视野》2016 年第 5 期)

第一章

社会主义市场经济体制的建立与完善

计划经济与市场调节相结合操作中的梗阻分析

"计划经济与市场调节相结合"理论的实践操作研究,是当前理论研究与实践探索的重要课题。如何实现"计划经济与市场调节相结合",理论界从生产、分配、流通、消费领域以及从"条条""块块"等进行了多方位有益探讨,但忽视了对其操作中遇到的"梗阻"分析。本文从"梗阻"分析入手,从相反方面谋求如何保障"计划经济与市场调节相结合"合理运行的有效手段,从而为实践操作提供一些启示。

我们认为,目前在"计划经济与市场调节相结合"操作实践中存在下列"梗阻":

(一)理论性梗阻。从传统理论看,马克思、恩格斯创立了伟大的科学社会主义学说,其中包含着对社会主义基本特征的科学构想。但是对社会主义是否存在商品经济和运用价值规律基本上持否定态度。马克思在《哥达纲领批判》中指出,未来社会是"一个集体的,以共同占有生产资料为基础的社会",在那里"生产者并不交换自己的产品,耗费在产品上的劳动,在这里也不表现为这些产品的价值"①。恩格斯在《反杜林论》中也指出,如果在未来社会中保留商品货币关系,那么"商品形式和货币关系就侵入那些为生产而直

---

① 《马克思恩格斯选集》第三卷,人民出版社,1972 年,第 10 页。

接结合起来的社会组织的各种纽带,而把它分解为一群群私有生产者"①。列宁更明确地提出:"社会主义就是消灭商品经济,只要仍然有交换,那谈什么社会主义是可笑的。"②斯大林通过分析苏联当时的社会经济现状,提出了社会主义全民所有制工业企业与集体所有制农业企业之间还存在商品生产和商品交换关系,商品生产和社会主义经济并不是不相容的,在雇佣劳动制度已经消灭的条件下,商品生产"是没有资本家参加的商品生产,它所涉及的基本上都是联合起来的社会主义生产者(国家、集体农庄、合作社)所生产的商品,它决不能发展资本主义,而且它注定了要和它的'货币经济'一起共同为发展和巩固社会主义事业服务"③。然而,斯大林虽然丰富和发展了社会主义经济理论,但并不彻底,他没有肯定在全民所有制经济内各企业之间同样存在商品货币关系,至于讲生产资料的"价值"只是"为了核算","这只是事情的形式方面","在国内经济流通领域内,生产资料却失去了商品属性,不再是商品,并且脱离了价值规律发生作用的范围,仅仅保持着商品外壳(计划价格等等)"④。

多年来,由于我们缺乏社会主义经济建设的经验,长期拘泥于经典作家关于社会主义经济理论的设想和论述中,忽视了对我国自身社会主义经济建设实践的科学总结,把商品生产看成是社会主义制度的"异己力量",视作在一定阶段不得不保留,但终归同社会主义本质及发展不相容而必须加以限制的东西。这样,主要同集体经济的存在相联系的商品生产和价值规律就或多或少地同在全社会范围内直接分配社会劳动的计划经济相对立,要发展商品生产、运用价值规律就会冲击计划经济,反之要加强计划经济,就必须限制商品生产和价值规律在这种观点的支配下,必然否定和排斥商品原则,忽视市场功能和市场机制在生产、流通和分配领域中的调节作用,致使计划调节与管理在缺乏市场机制配合的条件下,不能有效地发挥作用,造成盲目追求数量和发展速度,投资结构和产业结构畸形化,产需脱节,社会经济运行混乱失调,宏观经济效益低下。

---

① 《马克思恩格斯选集》第三卷,人民出版社,1972 年,第 350 页。
② 《列宁全集》第十五卷,人民出版社,1984 年,第 12 页。
③ 《斯大林选集》下卷,人民出版社,1979 年,第 551 页。
④ 《斯大林选集》下卷,人民出版社,1979 年,第 578 页。

《中共中央关于经济体制改革的决定》提出了"社会主义计划经济必须自觉依据和运用价值规律,是在公有制基础上的有计划的商品经济"①的新理论。党的"十三大"又明确提出:"社会主义有计划商品经济体制应该是计划与市场内在统一的体制"。为计划经济与市场调节相结合问题的研究提供了理论依据和前提。但是从近年来关于计划与市场的具体关系研究情况来看,仍然存在两个问题:一是没有形成规范的,具有普遍意义的指导性理论。"板块结合论"主张把商品划分为几块,分别由计划和市场调节;"渗透结合论"认为社会主义经济中的计划性和市场性是相互渗透的,你中有我,我中有你;"重叠立体结合论"认为应以国家统一计划为主要依据,通过多种经济参数和经济政策来调控市场,通过市场引导企业,对企业实行间接控制;"二次调节论"认为应当把社会经济活动都先交给市场调节,进行第一次调节,如果市场调节的结果符合社会经济发展目标,政府就不要进行干预,如果不符合社会经济发展目标,政府再进行第二次调节。此外还有"胶体结合论""宏观微观结合论""板块渗透多层次论""重合论""自由必然论""时空论""功能互补论""混合模式论""计划市场论""多维统一论"等等不同主张。如此众多各执一见的结合论,虽然各有特点,但由于角度不同,使用的概念内涵也不尽相同,所以"公说公有理,婆说婆有理"。由于理论不统一规范,致使结合实践无据可从。二是忽视对计划与市场有机结合的操作化研究。上述各种结合论观点,尽管从理论上有所突破,但基本上是从抽象理论到抽象理论,没有重视这些结合论的应用和操作化研究,结果降低了理论的应用价值。因此,我们认为,当前应该把计划与市场关系研究的重点放在"计划与市场在操作层次如何实现有机结合"的问题上,使理论研究更利于指导实践活动。

(二)体制性梗阻。在传统"集中型"管理体制下,"产品统购包销,资金统收统支,物资统一分配,劳动统一管理",根本割裂了计划与市场的内在联系。而我们所进行的经济体制改革又基本上是沿着"放权让利"的思路展开的,在传统旧体制被打破,但其作用尚未消失,新体制不成熟,不能正常发挥效用的条件下,必然出现一系列体制性摩擦,阻碍着计划与市场的有机结合。具体表现在:(1)传统体制制度和组织制度的缺陷仍未消除,宏观调控取得成效的制度条件仍然是"放权与收权",然而收权时强化的是外在约束而不是内

---

① 《中央中共关于经济体制改革的决定》单行本,人民出版社,1984年,第17页。

在约束,放权时激发的是国家、地方、企业间的争议和矛盾,而不是真正的市场竞争,这样无论是收或放都无法把宏观经济运行推向间接调控的轨道和避免经济发展上的剧烈波动。体制上一收一放,政策上一紧一松,经济上一冷一热,形成恶性循环。(2)宏观决策与约束机制不完善。由于没有真正形成责、权、利相结合的宏观决策和约束机制,宏观决策具有很大随意性,这是导致总量失衡、结构畸形乃至通货膨胀的主要根源。(3)财政分配上的"分灶吃饭"弱化了中央宏观调控力,助长了地方行为短期化。由于追求地方利益的冲动,各地方忽视国家宏观计划和产业政策要求,争投资上项目,追求眼前利益,结果重复建设、重复生产,"长线更长",使本来就不合理的产业结构更加恶化,资源不能有效配置,宏观经济效益很差。而中央财力控制权却不断消弱,从1984年到1989年,国家财政收入占国民收入的比重已由26.6%下降到18.7%,中央财政占整个财政收入的比重已由56.1%下降到36.98%,中央无力增加对能源、原材料、交通运输等"短线"产业的投入,以优化产业结构,所以也就难以保证国民经济协调均衡地发展。(4)以"双轨制"为特征的价格机制扭曲了供求关系,混乱了流通秩序。由于国家定价与市场价高度背离,如煤炭市场价比计划价高出1.7倍,原油计划外限价比计划价高2.48倍,钢材市场价比计划价高出80%,基础化工产品市场价比计划价高出11-65%,加之价格形成不合理,制约着资源的配置优化,并且造成了牟取暴利的机会,进而在流通领域"官倒""私倒"横行,物价飞涨,造成社会动荡。同时,价格体系扭曲,导致产业结构畸形,基础产业滞后,形成国民经济发展的"瓶颈",阻碍宏观经济效益提高。(5)微观层次尚未形成激发企业活力的经营机制。由于产权关系不清,国家与企业之间仍然是一种"父子"关系,企业仍然负盈难负亏,企业亏损最终仍由国家来弥补,企业出现"粗放经营"和"工资侵蚀利润"等现象。

(三)意识性梗阻。计划经济与市场调节有机结合的机制运行虽然具有客观性和内在规律性,但它必然要受作为社会经济主体的"人"(政府、企业或组织)的主观意识的影响。因为人既是这种经济运行机制的操作者,又是该机制运行调控的承受者或客体,人们对计划与市场有机结合的内在规律和要求的认识如何,直接影响经济运行目标的实现。当前阻碍计划与市场有机结合的意识性"隐形"障碍在于:(1)缺乏商品经济意识。由于传统小农经济自给自足和产品经济统购统销思想的影响,人们普遍缺乏商品经济条件下的价值观念、时效观念、竞争观念、开放观念等现代商品经济意识,而这些新观念正是社会主义有计划商品经济得以发展的主观条件。(2)地方主义意识。这是社会主义宏观经济运行机制运行中的最主要的梗阻之一。它以地方利益为中心,实行地方保护主义。地方政府作为区域经济活动和政治权力主体,在处理中央与地方的关系上,它不仅在向中央争项目争优惠时讨价还价,而且利用改革所赋予的权力,不顾当地资源和经济上的可能,盲目扩大投资和消费,成为扩张冲动的枢纽和主体,有时甚至对中央调控有抵触情绪,显示出强烈的反控制倾向,搞"上有政策,下有对策"。在处理区际关系上,不顾地区合理分工的经济原则和历史形成的区际间协作关系,一方面利用行政权力进行封锁,禁止资源外流和外地商品的"侵入",导致市场分割;另一方面又进行资源争夺,激化为地区间的"蚕茧大战""羊毛大战""烟草大战"等等,加剧了地区矛盾和摩擦。由于这种忽视综合平衡和反市场化倾向,盲目引进,外延扩张,最终导致产业结构呈现低水平的"全、散、同"现象。(3)政绩意识。在传统体制下,政企不分、权责不清,政治利益与经济利益复杂地交织在一起,某些决策者的政绩观念和感情偏好往往成为计划指导或决策拍板的支配因素,以行政手段取代经济和法律手段,形成"权力经济",结果"领导项目""条子工程"随处可见,造成大量的盲目重复建设,违反了计划与市场有机结合的内在要求。

(四)基础性梗阻。所谓基础性梗阻,是指计划经济与市场调节有机结合的运行机制正常运行需要具备一些最基本条件,如交通通讯、人才素质、决策方法和工具、市场基础设施等,而这些条件目前尚不能保障计划与市场很好地结合,形成"中梗阻"。例如,20世纪90年代初期,作为"物流"和"信息流"主要通道的交通运输和邮电通讯业发展滞后。据统计全国总运力只能满足货运需要量的70%,关键路段只达30—40%,公路标准低,质量差,一、二级公路仅占4%左右,沿海港口泊位不足,内河航运不畅。由于邮电通讯业发展缓慢,通讯难、通话难直接影响经济信息和市场信号的反馈。而计划调节与市场调节都必须借助交通运输来调整物流,借助邮电通讯来传递指令和信息反馈,否则必然运转不灵,达不到预期效果。另外由于管理人员素质差,可能导致政策和计划在执行过程中的"畸形化",降低政策和计划的效力。同时,我们的计划和决策方法及工具落后,忽视定量分析和经济预测的"拍脑门"式决策仍然存在,电子计算机等先进管理设备还不能广泛应用,加之要素市场支离破碎,市场规则和法规不健全,市场管理和服务设施落后,必然会给计划经济与市场调节有机结合的经济运行机制的正常运行带来困难。

（原载《云南财贸学院学报》1992 年第 4 期,与冯秀春等合撰）

关于社会主义市场经济的哲学思考

建立"社会主义市场经济体制"是一个崭新的科学命题和合乎逻辑的目标选择,它无疑是抓住了整个经济体制改革的核心环节,而围绕这一核心,全方位构建社会主义市场经济理论,又必须借助哲学思考以寻求科学的方法论。

一、科学抉择:遵循科学的认识逻辑

任何成熟的科学都来自艰辛的认识过程,"建设社会主义市场经济体制"是我们党坚持实事求是和理论联系实际的思想路线,坚持建设有中国特色的社会主义方针,经过十几年来经济体制改革的伟大实践而得出的科学总结和理论概括,饱经四十多年社会主义实践与理论斗争的风风雨雨,经历了一个"实践-认识-再实践-再认识"的复杂过程。

社会主义事业既然是前所未有的伟大事业,因而对其经济运行机制的认识只能通过实践活动,从局部到全局,从阶段到系统,从探索到科学,即"通过实践而发现真理,又通过实践而证实真理和发展真理"的过程①。

马克思、恩格斯所创立的科学社会主义学说,包含着对社会主义基本特征的科学构想,而社会主义制度恰是根据这些构想由我们自觉建立起来的。马克思在《哥达纲领批判》中指出,未来社会是"一个集体的,以共同占有生产资料为基础的社会"。"生产者并不交换自己的产品,耗费在产品上的劳动,在这里也不表现为这些产品的价值"②。即是说,每个生产者在生产过程中向社会提供的是劳动,在分配过程中能从社会中取得的是对应于他的劳动报

---

① 《毛泽东选集》合订本,人民出版社,1966 年,第 273 页。
② 《马克思恩格斯选集》第三卷,人民出版社,1972 年,第 10 页、350 页。

酬,任何人都不能凭借对生产物质条件的占有,去占取他人的劳动成果。社会主义社会中经济中心(国家)能够直接以劳动为尺度,按照社会所要求的比例,有计划地把社会总劳动时间分配给各个部门。关于社会主义是否存在商品货币关系,恩格斯在《反杜林论》中也指出,如果在未来社会中保留商品货币关系,那么"商品形式和货币关系就侵入那些为生产而直接结合起来的社会组织的各种纽带,而把它分解成为一群群私有生产者"①。公有制经济会随之瓦解。

列宁对马克思、恩格斯的上述观点又做了具体论述,他说:"社会主义就是消灭商品经济,……只要仍然有交换,那谈什么社会主义是可笑的。"②十月革命胜利后,列宁在 1918 年 3 月又提出:"把全部国家机构变成一架大机器,变成一个使几万万人全都遵照一个计划工作的经济肌体。"③

马克思、恩格斯与列宁只是对社会主义基本特征做了理论上的论述。至于资本主义转化为社会主义之后,要经过若干发展阶段的历史过程才能趋于成熟。特别是在当时历史条件下,对社会主义发展时期运行的经济机制是难以做出科学预见的。然而,"社会主义自从成为科学以来,就要求人们把它当作科学看待。就是说,要求人们去研究它。"④斯大林科学地分析了当时苏联的社会主义经济现实和社会经济环境,提出社会主义全民所有制工业企业与集体所有制农业企业之间还存在着商品生产和商品交换关系,商品生产和社会主义经济并不是不能相容的,在雇佣劳动制度已经被消灭的条件下,商品生产"是没有资本家参加的商品生产,它所涉及的基本上都是联合起来的社会主义生产者(国营企业、集体农庄、合作社)所生产的商品。……它决不能发展为资本主义,而且它注定了要和它的'货币经济'一起共同为发展和巩固社会主义生产事业服务"⑤。但是,斯大林对社会主义经济理论的阐述并不彻底,以致存在较大欠缺。他否认在全民所有制经济内部各企业之间同样存在商品货币关系。至于讲生产资料的"价值"只是"为了核算","这只是事情的形式方面","在国内流通领域内,生产资料却失去了商品属性,不再是商品,

---

① 《马克思恩格斯选集》第三卷,人民出版社,1972 年,第 10 页、350 页。
② 《列宁全集》第十五卷,人民出版社,1984 年,第 112 页。
③ 《列宁选集》第三卷,人民出版社,1984 年,第 155 页。
④ 《马克思恩格斯选集》第二卷,人民出版社,1972 年,第 301 页。
⑤ 《斯大林选集》下卷,人民出版社,1979 年,第 51 页、578 页。

并且脱离了价值规律发生作用的范围,仅仅保持着商品外壳(计划价等等)"①,更说明斯大林对社会主义条件存在商品货币关系认识的肤浅性。

众所周知,新中国成立之后,我们的制度模式和基础理论几乎完全承继于苏联,这对于绝大多数中国人来说,是陌生的、被动的。正因为如此,我们在理论上一直拘泥于经典作家关于社会主义经济的设想与论述,把商品生产看成是社会主义制度的"异己力量",视作在一定阶段不得不保留,但终归同社会主义本质及发展不相容而必须加以限制的东西。这样主要同集体经济的存在相联系的商品生产和价值规律就或多或少地同在全社会范围内直接分配劳动的计划经济相对立,要发展商品生产,运用价值规律和市场机制就会冲击计划经济,反之要加强计划经济,就必须限制商品经济、市场作用与价值规律。正是在这种观念的指导下,我们建立了以政企不分、高度集中为特征的经济运行机制,把包罗万象的计划指令和实物切块分配视为实现计划的唯一途径,并把计划调节同指令性计划管理等同起来,从而把整个社会经济统得很死;把宏观经济调控权、生产资料所有权与企业经营权混为一体,国家直接管理和经营企业,实行统一核算,统负盈亏,从而严重窒息了企业活力和主动进取精神;它还否认、排斥商品原则,忽视市场功能及市场机制在生产、分配与流通领域的调节、导向作用,这样使计划调节和管理在缺乏市场信号的条件下,不能具有较强的调节功能,脱离市场的生产、流通和建设,呈现出极大的盲目性。结果投资结构、产业结构、产品结构发生畸形和失调,阻碍社会生产力的发展,把本来应该生机勃勃的社会主义经济搞得奄奄一息。

党的十二届三中全会所通过的《中共中央关于经济体制改革的决定》,对社会主义经济建设过程和指导思想进行了再认识,分析总结了正反两方面的经验和我国经济理论界多年的研究成果,提出"社会主义计划经济必须自觉依据和运用价值规律,是在公有制基础上的有计划的商品经济"②的科学论断,揭示了社会主义条件下计划经济同商品经济的内在联系,走出了理论结合现实的可喜一步。这是马克思主义发展史上的一个重大突破,它不仅从理论上回答了许多长期争论不休的问题,更重要的是为我国经济体制改革提供了坚实的理论依据。

---

① 《斯大林选集》下卷,人民出版社,1979 年,第 51 页、578 页。
② 《中共中央关于经济体制改革的决定》单行本,人民出版社,1984 年,第 17 页。

在有计划的商品经济理论指导下,我国的经济体制改革围绕搞活企业这个中心环节做了许多工作,收到了显著成效,但对作为商品经济活动舞台,作为搞活微观与加强宏观管理的枢纽的市场研究不够。理论的探索和改革的实践使我们逐步认识到,在宏观管理与微观搞活之间应有一个重要的传导机制,否则就不能有效地改变国家直接管理和干预企业经营活动的旧格局,竞争和效率、资源优化配置等问题也就不可能得到真正解决,这个重要的传导机制就是市场。如果说对社会主义有计划的商品经济的科学认识为经济运行机制改革提供了可靠理论基础和基本定势,那么,党的"十三大"提出"国家调节市场,市场引导企业"①的改革模式标志着我们已找到一个能够适应社会主义有计划的商品经济特点与发展需要的新的经济运行机制的基本程式,第一次把"市场"作为经济运行的中心环节确定下来,这是理论上的又一次重大突破。

但是,1989年之后,理论认识又出现曲折,特别是重提"计划经济与市场调节相结合"的方针后,由于当时治理整顿和稳定局势的需要,强调多一点集中,多一点计划。理论风向又开始向"计划经济"倾斜,又重提社会主义就其本质来讲仍然是计划经济,只不过在现阶段还要有某些商品属性罢了,计划经济指的是经济制度或是体制,市场调节是手段或机制,我们的改革不是消弱和放弃计划经济,而是要在坚持计划经济制度的前提下,实行一定的市场调节。这实际上又退回到传统的认识上去。

对于上述认识上出现的循环现象,不能从简单的形式逻辑做出结论,正如"实践-认识-再实践-再认识"并不是一个简单的公式一样。毫无疑问从党的十二届三中全会到十三大会议,我们在理论上实现了两次重大突破。但这种突破仅就传统思维而言,不过是变计划经济的单向思维为计划经济与商品经济相结合的双向思维而已,二者之间所矗立着的社会主义属性和资本主义属性的分水岭并未铲除。当理论导向有所倾斜,而二者之间的矛盾尚未激化时,矛盾地位出现阶段性更易表现为一种倾向倒向另一种倾向,一旦矛盾激化,传统认识必然重复出现,排挤乃至否定相对新颖的认识,演变出思维复归的结果。换言之,党的十一届三中全会以来,我们是以高速发展社会主义经济为中心实行改革开放政策,而与此相对应的理论却较为滞后,特别是当

---

① 《沿着有中国特色的社会主义道路前进》单行本,人民出版社,1987年。

经济结构发生变化之后,实践迫切需要体制发生变化,为进一步发展提供空间。但是二者的交汇点已涉及制度认识问题,这是一个悬而未决的问题,何况当时的经济秩序确实需要治理整顿。此时,能否在理论上再次突破,已成为四个现代化能否顺利实现的关键。

邓小平南方谈话关于"市场经济不等于资本主义,社会主义也有市场。计划和市场都是经济手段"①的精辟论断,从根本上解除了把计划经济同市场经济看成是制度性对立以及姓"社"姓"资"的思想束缚,使我们在计划与市场关系问题上有了新的重大突破。因此,党的"十四大"和十四届三中全会更加明确地抉择了"我国经济体制改革的目标是建立社会主义市场经济体制,以利于进一步解放和发展生产力"②这一新的理论命题,为我国深化经济体制改革指明了科学的方向。

二、科学命题:蕴涵着科学的哲学逻辑与丰富内容

实行社会主义市场经济,主要是根据我国现阶段经济发展的特点和经济体制改革的任务提出来的,是对"有计划的商品经济"理论和党的"十三大"提出的"社会主义有计划商品经济体制应该是计划与市场内在统一的体制"③命题的继承与发展,是对社会主义经济建设经验和体制改革理论的科学归纳和概括,是对社会主义经济运行机制的真理性认识。正如毛泽东指出:"判定认识或理论之是否真理,不是依主观上觉得如何而定,而是依客观上社会实践的结果如何而定。"④我们认为"社会主义市场经济"这一命题之所以科学,不仅因为包含科学的哲学逻辑,而且表现在其反映内容的科学性和客观性上。

首先,选择"社会主义市场经济"模式坚持的是生产力标准,是实践的结果。传统计划经济模式的选择依据是经典著作与社会主义的美好构想,依据的是姓"社"姓"资"的主观判断。过去人们之所以"谈市色变",也主要源于"左"的思潮的影响。而选择市场经济模式的目的在于解放和发展生产力,依据的是现有我国生产力水平和世界生产力发展的惯例。为此,邓小平指出,

---

① 《邓小平文选》第三卷,人民出版社,1993 年,第 372 页。
② 《加快改革开放和现代化建设步伐夺取有中国特色社会主义事业的更大胜利》单行本,人民出版社,1992 年。
③ 《沿着有中国特色社会主义道路前进》单行本,人民出版社,1987 年。
④ 《毛泽东选集》合订本,人民出版社,1966 年,第 261 页。

选择什么样的经济运行机制,"判断的标准,应该看是否有利于发展社会主义生产力,是否有利于增强社会主义国家的综合国力,是否有利于提高人民生活水平。"①实质上我国经济体制改革实践也证明了我们选择"社会主义市场经济"是正确的。因为我国十几年的经济体制改革进程归结一点就是"市场扩大化"的过程,并且哪里市场化进程快,哪里的经济就发展快,哪里的人民生活水平提高就快,如东南沿海地区;哪里市场化进程慢,哪里就落后,如内陆落后地区。从国际比较来看,西方国家的经济发达与"亚洲四小龙"的经济奇迹主要可归因于其搞的是市场经济。

其次,实行社会主义市场经济使认识主体明确,实现了认识主体与行为主体相统一,解决了传统计划体制下认识主体"缺位"的问题。在现实经济生活中,企业(人的联合体)是国民经济"细胞",企业的活力决定着国民经济的生机。然而在传统计划经济体制下,实行高度集中的指令性计划管理,政府直接干预企业,以指令计划为企业经营管理的依据,企业成为行政机关的附属物,政府用自己的认识取代企业自身认识,企业没有自己认识经济规律的权利,只听命于计划指挥,这样企业行为以完成计划为目的,结果导致无创造性、无进取性,没有活力。而在市场经济体制下,企业法人真正成为市场的主体,它可以根据自身对市场信号的认识与自身利益的要求,自主经营、自负盈亏、自我约束、自我发展,认识与行为一体,行为与效果(利益)一体,从而激发出微观企业内部的生机和活力,最终导致宏观经济的繁荣。

再次,社会主义市场经济包含辩证的运行逻辑关系。经济运行的逻辑起点是利益驱动,终点是利益得到最大限度的满足,而在这起点与终点之间必然伴随着利益约束下的经济主体的行为优化和有限资源的合理配置,实现经济的高效率增长。

传统计划经济制度主要是通过指令性计划、行政命令来组织社会生产、流通、分配、消费全过程的经济运行。维系社会经济联系、进行资源配置、组织要素运动的方式主要是计划与行政措施。特点是生产统一安排、劳动统一调配、产品统购包销、资金统收统支、物资切块分割。因为它扭曲利益关系,违背经济运行逻辑,故而导致经济运行带有行政性、随意性、扩张性、波动性和被动性,使宏观与微观经济低效运行。

---

① 《邓小平文选》第三卷,人民出版社,1993年,第372页。

　　而市场经济作为通过生产要素交换比价来评价资源的稀缺程度,实现资源有效配置的一种社会经济制度,是在动力机制、价格与供求机制、竞争机制、风险机制、契约机制等交互作用中实现有效运行的。1、"动力机制"是市场经济有效运行的核心。在市场经济制度下,承认经济行为主体(地方、企业、个人)追求自身物质利益的合理性,并保障其追求正当经济利益的权利。这样各层次经济行为主体追求物质利益和财富扩张的内在冲动,就必然激发其不断扩大生产规模、不断更新技术设备以积累财富。也正是由于其对利益最大化的长期追求,促使经济行为主体注意优化自身行为,进行科学的投资决策,调整产品结构,提高产品质量,降低物质消耗。同时,在资产收益增长、资产增殖与企业领导者收益挂钩的机制诱导下,作为企业法人真正代表的新型社会主义企业家不断崛起,使企业的发展利益有了较为可靠的保障。这使国家让利减税就不会单方面地向职工奖金福利转化,而是转化为企业发展基金;企业内部的工资就不会单向刚性平均增长,而是要拉开分配档次,减少"保障工资"的比例,增大真正劳动报酬部分,使劳动力价格合理地趋近于其价值,调动劳动者的积极性。2、"价格与供求机制"是市场经济运行的中枢。由于经济行为主体对物质利益的追求,导致价格与供求关系成为直接引导经济行为的主要机制。价值规律要求商品价值由社会必要劳动时间来决定,商品交换要坚持以价值为基础的等价交换。因此,从微观上来看,经济主体要想获得更多的收益就必须使自己生产商品的个别劳动时间低于社会必要劳动时间,按社会必要劳动时间所决定的价值(交换价格)交换方能获得盈利,反之亏损。从宏观上来看,由于市场总供求变动,当某些部门或产业供过于求,其产品价格下降,获利减少,诱使企业或经济组织减少甚至抽走生产要素投入;当某些部门或产业供不应求,其产品价格上升,获利增加,又会诱使生产要素向该部门流动。这样使社会资源和生产要素自觉流向"高收益"部门或产业,实现资源和生产要素的优化配置。3、"竞争机制"是通过对有限的获利机会的争夺,反作用于行为主体使其不断提高竞争力而在市场经济中起作用的。市场竞争是优胜劣汰的过程,公平竞争迫使企业不断提高自身素质,优化自身行为,以优质的产品和服务,先进的设备,丰富的花色品种,科学的经营管理而取得竞争胜利,抓住自身获取丰厚的利润的机会。4、"风险机制"是指经济行为主体的市场活动同其赢利、亏损和破产紧密相联而约束其行为的一种机理。凡是独立的商品生产者都必须承担风险,这种风险以利益的诱惑力和破产的压力双重作用于行为主体,从而促使其重视市场信息,注意把握机会,不断增强抵御风险的能力。从某种意义上讲,市场取向改革就是要割断政府与企业之间的"脐带",把企业真正推向市场,把过去企业经营决策的风险从由政府和社会承担,转变为由企业和个人承担,最终使企业、企业家和职工真正走向市场。5、"契约机制"是维系市场经济有序运行的重要手段。市场经济实质上是契约经济,是法治经济。在市场经济条件下,资产权益、要素配置、交易方式都必须借助契约来规范化。首先是资产权益契约化。对于国有产权实行三权分离,即政府代表全体人民掌握财产所有权,并通过财政将所有权收益实行再分配,作为调节经济运行和各种主体利益的经济杠杆;政府中分离出国有资产经营管理机构行使国有资产经营权,按照产业政策的要求合理投资,配置固定资产,并尽可能增大其投资收益使国有资产增殖;企业占有和使用国有资产,行使完全的资产使用权,按照利润最大化,配置最优化原则,尽可能扩大资产存量的收益水平,选择资产增益投资方向,以满足企业和职工的最优发展。这种三权分离的经济关系完全靠市场契约关系来维持。其次是要素配置契约化。一方面要求政府产业政策参与要素配置,即政府在承担所属国有企业产权及收益的基础上,相应实行宏观经济总量的分级调控,包括财政、信贷、投资、消费基金等经济总量都可以不同方式与资产收益挂钩,并相应建立权益对等的经济契约。然后各级政府根据所掌握的产权收益及各种经济总量作为经济杠杆调节生产要素流向,保证产业政策的实施;另一方面要求企业参与要素经营,企业可以根据自身的发展目标采购各类生产要素,并以横向的权益对等契约,保障正常行为与权益。再次是交易方式契约化。这是保证市场经济有序化的基本要求,但在我国低层市场中相当混乱和多变,为了保障交易契约化,必须对短缺资源实行有形市场管理,即在全国设置各具特点的有形专业市场,规定某类商品在某类有形市场中交易,并组织契约的签订和执行。同时还要相应设置以票据交易为主要形式的期货市场,并以有形控制方式监督票据契约交易。这样互为一体的市场经济体制的有效运行,就能保证各类经济主体行为合理化,硬化行为约束,形成市场经济有序,高效的运行秩序。

最后,从市场经济发展逻辑上来看,社会主义市场经济是"现代市场经济"。现代市场经济与古代市场经济相比其显著特点是它接受国家有意识、有目的、有计划的控制和引导,它基本符合中国国情。现代市场经济无论从市场中进行活动的经济组织与个人,以及进入市场交易的商品,还是从市场的组织方式与组织制度;从市场经济运行方式、运行规则;从国家对市场的调节控制和有计划的指导;从市场经济活动所运用的科学与技术等方面来看,它都已成为一个精致与庞大的有机系统。它与"看不见的手"的古代市场经济相比有其特有的优势。

三、科学态度:社会主义市场经济尚需一个完善和发展过程

"社会主义市场经济"虽然是科学的抉择和理论概括,是对社会主义经济运行规律的真理性认识,然而至此并没有完结,还有待于随着建设有中国特色的社会主义的伟大实践而不断深入、丰富和发展。正像毛泽东所概括的那样:"实践、认识、再实践、再认识,这种形式,循环往复以至无穷,而实践和认识之每一循环的内容,都比较地进到了高一级程度。"[①]接近真理性认识。现阶段我国还正处在新旧体制转轨时期,旧体制的惯性还没有完全消失,旧的传统观念、思维方式仍然影响着人们的行为。因此,要实行社会主义市场经济不可能一蹴而就,必须正视在实行社会主义市场经济过程中的种种风险、障碍与约束。社会主义市场经济体制建设是一项艰巨而复杂的系统工程。

首先,社会主义市场经济理论建设需要有一个过程。我国实行市场经济的基础仍然是公有制,与西方国家的市场经济不完全一样,因此不能完全照搬其做法,必须结合中国国情建设具有中国特色的社会主义市场经济理论。社会主义实行的市场经济当然不是亚当·斯密所提倡的那种自由放任的市场经济,需要一定的宏观计划调节,但也不能机械模仿凯恩斯所主张的那种国家干预的市场经济,而是在公有制基础上国家对宏观经济和微观经济都有直接或间接适度调控的市场经济。在这种新的经济模式下,国家将如何进行有效的宏观调控实现国民经济有序高效运行;如何改造国营企业建立新的企业制度以适应市场经济;如何使市场经济下的计划与市场有机结合;如何克服市场经济不可避免的盲目性,凡此种种诸多的理论问题都有待于我们去深化、去认识,只有正确的理论指导,才能保障社会主义市场经济实践取得较好的效果。

---

① 《毛泽东选集》合订本,人民出版社,1966年,第273页。

其次,我们应该认识到社会主义市场经济机制的形成是一个过程,因为成熟的市场经济具有如下标志:(1)市场主体自主化;(2)要素流动自由化;(3)市场客体的社会化;(4)市场运行规范化;(5)市场信息灵敏化。显然,我国目前的市场经济发育状况,离这些标志相距很远。建立成熟的社会主义市场经济体制,既是一个庞大复杂的社会工程,又是一个经济社会"自然发育"的结果,既是改革的任务,又是发展的要求。因此,必须花时间健全市场体系,一方面使商品、资金、生产资料、劳务、技术、信息等要素市场普遍发育起来,并形成从批发(期货)到零售的体系,完全有能力承担生产者与消费者的需求;另一方面打破国内地区贸易壁垒,打破条块分割封锁,基本上形成全国统一市场,为市场经济下的行为主体提供宽阔的活动"舞台"。因此,必须下大力气转变政府职能,按照市场经济所要求的"小政府、大社会"格局,扭转高度集权计划体制下所形成的那套以等级服从机制为灵魂的"金字塔"式的政府管理体系,使政府由"管家"职能转变为服务职能,彻底割断政府与企业之间的"父子关系",把资源配置的指挥权交给市场。必须建立规范的市场规则与秩序,真正形成等价交换、平等竞争的市场准则。形成市场规范既需要造成环境氛围,又需要转变观念,不能操之过急。

再次,全面更新企业制度也是一个过程。构建社会主义市场经济的企业制度,根本问题是明确国有企业的产权关系,解决目前产权模糊的状况。但要使企业真正成为"自主经营、自负盈亏、自我约束、自我发展"的符合社会主义市场经济要求的企业,除界定产权之外,还需要有一系列的外部环境与条件。这些条件包括:社会保障体制的建立,企业预算约束的硬化,市场体系的形成,城乡社会化服务体系的充分发展等等,而这些不可能是一朝一夕的事情。

最后,转变观念,塑造全新的社会主义市场经济意识也需有一个过程。

总之,由计划主导型经济转向社会主义市场经济,是一个十分复杂的过程,不仅仅反映为机制的转变和资源配置方式的改变,且势将交织着权益与权力的纷扰,有时甚至比较尖锐,因而某种阵痛是难以避免的。因此我们应本着科学的态度,深入系统地研究社会主义市场经济理论,并不断完善、丰富和发展它。

(原载《河北大学学报(哲学社会科学版)》1994年第3期,与薛岩彬合撰)

为什么要充分发挥市场在资源配置中的决定性作用？

使市场在资源配置中起决定性作用，是十八届三中全会提出的一个重大理论观点。这对于进一步明确改革的市场取向，对于更好地发挥市场作用、激发市场活力、提高资源配置效力，具有重大意义。

一、从"基础性"到"决定性"，两字之差意义重大

正确认识和处理政府与市场的关系是经济体制改革的核心问题，我们党对这个问题的认识是不断深化的。十一届三中全会提出要按经济规律办事，重视价值规律的作用；"十二大"提出计划经济为主，市场调节为辅；十二届三中全会提出我国社会主义经济是公有制基础上的有计划商品经济；"十三大"提出社会主义有计划商品经济的体制应该是计划与市场内在统一的体制；"十四大"明确提出我国经济体制改革的目标是建立社会主义市场经济体制，使市场在社会主义国家宏观调控下对资源配置起基础性作用。这是一个重大理论突破，对我国改革开放和经济社会发展产生了极为重要的作用。此后，"十五大""十六大""十七大""十八大"的表述，都是不断强化市场在资源配置中的基础性作用。

经过市场化改革，我国社会主义市场经济体制已建立起来，但市场体系还不健全，市场发育还不充分，特别是政府与市场的关系还没有理顺，市场在资源配置中的作用发挥受到诸多因素制约。这个问题解决不好，完善的社会主义市场经济体制就难以形成。把市场在资源配置中的"基础性作用"上升为"决定性作用"，反映了我们党对社会主义市场经济规律认识的进一步深化，是认识上的一个重大飞跃。

在现代市场经济条件下，市场是经济运行的中枢和集中体现，市场决定资源配置是市场经济的一般规律，市场经济本质上就是由市场决定资源配置的经济。深化经济体制改革，健全社会主义市场经济体制，必须遵循这条规律，着力解决市场体系不完善、政府干预过多和监管不到位的问题。

经济发展问题，说到底是要提高资源尤其是稀缺资源的配置效率，以尽可能少的资源投入生产尽可能多的产品、获得尽可能大的效益。理论和实践都证明，市场配置资源是最有效率的形式。要配置好各种社会资源，无论政

府有多少智慧,计划有多周密,都不可能比市场这台"超级计算机"更高明。市场借助其发现价值的功能,不仅能够让各类企业通过市场竞争实现各种资源和生产要素的最佳组合以及自身利益最大化,而且能够让各种资源按照市场价格信号反映的供求比例流向最有利的部门和地区。在社会主义市场经济条件下,市场通过其内在的供求机制、价格机制、竞争机制的作用,有助于让一切劳动、知识、技术、管理、资本的活力竞相迸发,让一切创造社会财富的源泉充分涌流,也有助于让发展成果更多更公平惠及全体人民,进而奠定实现共同富裕的物质基础。

二、完善产权保护制度是使市场在资源配置中起决定性作用的根本前提

产权清晰是市场交易和市场机制得以有效运转的基本前提。没有清晰的产权,就没有交换关系和供求关系的出现,也就没有市场机制的产生,因而就谈不上发挥市场配置资源的决定性作用。因此,落实十八届三中全会精神,必须进一步完善产权保护制度,努力实现国家、企业和个人拥有的财产、生产要素和资源"归属明晰、权责明确、保护严格、流转顺畅"等现代产权制度基本要求。

首先,进一步明晰和保护各类公有产权,努力提高各类公有财产和公共资源的配置效率。这里讲的公有财产,不仅包括国有企业、集体企业和混合所有制企业中经营性国有资产和集体资产,也包括国有金融企业和文化企事业单位的经营性国有资产。只有进一步明晰并保护这些公有财产权利,公有财产才能避免或减少被侵占和流失,并通过资产运营和流转实现保值增值。对于矿山、森林、国有和集体土地等公共资源,也要通过进一步明晰和保护其产权,引入市场竞争和有偿获取公共资源使用权的产权制度安排,使公有财产权依物权法享有私法上的自由,使公有财产进入市场,按实价购买或租赁公共资源的使用权,从而提高公共资源的配置效率,并有效遏制公共资源的非法利用和浪费现象。

其次,进一步明晰和保护各类私有产权,努力提高各类私有财产和生产要素的配置效率。这里讲的私有财产,不仅包括普通居民、个体工商户、私营企业和混合所有制企业中的私有财产,而且包括各种由私有企业和个人拥有的发明专利、品牌商标等知识资产。只有进一步明晰并保护好这些私有财产所具备的所有权、占有权、使用权、处置权以及剩余索取权等权能,才能从根本上调动个体私营经济和老百姓创造财富和积累财富的积极性,进而促进经济繁荣。关于这个问题,市场经济理论鼻祖亚当·斯密有句名言:"在任何国家,如果没有具备正规的司法行政制度,以致人民对自己的财产所有权,不能感到安全,以致人民对于人们遵守契约的信任心,没有法律予以支持,以致人民设想政府未必经常地行使其权力,强制一切有支付能力者偿还债务,那么,那里的商业制造业,很少能够长久发达。"

三、健全现代市场体系是使市场在资源配置中起决定性作用的重要基础

十八届三中全会指出,建设统一开放、竞争有序的市场体系,是使市场在资源配置中起决定性作用的基础。这不仅指明了现代市场体系建设对发挥市场在资源配置中决定性作用的重要性,而且指明了现代市场体系建设的基本方向。

第一,建立公平开放透明的市场规则,着力清除市场壁垒。要实行统一的市场准入规则,在制定负面清单基础上,各类市场主体可依法平等进入清单之外领域,允许国有资本进入的同时允许民间资本进入,允许外国资本进入的同时允许国内资本进入,探索对外商投资实行准入前国民待遇加负面清单的管理模式。推进工商注册制度便利化,消减资质认定项目,由先证后照改为先照后证,把注册资本实缴登记制逐步改为认缴登记制。推进国内贸易流通体制改革,建设法治化营商环境。同时,改革市场监管体系,实行统一的市场监管,清理和废除妨碍全国统一市场和公平竞争环境的各种规定和做法,严禁和惩处各类违法实行优惠政策行为,反对各种形式的地方保护、垄断和不正当竞争行为。加快建立健全社会征信体系,褒扬诚信,惩戒失信。健全优胜劣汰市场化退出机制,完善企业破产制度。

第二,坚持主要由市场决定价格的原则,加快形成反映市场供求关系、资源稀缺程度、环境损害成本的生产要素和资源价格形成机制。凡是能由市场形成价格的都交给市场,政府不进行不当干预。推进水、石油、天然气、电力、交通、电信等领域的价格改革,放开竞争性环节价格。政府定价的范围主要限定在重要公共事业、公益性服务、网络型自然垄断环节,提高透明度。完善农产品价格形成机制,注重发挥市场形成价格的作用。

第三,建立城乡统一的建设用地市场,形成兼顾国家、集体、个人的土地增值收益分配机制,合理提高个人收益。在符合规划和用途管制的前提下,

允许农村集体经营性建设用地出让、租赁、入股,实行与国有土地同等入市、同权同价的政策。缩小征地范围,规范征地程序,建立对被征地农民合理、规范、多元保障机制。扩大国有土地有偿使用范围,减少非公益性用地划拨。完善土地租赁、转让、抵押二级市场。

第四,完善金融市场体系,鼓励金融创新,丰富金融市场层次和产品。进一步扩大金融业开放,在加强监管前提下,允许具备条件的民间资本依法发起设立中小型银行等金融机构。发展多层次资本市场,加快创业板和场外交易市场建设,大力发展和规范公司债券市场等,完善市场结构和运行机制,提高直接融资比重。稳步发展金融衍生产品市场,培育外汇市场,积极发展保险市场,完善保险经济补偿机制,建立巨灾保险制度。完善人民币汇率市场化形成机制,加快推进利率市场化,健全反映市场供求关系的国债收益曲线。推动资本市场双向开放,有序提高跨境资本和金融交易可兑换程度,建立健全宏观审慎管理框架下的外债和资本流动管理体系,加快实现人民币资本项目可兑换。同时,落实监管改革措施和稳健标准,完善监管协调机制,界定中央和地方金融监管职责和风险处置责任。建立存款保险制度,完善金融机构市场化退出机制。加强金融基础设施建设,保障金融市场安全高效运行和整体稳定。

第五,健全技术创新市场导向机制,形成主要由市场决定技术创新项目和经费分配、评价成果的机制。发挥市场对技术研发方向、路线选择、要素价格、各类创新要素配置的导向作用。建立产学研协调创新机制,强化企业在技术创新中的主体地位,发挥大型企业创新骨干作用,激发中小企业创新活力,推进应用型技术研发机构市场化、企业化改革,建设国家创新体系。同时,加强知识产权运用和保护,健全技术创新激励机制,探索建立知识产权法院。发展技术市场,健全技术转移机制,改善科技型中小企业融资条件,完善风险投资机制,创新商业模式,促进科技成果资本化、产业化。特别要整合科技规划和资源,完善政府对基础性、战略性、前沿性科学研究和共性技术研究的支持机制。国家重大科研基础设施依照规定应该开放的一律对社会开放。建立创新调查制度和创新报告制度,加快构建公开透明的国际科研资源管理和项目评价机制。

四、更好发挥政府作用是使市场在资源配置中起决定性作用的重要保障

政府与市场的边界不清,政府错位、缺位问题突出,是使市场在资源配置中起决定性作用的最大障碍。十八届三中全会作出"使市场在资源配置中起决定性作用"的定位,有利于转变政府职能。在现代市场经济条件下,政府和市场是紧密联系、对立统一的。市场在资源配置中起决定性作用,并不是全部作用,更不是说市场是万能的、完美无缺的。由于市场存在趋利性、盲目性、滞后性等先天缺陷,市场也会失灵。因此,发展社会主义市场经济,既要发挥市场作用,也要发挥政府作用。十八届三中全会对更好发挥政府作用提出了明确要求,强调科学的宏观调控,有效的政府治理,是发挥社会主义市场经济体制优势的内在要求。

为了使市场在资源配置中真正能够起到决定性作用和更好发挥政府作用,必须加快推进政企、政资、政事、政府与市场中介组织分开。要全面梳理各级政府管理的事务,坚决把那些政府不该管、管不好、管不了的事项转移出去,还权于民、还权于市场、分权于社会。除法律、行政法规有规定的外,凡是公民、法人和其他组织能够自主解决的事项,凡是市场机制能够自行调节的事项,凡是行业组织通过自律能够解决的事项,政府都不应再管。政府的职责和作用要切实转变到保持宏观经济稳定,加强和优化公共服务,保障公平竞争,加强市场监管,维护市场秩序,推动可持续发展,促进共同富裕,弥补市场失灵上来。

(原载《光明日报》2013 年 11 月 30 日)

市场起"决定性作用"必须过好政府转变职能这一关

当前,政府与市场的边界不清,政府越位、错位、缺位问题突出,是使市场在资源配置中起决定性作用的最大障碍。虽然自 1988 年我们提出转变政府职能以来,经过 30 多年的改革探索,政府职能已经有了很大的转变。我国政府正在由全能政府向有限政府转变,由人治政府向法治政府转变,由封闭政府向透明政府转变,由管制政府向服务政府转变。但由于体制转轨的复杂性和改革的渐进性,政府职能始终没转到位,一方面,政府仍管了一些不该管、管不好、管不了的事,直接干预微观经济活动的现象仍时有发生,行政许可事项仍然较多,存在宏观管理"微观化""以批代管""以罚代管"等问题。另一方面,有些该由政府管的事却没有管到位,特别是社会管理和公共服务方面还比较薄弱,存在"种了别人的地,荒了自家的田"的现象。比如,政企、政资不分,企业就不能成为真正的市场主体,现代企业制度和现代产权制度就不可能完全确立。政事不分、政府与市场中介组织不分,政府包揽过多的局面就难以打破,社会事业就不可能快速健康发展,社会组织难以发挥应有的积极作用。因此,要"使市场在资源配置中起决定性作用",必须过好政府转变职能这一关。

要转变政府职能,首先,要科学合理界定政府职能,真正厘清政府与市场的边界。全会对更好发挥政府作用提出了明确要求,强调科学的宏观调控,有效的政府治理,是发挥社会主义市场经济体制优势的内在要求。这就意味着,在宏观调控和经济调节方面,政府要进一步健全宏观调控体系,重点搞好宏观规划、政策制定和指导协调,进一步退出微观经济领域,更多地运用经济手段和法律手段调节经济活动;市场监管方面,政府要着力解决管理职能分割和监管力度不够的问题,加大违法违规行为的经济和社会成本,使违法违规行为的预期成本高于预期收益,形成自我约束机制;社会管理方面,政府要加快制定和完善管理规则,丰富管理手段,创造有利于社会主体参与和竞争的环境,平等地保护各社会群体的合法权益,维护社会公正和社会秩序;公共服务方面,政府应随着经济的发展相应增加对公共教育、医疗卫生、社会保障、劳动就业、群众文化、公用事业等基本公共服务的投入,切实解决好城乡和地区发展不平衡,收入差距持续扩大,低收入阶层看不起病、上不起学、买不起房,农民工权益得不到切实保障等突出问题,促进基本公共服务均等化。

其次,要合理划分各级政府职责关系。正确处理中央和地方政府关系,根据责任与权力相统一、财权与事权相一致的原则,依法规范中央和各级地方政府经济社会管理的职能和权限,理顺中央和地方政府的职责和分工,形成合理的政府层级体系。完善垂直管理体制,包括中央垂直管理部门和省以下垂直管理部门。在确保中央统一领导、政令畅通的前提下,充分发挥地方政府的积极性、主动性和创造性,强化地方政府的管理责任,防止出现"上面管到看不到、下面看到管不到"的现象。

第三,要继续推进政企、政资、政事、政府与市场中介组织分开。要全面梳理各级政府管理的事务,坚决把那些政府不该管、管不好、管不了的事项转移出去,还权于市场、分权于社会。除法律、行政法规有规定的外,凡是公民、法人和其他组织能够自主解决的事项，凡是市场机制能够自行调节的事项，凡是行业组织通过自律能够解决的事项，政府都不应再管。改变政府直接管理和介入经济活动的做法，从直接代替企业决定项目、招商引资转到为市场主体服务和创造良好发展环境上来。

第四，要完善政府绩效考核体系。这是加快推进政府职能转变的重要保障措施。党的十八大以来，习近平总书记曾多次强调，不能一味以生产总值排名比高低、论英雄。要建立以公共服务为取向的政府业绩评价体系，加大劳动就业、社会保障、生态环境、社会治安、教育卫生等公共服务指标的权重，综合考核干部政绩。要严格政府财政预算管理，建立规范的公共支出制度，切实减少"三公"开支，降低行政成本，加快建设节约型政府建设。

（原载《文汇报》2013 年 11 月 19 日，原标题为《市场起"决定性作用"离不开政府改革》，略有删改。）

"市场势"、消费者主权与企业行为优化

在现代市场经济条件下，消费者与生产者之间的利益关系仍然是最基本的经济关系。它通过"市场势"作用于市场经济运行的全过程。"市场势"是指消费者主权与生产者主权的制衡。在中国，由于消费者主权劣势，难于有力制衡生产者主权，致使企业行为扭曲。因此，只有通过保护消费者主权，并以"势"来约束企业行为，社会资源才能合理配置。

一、"市场势"：消费者主权与生产者主权的制衡

1."市场势"的界定。"势"原指一切事物力量表现出来的趋向。它实质上反映一切事物之间相互对立、相互依存的力量对比关系。在市场经济一般条件下，主要有两大利益集团：消费者与生产者，其利益追求表现为消费者追求效用最大化，生产者追求利润最大化，消费者追求和保障其效用最大化的权利和力量就构成消费者主权，生产者追求和保障其利润最大化的权利和力量就构成生产者主权。这两大主权在市场上形成两极势力，构成相互制衡的"市场势"。这种"市场势"是现代市场经济的"核"，左右着消费者与生产者

的行为,是有限资源合理配置的最根本的决定因素。

"市场势"中的消费者主权,可以看成是在消费习惯、偏好以及价格为一定前提下的消费者收入、消费支出结构、消费者信息、消费者保护运动以及其他一系列因素的函数。用公式表示,即:$CP = F(I, S, N, M, \alpha)$,式中,CP 表示消费者主权;F 表示函数关系;I 表示消费者收入水平:收入水平是决定消费者主权的主要因素,并从两个不同方面影响消费者主权,一方面,正所谓"财大气粗",即消费者收入水平越高,其消费结构越复杂,在生存资料、享受资料和发展资料的选择中,越侧重质量与花色,对商品与服务的挑剔性越强,这就必然对生产者提供的产品与服务的多样化和品质提出更高的要求;另一方面,如果市场处于"短缺"状态,消费者高收入又使消费者主权处于被动地位,特别是在政府配给管制的条件下,消费者主权会受到极大侵害。S 表示消费者支出结构:消费支出结构虽然直接受制于收入,但支出结构还受文化、社会、地区、习惯、偏好、价格等多重因素的影响,也有自己的变化规律。消费支出结构对消费者主权的影响可以利用"消费倾向""物质消费比重"和"恩格尔系数"来反映。一般说来,这三个指标越高,消费者对生产者的依赖度越高,消费者主权相对越弱。N 表示消费者信息占有度。消费者占有消费信息(包括消费观念、消费知识、价格与供求信息等)的充分程度直接影响消费者行为的理智程度,进而影响消费者主权。消费者占有信息越充分,消费者行为越理智,越有利于增强消费者主权;反之,消费者信息越少,其消费行为越冲动,越受生产者促销行为所左右,消费者主权越无法保障。M 代表消费者主权保护运动,消费者主权保护运动是指旨在保护消费者权益的政府立法、组建消费者权益保护组织消费维权、消费知识普及等一系列活动的总称。它是消费者权益保护的推动者,是增强和捍卫消费者主权的重要因素。α 为其他影响因素,如消费者的消费欲望、心理承受能力、买者垄断等也在一定程度上影响消费者主权,消费欲望强度与消费者主权呈反方向变化,而消费者心理承受力较强,能够对生产者操纵市场供求与价格变化审时度势,不盲从"买涨",或者消费者能够团结抵制,生产者就无法牟取暴利。在上述诸变量中,消费者收入水平和消费支出结构受一国经济发展水平的制约,在短期对消费者主权的影响是固定的,也就是说,由于收入增长超过劳动生产率的增长而形成的巨大结余购买力和低质的消费结构决定消费者主权劣势是现实的,不会在短期内改变。然而消费者主权保护运动和消费信息的充分占有则可在短期内形成有利于增强消费者主权的力量,是可控变量。

生产者主权是生产者生产能力、生产者垄断、生产者促销能力以及其他因素的函数。用公式表示,即:PP＝F(C,O,U,β),PP 表示生产者主权。C 表示生产能力,是指一定时期生产者把劳动、资本、技术等资源投入变为产出的能力。生产能力与生产者主权成正比。在供不应求的市场上,生产能力越大,生产者主权亦越大,因为它可以使厂商批量生产获得可观的规模收益;在供过于求的市场上,厂商亦可利用自己的生产能力及资源优势转产适销产品或多样化生产而获利。O 表示生产者垄断,它是指生产者凭借自己生产能力的优势所形成的规模经济、专利占有、产品差别和产品集团,或政府管制等而形成其对产品生产与销售上的独占。生产者垄断可以使生产者主权增强,因为垄断不仅可以抵制新厂商的加入,减少竞争,而且垄断者所得垄断利润会超过不存在垄断力量时其投资所得收益。同时垄断高价还将消费者的部分收入转移给生产者,引起消费者剩余净损失。U 表示生产者促销能力,促销是生产者向消费者传递产品信息的报道和说服活动,它能引起消费者注意和兴趣,激发消费者的购买欲望和购买行为。在消费者占有信息不充分的情况下,生产者可以花巨资利用广告等现代促销手段左右消费者的需求,操纵消费者主权。生产者从利润最大化的目的出发,生产出种种商品并通过促销"强迫"消费者接受,生产者主权实际上代替了消费者主权。β 为其他因素,主要包括政府产业政策、约束企业行为的政府立法等等。如政府在产业政策中鼓励或限制某些行业的发展;或当垄断组织借其垄断地位剥削中小生产者与消费者的行为引起社会的广泛反对,政府不得不制定反垄断和反暴利法对其加以限制等,都会影响到生产者主权。

2."市场势"的外化。作为市场经济"核"的"市场势"的失衡、均衡及相互转换,通过供求与价格机制、竞争机制外在于市场上,呈现出卖方市场、买方市场和均衡市场等不同的市场状态:当 PP＞CP,即在卖方市场上,生产者处于优势,由于供不应求,竞争在处于劣势的消费者中间展开,生产者借势垄断提价,甚至以次充好,行为扭曲,消费者主权受到侵害。当 CP＞PP,即在买方市场上,消费者处于优势地位,由于供过于求,竞争在处于劣势的生产者中展开,消费者可以借势作为"上帝"用"货币投票"来决定生产者的生存和发展,生产者主权受制于消费者主权,生产者行为优化。当 CP＝PP,即消费者与生产者主权势均力敌,由对立走向统一,生产者的利润最大化通过尊重和实现消费者追求效用最大化的要求来实现,即根据消费者效用偏好给出消费品的价格信号,生产者调整生产要素的供给和要素组合、选择生产方法等。消费者主权也在与生产者主权的制衡中得到了真正的保障。

二、中国消费者主权劣势与企业行为扭曲

1.中国消费者主权劣势。中国经济从本质上说仍属"短缺"型生产者主权经济,消费者主权劣势并高度依附于生产者主权。因此,消费者主权不能形成对生产者行为强有力的制约,生产者行为扭曲并侵害消费者主权。中国消费者主权劣势主要表现在:

第一,总量失衡下的消费品卖方市场。(1)在我国,长期以来市场上存在总供给落后于总需求的现象。1985—1988 年供求差率年平均为 11.8%,1989 年为 8.7%,1990 年为 7.6%,1991 年为 4%。(2)居民收入快速增长,消费品市场的结构矛盾与居民储蓄养老等因素交互作用,导致结余购买力越来越大。1952 年,城乡结余购买力仅有 30.6 亿元,1978 年增加到 366.1 亿元,平均每年增长 10%,1979—1992 年平均增长 30.4%,1992 年末高达 14953 亿元(未包括各种有价证券),1993 年突破 19000 亿元。(3)商品存量对市场的保证程度下降。据统计,商品存量与货币流通量之比,1952 年为 4.24,1978 年为 5.58,1984 年为 2.26,1988 年为 1.50,1991 年为 1.33,1992 年降至 0.96,1993 年猛降到 0.68;结余购买力与零售商品库存之比,1952 年为 0.26,1978 年为 0.31,1984 年为 1.04,1988 年为 1.72,1991 年猛增到 2.74,1992 年为 3.57,1993 年高达 4.77;商品零售额与结余购买力之比,1952 年为 9.05,1978 年为 4.43,1984 年为 1.82,1991 年猛跌到 0.81,1992 年为 0.74,1993 年为 0.70。同时,由于居民收入大幅度增加引起消费结构的急速变化,而消费品供给结构不可能在短期内迅速与之相适应,致使市场上能够适应和满足居民需要的商品供不应求。因此,我国消费品市场实际上呈"卖方市场"态势,消费者虽然在其心理比较稳定条件下通过"持币待购"来制约生产者行为,但由于人均收入水平并不高,致使这种约束力相当脆弱,如果市场物价上涨过猛,居民对通货膨胀的预期增加,也很可能出现集中抢购,像 1988 年那样,消费者再次成为生产者

的奴隶,使消费者主权更加处于劣势。

第二,低质消费结构下,消费者对生产者的高度依赖。消费结构是指一个社会或一个家庭的各种消费支出在其总消费支出中各自所占的比重。消费结构变化有其规律,即消费结构低级阶段的特点是以吃穿两项占绝大比重,特别是吃的比重最高;消费结构的中级阶段的特点是以吃穿退居次要地位,耐用消费品占主导地位;消费结构高级阶段的特点是以物质生活消费退居次要地位,文化精神生活和服务性消费升为主要内容。衡量一国居民消费结构质量高低,主要看各类消费支出在总消费支出中的变化符合该规律中的哪一阶段。我国目前城乡居民消费结构仍处于低级并向中级消费结构过渡的阶段。在低质消费结构下,消费者对生产者的高度依赖表现在居民收入中的高消费倾向、消费支出中的高物质消费、物质消费中的高食品消费。

(1)高消费倾向。消费倾向是指消费支出占居民收入的比重。一国居民消费倾向的高低取决于一国经济的发达程度和国民收入水平的高低,而经济发达程度和国民收入水平又决定着居民消费对生产者供给的依赖程度。据统计表明,建国初期,由于经济不发达,居民可支配收入有限,居民平均消费倾向一直都很高,1952 年,居民平均消费倾向高达 0.9736,这种情况持续到改革初期,虽然收入有所提高,但随着多年被压抑的消费欲望的释放,平均消费倾向仍大于 0.9。随着改革开放的深入,国家经济建设快速发展,居民收入也迅速增加,居民平均消费倾向随之有所下降,但仍维持在较高水平,1984 年为 0.8712,1989 年为 0.8436,1992 年为 0.7669,1993 年为 0.7382,预计 1994 年会反弹;而欧美等发达国家的平均消费倾向只有 0.6 左右。同时,我国居民的消费倾向呈现出较大波动性,1988 年由于抢购,边际消费倾向高达 106.7306,连同储蓄和全部新增收入差不多都用于消费,然而 1990 年由于市场疲软又猛降到 28.1943。这种波动也在某种程度上说明消费者主权的脆弱。

(2)消费支出的高物质性。一般来讲,消费支出中物质化倾向越高,消费形式越单一,消费者对生产者的物质生产能力的依赖性越高。在生产能力一定的条件下,收入越增加,消费者为购买物质产品而展开的竞争越激烈,消费者主权越难以保障。据统计,1978—1993 年,我国居民物质消费占整个消费总支出的比重每年平均超过 90%,而同期服务性消费支出的比重极为有限,不足 10%。

（3）物质消费中的高食物消费。恩格尔定律表明,居民家庭收入越小,全部消费支出中用于购买食物的开支所占的比重越大,表明这种食物支出占总消费支出的比例关系的系数称为恩格尔系数。联合国以恩格尔系数作为衡量依据,称该系数在59%以上者为最贫困状态的消费;50—59%者为度日状态的消费;40—45%者为小康水平的消费;20—40%者为富裕状态的消费;20%以下者为最富裕状态的消费。美国1948年为22%,60年代以来长期在20%以下,1965年为19.8%,1977年为18.0%,1980年为16.5%,1983年仅为15.2%。欧洲经济发达国家也不过20%多。而我国1955—1980年,恩格尔系数每年平均在63%以上,1982—1992年,平均也在56%以上。其中城镇居民消费的恩格尔系数从1981年以来也一直在50%以上,1988—1992年各年分别为51.4%、54.5%、54.4%、53.8%和52.9%。根据恩格尔系数来判断,我国消费结构正处在从度日状态的消费向小康水平的消费过渡的阶段。预测上世纪末,我国的恩格尔系数将降到50%左右;城镇居民的恩格尔系数下降到45%左右。在这样一个消费水平阶段,由于生活必需品需求弹性较小,居民追求吃、穿、住、用等消费品的数量与质量很大程度上依赖于生产者的有效供给,挑剔与选择的余地很小,消费者主权处于明显无力与生产者主权抗衡的劣势。

第三,消费者低信息占有量。消费信息包括消费观念、消费知识及各种供求与价格消息。消费者充分占有消费信息是增强消费者主权的重要条件。消费者的信息来源主要有个人来源、商业来源、大众来源。在消费者缺乏商品知识和消费经验的情况下,无法科学鉴别各种消费信息的真伪,购买行为是"非专家"购买。因此,消费者根本无法摆脱生产者促销宣传的诱惑和来自国内外消费模式"示范效应"的影响,消费者主权终归要受制于生产者主权。

2.消费者主权劣势下的企业行为扭曲

（1）涨价。在消费者主权居劣势的条件下,生产者获取利润的最直接途径就是涨价。因为在卖方市场条件下,市场上的消费品供不应求,消费者为抢购紧俏商品而展开竞争,生产者借其优势或者囤积居奇,抬高售价,或者采用"成本加成"的办法确定其产品价格,并且任意扩大成本开支范围,把不合格费用摊入成本,使产品售价提高。这样,消费者在市场上按平等原则购买消费品的背后,被生产者侵害了主权。

（2）企业"寻租"。所谓"寻租"是指社会中非生产性追求经济利益的活动。在消费品"短缺",实行政府价格管制条件下,平价与市价、配额供给与非配额供给之间存在着差价,即"租"。生产者(包括中间商)必然会由此产生诸如跑关系、找后台和游说疏通等合法的或非法的寻租活动,并且货物供应越紧缺,寻租活动越严重,寻租者的收益越高,黑市交易和灰市交易越活跃,"官倒""私倒"越盛行。这不仅使流通秩序紊乱,而且使生产趋于萎缩。然而这巨大的租金最终由消费者承担,使本来就弱小的消费者主权进一步受到侵害。

(3)假冒伪劣。也正是由于巨大的市场需求压力,生产者得势,名牌产品畅销而且利厚,在市场管理不完善的情况下,一方面,名牌产品原生产者可能会忽视质量而追求数量,甚至以劣充优;另一方面会招致逐利者仿制假冒,以假乱真,损害消费者主权。

(4)欺诈。在卖方市场和消费者缺乏充分信息的条件下,商品生产者或经营者,为了尽快推销积压产品或伪劣产品以获利,不仅不向消费者提供必要信息,而且或直接采用还本销售、血本甩卖等欺诈手段,诱使消费者上当;或在广告及促销中夸大其词,导致消费者在浩如烟海的广告战中被诱惑,真假难辨而受骗。

(5)服务低劣。现代市场营销理论认为,服务作为一种附加无形产品与有形产品构成产品整体。也就是说企业在提供有形产品的同时,必须提供相应的服务,如提供咨询、维修保证等。但在消费者处于劣势的情况下,企业生产的产品不注明生产厂商和生产日期,不负责维修,官商作风严重;至于消费者咨询遭白眼,退换商品受刁难,挑选商品被喝斥等,也是司空见惯。

三、消费者主权保护与企业行为优化

1."市场势"均衡,是市场经济有序运行的前提。在中国消费者主权劣势的条件下,加强消费者主权的保护已是必然选择。这是因为:(1)消费者主权保护与企业行为优化紧密相关。在市场经济一般条件下,生产者与消费者主权应该平等,即双方都在追求各自的利益最大化;双方追求各自利益的力量应该平衡。这样生产者主权与消费者主权才能相互制衡,并形成约束和优化双方行为的内在"势"机制,在这种机制作用下,生产者通过自觉维护消费者主权,获得消费者心悦诚服的"货币投票"而实现生产者主权;消费者通过自

己理智的"货币投票"和来自社会乃至自身的保护去约束生产者,优化生产者行为,进而实现消费者主权。(2)消费者主权劣势无力约束企业行为。虽然近年来我国居民收入不断提高,形成了巨大的结余购买力,预计1994年可能突破25000亿元,似乎消费者可以"气粗"一点,但是每人平均也只有2273元左右,在总量短缺和高消费倾向、高物质消费、高食品消费的居民消费支出结构下,这一点有限的结余购买力根本无力制约企业行为,一有风吹草动,如物价上涨过猛,通货膨胀率过高,就会再次诱发出于保值目的的抢购,不仅不能约束企业行为,反而引发消费者为争夺购买权而展开激烈竞争,导致消费者两败俱伤。消费者主权更无从谈起。但要通过提高居民收入水平,改变低质的消费结构来改变中国消费者的市场劣势,形成真正的"买方市场",绝非一朝一夕之事。要改变中国消费者市场劣势的有效选择就是加强消费者主权保护,通过这种保护确立消费者"上帝"的市场地位,由"上帝"来制约生产者,实现企业行为优化。

2.消费者主权的权益保障。消费者主权具体涉及消费者在购买、使用商品或劳务一系列生活消费过程中应有的权力和利益。它首先表现为消费者生理需求和精神需求的双重满足;其次表现在消费者能力的保证,即消费者应公平地获得收入并公平地支出;最后还表现为消费信息的获取。具体应包括六大权利:(1)了解权。了解权不仅要求向消费者提供商品和服务的企业提供有关商品和服务的文字说明,允许消费者对商品和服务进行观察、检查,对消费者提出的问题实事求是地予以回答,而且要求政府对各类商品,尤其是对具有潜在危险的商品(如药品、食品、电器等)的说明项目和它的法律性质作出明确的规定,明确企业应负的法律责任,企业应负有向消费者提供无缺陷商品的义务。(2)选择权。即消费者在对各种商品和服务有一定了解的基础上,对同类商品和服务进行比较,最后作出选择,是消费者免于受害的应有的权利。作为对消费者选择负有义务的企业,应当提供优质的商品和服务,允许消费者挑选,不得搭卖或强买。(3)安全权,为了确保商品和服务的安全、卫生,政府应对各种商品和服务的安全标准和卫生标准做出明确规定,加强对商品的安全、卫生检查,严禁有害商品进入市场;企业则应把好质量关,严禁有害商品出厂,对于产品使用安全注意事项、禁忌等应在产品说明书、标签以及包装上写明,对已出售商品质量担负责任。(4)批评权。给予消费者批评权、建议权等有利于企业更好地端正为消费者服务的态度,使生产的产品真正符合消费者的需要。(5)监督权。即消费者有监督商品和服务价格、质量的权利。(6)索赔权。当消费者权益在受到损害时,有向企业索取赔偿的权利。企业对于受害消费者应给予物质补偿和精神补偿。

3.健全消费者主权保护机制。健全消费者主权保护机制是市场经济有序运行的重要手段,它可以有利于规范企业行为,进而实现资源的合理配置。目前,从我国消费者主权保护的现状来看,有三个问题亟待解决:一是消费者消费观念落后,消费知识匮乏,自我保护意识差;二是消费者主权保护立法与司法执法脱节。一方面尚有许多法规,如交易法、广告法、文化市场管理法、反暴利法、反垄断法等需要尽快确立和完善,以确保消费者权益;另一方面,由于地方保护主义、集团利益等使已有的法规不能成为保护消费者和约束生产者的手段,近年来假冒伪劣、掺杂使假屡禁不止就是例证。三是消费者主权的社会保护薄弱。虽然我国已建立了保护消费者主权的社会组织,如消费者协会、质量监督机构,但多是半官方性质,有时无法真正站在消费者角度来为消费者说话,更难以组织消费者运动。同时,大众传播媒介由于受到各方面的干扰,也无法形成对企业行为的有效监督和约束。针对这些问题,我们建议从三个层次健全消费者主权保护机制:(1)健全消费者主权自保机制。即消费者为了自己的权益,首先要更新消费观念,不攀不比,不赶风潮;其次要学习消费知识,大量占有消费信息,理智消费;三要学会用法来保护自己,既学法又用法。(2)健全政府保护机制。政府要站在市场经济能否有序和高效运行的高度来看待消费者主权保护,只有通过全面的立法,严格公正的司法与执法,保护消费者主权,生产者的行为才能规范化,有限的资源才能在企业行为合理的条件下得到有效配置。(3)健全社会保护机制。首先要加大消费者协会和质量监督部门的职权;其次要发挥大众传播媒介的舆论监督和传播消费信息的作用;三要开展消费者运动,使消费者在运动中觉悟,便于生产者在消费者运动中受到约束。只有这样三管齐下,才有可能增强消费者主权的制衡力量,通过"市场势"机制来约束企业行为,最终真正实现"最大限度满足人民物质文化生活需要"的目的。

(原载《经济研究》1995 年第 2 期,与魏埙合撰)

第二章
完善基本经济制度与产权改革

股份合作制：与社会主义初级阶段
相匹配的公有制实现形式

江泽民总书记在"十五大"报告中明确指出："公有制实现形式可以而且应当多样化。一切反映社会化生产规律的经营方式和组织形式都可以大胆利用。要努力寻找能够极大促进生产力发展的公有制实现形式。"股份合作制经济"是改革中的新事物，要支持和引导，不断总结经验，使之逐步完善"。股份合作制作为一种新的企业财产组织和经营制度，之所以随着改革的不断深化，成为众多乡镇企业（包括集体和私营性质）、中小型国有企业进行企业改制的首选制度模式，是因为它不仅具有"内生于"我国社会主义初级阶段的基本国情的客观必然性，而且具有"内生于"其内在机制的先进性和科学性。因此，它在现阶段能有效地促进社会生产力的快速发展。

一、社会主义初级阶段股份合作制产生的必然性

第一，"水平低、层次多、不平衡"的社会生产力是决定财产组织和经营制度选择的客观基础。在这里，所谓财产组织和经营制度包括两层重要含义：在宏观层次，它是指社会所有制经济结构，即国有经济、集体经济、私营经济、中外合资、外商独资等不同所有制经济之间的"横向"比例关系；在微观层次，它是指企业内部的产权制度，是企业内部财产所有权、占有权、处置权和收益

权等"纵向"权能的有机综合。两层含义对立统一,构成一种新型"多维"财产组织制度。一个国家、一个企业,选择什么样的财产组织制度虽然是人们出于某种"理性"需要所进行的制度创新行为,但是这种制度创新行为必须立足于一定的技术进步和社会生产力发展水平之上。只有这样,新的制度才能有利于提高经济效率,真正推动国家和企业经济的发展。对此,不仅经典作家们作过科学而精辟的阐述,而且许多现代西方制度经济学家也作过细致的论证。马克思在《〈政治经济学批判〉序言》中鲜明地指出:"人们在自己生活的社会生产中发生一定的、必然的、不以他们的意志为转移的关系,即同他们的物质生产力的一定发展阶段相适应的生产关系。"①社会的物质生产力发展到一定阶段,便要求一定的生产关系或财产关系(这只是生产关系的法律用语)与之相适应,否则,生产关系的发展或是滞后,或是超前,与社会生产力发展水平相矛盾,因此,生产关系便由生产力的发展形式变成生产力的桎梏,从而变革社会生产关系成为社会发展的必然选择。恩格斯也曾经指出:"我们视为社会历史的决定性基础的经济关系,是指一定的人们用以生产生活资料和彼此交换产品(在有分工的条件下)的方式说的。因此,这里面包括生产和运输的全部技术装备。这种技术装备,照我的观点看来,同时决定着产品的交换方式以及分配,从而在氏族社会解体后也决定着阶级的划分,决定着统治和服从的关系,决定着国家、政治和法律等。"②西方制度经济学家凡勃伦及其追随者也承认技术进步和由其推动的生产力发展对制度的决定作用,埃尔文·K·青格勒指出,在凡勃伦的体系中,"正是动态技术与静态制度之间的辩证斗争与冲突,导致了经济与政治制度被慢慢地置换与替代,经济组织的体系经历了历史的变迁与调整。"③纵观人类社会发展的历史,一定时期的技术和生产力水平是决定生产关系及社会制度选择的"硬约束"。财产组织和经营制度作为社会生产关系和社会经济制度系统中的一个子系统,也必然深受技术进步社会生产力发展的影响。因此,我国社会主义初级阶段的社会生产力发展状况决定,一些生产社会化程度高、垄断性的基础产业,如铁路、海

---

① 《马克思恩格斯选集》第二卷,人民出版社,1972年,第82页。

② 《马克思恩格斯〈资本论〉书信集》,人民出版社,1976年,第563页。

③ [美]R.科斯等著,《财产权利与制度变迁——产权学派与新制度学派译文集》,上海三联书店、上海人民出版社,1994年,第330页。

运、电力、邮政电信等,以及投资巨大、高风险的高科技产业需要政府出资,国家所有。但是,大量的生产社会化程度较低、竞争性的产业,以及城市和乡村已存在,生产社会化程度并不高的大量集体所有制企业、乡镇企业更适合采用股份制和个人所有制,特别是股份合作制等财产组织和经营制度形式。

第二,主要矛盾诱发的财产组织和经营制度创新需求。社会主义初级阶段的主要矛盾仍然是人民日益增长的物质文化需要同落后的社会生产力之间的矛盾。要解决这个矛盾,根本出路只有提高效率,发展生产力。因此,我们必须根据邓小平同志提出的"是否有利于发展社会主义社会的生产力,是否有利于增强社会主义国家的综合国力,是否有利于提高人民的生活水平"为标准,选择更有效率的财产组织制度。因为一种提供个人刺激的有效的财产组织制度是经济增长的关键。企业发展史和我国企业改革实践证明,股份制和股份合作制促进了积累足够资本和实现,体现在采用新技术的生产和交换过程之中的规模经济。

第三,"制度环境"制约着财产组织和经营制度的选择。科学认识"社会主义市场经济体制"的建立所带来的"制度环境"的新变化,是正确理解"社会主义初级阶段"约束我国企业财产组织和经营制度选择的关键。现在重提"社会主义初级阶段",但决不是"十三大"所提"社会主义初级阶段"的简单重复。前者丰富了"社会主义市场经济体制建立"这一制度环境变迁的新内涵。由此必然提出"市场经济与公有制兼容"实践课题,进而提出设计社会主义初级阶段的"新时期"的财产组织和经营制度的基本原则。因此要求新的企业财产组织和经营制度的确立,既要有利于充分体现"公有制性质和目标要求",又要克服传统全民所有制企业普遍存在的"产权关系模糊、财产主体缺位",从而成为行政机关附庸的弊端,现实激励与约束相容,公平与效率统一。

第四,制度创新主体的"价值取向"主观决定财产组织和经营制度的选择。股份合作制首先来源于具有"双重价值取向"的广大基层群众的伟大创造。作为进行制度创新的"第一行动集团",他们在乡镇企业、私营企业不断发展和深化经济体制改革的实践中逐渐认识到:"一家一户"或不成规模的传统乡镇企业和私营企业发展模式,不仅与技术进步推动资本集中的趋势相悖,而且"小企业大市场"的格局日益成为代价昂贵的构造。于是为了顺应技术进步,节约交易费用,原来的家庭企业组成了"联户(股份)企业",从而产生了股份合作制企业的雏形,而这正是由于人们选择制度的"经济取向"。同时我国长期以"政治取向"为基准的合作制实践,使人们在意识形态上形成了"合作制=公有制=社会主义"的思维定势。由此在"联户(股份)"的基础上加入"合作"因素的"股份合作制"就成为在政治上人们敢于接受的新的企业财产组织制度形式。一方面,原有"联户(股份)"企业加入"合作"因素可以使其跻身于"集体经济",在法律上享有社会主义公有制主体的地位,其发展不受法律限制;另一方面"合作经济"性质的股份合作制企业可以得到经典理论和各级政府的实际支持。因此,股份合作制成为比私营经济更现实的选择,在很大程度上也是人们出于政治取向约束的反应。地方政府是推进"股份合作制"创新的"第二行动集团",其"经济取向"在于股份合作制企业有利于发展地方经济,增强地方财政实力。因为在地方国营企业和集体企业由于体制原因普遍经营亏损的情况下,地方政府只有鼓励发展对地方经济发展和财政收入贡献日趋显著的民营经济中最富活力的股份合作制企业。而其"政治取向"在于毕竟股份合作制企业引进了一定的"合作"因素,从而减轻政治压力。也正是由于这两大"行动集团"在制度选择上的"双重价值取向"的双重耦合,促成股份合作制为社会主义初级阶段的一种重要企业财产组织制度。

二、股份合作制企业的产权安排

(一)股份合作制企业的界定。对于由广大群众首创,自发衍生于社会主义初级阶段基本国情的股份合作制企业,不同的部门、不同的地区有不同的模式,因此有不同的概念界定。

1.根据80年代中期以来农村推行股份合作制的实践,农业部于1990年2月12日颁布《农民股份合作企业暂行规定》定义指出:"农民股份合作企业是指,由三户以上劳动农民,按协议,以资金、实物、技术、劳力等作为股份,自愿组织起来从事生产经营活动,接受国家计划指导,实行民主管理,以按劳分配为主,又有一定比例的股金分红,有公共积累,能独立承担民事责任,经依法批准建立的经济组织。"以后又为适应形势和实践发展的需要,农业部又于

1992年10月24日和1994年3月30日分别颁布《关于推行和完善乡镇企业股份合作制的通知》和《乡镇企业产权制度改革意见》，对股份合作制企业制度作出一系列完善性界定和规定。通知指出："股份合作企业是指两个以上劳动者或投资者，按照章程或协议，以资金、实物、技术、土地使用权等作为股份，自愿组织起来，依法从事各种生产经营服务活动，实行民主管理，按劳分配和按资分配相结合，并留有公共积累的企业法人或经济实体。"

2.1993年3月11日轻工部、全国手工业合作总社联合颁布《轻工集体企业股份合作制试行办法》指出："股份合作制是按照合作制原则，吸收股份制形式，兼有劳动联合和资金联合的一种企业经营组织形式。""股份合作制企业是劳动群众自愿组合，自筹资金，并以股份形式投入，财产属于举办该企业的劳动群众集体所有与按股份所有相结合，实行集体占有，共同劳动，民主管理、按劳分配，按股分红的社会主义集体所有制经济组织。"

3.国家体改委根据国务院批转的1993年经济体制改革要点中关于"抓紧制订《股份合作企业条例》"的要求，起草的《城镇股份合作制企业暂行规定（草稿）》认为，股份合作制是兼有合作制和股份制两种经济形态的特点，实行劳动合作与资本合作相结合的一种社会主义企业组织形式。组建股份合作企业的原则是：职工全员入股，资本合作与劳动合作相结合；企业财产实行按股共有，属职工集体拥有的财产实行共同共有，并坚持同股同利，利益共享，风险共担；企业实行民主管理。劳动者享有平等权利；职工实行按劳分配与按股分红相结合的分配方式；税后利润提取公积金；独立核算，自主经营，自负盈亏。

综合以上三种定义，我们可以从三个层次把握股份合作制的科学内涵：股份合作制企业的财产结构是劳动者共同出资，所有资本由股份构成；企业治理结构是股份民主与合作民主相统一（股东大会与职工大会合一制）；企业分配形式坚持按劳分配与按股分红相结合。它是吸收股份制合资性、营利性与合作制的合作民主的合理内核，谋求股份制与合作制的有机统一的企业制度。

（二）股份合作制企业的产权安排。股份合作制企业的资本构成与股份结构。根据股份合作制企业的发展实践，股份合作制企业资本构成和股份结构依其不同的形成方式有所区别：（1）由乡村集体企业改造成股份合作制企业。即将原乡村集体企业进行清产核资,评估作价,将存量资产按其原始来源划分成股份,并将企业职工和其他法人吸收现金入股,形成股份合作企业。该类股份合作制企业的股份按产权归属一般设置乡村股、企业股、社会法人股、个人股和外资股。乡村股是指乡(镇)、村范围内农民集体共同拥有所有权的股份,其来源是乡村集体经济组织的直接投资和历年追加投入的资产。企业股是指企业内部职工共同拥有所有权的股份,其来源是企业自身积累和国家减免税形成的资产。企业积累形成的股份可以划出部分根据职工对企业的贡献情况量化到职工个人,但不能继承和转让,只能参加分红。国家减免税形成的股份,只能留在企业用于扩大再生产。社会法人股(社会股)是指企业法人和具有法人资格的事业单位和社会团体拥有所有权的股份,其来源是这些社会法人向企业投入的资金、设备、原材料、发明权、专利权等资产。个人股是指企业职工和社会个人拥有所有权的股份,其来源是个人以资金、实物、技术等投入的资产,但每个职工认购股份数量有最高和最低限额。外资股是指外国和我国香港、澳门和台湾地区投资者拥有所有权的股份,其来源是上述投资者向企业投入的资金、设备、技术等资产,并可按股东权利设立普通股和优先股。(2)由原国有企业改组为股份合作制企业。国有企业通过清产核资组成股份合作制企业,一般不设国家股,国有资产可以先由本企业职工出资购买,形成职工个人股;然后允许其他企业法人或具有法人资格的事业单位购买,形成法人股;其剩余部分实行融资租赁,即由企业按租赁合同在规定年限内向出租方缴纳租金,租赁结束,该部分国有资产归企业职工共同共有,形成职工集体股。(3)个体私营企业转化为股份合作制企业。即由个体、联户和私营企业通过吸收职工参股、集体投股或按有关规定引入新的制度规范而构成的股份合作企业。这种方式可以是原私营企业通过吸收职工入股而转化为股份合作企业,也可以由少数股东合股经营,并向社会雇工的股份合作企业,还可以是个体私营企业与集体经济组织合股联营,进而转化为股份合作企业。其股份设置可以只设个人股,也可以设个人股和集体股。(4)新建股份合作制企业。即由不同的经济主体,通过集资入股形式或通过不同生产要素(包括资金、技术、设备、土地、劳动、商标等)合股联营的方式,所组建的股份合作企业。这类企业的股份安排可根据经济主体的不同性质,设置个人股、集体股、外资股和社会法人股等。

（三）企业治理结构。首先股份合作制企业以职工为股东或股东主体,实行全员股东制,形成作为最高权力机构的股东大会和职工大会合一体制。其次采用现代公司制通行的"权力机构-执行机构-监督机构"三权制衡的决策与经营机制。最终保证企业决策的民主化、科学化。

（四）剩余索取权的安排与收益分配。本着按劳分配与按股分红相结合的原则,股份合作制企业在提取的工资总额内自主决定工资、奖金（津贴）分配;税后利润分配可依次提取公积金、公益金、职工积累基金、分红基金。其中,职工积累基金可按职工在企业工龄长短、贡献与责任大小记入职工个人名下,转为职工个人股,用于扩大再生产,职工个人不能随意提取。股东按股份额享有剩余索取权和企业资产净值权,股份分红先优先股,后普通股,或先乡村股、集体股、法人股,后职工个人股。企业发生亏损,按国家规定年限内的所得利润税前弥补,不足以公积金弥补,仍不足以各股股本金抵补。进而真正做到同股同利,利益均享,风险共担。

三、股份合作制企业的制度绩效

股份合作制企业作为与社会主义初级阶段相匹配,以股份制与合作制相结合的制度设计改革传统国营企业和集体企业的产物,目的是克服这些传统公有制企业所存在的产权关系模糊、政企不分、政资不分,预算约束疲软、激励不足等弊端。那么,股份合作制企业何以克服这些弊端,推动企业发展呢?股份合作制的要义是将股份制和合作制有机结合,形成资合性与民主性交融的新机制。股份合作制企业不仅"宏扬"股份制筹集资本、产权与利益清晰,从而促使企业追求利润最大化的"资合性"之长,而且通过相差并不悬殊的职工普遍持股,即全员股东制,"光大"合作制合作"民主性",激发劳动者参与意识和工作激情的特殊功效。因此,实现激励与约束相容,公平与效率统一。具体来讲:

首先,股份合作制企业依据股份制"谁投资谁拥有产权"的机理,一则把众多单个资本联合集中起来,形成一定规模的社会资本,进而有限度地适应社会主义初级阶段的生产社会化水平,促进社会生力发展,克服乡镇企业和私营企业发展过程中"小企业大市场"的矛盾。二则能够以此形成产权主体明确的企业法人财产和现代公司治理结构,即从产权关系看,股东会与董事会是委托代理关系;董事会对总经理是授权经营关系,形成纵向财产负责关系。从职权关系看,股东会、董事会、总经理、监事会职权明确而不能越权,形成横向职权限定与相互制衡关系。因此使企业真正成为"自主经营"的法人实体和市场竞争主体。从而克服传统国有企业和集体企业产权主体不清,资产运营主体不明,政资不分,政企不分的体制弊端。

其次,股份合作制企业通过继承与发展合作制企业承认个人财产权,民主管理,联合劳动等主要体制特征,在重视联合劳动的基础上,更强调资本联合,通过职工或劳动者持股,形成"劳资一体化"的新机制。因此使企业职工和劳动者成为真正意义上的企业主人,并以财产主体的身份自觉参与民主管理,约束经营者经营行为,科学决策。

第三,股份合作制企业与政府无财产关系,并且奉行"利益共享、风险共担"的原则,注定其能够"自我约束、自负盈亏"。作为真正的企业法人实体,无论以何种形式产生的股份合作制企业,都没有与政府的财产联系,相反却承担严格的纳税关系,所以企业只有在市场竞争中求得生存与发展。企业经营情况好,当年盈利,职工和其他投资者都能税后按资分红;相反,当年亏损,不仅无利可分,而且还要用公积金甚至股本弥补,职工和其他投资者以所认购的股份对企业承担有限责任,企业以其全部资产独立承担民事责任。因此,股份合作制彻底改变了原有国有企业和集体企业预算和风险约束弱化,负盈难负亏的弊端。

第四,股份合作制企业坚持"按劳分配与按股分红相结合"的分配机制,实现了"激励与约束相容",提高了劳动生产率。无论是私营企业,还是传统的国有企业和集体企业,其作为"劳动力价值货币表现的工资分配"和"按劳分配",对劳动者都存在"激励与约束不足"的问题。在私营企业,由于内生的"劳资矛盾",特别是在"信息不对称"的情况下,职工不可能努力工作。而在传统的国有企业和集体企业,由于生产社会化程度较高,"团队生产"条件下"劳"的计量困难,以及也存在"信息不对称"下的"道德风险"等问题,加上"产权关系不清",职工"偷懒怠工"也是普遍现象。然而通过实行股份合作制,改造私营企业、国有企业和集体企业,将企业资产股份化,让职工均衡持股,从而增设一种新的"产权激励机制",以"剩余索取权"激励职工。这样,股份合作制企业就存在"按劳分配"与"按资分配"两种利益激励机制,使劳动者不仅能够多劳多得,而且还能在按股分红中再次分享到自己多付出劳动的成果,从而极大调动劳动者的工作热情。

但是,股份合作制企业也存在一定的制度缺陷:一是股东的封闭性和股份持有的有限性限制了企业的资本扩张机制,因此只能适应中小型企业。二是股份的平均化以及相应的利润分配平均化,难以避免"搭便车"之类的非效率的负效应。三是股份的非流动性不利于股东转移风险,从而以"用脚投票"的股市约束机制约束经营者。

四、股份合作制是公有制的一种新的实现形式

所谓所有制的实现形式,主要是指在一定的生产资料所有制前提下的企业财产组织形式。判别一种企业财产组织形式是不是公有制的实现形式,理论上应该坚持三个标准:一是出资者是否是劳动者;二是劳动方式是否以平等的联合劳动为基础;三是在联合劳动的基础上是否实现了资本联合。如果符合这三个条件,就是公有制的实现形式。否则,就是私有制的实现形式。因为,第一,如果出资者不是劳动者,而是剥削者,那么,这种生产资料所有制形式无疑是剥削者或剥削阶级私有制,现代资本主义私有制就是这种所有制的典型形式。第二,如果出资者本身是劳动者,而不存在联合劳动,那么,这种生产资料所有制就是以劳动者家庭为基础的小私有制,在奴隶社会、封建社会和资本主义社会都一定数量地存在着这种企业财产组织形式。在我国现阶段的个体经济也基本上属于这种性质。第三,如果出资者本身是劳动者,而且企业内部也采取一定程度的联合劳动,但是并没有在联合劳动的基础上实行资本联合,那么这种企业财产组织形式就是"业主式"的私有制的实现形式。资本主义初期的私有制就曾主要采取这种形式。我们界定公有制实现形式的三条标准是严密的逻辑整体,三位一体,缺一不可。因此,我们要从整体上给公有制实现形式下一个定义,就是"以劳动者作为出资者,并在联合劳动的基础上实现资本联合的一种企业财产组织形式"。

鉴于此,我们认为,我国现行的国家所有制和集体所有制毫无疑问地是公有制的两种实现形式,股份合作制也是公有制的一种新的实现形式。它所体现的劳动者个人所有制与"私有制"存在着根本的区别:首先,股份合作制

的基本特征是全体劳动者作为出资者,人人占有生产资料;而私有制的基本特征则是少数人占有生产资料;其次,由于股份合作制的资产组织是在出资者平等联合劳动基础上实现的资本联合,并且其发生机制是劳动创造所有权,因而这一机制本身就有保持社会生产资料在劳动者之间相对平均分布,实现共同富裕的趋势。而在私有制条件下,由于其所有制的发生机制决定了少数生产资料的占有者总是趋向于用占有劳动者的剩余价值扩大再生产,因而必然导致社会生产资料在极少数社会成员之间分布,导致贫富两极分化;第三,在私有制条件下,劳动者创造的剩余价值由剥削阶级凭借其对生产资料所有权而占有。而按照股份合作制的特点,劳动者创造的剩余价值除了社会所作的各项扣除(如照章纳税),其余的全在企业内部或按股权分红,或沉淀的企业资产,再根据每个劳动者的劳动贡献和所持有的股本份额全部为劳动者个人所占有。这也是股份合作制与资本主义私有制的最根本的区别所在。因此,股份合作制不仅不是私有制,而且是对我国公有制传统实现形式的一种发展和创新。

(原载《南开经济研究》1998 年第 2 期)

现代企业制度与公司治理结构

　　企业是现代市场经济的微观基础,是独立的经济利益和经营行为主体。一个"产权清晰、权责明确、政企分开、管理科学"的现代企业制度,不仅是现代市场经济的效率源泉,而且是建立和完善社会主义市场经济体制的基础。而现代企业制度得以高效运转的关键又在于其内在的法人治理结构的规范与有效,因此,清晰现代企业制度及其法人治理结构的内在关系及其机理,对于进一步深化国有企业改革,健全国有企业经营管理机制具有十分重要的意义。

一、企业制度的演进与现代企业制度的产生

　　追溯历史,企业制度作为一种财产组织和运营形式,其演进过程大致经历了业主制、合伙制和公司制三种不同的形式。人们通常把前两种称为古典企业制度,把公司制称为现代企业制度。

公司制(Corporation)是一种具有法人地位的企业组织制度。公司制的出现最早可以追溯到 16 世纪末和 17 世纪初荷兰和英国的特许贸易公司。其萌芽形式则是更早出现于 15 世纪的地中海沿岸的一种叫做"commenda"的合约组织。这种组织是一次性的合资合约,签约的一方把钱和物品委托另一方,后者受托从事航海贸易活动,事后按照合约分享利润。在 15 世纪末,由于新大陆的发现,有力地促进了远洋贸易的发展,从而要求组建一些大型贸易企业。于是,在 16 世纪初至 17 世纪初西欧各国重商主义甚嚣尘上的情况下,纷纷建立"特许贸易公司",如由英国女王伊丽莎白特许建立的东印度公司就是最典型的一个。由于这些公司必须获得皇家的特许,以承担某些义务换取皇家的"特许状"才能成立,所以叫做"特许贸易公司"。这些特许公司拥有垄断特权,或垄断经营某一行业,或垄断海外特定地区的殖民活动。到了 18 世纪初期,特许贸易公司获得高额利润使人们认识到,在没有"特许状"的情况下,也可以模仿特许公司的组织形式,通过发行可转让的股票来吸引投资者,这样组建起来的公司被称作"合股公司"。合股公司不同于特许贸易公司,因为它没有皇家的特许状;也不同于合伙制企业,因为它的股票可以自由转让,股东承担有限责任,股票持有人也不像合伙企业中合伙人那样有权代表其他合伙人签署对所有合伙人都具有约束力的合约,而是通过集体授权的经理人员来经营。从某种意义上说,合股公司具有了现代股份公司的某些特征。但是,按照当时英国的习惯法,合股公司被称为"没有法人地位的合股公司"。直到 1856 年英国议会才确认注册的合股公司对债务只负有限责任,公司具有法人地位。因此,合股公司成了现代公司制企业的直接祖先。

19 世纪上半叶,欧美国家的工业生产开始从工厂手工业向机器大工厂制度过渡。新技术的采用和企业规模的扩大,使得资本有机构成迅速提高,这就使得仅靠个人独资和合伙兴办新企业十分困难。于是,股份公司这一企业财产组织形式在铁路、水运、电力和煤炭等部门得到了广泛的发展。根据美国著名学者钱德勒的考察,现代公司制企业是从 19 世纪 40 年代末在铁路企业中萌生的,随后渗透到金融业、通讯业特别是工业企业当中的。由于铁路运输的准确性、整体性、连贯性的内在技术特点,不仅需要巨额的长期投资,而且要求专业化很强的管理,从而使企业组织制度的创新成为必要。他在其《看得见的手——美国企业的管理革命》一书中指出:"铁路旋风般的胜利导源于组织上技术上的革新。技术使得迅速且全天候的运输得以实现；但安全、准时并可靠的客、货运以及机车、车皮、铁柜、路基、车站、调车房和其他设备的长期保养与管理，则有赖于相当规模的管理组织。这意味着需要雇佣一群经理来监督、评估和协调负责日常经营活动的经理的工作。这也意味着各种崭新的内部管理程序以及会计和统计监督的形成。从此以后，由于铁路经营的需要，产生了美国企业管理上最初的管理等级制。"

到了 19 世纪末 20 世纪初，一大批公司制企业迅速崛起，并开始跨国经营。第一次世界大战后，大公司的股权迅速分散化，股东人数大量增加，高层管理日益转移到支薪雇员手中。美国法学家伯力和米恩斯在《现代公司和私有财产》一书中向世人展示了他们对当时 200 家美国大公司进行实证研究的结果，表明美国电话电报公司的股东数从 1901 年的 1 万人增加到 1931 年的64.2 万人；美国制钢公司的股东数从 1901 年的 1.5 万人增加到 1931 年的 17.4 万人。在所有权和经营权相分离的情况下，股权的分散化使得任何股东都无法控制公司，公司真正的控制权落到了并未掌握公司股权的经理人员手中，这就出现了始于上世纪 30 年代的"经理革命"。因此，钱德勒认为，这样由一组支薪的高、中层经理人员所管理的多层次的企业，就可以恰当地被称为现代企业。

这种现代企业具有十分鲜明的特征：首先，在财产构成上实现了资本来源的多元化。现代公司制企业，尤其是有限责任公司和股份有限公司，是一种实行资本联合的企业形式，其资本来源实现了广泛的社会化。它通过股份制这一财产组织形式和机制，把归各个不同所有者支配的数量有限的、分散的"小资本"集中起来，转化为公司统一支配的"大资本"，使各个独立的财产或资本变成越来越归社会统一支配的财产，进而扬弃了私人资本的局限性。其次，法人财产具有完整性和不可分割性。公司的法人财产并不是单个出资人个人财产的简单相加，也不是由众多的投资者以个人名义独立支配的财产，而是以公司名义占有和支配的、具有不可分割性的完整财产。公司财产的完整性表现为股权的组合，而构成公司股本的一个个股东股权只是意味着获得了对公司的投票权、剩余索取权和股票的自由转让权，他们失去了对其投入资本的实际占有权和支配权。因此，股东转让个人股份，并不会影响到公司法人财产的完整性，这决定了公司财产的存续不受股东自然人寿命的影响,进而实现公司财产的长期延续性。第三,公司制企业实行有限责任制度。与业主制和合伙制企业出资人对企业债务承担无限责任相比,公司制企业的股东以其出资额或所持有的股份为限对公司债务承担责任,公司则以其全部资产对公司的债务承担责任。由此极大地规避了投资者的投资风险,进而最大限度地调动了社会投资的积极性。第四,所有权和经营权发生分离。正是由于这种"两权分离",实现了"实物或货币资本与人力资本"优势的有机结合,充分调动了出资人和经理人两个积极性。第五,出资人产权的可转让性。作为出资人的股东,可以自由转让其拥有的股权,进而最大限度地分散和转移投资风险。第六,这种企业具有一套科学的组织管理体制。一方面,现代企业制度有一套科学完整的组织机构,它们通过规范的组织制度使企业的权力结构、监督结构、决策机构和执行机构之间职责明确、并形成相互制衡的关系。另一方面,现代企业制度还包括一套由财务管理制度、用工制度、工资制度、人事制度等组成的科学管理制度。这套组织管理制度,不仅是现代企业制度的应有之义,而且是现代企业制度得以有效运转的制度基础。

二、公司制企业的法人治理结构及内在关系

科学规范法人治理结构是形成有效制衡机制、保证现代公司制企业有效运转的制度基础。在国有企业的公司制改造中,要形成科学规范的法人治理结构,既要遵循市场经济条件下公司制度的一般规范,切实建立起股东会、董事会、经理层、监事会之间相互制衡、协调运转的关系。

（一）"三会一层"的组织机构

公司制企业的组织结构一般由股东会、董事会、经理层和监事会构成。(1)股东会。股东会是公司的最高权力机构,有权推选和罢免董事会和监事会成员,制定和修改公司章程,审议和批准公司的财务预算、投资以及收益分配等重大事项。(2)董事会。董事会是公司的经营决策机构,其职责是执行股东会的决议,制定公司的生产经营决策和任免公司总经理等。其成员由股东代表及其他方面的代表组成。董事长由董事会选举产生,一般为公司的法定代表人。董事会实行集体决策,采取每人一票和简单多数通过原则,董事会成员对其投票要签字在案并承担责任。这样有利于决策的民主化和科学化,同时又能对董事的决策能力进行检验。(3)经理层。公司的经理层负责公司日常经营管理活动等,对公司的生产经营进行全面领导,依照公司章程和董事会授权行使职权,对董事会负责。对总经理实行董事会聘任制,不实行上级任命制。(4)监事会。监事会是公司的监督机构,由股东和职工代表按一定比例组成,对股东大会负责。监事会依法和依照公司章程对董事会和经理层行使职权的活动进行监督,防止滥用职权。监事会有权审核公司的财务状况,保障公司利益及公司业务活动的合法性。监事会可以对董事成员、经理的任免、奖惩提出建议。为了保证监督的独立性,监事不得兼任公司的经营管理职务。

(二)国有企业的共同治理结构

对于通过国有企业股份制改造而形成公司制企业,其法人治理结构的规范和完善应该关注众多"利益相关者"的权利,坚持"共同治理"的理念。共同治理的核心就是通过公司章程等正式制度安排来确保每个产权主体具有平等参与企业所有权分配的机会,同时又依靠相互监督的机制来制衡各产权主体的行为。适当的投票机制和利益约束机制则用来稳定合作的基础,并达到产权主体行为统一于企业发展能力提高这一共同目标之上。在这样一种治理模式中,重点要加强董事会和监事会建设。董事会中的共同治理机制要确保各个产权主体都有平等的机会参与公司重大决策;监事会中的共同治理机制则是要确保各个产权主体平等地享有监督权,从而实现相互制衡。

1.加强董事会建设

董事会作为代替股东会负责公司经营管理决策的机构,原则上它必须以股东利益最大化为目标,贯彻股东意志。然而,公司的法人财产不仅仅是由股东出资的资产组成,它还包括债权人的债权形成的资产,雇员和经营者的人力资本形成的财产等。因此,尽管董事会的权力来自股东所有权,但董事会以法人代表机构取得占有权和部分收益权后必须从公司全局出发,首先关注公司的整体利益,其中包括利益相关者的合法权益。这样,在董事会的组成机构中,除了股东董事,还必须包括一定比例的工人董事和外部董事。

建立工人董事制度是完善董事会中的共同治理机制的一个重要内容。从国际上看,大陆法系一直强调公司活动是劳资双方的一种伙伴关系。因此,大陆法系国家大多建立了劳工代表参与董事会决策的制度。英美法系虽不要求工人代表直接参加董事会,但通过精心设计的集体谈判机制来解决劳资纠纷,倾听工人意见。因此,我国国有企业的公司制改造中也应该借鉴大陆法系所倡导的职工董事制度。当然,在职工董事的选择上,可以从企业的实际出发,一般来讲,工会主席作为代表工人整体利益的代表,可优先考虑作为职工董事,另外根据企业规模大小再选择一定数量的一线工人或干部代表进入董事会。工人董事要由职工代表大会按多数统一原则选举产生。

建立外部董事制度是保证公司制企业科学决策,防止大股东操作股东大会,保护中小股东利益,进而实现共同治理目标的重要制度安排。外部董事通常由负有管理经验的专家、专业人士、具有相关专业知识的教授、社会贤达人士担任。外部董事和独立董事参与董事会工作可以弥补其他董事专业知识不足、局限于本位利益、局部利益和短期利益等缺陷,有利于利用外部的人力资源,以较低的代价提高董事会的管理水平。例如,在董事会中,主要由外部董事和独立董事组成的审计委员会能以更公正、客观的立场,评价主要财务预算方案,发现财务管理的问题,督促信息披露工作,对公司内部控制系统进行监督和审查,防止公司违背法律工作的行为。其他如提名委员会、薪酬委员会可以保证在选聘经理人员和确定激励人员薪酬过程中的公正性和合理性。

2.加强监事会建设

监事会是保证公司制企业有效运转的重要制度,尤其是国有控股和国有参股的公司制企业,更需要重视监事会的建设,以保证国有控股或参股的公司制企业既认真履行国有资产保值增值责任,又合理保护各个利益相关者的合法权益。因此,根据国有控股和参股的公司制企业的特点,按照《公司法》和《国有资产监管条例》的规定,积极构建内部监督与外部监管相互补充的监督管理体系。这样,国有控股和参股的公司制企业的监事会应该由两部分人员组成,一是"内部监事",由企业股东或内部职工选举产生;二是"外部监事",由政府派出,报酬由派出机构支付。

3.正确处理新老"三会"关系

新老"三会"关系,不仅是国有企业公司制改造过程中不可能绕过的问题,而且是改制后的公司制企业必须正确对待的问题。首先要处理党委会与"新三会"的关系。国有控股和参股的公司制企业要重视发挥党组织的政治核心作用,要积极探索董事会和党委会双向进入有效形式,国有控股的公司制企业的董事长可以兼任党委书记,这样既可体现党的领导,又可提高企业的决策效率。其次要处理职代会与"新三会"的关系。要重新界定《公司法》规定股东会作为公司最高权力机构和《企业法》规定职代会作为企业最高权力机构的权力关系。在公司制企业中,职代会发挥作用,一方面可以通过选举工人董事进入董事会参与决策来实现;另一方面要继续发挥职代会领导工人参与民主管理的积极作用。再次要处理好工会与"新三会"的关系。工会作为职代会的工作机构,依据《工会法》开展活动,工会主席可以参与董事会行使表决权,来维护职工合法权益;领导工人监事对企业经营者进行监督;负责集体合同的签订和谈判。

三、有效的经营者激励与约束机制建设

委托代理理论告诉我们,当所有权与控制权分离后,由于委托人的出资人与代理人的经理人员之间目标函数不一致性,以及信息分布的非对称性,经理人员容易利用委托人的授权来谋求自身利益最大化,从而导致出资人权益的损失。国有企业进行股份制改造后,经营者既不必对经营后果承担责任,又不能分享由经营效率的提高所带来的增量利润,其收入主要包括基本工资和一定数量的封顶奖金,基本是干好干坏一个样,缺乏必要的动力机制。对此,亚当·斯密早就告诫:"在钱财的处理上,合股公司的董事为他人尽力,而私人合伙的合伙人,则纯是为自己打算。所以,要想合股公司的董事们监视财物用途,像私人合伙的合伙人那样用意周到,那是很难做到的。……疏忽和浪费,常为合股公司业务经营上多少难免的弊窦。"①因此,必须重视经营管理者的激励与约束机制建设。

(一)建立多元激励机制。

1.健全物质激励机制。激励机制建设的核心是将经营管理者对个人效用最大化的追求转化为对企业利润最大化的追求。针对经营管理者对货币收入的追求,董事会通过确定一个以年薪制为核心的报酬计划来实现对经营管理者的激励。经营管理者的报酬一般由薪金、奖金、股票期权、退休金计划等组成。

首先,推行年薪制。1992年6月上海轻工局首次选定英雄金笔厂等4家

① 亚当·斯密:《国民财富的性质和原因的研究》下卷,商务印书馆,1972年,第303页。

企业进行经营者年薪制试点。同年,经国务院同意,颁布了《企业经营者年薪制试行办法》,并在全国 100 家国有企业试点。2003 年 11 月,国务院正式下发了《中央企业负责人经营业绩考核暂行办法》,2004 年 1 月 1 日在当时的 189 户中央企业全面实施,用量化指标约束国有企业经营者,按业绩领取薪酬。一些省、市也相继出台了试行办法,逐步推行国有企业经营者年薪制。作为经营者的"市场价格",年薪一般由基本年薪和风险年薪构成。基本年薪是指经营者年度的基本收入,它是经营者劳动要素投入应得的报酬,为税前收入。风险年薪,是按企业综合经济效益确定的经营者年度收入,它是经营者人力资本要素投入应得的报酬。年薪制与过去的固定月薪制度相比,有一定的好处:一是使经营管理者收入独立化,明确经营管理者的职业化身份,使之不再以国家行政干部和企业职工的身份来经营企业。二是年薪制使经营管理者的物质利益与企业经济效益和国有资本保值增值挂起钩来,有利于经营管理者追求自身利益最大化与企业追求利润最大化和出资人保值增值目标结合在一起。三是年薪制把经营管理者的收入统一到一个渠道上来,实现公开化、透明化和规范化,便于社会和职工监督。

其次,实行股票期权激励。经营者股票期权规定,给予公司经营者某一固定价格购买公司普通股的权力,而且这些经营者有权在一定时期后将所购入的股票在市场上出售,获得股票溢价。因为股价上涨对于经营者是最有利的,所以股票期权有利于刺激和促进经营者改善公司业绩,克服经营行为短期化。

第三,制定退休金计划。在市场经济条件下,经营者是特殊的人力资本所有者,对企业发展起着关键作用,为经营者提供特殊的退休金计划,解除其工作的后顾之忧,有助于经营者克服机会主义行为,最大限度地减少"59 岁现象"的发生。

2.健全精神激励机制

职业经理人努力经营,并非仅仅是为了得到更多的报酬,还期望得到高度评价和社会尊重,期望有所作为和成就,期望通过企业的发展证实自己的经营才能和价值,达到自我实现。因此,对于职业经营者来说,声誉激励十分重要。经营者的声誉是体现经营者创新能力、经营管理能力、领导能力和努力程度、敬业精神的公共信息。因此,建立国有企业经营管理者的激励机制,必须重视他们的这些精神方面的价值追求。一方面,要继续发扬我们过去比较注重精神激励的优势,继续通过表彰、授予称号等途径,提高国有企业经营管理者的社会声誉;另一方面,要根据中国文化的特点和国有企业经营管理者特殊身份的实际,通过"影子级别"来满足他们看中"仕途激励"的心理需求,增强他们专心企业经营管理的信心。

(二)建立多重约束机制。

在对经营者进行充分的激励的同时,也必须从制度上约束经营者的行为,进而建立起一种"内外联动、优势互补"的多重约束机制。

1.强化内部约束机制建设。经营者不仅要接受董事会、监事会的直接监督,而且要接受公司职工的监督。通过内部制衡机制的建设使经营者的经营行为受到制约,进而减少由于信息不对称和"道德风险"造成的公司利益损失。

2.强化外部约束机制建设。一要强化产品市场约束。如果产品市场上企业之间的竞争是比较充分的,则企业经营不善,就会丧失市场,最终导致亏损。当股东从产品市场上了解到企业经营状况的真实信息时,就会选择"用手投票"或"用脚投票"的方式把经理人员赶下台。因此,经理人员为了避免下台,就不得不努力工作,进而在产品市场上竞争求胜。二要强化经理市场约束。在一个比较完善的经理市场中,公司的经理人员都是竞争上岗的。由于存在许多潜在的竞争者,因此只要在岗经理人员不努力工作,就可能被其他人替换。特别是一旦经理人员因自己的行为导致公司利益受损,就会丧失声誉,反映到经理市场上,就会使他们的人力资本贬值,从而很难找到新的经理职位。三要强化资本市场约束。资本市场上股价的波动反映了公司的业绩。如果公司业绩差,股价下跌,一些有实力的投资者或其他公司就会大批购入该公司股票,直到符合控股要求。一旦这些人或机构控股,便会调整公司领导机构,致使经理人员丢掉饭碗。经理人员为了防止这种控制权的转换,唯有努力工作,维持公司的股价水平,并使之稳中有升。可以相信,随着以国有企业的制度创新为背景的激励与约束机制的优化,必将有效地调动经营者的积极性,优化经营管理行为,进而增强企业的生机和活力。四要强化监事会主席的作用,增强出资人对国有企业经营管理者的监督约束作用;五要强化法律和舆论监督。

3.强化选人用人机制约束。对于改制后的国有控股或国有参股的公司制企业的高层管理人才,要坚持党管干部原则,但必须同市场化选聘企业经营管理者的机制有机结合,积极探索适应公司制度法律要求的选人用人新机制,大力推进国有企业经营管理者"职业化"。

(本文是作者在 2003 年中央党校"国有企业改革"专题研究班上的讲稿)

深化国有企业改革关键是落实企业发展权

科学认识国有企业发展权的现状,正本清源,落实国有企业的发展权,国有企业才能真正成为自主经营、自负盈亏、自我约束、自我发展,富有活力的市场主体。

第一,政企不分剥夺了国有企业的发展权。目前部分国有企业缺乏活力,经营和发展困难。究其根源,是政府部门与企业关系错位,政府集社会经济管理职能、国有资产所有者职能、国有资产经营职能于一身,以政代企、政资不分、政企不分,企业无法成为自我发展的市场竞争主体。然而,深究何以政企不分,其制度根源又在于根植于传统计划经济体制下的政资不分的国有资产运营体制没有根本改变。在实际经济生活中,由于政资不分和政企不分,虽然国有资产表面上是由国家代表全民行使所有权,但究竟谁能代表国家,在现实生活中并不清楚,每一个政府部门都以国家代表而自居。各级政府部门对企业的管理、考核和监督,更多是以社会管理者身份,而非以资产所有者角度来进行。各级政府和行业主管部门在行使行政权时,把社会治理目标直接注入到企业中,关注的往往不是国有资产所有权权益、企业盈利、企业发展和企业负担过重等问题,而是追求本地区或本部门的直接利益和社会稳定、充分就业、经济高速增长速度等行政业绩。因此,行政权侵害所有权,行政权取代经营权、行政权剥夺发展权的现象非常普遍。一方面,当企业盈利,有利可图的时候,谁都代表国家关心企业,向企业摊派、伸手;当企业亏损、资不抵债的时候,谁又都不愿意代表国家,对企业的国有资产负责,甚至公然支持企业逃避银行债务,流失国有资产。另一方面,各级行政主管部门不可能真正执行所有者的职能,但却越俎代庖,握有企业的实际控制权,从资金的筹集使用到项目的选择立项;从集团组建、上市公司排序、企业领导人的选择安排到企业之间的兼并、联合等等,表面上是企业行为,背后实际上是政府主管部门的意志。因此,企业投资和发展决策很多是服务于各级行政主管部门的冲动和政绩需要,国有企业很难真正按照市场原则和市场需要去发展,进而跳出"企业围着政府转"的企业发展行为怪圈。

第二,"条块分割"、结构趋同削弱了国有企业发展权。由于国有企业政资不分、政企不分和企业发展行政化的不合理问题没有彻底解决,所以,在行政权力"条块分割"和地方保护主义盛行的体制条件下,由政府控制的企业投资方向和投资规模必然服从和服务于这种条块分割的行政权力和利益。结果,必然导致企业重复投资、重复引进、重复建设和地区产业结构高度"趋同"。因此,由于投资分散不能为国有大企业发展壮大注入大量资本,国有企业无法成为巨型企业而获得相应的规模经济、技术和产品开发能力等自我发展能力。例如,中国的钢铁生产能力已达到1.2亿吨,居世界第二位。但从总体上看,钢铁企业重复建设、数量多,技术水平低,产品结构单一,质量不高,大多数只达到国际上50—60年代的水平,如果长此以往,这些企业只能坐以待毙。相反,国有企业这种低质量重复投资、重复引进、重复发展,面临有限和要求不断升级的市场,不仅造成大量的国有企业生产能力闲置,而且还会带来企业之间的"恶性竞争"和"自相残杀",使国有企业大伤元气。

第三,沉重的负担限制了国有企业发展权。由于政企不分,企业被迫长期承担着本应由国家和政府承担的责任和义务,并且长期积累成为制约国有企业发展的沉重包袱。这些包袱包括:一是大量冗员。据有关部门估计,现在一般企业的冗员约占全部职工的20—30%,全国大约有2000—3000万富余职工。如果这些富余职工不真正下岗分流,企业仍很难健康发展。二是巨额债务。由于"拨改贷"以后,国家长时期没有向国有企业注入过"资本金",企业上项目、搞技改和运转资金基本上靠向银行贷款。加之企业生产产品不适销对路,甚至贷款发工资、交纳税收、如此恶性循环使企业陷入沉重的债务危机而不能自拔。必然导致企业的资金紧张,运转不灵,债务成本负担沉重,限制企业发展。在这里,国有企业"所有者缺位"和"投资欠账"是使国有企业债务负担加重的重要原因之一。三是企业办社会。据测算,如果政府职责到位,企业不再办社会,不仅大约可以分流出一半左右的职工,而且可以大大减轻企业财力负担。但真要分离出去,地方要么拒收,要么企业拿出的钱比在企业时还要多,企业办社会这种两难问题也必然限制着企业发展。四是退休职工。现在企业包下来的退休职工占在职职工的比例,一般是 1∶4 至 5,老企业高达 1∶2。应该积累的退休费用,早已被政府以税利形式收走他用。因此,政府不设法彻底解决退休职工养老保险问题,而仍由企业负担,企业发展肯定为其所累。

第四,产权约束软化、"内部人控制"侵蚀了国有企业发展权。从国有企业自身来讲,由于国有资本的产权不明晰,所有者"缺位"导致国有企业产权约束软化,形成了部分企业"内部人控制",使大量国有资产流失或浪费,一方面,在收益分配上,通过"工资侵蚀利润"侵占所有者权益,进而削弱了企业自身的积累和发展能力;另一方面,企业行为短期化,企业为完成承包任务,该摊的不摊,该提的不提,致使形成大量资金"挂账"。许多国有企业不仅没有能力进行扩大再生产,就连简单再生产也难以维持。国有企业在内部人控制下,就更无法发展。

因此,要使国有企业发展和壮大,真正成为能够参与国际市场竞争的"航空母舰",就必须深化国有企业改革,赋予大型优势国有企业和企业集团直接经营国有资产的权利,使企业成为能够自我发展的国有资产产权主体,真正落实企业发展权。首先,要继续加大政府机构改革力度,转变政府职能,实现政资和政企"双分开"。其次,必须继续深化大型优势国有企业自身改革,通过建立现代企业制度和国有经济战略改组,建立多元化的股权结构。一方面,对于国有独资的核心企业或母公司,通过不同国有企业之间的交叉持股,变单一国有股东为多元国有法人股东。另一方面,核心企业所属的国有独资企业或子公司,可以变成国有控股、国有参股的股权结构,大量吸收非国有的法人股东和个人股东。这样不仅有利于大型优势企业在接受国有资产委托经营成为所有者后"在其位,谋其事"的问题,而且有利于大型国有企业和企业集团的扩张融资,进而解决由于国家独家注资不足而影响企业发展和优势扩张的问题。从而为在大型优势国有企业中,建立有效的治理结构,杜绝"内部人控制",提供了产权基础和制度前提。第三,建立完善的企业治理结构,规范使用企业发展权。按照《公司法》要求,真正建立股东会、董事会、监事会和经理层等不同层次的组织权力机构,分别行使重大决策权、监督权和日常经营管理权、经营管理权,各司其职、各负其责,互相制衡从而保证企业决策的科学化和日常管理经营活动的有效性和规范性。干部的选择任命,要坚持"党管干部""一级管一级"和"管事权与管人权相统一"的原则。对于优势大企业核心的董事会,由多元法人股东推荐,经组织部门考核同意的董事组成,董事长由董事会提名推荐,上级组织部门考核任命。总经理由董事会决定聘任,副职由正职聘任。同时,为保证对大企业的监督,应该建立强制性公司信息公开制度,将国有企业内部监督、职工监督与社会公众监督结合起来,形成国有企业多层次的监督体系。第四,建立完善对国有企业经营者的激励与约束机制,促使经营者合理用好企业发展权。经营者能否恪尽职守地为所有者负责,科学管理,使国有资产真正保值增值,需要经营者的党性觉悟,但是更需要有促使其恪尽职守的激励与约束机制。然而,建立这种激励与约束机制的前提,就是要承认"管理"与"管理者或企业家"是非常稀缺的生产要素的资源。根据"十五大"提出的"按生产要素分配"原则,设计能够激励与约束经营者的分配机制。因此,应该尽快实行国有企业经营者"年薪制"。根据市场经济国家通行的惯例,企业经营者的收入,要分成基薪和经营风险收入两部分。前者主要解决经营者的基本生活,后者对经营者的实际经营能力给予报酬。具体操作可以借鉴美国公司的做法,将年薪分成基本工资、奖金、特权享受等若干项目,根据实际情况确定合理的结构比例,以便有效调动经营者的积极性。据对 1991 年美国大公司高级管理人员报酬结构统计,在全部收入中,一般基本工资占 35%,年度激励占 22%,长期激励(主要股权收入)占 31%,其他津贴占 12%。其中,年度激励与财务年度的收益直接挂钩。长期激励主要为了激发经营者的长期行为和为企业长远发展负责,具体激励方法是送红股和赠股票期权等。这里最关键的是长期激励,它把经营者的利益与所有者的利益紧密结合在一起,不仅有利于"内部人外部化",克服"内部人控制",促进经营者恪尽职守和行为长期化,而且还有利于减少经营者犯罪。目前,根据我国国有企业的实际,可以实行董事长收入与国有企业增值额挂钩、总经理收入与国有企业纯利润额挂钩的办法,确定经营者的年薪,甚至可以考虑设置"管理股"。同时,配合年薪制的实行,建立和规范"经理市场"和"资本市场"。根据发达市场经济国家的经验,健全的"经理市场"和"资本市场"能有力地约束经营者的经营行为。第五,建立和完善社会保障制度,为国有企业的富余人员下岗分流创造条件。目前国有企业普遍存在富余人员"分而不流"的问题。如果不彻底解决这种"分而不流"的问题,国有企业还不能轻装走向市场,参与市场竞争,必须有比较完善的失业和社会保障制度作基础。因此,国家应拿出一块"国有资产"作为社会保障基金,甚至可以考虑设一个新的社会保障税种,以尽快发挥社会保障制度对国有企业深化改革的保障作用。

(原载《理论前沿》1999年第4期,与么志义合撰)

资产重组与重振国有企业

一、产业结构"畸形化"与企业生存环境恶化

(一)产业结构"畸形化"及其表现

长期以来,产业结构"畸形化"一直是困扰我国国民经济健康、高效、持续发展的主要问题。它的危害和负效应,在传统计划经济体制下,常常部分或全部地为"封闭经济运行""统购包销的产品生产""刚性计划价格""统配的劳动用工"等旧体制特征所"隐形"。然而,在中国经济全面走向国际化、市场化,并准备挑战未来,争雄二十一世纪的今天,剥离了传统体制袒护的结构不合理问题及其危害,愈来愈成为我国国民经济全面发展,角逐国际市场的不二选择。

在这里,所谓产业结构"畸形化",包括两层含义:其一是指产业或行业发展不平衡,"长线"产业或行业与"短线"产业或行业相差悬殊,进而形成"瓶颈"制约的不平衡产业格局。其二是指地区间产业发展"趋同",从而使国民经济各个产业部门,从农业、工业到服务业,从加工工业到原材料工业,从轻工业到重工业,从机械工业到电子工业,从家电工业到纺织工业,等等。几乎普遍存在着生产集中度低、专业分工差、低技术含量、小批量、"大而全、小而全"等自给性重复生产和重复建设的不合理现象。

在当前经济运行中,前者主要表现在由于某些短线产业或行业的"瓶颈"

制约,以及市场原因,使许多生产部门的生产能力利用不足,生产能力大量闲置。根据第三次工业普查对 94 种主要工业产品统计,产品生产能力利用比较充分(80%以上)的仅有 33 种产品,占 35.1%;生产能力利用不足,能力闲置1/3—1/5 的产品有 26 种,占 27.7%;生产能力利用严重不足,能力闲置一半左右的产品 17 种,占 18.1%;生产能力利用不足半数,处于半停产或停产状态的有 18 种,占 19.1%。后者从存量结构来看,不仅"宏观"表现在中部地区与东部地区、西部地区与中部地区的工业结构相似率分别高达 93.5% 和 97.9%,而且"微观"表现在各种产品生产在全国不同省份(直辖市或自治区)之间存在明显的重复与趋同。从增量结构来看,在"九五"期间各地区支柱产业选择也明显趋同,根据有关资料反映,"九五"期间把汽车作为支柱产业的省、市、区,有 22 个,将机械工业作为支柱产业的有 16 个省,将化工工业作为支柱产业的有 16 个省,将电子工业作为支柱产业的有 24 个省,将冶金工业作为支柱产业的有 14 个省。

(二)产业结构"畸形化"恶化了企业生存环境

首先,基础产业、第三产业以及高科技产业发展滞后,不仅直接造成一些长线产业的设备闲置,制约了国民经济的协调、高效发展,而且阻碍着产业结构升级和国民经济整体素质的提高。一方面,基础产业、第三产业和高科技产业是其他产业发展的前提或基础,这些产业发展滞后,必然形成"瓶颈"制约其他产业的生产能力最大限度地发挥作用,从而造成设备与资产的闲置浪费;另一方面,基础产业、第三产业和高科技产业作为其他产业的市场,由于其发展滞后难以形成足够的有效需求,也会制约其他产业的快速发展。

其次,地区间产业结构高度趋同,不仅无法实现规模经济,阻碍国民经济高效发展,而且导致企业之间的恶性市场竞争,成为当前国有企业困难的重要根源。国民经济能否高效益地发展,取决于产业结构是否合理,只有在合理的产业结构下,形成企业间合理的社会分工与专业化协作,才能实现集约与规模经济,创造出 1+1>3 的协同联动效应,从而提高国民经济发展的效益和质量。在我国由于地区之间的产业结构趋同,重复投资、重复引进、重复建设、重复生产,以及企业一味追求"大而全、小而全"的现象严重,结果导致各地的企业不仅生产专业化水平低,而且分散化、小型化,不能在合理的专业分工的基础上有效地集中,根本无法获得规模经济效益,因而企业也就无法获得良好的经济效益和与国际企业竞争的能力。以钢铁工业为例,西方主要工业发达国家的钢铁企业在目前的技术水平下,其最佳规模一般为年产1000万吨左右,而我国目前年产钢500万吨以上的企业仅四家,年产钢100—500万吨的企业有11家,年产钢50—100万吨的企业有10家,大约有500多家钢铁企业及众多的乡镇钢铁企业的产量就更低。而早在1976年,美国最大的几家钢铁公司的年产量就达到2570万吨,日本的新日铁年产钢更高达3400万吨。再如我国有70多家彩电总装厂,每厂平均年产量只有17万台,而电视机产量与我国相近的韩国,电视机整机生产企业一共只有6家,每家企业平均年产200多万台。又如1995年排出的全国500强企业的销售额之和(1527亿美元),还不及美国《财富》杂志排出的世界500强中的首家企业的销售额(日本三菱商事1844亿美元)。全国325家汽车制造厂(不含汽车改装厂)的汽车产量仅相当于日本丰田汽车年产600万辆的四分之一;我国电子行业前100家企业销售收入之和,只相当于IBM公司的五分之一;宝钢集团在我国大企业中名列前茅,但其销售收入也不及世界500家大企业最后一名的一半。可见规模经济水平相差极大。

第三,地区产业结构趋同,不仅使有限的建设资金被盲目争上同一水平的新建企业所挤占,妨碍了原有国有企业的更新改造与技术进步,而且直接导致原料大战和产品销售市场争夺大战,既严重浪费了资源,也为外商占领中国市场创造了可乘之机。由于产业结构趋同所衍生的大量同类企业及其生产能力的横向扩张,必然导致面对有限的资源,在资金市场上,争投资、争外汇,使本来应该用于企业技术改造和设备更新的资金,却用于铺新摊子,结果原企业由于技术设备落后,产品质量差而丧失市场。在生产要素市场上争原料、争能源,竞相提价,进行"原料大战",因而增加了产品生产成本。同时,面对产品市场上的供过于求,企业又为了销售产品而争相降价、亏本竞争,甚至在国际市场上自相残杀。这"一高一低"不仅使企业血本无归,大伤元气,而且给国家整体经济效益造成了巨大损失。特别是由于盲目投资,盲目引进,重复建设而使一些产品生产能力严重过剩,甚至许多企业在投产之日,即为亏损之时。这不仅浪费大量的固定资产,而且也占用了大量流动资金。而这种由于产业结构趋同导致的国内市场自相残杀式的竞争格局,更为外商和外国商品的长驱直入打开了"方便之门",使民族工业陷入危难,损害了民族利益。

二、实施国有资产战略重组，摆脱"畸形结构"困扰

（一）摆脱"畸形结构"困扰，必须走国有资产重组之路

在任何社会条件下，产业结构作为一国国民经济体系和工业体系中的产业、行业的组合，都是以一定比例组合或配置的物质资产为基础。因此，所谓调整产业结构，实质是重新配置或者调整物质资产的组合比例。在我国的经济运行中，产业结构畸形化突出表现在物质资产的不合理配置上。由于物质资产的配置不合理，导致产业结构畸形，不仅使国民经济的整体素质与效益下降，而且使作为这些资产组织与运营载体的企业陷入困境。在我国国有资产的配置组合格局中，一方面，"小、散、同"的产业组织结构，企业之间既无紧密的资本联系，又缺乏按产品组合特点展开的稳定的生产协作关系，从而使随产品组合与工艺分解而提出的对各个零部件批量与工艺技术装备配置经济性的要求，难以通过相应的不同规模的企业来加以实现，严重阻碍了国民经济的竞争力和经济效益的提高。另一方面，产业的集中度低，缺乏具有国际竞争力的大型企业群体。尽管从 1978—1993 年国有大中型企业在我国国民经济中的地位呈不断上升趋势，1993 年分别占全部独立核算工业企业总数 1.02% 和 4.17% 的国有大中型企业，在全部工业企业总产值的比重高达 56%，比 1978 年提高了 12.64 个百分点，但由于基础薄弱，组织分割和投资分散，国有大型企业和企业集团在各行业中并没有充分发挥集中优势资源、创立国际名牌及促进组织结构优化的龙头作用。在大型企业特别是企业集团内部由于尚未实现真正的资本联合，不同程度地存在着利益冲突和分离的倾向，从而限制了企业的长期战略性投资行为和内部按分工、协作原则对生产组织体系进行优化。所以根本无法获得应有的规模经济和市场控制力，因而也就难以获得比较广阔的生存空间。因此，只有通过资产重组，克服"小、散、同"的产业组织结构，按照产业结构的演进规律以及产业内在特点要求，把国有资产适度集中于重要的基础性、垄断性和竞争性产业，以及新兴的高科技产业，进而推动我国产业结构的合理化、高级化。

（二）实施国有资产战略重组，重振国有企业

在我国的经济运行过程中，不合理的资产配置与组织结构，诱发了畸形的产业结构，畸形的产业结构又是造成目前国有企业生存困难的重要根源。

如果不合理的产业结构得不到真正的优化,国有企业就根本无法摆脱生存的困难,更谈不上发展。而要使产业结构得到优化,就必须按照产业结构演进规律和产业内在特点要求,重组国有资产存量,妥用国有资产增量。因此,作为国有资产组织制度载体的国有企业也就能够在国有资产重组和产业结构优化这一"双重过程"中获得良好发展。

1.国有资产重组的"结构基准"。对国有资产实施战略重组,优化产业结构,就必须冲破"条块分割"的藩篱,按照产业结构优化基准来配置现有的国有资产存量,以及新增加的国有资产增量。具体来讲:

首先,国有资产重组要本着"高收入弹性""高生产率增长弹性""高关联度""环境保护"和"缓解瓶颈约束"等产业发展基准,跨地区、跨行业流向支柱产业和高科技产业。这不仅有利于推动产业结构的高级化和地区产业布局的战略调整,而且有利于作为支柱产业组织制度载体的国有企业实现资产低成本扩张,扩大企业规模,实现规模经济,从而使企业获得新的竞争实力和发展空间。

其次,国有资产重组要与产业内在的特点相适应。根据产业部门的基本形态及其生产与市场特点,在现代经济中,产业部门可划分为特殊性产业、公益性产业、垄断性产业、竞争性产业和新兴产业等几大类型。特殊性产业,主要是指与政治稳定和国家安全直接相关的一些产业,如军工产业、造币业等;公益性产业,包括城乡基础设施、城乡居民福利设施等,以高投入、低回报为特点;垄断性产业包括自然垄断性和经营垄断性产业,如能源、采掘业、原材料工业和汽车、石油化工、化学工业、成套机电设备制造业等等,其共同特点是资源与市场的同质性大、基础性强、关联度高,因而所要求的投入规模和产出规模大,具有很强的资本、技术和组织壁垒,生产经营组织一体化的效益明显,前者一般构成一个国家的基础产业,后者一般构成主导产业或支柱产业;竞争性产业,包括以上产业之外几乎所有的门类,其特点是资源与市场的异质性显著,各类生产要素的可获性大,企业组织的成长具有较大弹性,由于资源与市场需求的可替代性高,因而创新性强,产品及工艺技术设备的更新速度快,在激烈的市场竞争中,要求企业具有较高的适应能力,组织调整的成本低;新兴产业,主要是高新技术产业,既具有竞争性产业的特点,又存在着经营垄断性产业的特征,对整个产业结构升级和技术进步有着很强的先导性作用,但由于其资源与市场的高度不确定性,因而风险大、投入高。从工业化的普遍规律来看,在一定的经济发展阶段,不同的资产配置与组织形式与产业结构之间存在着明显的相互适应关系,不适应产业结构变化客观要求的资产配置与组织形式必然丧失生命力或终究将被淘汰。因此,在新的历史时期,要重振国有经济,就必须通过国有资产重组,尽可能退出竞争性产业,把原来几乎无所不包的国有经济向能够充分发挥自身优势的特殊性、公益性、基础性和支柱性产业集中,进而能够有效地履行国有企业的职责和增强竞争能力,国有经济才能在为整个国民经济发展提供坚实的基础、保证社会经济的稳定和国家安全、保障全民基本福利水平的提高和协调地区、城乡经济平衡发展等方面起到不可替代的作用。这既是国有经济的优势所在,也是确立国有经济主导地位的关键。

2.考虑资产重组的成本约束,理性选择重组方式。首先,产业结构作为一种"制度安排",在一定社会经济条件下,虽然内生于一定的自然条件、社会生产力和技术发展水平以及社会需求,具有客观性,但实际上也是中央以及各部门、各地区、各企业、各利益集团长期主观追求某种经济利益或政治利益的必然结果,是一种权力和利益关系的"均衡"。因此,在我国产业与产业组织结构中存在的"重重、轻轻""短基础、长加工""产业趋同""大而全、小而全"等不合理结构问题的背后,隐含着从中央到地方、各部门、各地区、各企业及各利益集团的既得经济利益和政治利益。要通过对国有资产的重组,实现产业结构优化,必然会触及各方面的既得利益,使一部分人或集团受益或受损。因而资产流动重组过程中,由于某种行政隶属关系,必然在中央与部门、地方、企业之间,部门与地方之间,部门与企业之间,地方与企业之间,部门与部门之间,地方与地方之间,企业与企业之间进行复杂的"讨价还价"和社会博弈,由此需要支付巨大的"交易成本"。这种交易成本对于中央政府来讲,它包括:①各部门或各级政府出于本部门或本地经济利益,实行部门或地方保护主义,进行"逆向"抵制或"上有政策,下有对策"的策略性变通,可能造成的宏观利益损失;②各部门或各级政府官员出于个人政绩利益而进行的"逆向选择"所造成的社会利益损失;③企业关、停、并、转所引起的下岗或失业者的反对或抵制而造成的社会动荡,以及对下岗职工进行补偿安置所需的费用;④解决困扰国有企业关、停、并、转所遇到债务、呆账、死账的资金投入;⑤

为保证调整成效,避免部门、地方或企业的抵制或变通而进行监督、检查所支付的费用,等等。与此同时,各部门、地方、企业与各自的上级进行讨价还价,或抵制,或变通,也需要费用;部门、地方之间、企业与企业之间的调整中讨价还价也要花费费用。在优化国有资产结构过程中支付的交易成本越高,阻力越大,不合理的产业结构越难以改变,越难以达到预期的调整目标。其次,一定的产业结构格局一经形成,最终都由相应专用资产物质性地再现出来。这种专用资产具有用作某种用途以后,很难移为他用的性质。而资产的专用性是指:①场地或区域专用性,由于场地或区域的自然条件特性和固定资产特性,兴建于一定场地或区域的基础设施很难移作他用;②物质资产专用性,特定产业或行业所形成的专用机器设备,如纺织工业设备;③人力资产的专用性,即人所掌握的专业技能和知识只能服务于特定的产业或行业,这些产业一旦废止,这种专业技能和知识将失去意义,等等。由于资产具有专用性质,如果通过关、停、并、转一些"长线"企业或项目,进行资产重组,原来所投入的资产将全部或部分地无法改作他用,因此,投资所形成的固定成本和可变成本中都将包含一部分"不可挽救的成本"或"沉没成本"。因此,在我国经济运行中能否通过资产重组,从根本上解决产业结构畸形化的问题,取决于中央财政和地方财政,以及社会或人们心理对这种"沉没成本"的承受力。

既然通过资产重组,优化产业结构必须支付成本和代价,那么从中央到地方,无论政府还是企业,都应本着科学态度正视它。要结合我国的实际情况,理性选择调整成本相对低的资产重组方式。一则,要统筹规划产业结构及其区域布局,科学使用增量,防微杜渐。各级政府及企业都要根据自然资源条件和社会需求,遵循技术与产业演进规律,安排新的投资,坚持杜绝重复建设。二则,要保证中央政府权威,推动资产重组。由于中央政府不仅是国有资产的所有权主体,而且垄断了国家的"暴力潜能",所以中央政府能够在强制地推动国有资产重组过程中更具有"规模效益",从而通过政令统一减少"交易成本"与阻力。实际上,部门或地区内部的资产重组,主管部门或地方政府也可以发挥其权威的"规模效益"优势,降低内部资产重组的交易成本,加快资产重组进程。但是,政府推动资产重组要有一个前提,那就是要按照市场原则,合理使用权力,切忌搞"拉郎配"。三则,针对"沉没成本"对资产重组的约束,在存量资产重组时,应尽可能采用低沉没成本的存量调整方式。

即在破产、关、停、并、转等方式中,根据它们对沉没成本的影响程度不同,应尽可能利用"并、转"或联合,慎用"关、停"与破产。这里讲"慎用"后者,并不是不主张对那些处于"长线产业",技术设备落后,没有竞争力和市场,而且经营管理落后的企业实行关停与破产,但要进行科学论证,防止"一窝蜂"。同时更应根据国家产业政策和生产力布局的总体要求,鼓励资金雄厚,有知名品牌,管理水平高,经济效益好的企业兼并落后企业,推动跨部门、跨地区、跨所有制联合与合并,特别是要发展大型企业集团,这不仅可以极大降低产业结构调整中的沉没成本损失,而且内化了企业与科研、外贸、金融等部门的融合,极大节约了资产重组的交易成本,从而真正实现产业结构的优化。

（原载《山东社会科学》1997 年第 6 期,与李旭茂合撰）

民营企业的制度缺失及创新途径

改革开放以来,我国民营企业的崛起和迅速发展,已成为推进我国经济体制改革和经济发展的重要力量,成为建设中国特色社会主义的主力军。但是伴随着企业的发展,伴随着外在市场条件和社会生活其他方面的变化,以产权家族化、管理家庭化为主要特点的大量民营企业越来越不适应企业的发展需要。

一、民营企业制度创新的必要性

(一)宏观环境的变化,比较优势的丧失,迫切需要民营企业进行制度创新。

1.经济全球化和我国加入 WTO,对民营企业发展提出了新的挑战。由于我国民营企业的科技水平较低,产品档次不高,发达国家凭其雄厚的实力争先瓜分和占领国际市场,加之跨国公司占尽经济全球化的有利条件而得到迅速发展,愈来愈多地占有了发展中国家和地区的市场,从而影响我国民营企业的市场占有率。

2.制度环境的变化,对民营企业发展提出了新的要求。我国的民营企业是在不规范的市场经济中生长起来的,很大程度上利用了经济体制转轨提供的有利机会。进入新的世纪,我国的市场经济体制将不断趋向完善,对外开放的程度不断提高,民营企业先天具有的灵活机制比较优势也将随之逐步弱化和丧失。企业制度环境特别是产权制度环境的变迁,也是民营企业比较优势弱化和丧失的另一个重要因素。

3.市场环境的变迁,对民营企业的发展带来了很大冲击。经过20多年的改革开放,我国的市场环境发生了质的变化,由短缺经济转变成结构性过剩经济。随着国内买方市场的出现,城乡消费能力的提高,消费者将从绝对追求价格便宜转向对产品品牌的追求;随着中西部大开发的实施和经济发达地区生产成本的提高,这对民营企业是一个很严峻的考验。

(二)民营企业制度的先天性局限性。

1.产权结构的封闭性。民营企业的产权制度具有鲜明的血缘、亲缘、地缘"三缘"特征。随着企业的发展壮大,民营企业在产权制度上的弊病就暴露出来。相当数量的民营企业都将个人财产所有权与企业资产所有权相混淆,企业始终不能摆脱个人和家族而独立存在。产权主体的单一,股权的过分集中,资产兼并、联合和股权转让的困难,影响了民营企业向现代企业制度的演变。

2.治理结构的不规范性。从民营企业发展最快地区的温州来看,大部分企业普遍采用了股份合作制,在企业发展初期基本上是既合资又合劳,形成资本要素联合和劳动联合的矛盾共同体,在现实中,不可能人人平均持股,存在资本收益最大化与劳动收益最大化的矛盾,其资本积累机制、资本流动机制、劳动力流动机制以至决策机制都会受到制约。在股东影响企业分配的情况下,容易导致分配上的短期行为。由于缺乏能对经营者构成有效约束的治理结构,容易出现管理成本的道德风险高昂的问题。

3.企业管理的家族性。民营企业产权的家族化导致管理的家族化。在企业形成一定规模后寻求进一步发展和市场竞争日趋激烈的情况下,这种封闭型的家族式企业管理模式的缺陷就暴露出来了。一是家族式管理缺少有效的监控、反馈和制约机制;二是缺乏科学有效的管理机制;三是缺少民主管理机制;四是缺少公平有效的激励和用人的制度;五是家族式管理会进一步加剧企业的短期行为。

4.人才使用的排他性。考察台州、温州大量的民营企业,其内部关系基本上是以血缘、亲情这一天然人际关系为依托,靠家庭观念这一初级的社会规范来维系,当企业发展到一定规模,需要较多的管理、科技人才的时候,这种用人机制常常发生两个矛盾:一是家族人才资源的有限性造成高层管理人员的平庸化,与知识经济时代企业对人才高素质要求的矛盾;二是家族用人机制对外来人才的排斥,与市场竞争需要企业对优秀人才具有强大凝聚力的矛盾,这些矛盾导致的后果,是越来越多的人才危机。由于人力资本投资与积累不足,导致民营企业发展后劲不足,可持续发展能力越来越差。

(三)资本市场召唤企业制度创新。

当今世界,科技进步日新月异,经济全球化趋势进一步加剧。对民营企业来说,机遇和挑战并存。一方面,经济全球化将带来了重新洗牌的机会,意味着区域经济将凭借比较优势获得更大规模的产业转移,为实现产业结构的调整和提升产业层次带来了新的机遇;另一方面,在我们与国际市场接轨,获得国际分工的同时,国际化的规则也将对民营企业提出更高的要求。为此,加快产业结构调整,提升产业、产品质量和层次就显得尤为关键。加快产业结构调整,最根本的是要充分发挥资本市场有效配置资源的功能。企业要跻身资本市场,开展资本运作,建立规范的公司制即现代企业制度这是最基本也是首要的前提条件。

(四)企业家创业精神递减与企业持久发展的矛盾。

1.企业家创业精神的递减。企业的可持续成长,除物质上的积累外,更重要的在于企业家精神的积累、传接和继承。由于中国相当一部分民营企业家的"先天不足",他们的创业往往是出于谋生冲动,当企业资产积累到相当程度后,往往是"小富即安",不考虑企业的长远发展,忧患意识渐渐淡化。同时由于市场竞争的日趋激烈,创业环境的改变,民营企业家自身的知识结构、经营能力与时代要求差距越来越大,知识、经验加速折旧,胆识、冒险精神逐渐淡漠,特别是有了相当的财富积累,同时又有了一系列社会荣誉之后,"能人"的团结风范、民主理念逐渐受损,易变得武断,对企业各方面的凝聚力下降。

2."接力棒"危机。我国的民营企业相当一部分已开始遇到如何在两代人之间的交接问题,一部分企业虽还未遇到,但也不能不认真考虑这一问题。这个交接过程和新体制的构造过程,是民营企业制度遇到的又一个重要问题。

二、民营企业制度创新的目标和途径

建立现代企业制度是民营企业制度创新的目标和方向。具体来说,民营企业要建立合理的产权制度、规范的法人治理结构和科学的管理制度。

第一,要从产权的家族化向社会化、市场化方向转变。

实现产权多元化,可采取以下三种方式:一是引进新的战略投资者,或者是增资扩股,或者是出让产权,或者是资产转换,形成一个产权结构合理(股权多元化)、产权层次清楚明晰(股东所有权和企业所有权高度分离),使企业能够科学决策和民主化管理,避免企业的决策失误和经营管理失控。二是把家族财产清晰到自然人,也就是说,要清晰到家族中的每个自然人头上。家族成员成为独立的利益主体存在,实际上就是创造了产权结构多元化。三是建立独立董事制度。独立董事实际上等于为企业产权增加了一个主体,他虽然不是出资者,但其与出资者具有同样的投票权。

第二,要从泰罗制向以人为核心的现代化管理转变。

经济全球化和区域经济一体化,使竞争的空间大大缩小,时间大大缩短。要求我们的民营企业必须以人为核心,加快管理创新。一要大力推行民主管理,建立企业内部沟通制度,让职工及时了解并直接参与重大经营管理决策,为职工体现自身价值提供机会。二要建立人员流动机制,定期对人员重组提供合理流动的通道。三要建立团队工作机制,对一些重大的企业生产管理活动和涉及不同专业、不同单位的综合性工作,要制定集体责任制,对整个团队进行奖罚。四要建立竞争与淘汰机制,在干部选拔和职称聘用上,打破论资排辈的旧框框,坚持竞争上岗,造就一个能上能下的环境。

第三,要从所有权和经营权合一为主向所有权和经营权相对分离转变。

改革开放以来,我国民营企业规模不断扩张,越来越多的企业资本构成趋向社会化,众多的股东不可能都亲自参与管理,而且在管理过程日趋复杂的情况下,如果还像企业初创时期实行家族式管理,就很难适应企业发展要求。因为除非家族成员本身受过职业经理的训练,否则很难在企业高层管理中发挥作用。这就要求民营企业引进专职经营管理人才代替企业所有者来管理企业,使企业的权力机构、决策机构、执行机构和监督机构之间相互独立,使所有者、经营者、劳动者的权益都得到保障,行为受到约束,积极性都得到发挥。

第四,要构建民营企业制度创新的整体环境。

民营企业制度创新,政府应给他们创造良好的环境。一要完善产权保护制度。这是民营企业产权制度创新的重要基础。二要排除市场准入歧视,允许民间资本在更广泛的领域以独资、合作、合资、参股、特许经营等方式进入,激发民营企业投资热情。三要畅通融资渠道,消除对民营企业的所有制歧视,在企业上市、发行债券、兼并、收购等融资方面给民营企业以支持。四要发展社会服务体系。比如健全民营企业家的培育机制、评价机制、宏观和微观的激励约束机制、经理人要素市场的规范化和道德约束、产权评估等中介机构,为民营企业制度创新创造良好的社会环境。

民营企业制度创新是一个漫长的过程,企业制度安排也是一个动态的过程,它不可能是一成不变。从这个意义上来说,对具体的某个民营企业而言,制度无模式可寻,但企业的产权制度股份化、经济运行机制市场化,都是市场经济模式的基本特点。民营企业也只有朝着这些方面努力,才能在激烈的市场竞争中做大做强,才能跨出国门走向世界。

（原载《中国党政干部论坛》2003 年第 11 期,与钟夫寿合撰）

建立健全现代产权制度

党的十六届三中全会通过的《中共中央关于完善社会主义市场经济体制若干问题的决定》鲜明地提出:建立健全归属清晰、权责明确、保护严格、流转顺畅的现代产权制度,是完善基本经济制度的内在要求,是构建现代企业制度的重要基础。然而,什么是产权? 现代产权制度有哪些鲜明的特征? 建立健全现代产权制度对于进一步完善社会主义市场经济体制的意义何在? 这些仍然需要在学习和贯彻《决定》和深化经济体制市场取向改革过程中加以深刻理解。

一、产权制度是市场机制得以有效运转的基础

什么是产权,被罗马法、普通法以及现行的法律和研究都认同的定义认

为，产权不是指人与物之间的关系，而是指由物的存在及关于它的使用所引起的人们之间相互认可的行为关系，即人与人之间的关系。其外延包括物权、债权、股权和知识产权等各类财产权；其内涵是由所有权、占有权、使用权、处置权和收益权（剩余索取权）等权利所组成的"权利族"。

产权是市场交易和市场机制得以有效运转的基础和前提。产权明晰、投资主体多元化和利益主体多元化是市场经济体制的内在要求。马克思在《资本论》中鲜明指出："商品不能自己到市场去，不能自己交换。因此，我们必须找寻它的监护人，商品所有者。"①这就是说，只有先明确商品的归属，真正找到商品的所有者，才真正产生商品交换，由此也才有交换或交易这个市场经济的"轴心"。著名产权经济学家阿尔钦也明确说："经济学中的问题，或者价格如何决定的问题，实质上是产权应如何界定与交换以及应采取怎样的形式问题。"可以说，没有产权，就没有交换关系和供求关系的出现，同时也就没有市场机制。也正是由于产权就是一组主体明确、"激励与约束相容"，并同交易机制紧密结合在一起的责权利关系，所以，产权这种制度形式，对于分工高度发展和社会生活高度复杂化的现代市场经济来说，具有非常重要的意义，它是现代市场经济和社会得以顺利运行的重要法权和制度基础。

在现代市场经济条件下，产权表现出四个基本功能：一是激励功能。产权的交易归根到底体现为经济利益的交换与分配。在经济运行过程中，若当事人的利益通过明确产权得到肯定和保护，则主体行为的内在动力就有了保证，这时产权的激励功能就通过利益机制得以实现。反之，若产权不明晰，利益关系模糊，则必然导致当事人失去动力，失去提高效率并积累财富的积极性，从而导致经济运行效率的低下。二是约束功能。产权关系既是一种利益关系，又是一种责任关系。从利益关系说是一种激励，从责任关系说则是一种约束。三是外部性内部化。产权界定不清，是外部性和"搭便车"行为产生的主要根源。所以，最大限度地减少"外部性"和"搭便车"，就需要界定产权归属。著名产权经济学家德姆塞茨指出："产权一个主要功能是引导人们实现将外部性较大地内部化的激励。"四是资源配置功能。产权始终是与资源的稀缺性联系在一起的，资源的稀缺程度及其变化一直影响着产权结构和产权制度的变迁。合适的产权安排，是稀缺的生产资源得以有效使用和优化配置的先决条件。

---

① 马克思：《资本论》第一卷，人民出版社，1975年，第102页。

二、现代产权制度的主要特征

第一，归属明晰。产权归属明晰，本质上就是要使产权主体人格化，明确产权的权利主体和责任主体，承认产权的排他性。产权的排他性是产权交易的前提，特定的产权主体是惟一的和垄断的，特定的产权是有边界的和可计量的，否则就不能把特定产权从其他产权中分离开来用于交易。没有了产权交易，市场经济就失去了配置稀缺资源的功能；没有了权利归属，稀缺资源就无法得到有效的利用，导致诸如"公共用地悲剧"的发生；没有了清晰的利益归属，经济增长也就失去了持续的动力激励。著名发展经济学家阿瑟·刘易斯指出："在世界上每一个地方，所有权都是一种得到承认的制度，没有这种制度，人类无论如何也不会取得进步，因为这种情况下不存在改善他们所生活环境的动机。"

第二，权责明确。权责明确，本质上要求产权主体有权占有和处置财产以获得收益，同时为产权交易承担成本。美国法理学家考特和尤伦指出："财产的法律概念（即产权）就是一组所有者自由行使并且其行使不受他人干扰的关于资源的权力。不受他人干扰的选择权通常称为'自由'。因此，我们可以把财产定义为法律制度，它把一组关于资源的权利分配给人们，也就把在资源上的自由给了人们。财产创造了一个所有者无需告知他人能够怎么做就怎么做的隐私权。"

第三，保护严格。众所周知，财产积累是一个国家从落后向发达国家转变的物质基础，而财产要积累起来必须要有财产保护制度。孟子说："有恒产者有恒心。"亚当·斯密早就明确指出："在任何国家，如果没有具备正规的司法行政制度，以致人民对自己的财产所有权，不能感到安全，以致人民对于人们遵守契约的信任心，没有法律予以支持，以致人民设想政府未必经常地行使其权力，强制一切有支付能力者偿还债务，那么，那里的商业制造业，很少能够长久发达。简言之，人民如对政府的公正，没有信心，这种国家的商业制造业，就很少能长久发达。"

第四，流转顺畅。要素自由流动是市场经济有效配置的实现途径。在现代市场经济条件下，要素自由流动是以产权流转顺畅为前提的。要素主体拥有要素产权，不是为拥有而拥有，主要是为了保值增值。产权只有在自由流动中才能很好地保值增值并规避风险。因为市场是千变万化的,产权自由流动,是产权流向能取得较高回报率的领域的重要前提。这也是价值规律调节商品生产和流通、调节资源配置的生动体现。

三、完善社会主义市场经济体制必须依托现代产权制度的建立

进一步完善社会主义市场经济体制,更大程度地发挥市场在资源配置中的基础性作用,增强企业活力和竞争力,必须进一步完善公有制为主体、多种所有制经济共同发展的基本经济制度;建立有利于逐步改变城乡二元经济结构的体制;形成促进区域经济协调发展的机制,建设统一开放、竞争有序的现代市场体系;完善宏观调控体系、行政管理体制和经济法律制度;健全就业、收入分配和社会保障制度;建立促进经济社会可持续发展的机制。而要完成这些主要任务,必须依赖现代产权制度这个制度载体和基础。建立产权归属清晰、权责明确、保护严格、流转顺畅的现代产权制度,有利于维护公有财产权的完整,防止他人侵害,巩固公有制经济的主体地位;有利于保护私有财产,促进非公有制经济的持续发展;有利于各类资本和生产要素的流动重组,推动混合所有制经济发展;有利于增强企业和公众创业创新的动力,形成良好的信用基础和市场秩序。因此,建立现代产权制度,是完善基本经济制度的内在要求,是构建现代企业制度的重要基础。要依法保护各类产权,健全产权交易规则和监管制度,推动产权有序流转,保障所有市场主体的平等法律地位和发展权利。

（本文是作者在 2004 年中共中央党校国有企业领导
干部"国有企业改革"主题班上的讲稿）

完善所有制结构与全面建设小康社会的经济基础

一、全面建设小康社会,本质是保持经济增长

党的"十六大"报告明确指出"全面建设小康社会,最根本的是坚持以经济建设为中心,不断解放和发展社会生产力",最终实现国内生产总值翻两番的经济增长目标。因此,进一步寻求解放和发展社会生产力,推动国民经济

快速、健康发展的路径,就成为理论研究和实践探索的重要课题。

所谓经济增长,按照美国著名经济学家 S·库茨涅兹的解释,就是"为居民提供种类繁多的经济产品的能力长期上升"。然而,作为一种投入产出过程,这种"提供经济产品的能力"又根本取决于包括劳动、资本、土地、知识与技术、管理、制度等要素投入及其贡献的增进。从古典、新古典增长理论到 20 世纪 80 年代中期以来的新经济增长理论,虽然关注的重点发生了从"物本"到"人本"的转变,从朴素地集中在诸如土地、自然资源、劳动、资本等传统"物化因素"的分析,发展到重视研究与开发、技术进步、创新、管理、教育与人力资本积累以及制度等"人的因素"的作用,但没有谁能够否认现代经济增长仍然是"人的因素"与"物化因素"一起"共生互动"的"全要素经济增长"。要实现经济高速、持续增长,首先必须有足够物的生产要素的投入和持续增长。在土地、矿藏等自然资源一定的条件下,经济增长仍然要依赖劳动和资本等传统生产要素投入的增长率;其次必须依靠技术进步、制度创新、管理革命、人力资本积累等共同作用下的全要素生产率的提高。前者是现代经济增长的物质基础,后者是现代经济增长的重要条件和"活的灵魂"。

因此,中国要实现国民经济快速、持续增长,既需要有以资本为核心的物质基础的强有力支撑,又必须有技术进步、管理创新等人力资本积累为根本契机。作为一个典型的发展中国家,"资本缺口"是我国经济快速增长的重要"瓶颈"。没有大量而持续的资本投入,就没有快速而持续的经济增长。作为一个典型的人口众多、素质低下的农业大国,"管理、技术以及人力资本缺口"又是我国经济高效、快速增长的重要"瓶颈"。只有千方百计提高整个中华民族的管理创新和技术创新能力和水平,提高广大劳动者的素质,中国经济才能实现真正的集约和高效增长。

二、保持经济增长,关键是完善所有制结构

改革开放以来,中国的国民经济在保持了二十几年的高速增长,要继续保持国民经济在未来较长时期高速增长的新动力何在?综观世界各国经济增长的一般规律,总结我们自己多年保持经济高速增长的经验,不断深化经济体制改革,借助市场机制,继续有效利用和配置好国内和国际"两种资源、两个市场",通过深化经济体制改革和制度创新来激活各种经济增长资源,进一步调动各类生产要素主体的积极性,是保经济长期较快稳定增长的前提。

要深化经济体制改革首当其冲是要深化所有制改革。因为所有制作为社会经济基础,不仅是经济增长的制度前提,而且是经济增长的重要条件。所有制始终是经济增长的"制度引擎"。

无疑,要全面建设小康社会,保持未来长期的快速经济增长,不仅仍然要依赖这个"制度引擎",而且要不断更新它。历史已经证明靠"一大二公三纯"的公有制经济不行,实行"清一色"的公有制经济不仅与我们落后且不平衡的社会生产力不匹配,进而成为生产力发展的"桎梏",而且其内在机制也无法适应广大人民群众日益多样化生活需求。因此,从实际出发,中国经济增长的"快车"必须安装上与我国仍然处在社会主义初级阶段的国情相适宜的"所有制引擎",毫不动摇地"坚持公有制为主体,多种所有制经济共同发展"的基本经济制度,真正把"坚持公有制为主体,促进非公有制经济发展,统一于社会主义现代化建设的过程中",使多种经济成分各得其所、扬其所长。进而实现国有经济、集体经济、私有经济和外资经济的"四轮联动",进一步推进我国国民经济快速、持续增长。

首先,公有制是社会主义经济制度的重要基础,是国家引导、推动经济和社会发展的基本力量,是实现最广大人民根本利益和共同富裕的重要保证。坚持公有制为主体,国有经济控制国民经济的命脉,在经济发展中起主导作用,对于发挥社会主义制度的优越性,增强经济实力和民族凝聚力,提高我国的国际地位,具有关键性的作用。坚持公有制为主体,保持国有财产和集体所有财产在社会总资产中占优势,对于有效地组织社会生产,集中人力、物力、财力办大事,推动基础产业和高科技产业的发展,实现信息化带动工业化的跨越式发展,具有不可替代的作用。一方面,要继续充分发挥国有经济的主导作用,提高国有经济控制国民经济和经济制度的发展方向、控制经济运行的整体态势、控制重要的稀缺资源的能力。另一方面,要进一步支持和帮助集体经济的壮大,促进资本联合和劳动联合内在统一合作经济发展,探索新的集体经济实现形式。

其次,非公有制经济是社会主义经济的重要组成部分,是发展社会生产力、推进技术创新和管理创新、创造就业机会的重要力量,是国有经济结构调整和国有企业深化改革的重要参与者。非公有制经济由于其具有的明晰的产权关系、自主的经营决策、灵活的运行机制的特点而与市场经济有着天然的联系,它的存在不仅有利于促进资源的优化配置和利用,而且有助于市场交易秩序和市场竞争体系的形成。特别是作为非公有制经济的"三资企业"的快速发展,对于推进我国国民经济融入在经济全球化,分享世界范围内的信息、知识、资本和技术跨国流动推动世界经济发展和繁荣的好处,更具有不可替代的作用。因此,要全面建设小康社会,保持快速的经济增长,必须毫不动摇地鼓励、支持和引导非公有制经济发展,"大马力"启动"私有经济和外资经济"这两股新的经济发展力量。没有这两股力量的深度介入并充分发展,中国经济的快速增长就不能持久,"翻两番"的目标就难以实现,全面建设小康社会就缺乏强有力支撑。

实践证明,非公有制经济的发展壮大,已经成为推动我国国民经济快速增长不可替代的重要力量。据统计,1992 年至 2002 年,非公有制经济在我国GDP 中的贡献率已经从不到 1% 上升到 43%。在 2002 年国内注册总资本中,外商、私营企业和个体工商户的资本也已经占到 36% 以上。应该说,在未来全面建设小康社会乃至实现现代化的进程中,我国非公有制经济发展的空间还很大,目前我国不仅聚集了 10 万多亿的民间资本,需要释放其能量,而且对外商投资具有巨大的诱惑力。1989 年至 2002 年,我国实际使用外资达4500 亿美元左右,连续 10 年居发展中国家之首,其中 2002 年就吸收直接投资 500 亿美元,首次超过美国,居全球之首。只要我们解放思想,大胆实践,理直气壮地鼓励和支持非公有制经济的发展,完善保护私人财产的法律制度,非公有制经济一定能够成为中国经济快速增长的不竭动力,进而成为全面建设小康社会的重要经济基础。

三、发展混合所有制经济,培育新的经济增长点

"十六大"报告指出:"坚持公有制为主体,促进非公有制经济发展,统一于社会主义现代化建设的进程中,不能把这两者对立起来。"这不仅进一步强调了各种所有制经济是相互融合、相互促进的,而且进一步指明了共同发展的结合点,为各种所有制经济共同发展提供了广阔空间。那么,公有制经济与非公有制经济共同发展的结合点是什么? 共同发展的空间在哪里?

从广义来讲,在市场经济条件下,我国公有制经济与非公有制经济都需

要进一步发展,但各自的重点应该有所不同。公有制经济特别是国有经济本着"提高控制力"和"不与民争利"的原则,主要进行布局和结构上的战略性调整,缩短战线、着眼质量、抓大放小,进一步提高控制力和公共服务能力。非公有制经济则主要是着眼发展竞争性产业,努力贴近市场,不断提高满足多样化需求和市场竞争能力。在进一步完善和规范市场经济的法律制度和竞争秩序的条件下,两方面可以发挥各自优势,互相融合、互相促进,进而实现多种所有制经济成分"分工协作"基础上的"混合发展"。即公有制经济与非公有制经济可以在包括国有经济、集体经济、私有经济、外商经济等多种经济成分的"广义混合所有制经济"体制中实现"板块式结合"。

从狭义上讲,公有制经济与非公有制经济可以通过发展股份制、股份合作制等财产组织形式,互相参股,互相渗透,混合生长,成为一个"内在兼容"的混合所有制经济形式。从其内在机制来看,发展混合所有制经济,不仅有利于各种物质资本的有机结合,调动各类投资主体的投资积极性,而且有利于促进物质资本和人力资本的有机结合,实现社会优势资源的优化配置。具体来讲:

首先,混合所有制经济以其"开放式"的社会融资机制,取代"业主制"私人企业和"独资制"国有或集体所有制企业"封闭式"的融资机制,有力地克服了"封闭融资、自我积累、贷款扩张"不能适应市场扩张和社会发展需要的企业发展"窠臼",不仅极大地促进了企业扩张,而且大大地促进了社会生产力的发展。与私人企业靠自己投资和自我积累,国有企业靠国家投资和自我积累,集体企业靠集体投资和自我积累相比,混合所有制企业的融资没有的"身份限制",摆脱的"投资能力和积累能力"的束缚,把蕴藏在社会中大量的闲置资本为我所用,这就为混合所有制经济有所作为提供了"广阔天地"。对股份制的这种好处,马克思曾经给予高度评价,他说:"积累,即由圆形运动变为螺旋形运动再生产所引起的资本的逐渐增大,同仅仅要求改变社会资本各组成部分的量的组合的集中比较起来,是一个极缓慢的过程。假如必须等待积累去使某些单个资本增长到能够修建铁路的程度,那么恐怕直到今天世界上还没有铁路。但是,集中通过股份公司转瞬之间就把这件事完成了。"并且"通过集中(股份制)而在一夜之间集合起来的资本量,同其他资本量一样,不断再生产和增大,只是速度更快,从而成为社会积累的新的强有力的杠杆。"①
其次,混合所有制经济通过其"所有权"与"经营权"的有效分离和有效的激励与约束机制建设,可以克服私人企业的"家族管理"和国有、集体企业"政企不分"而导致"治理能力不足"的弊端,实现了"物质资本"和"人力资本"两种"最稀缺资源"的有机结合,进而提高企业治理效率,促进企业健康发展。从现实经济生活来看,一方面,民营企业逐渐走过了靠胆量、靠经验发展的"原始积累"阶段并积累相当的财富,但是由于自身知识和管理能力的不足,民营企业很难持续发展,有的企业即使雇佣了一些训练有素的经营管理者,但仍然摆脱不了"无限责任"和家族式的干预,进而无法有效调动所有者和经营者双方的热情。应该说,以有限责任、"两权分离"和规范的"委托代理关系"为根本特征的股份制企业,可以有效调动所有者和经营者两方面积极性。另一方面,国有和集体企业的缺陷就更明显,不仅它们的所有权主体的权责利都不明确、政出多门,而且其经营权主体也具有相当强的"行政色彩"。所以国有和集体企业内部更难实现"物尽其用和人尽其才"。只有从根本上对国有和集体企业进行股份制改造,并克服国有股和集体股一股独大的弊端,才能保证让有能力的经营者治理企业,进而保证国有资产和集体财产保值增值。第三,混合所有制经济可以借助"股份制的路径",实现职工持股、居民持股、知识产权入股,促进"劳资一体化",进而"内在地"调动一切积极因素,发展社会生产力。因此,大力发展以股份制、股份合作制等为基础的混合所有制经济,对于加快我国经济发展,实现全面建设小康社会的宏伟目标,具有重大的实践意义。

(原载《科学社会主义》2003 年第 4 期)

坚持和完善基本经济制度与国有企业改革

走中国特色社会主义道路,最根本的是要坚持和完善基本经济制度。既要毫不动摇地巩固和发展公有制经济,发挥国有经济的主导作用,又要毫不动摇地鼓励、支持、引导非公有制经济发展,大力发展国有资本、集体资本、非

---

① 《资本论》第一卷,人民出版社,1975 年,第 688 页。

公有资本等交叉持股、相互融合的混合所有制经济。

一、社会主义本质与完善基本经济制度

建国初期,剥夺帝国主义在华特权,没收官僚资本,废除封建的土地所有制,形成了以国营经济为主导、个体私营经济为主体、多种所有制经济并存的所有制结构。到 1952 年,在整个国民收入中,国营经济占 19.1%,集体经济占 1.5%,公私合营经济占 0.7%,私人资本主义经济占 6.9%,农业和手工业者的个体经济占 71.8%。

从 1952 年到 1956 年,经过对农业、手工业和资本主义工商业的社会主义改造,使我国所有制结构发生了根本性的变化,形成了以公有制为主体、以国有经济为主导、多种所有制经济并存的所有制结构。资料表明,到 1956 年,在整个国民收入中,国有经济占 32.2%,集体所有制经济占 53.4%,公私合营经济占 7.3%,私营经济占 1%,个体经济占 7.1%。

从 1958 年到 1978 年,刮共产风,搞"穷过渡",急于从集体所有制向全民所有制转变,形成了"一大二公"的单一所有制结构。在这期间,虽然作了一些局部调整,但直到改革开放前,这一单一公有制结构没有发生根本性的改变。有关资料表明,到 1978 年,我国的国有经济占 56%,集体经济占 43%,个体经济占不到 1%,基本没有了私营经济。

马克思主义政治经济学基本原理告诉我们,生产资料所有制是生产关系的核心,而生产关系只有充分反映和适应生产力的性质和水平,才能有效地促进生产力的发展。

邓小平指出:"社会主义的本质,是解放生产力,发展生产力,消灭剥削,消除两极分化,最终达到共同富裕。"[①]这一社会主义本质,决定了社会主义初级阶段的基本经济制度,不可能再是罔顾社会生产力发展水平的"一大二公",而必须是有利于解放生产力,发展生产力,最终达到共同富裕的"公有制为主体,多种经济成分共同发展"的"多元化"所有制结构。

客观地讲,我们得来这样的认识并不容易,即便是改革开放之后,也用了近 20 年探索和争论,直到 1997 年党的"十五大"召开,依据邓小平理论,在总结中国近 20 年所有制改革理论与实践探索成就的基础上,才形成了新的调

---

① 《邓小平文选》第三卷,人民出版社,1993 年,第 373 页。

整和完善所有制结构的理论,从而使所有制理论有了历史性突破。

一是坚定而明确地回答了所有制改革以及公有制实现形式的选择的根本依据和判断标准究竟是什么。"十五大"报告明确指出:"一切符合'三个有利于'的所有制形式都可以而且应该用来为社会主义服务。"同时指出:"公有制实现形式可以而且应当多样化。一切反映社会化生产规律的经营方式和组织形式都可以大胆利用。要努力寻找能够极大促进生产力发展的公有制实现形式。"这里表明了两层含义:一方面是说中国社会主义初级阶段所有制结构的选择必须紧紧围绕解放生产力和发展生产力这一根本目标,这是社会主义的本质要求所在。把社会主义基本经济制度建设与"三个有利于"统一起来而不能有丝毫的分离,这既是历史唯物主义的基本观点,也是运用邓小平理论对中国改革发展深化面临的种种矛盾做出的根本回答。另一方面是说中国社会主义初级阶段坚持以公有制为主体,以国有经济为主导,多种所有制经济共同发展这一基本经济制度结构,就总体而言,恰是基于中国现阶段生产力发展的根本要求,这是中国经济实践,特别是改革开放以来的历史实践证明了的。

二是在所有制结构上对中国社会主义初级阶段的基本经济制度有了新的认识。改革开放以来,中国共产党始终把公有制为主体、多种经济成分并存或共同发展作为一项基本政策和根本方针,但作为基本政策和方针,承认非公有制经济成分作为社会主义经济的补充,并不等于将非公有制经济的存在作为社会主义基本经济制度的不可或缺的内容。党的"十五大"则第一次明确承认,非公有制经济与占主体的公有制经济一道,统一构成中国社会主义初级阶段的基本经济制度。将非公有制经济作为中国特色社会主义基本经济制度的有机组成部分,这既是对马克思主义科学社会主义理论的重大发展,更是基于对中国改革开放实践的总结,对于有中国特色社会主义建设实践的意义将是极其重大而深远的。

三是提出公有制实现形式的多样性。公有制经济的具体实现方式应根据经济发展的具体要求而加以选择,不能将其单一化、纯粹化。公有制实现形式可以而且应当多样化,一切反映社会化生产规律的经营方式和组织形式都可以利用。在公有制实现形式上至少有两方面突破:一方面,打破把公有制实现形式固定化的教条主义,把公有制实现形式视为一个不断创造的过程,一个需要努力探索的过程,并不存在固定的静止的公有制实现形式,生产力的多样性和发展的活跃性决定了公有制实现形式的多样性和创造性;另一方面,对股份制这一现代企业制度的一种资本组织形式于社会主义的可适用性做出了明确肯定。

四是对国有经济的地位、功能、作用有了新的、更为明确、更为符合社会主义市场经济运行要求的认识。一方面,明确了发展国有经济的目的在于体现国家对经济的控制力,即保证国有经济主导地位。这种主导的控制力主要表现在对社会基础产业,市场失灵的公共品领域,关于国计民生的国民经济命脉等方面的支配地位。相应地在其他非主导性经济领域则不必在数量上追求国有制的支配地位,而更注重国有资产的质量和运用效率。另一方面,旗帜鲜明地提出了在非主导性领域的非国有改造的历史任务,尤其是明确了对小型国有企业的非国有改造。采取改组、联合、兼并、租赁、承包经营、股份合作制、出售等形式,加快放开搞活国有小型企业的步伐。

随后党的"十六大""十七大""十八大"以及十八届三中全会,对中国特色社会主义基本经济制度的改革和完善,基本上是在坚持"十五大"提出的"公有制为主体,多种经济成分共同发展"的基础上,进行的各有侧重的强调。如党的"十六大"提出"两个必须毫不动摇"的重要论断,即"根据解放和发展生产力的要求,坚持和完善公有制为主体、多种所有制经济共同发展的基本经济制度。第一,必须毫不动摇地巩固和发展公有制经济。发展壮大国有经济,国有经济控制国民经济命脉,对于发挥社会主义制度的优越性,增强我国的经济实力、国防实力和民族凝聚力,具有关键性作用。集体经济是公有制经济的重要组成部分,对实现共同富裕具有重要作用。第二,必须毫不动摇地鼓励、支持和引导非公有制经济发展。个体、私营等各种形式的非公有制经济是社会主义市场经济的重要组成部分,对充分调动社会各方面的积极性、加快生产力发展具有重要作用。第三,坚持公有制为主体,促进非公有制经济发展,统一于社会主义现代化建设的进程中,不能把这两者对立起来。各种所有制经济完全可以在市场竞争中发挥各自优势,相互促进,共同发展"。党的"十七大"提出:"坚持和完善公有制为主体、多种所有制经济共同发展的基本经济制度,毫不动摇地巩固和发展公有制经济,毫不动摇地鼓励、支持、引导非公有制经济发展,坚持平等保护物权,形成各种所有制经济平等竞争、相互促进新格局。"党的"十八大"提出:"要毫不动摇巩固和发展公有制经济,推行公有制多种实现形式,深化国有企业改革,完善各类国有资产管理体制,推动国有资本更多投向关系国家安全和国民经济命脉的重要行业和关键领域,不断增强国有经济活力、控制力、影响力。毫不动摇鼓励、支持、引导非公有制经济发展,保证各种所有制经济依法平等使用生产要素、公平参与市场竞争、同等受到法律保护。"党的十八届三中指出:"公有制为主体、多种所有制经济共同发展的基本经济制度,是中国特色社会主义制度的重要支柱,也是社会主义市场经济体制的根基。公有制经济和非公有制经济都是社会主义市场经济的重要组成部分,都是我国经济社会发展的重要基础。必须毫不动摇巩固和发展公有制经济,坚持公有制主体地位,发挥国有经济主导作用,不断增强国有经济活力、控制力、影响力。必须毫不动摇鼓励、支持、引导非公有制经济发展,激发非公有制经济活力和创造力。""公有制经济财产权不可侵犯,非公有制经济财产权同样不可侵犯。"因此,任何想把公有制经济否定掉或者想把非公有制经济否定掉的观点,都是不符合最广大人民根本利益的,都是不符合我国改革发展要求的,因此也都是错误的。公有制经济、非公有制经济应该相辅相成、相得益彰,而不是相互排斥、相互抵消。

二、深化国有企业改革与发展混合所有制经济

改革开放以来,国有企业改革不仅一直是经济体制改革的中心环节,更是改革所有制结构,坚持和完善基本经济制度的关键环节。我们讲要坚持中国特色社会主义制度,最根本的就是如何进一步深化国有企业改革以利于公有制与市场经济更有效地适应的问题。

国有企业属于全民所有,是推进国家现代化、保障人民共同利益的重要力量,是我们党和国家事业发展的重要物质基础和政治基础。改革开放以来,国有企业改革发展不断取得重大进展,总体上已经同市场经济相融合,运行质量和效益明显提升,在国际国内市场竞争中涌现出一批具有核心竞争力的骨干企业,为推动经济社会发展、保障和改善民生、开拓国际市场、增强我国综合实力作出了重大贡献,但国有企业仍然存在一些亟待解决的突出矛盾和问题,需要继续深化改革。

首先,要继续加快国有经济结构的战略性调整,根据国有资本的战略定

位和发展目标,结合不同国有企业在经济社会发展中的作用,将国有企业分为商业类和公益类,实行分类改革。

一是商业类国有企业改革要按照市场化要求实行商业化运作,以增强国有经济活力、放大国有资本功能、实现国有资产保值增值为主要目标,依法独立自主开展生产经营活动,实现优胜劣汰、有序进退。(1)主业处于充分竞争行业和领域的商业类国有企业,原则上都要实行公司制股份制改革,积极引入其他国有资本或各类非国有资本实现股权多元化,国有资本可以绝对控股、相对控股,也可以参股,并着力推进整体上市。(2)主业处于关系国家安全、国民经济命脉的重要行业和关键领域、主要承担重大专项任务的商业类国有企业,要保持国有资本控股地位,支持非国有资本参股。(3)对自然垄断行业,实行以政企分开、政资分开、特许经营、政府监管为主要内容的改革,根据不同行业特点实行网运分开、放开竞争性业务,促进公共资源配置市场化。(4)对需要实行国有全资的企业,也要积极引入其他国有资本实行股权多元化。

二是公益类国有企业改革要以保障民生、服务社会、提供公共产品和服务为主要目标,引入市场机制,提高公共服务效率和能力。这类企业可以采取国有独资形式,具备条件的也可以推行投资主体多元化,还可以通过购买服务、特许经营、委托代理等方式,鼓励非国有企业参与经营。

其次,推进混合所有制改革,实现国有企业投资主体多元化。党的十八届三中全会指出:"国有资本、集体资本、非公有资本等交叉持股、相互融合的混合所有制经济,是基本经济制度的重要实现形式,有利于国有资本放大功能、保值增值、提高竞争力,有利于各种所有制资本取长补短、相互促进、共同发展。"一方面,要鼓励非国有资本投资主体通过出资入股、收购股权、认购可转债、股权置换等多种方式,参与国有企业改制重组或国有控股上市公司增资扩股以及企业经营管理。实行同股同权,切实维护各类股东合法权益。另一方面,要鼓励国有资本以多种方式入股非国有企业。充分发挥国有资本投资、运营公司的资本运作平台作用,通过市场化方式,以公共服务、高新技术、生态环保、战略性产业为重点领域,对发展潜力大、成长性强的非国有企业进行股权投资。鼓励国有企业通过投资入股、联合投资、重组等多种方式,与非国有企业进行股权融合、战略合作、资源整合。特别要积极探索实行混合所有制企业员工持股。优先支持人才资本和技术要素贡献占比较高的转制科研院所、高新技术企业、科技服务型企业开展员工持股试点,支持对企业经营业绩和持续发展有直接或较大影响的科研人员、经营管理人员和业务骨干等持股。当前,最重要的是要加大集团层面公司制改革力度,积极引入各类投资者实现股权多元化,大力推动国有企业改制上市,创造条件实现集团公司整体上市。根据不同企业的功能定位,逐步调整国有股权比例,形成股权结构多元、股东行为规范、内部约束有效、运行高效灵活的经营机制。允许将部分国有资本转化为优先股,在少数特定领域探索建立国家特殊管理股制度。

第三,强化党的领导,健全具有中国特色的公司制企业法人治理结构。国有企业改制为公司制企业,基本建立起了"三会一层"的法人治理结构。由于职责分工不清和新老三会并存,出现了治理盲区和互相扯皮推诿,国有企业治理效率低下。为此,进一步健全公司法人治理结构,要重点推进董事会建设,建立健全权责对等、运转协调、有效制衡的决策执行监督机制,规范董事长、总经理行权行为,充分发挥董事会的决策作用、监事会的监督作用、经理层的经营管理作用、党组织的政治核心作用,切实解决一些企业董事会形同虚设、"一把手"说了算的问题,实现规范的公司治理。首先,要切实落实和维护董事会依法行使重大决策、选人用人、薪酬分配等权利,保障经理层经营自主权,法无授权任何政府部门和机构不得干预。加强董事会内部的制衡约束,国有独资、全资公司的董事会和监事会均应有职工代表,董事会外部董事应占多数,落实一人一票表决制度,董事对董事会决议承担责任。其次,要建立国有企业领导人员分类分层管理制度。坚持党管干部原则与董事会依法产生、董事会依法选择经营管理者、经营管理者依法行使用人权相结合,不断创新有效实现形式。推行职业经理人制度,实行内部培养和外部引进相结合,畅通现有经营管理者与职业经理人身份转换通道。其三,要突出中国特色,充分发挥国有企业党组织政治核心作用。要把加强党的领导和完善公司治理统一起来,将党建工作总体要求纳入国有企业章程,明确国有企业党组织在公司法人治理结构中的法定地位,创新国有企业党组织发挥政治核心作用的途径和方式。坚持和完善双向进入、交叉任职的领导体制,符合条件的党组织领导班子成员可以通过法定程序进入董事会、监事会、经理层,董事会、监事会、经理层成员中符合条件的党员可以依照有关规定和程序进入党组织领导班子;经理层成员与党组织领导班子成员适度交叉任职;董事长、总经理原则上分设,党组织书记、董事长一般由一人担任。党组织书记要切实履行党建工作第一责任人职责,党组织班子其他成员要切实履行"一岗双责",结合业务分工抓好党建工作。

第四,完善国有企业经营管理者激励与约束机制,充分调动国有企业经营管理者积极性。一方面,对国有企业领导人员实行与选任方式相匹配、与企业功能性质相适应、与经营业绩相挂钩的差异化薪酬分配办法。对党中央、国务院和地方党委、政府及其部门任命的国有企业领导人员,合理确定基本年薪、绩效年薪和任期激励收入。对市场化选聘的职业经理人实行市场化薪酬分配机制,可以采取多种方式探索完善中长期激励机制。另一方面,要建立内外联动、公开透明的监督约束机制。既要强化企业内部监督。完善企业内部监督体系,明确监事会、审计、纪检监察、巡视以及法律、财务等部门的监督职责。又要建立健全高效协同的外部监督机制。加强和改进外派监事会制度,明确职责定位。实施信息公开加强社会监督。充分发挥媒体舆论监督作用,有效保障社会公众对企业国有资产运营的知情权和监督权。

三、完善基本经济制度需要大力发展非公有制经济

改革开放以来,我国非公有制经济的发展,不仅直接对经济总量的增长、税收的增加、就业的扩大做出重大贡献,而且直接影响着国有经济结构调整和国有企业混合所有制改革的进程。因为只有非公有制经济持续发展并不断做大做强民营企业,国有经济结构调整过程中去"僵尸企业"的"人向何处去",出售国有中小企业和资产的"钱从何处来"这两个难题才能得以解决。只有非公有制经济持续发展并不断做大做强民间资本,非公资本参与国有企业产权重构,真正实现投资主体多元化才能成为现实。

然而,新常态下的中国民营经济发展遇到许多困难。从社会及舆论环境来看,质疑民营企业发展壮大的"合法性"的"原罪论"还较为严重,民营资本普遍担心自身的"政治安全"。从外部影响其发展的因素来看,民营企业较为普遍地遇到了所谓的"三座大山",即市场的冰山、融资的高山、转型的火山。从民营企业自身内部因素来看,存在经营模式粗犷、社会责任意识薄弱,"家族式""家长制"治理方式等弊病。因此,需要从改善外部环境和加强自身素

质两个方面齐头并进、共同努力,才能推动民营经济的持续健康发展,这是坚持完善我国基本经济制度不可或缺的重要内容。

首先,各级政府都要潜心研究当前民营经济发展面临的困难,认真落实"新旧36条",支持、鼓励和引导非公有制经济和民间资本投资的政策,努力营造促进民营经济发展社会环境和政治环境。

其次,非公有制经济及民营企业家要十分珍视和维护好自身社会形象,做爱国敬业、守法经营、创业创新、回报社会的典范。要注重对年轻一代非公有制经济人士的教育培养,引导他们继承发扬老一代企业家的创业精神和听党话、跟党走的光荣传统。因此,要自觉抵制"勾肩搭背"背后权钱交易,积极构建新型的政商关系。领导干部同非公有制经济人士的交往应该为君子之交,要亲商、安商、富商,但不能搞成封建官僚和"红顶商人"之间的那种关系,也不能搞成西方国家大财团和政界之间的那种关系,更不能搞成吃吃喝喝、酒肉朋友的那种关系。

新型政商关系的核心是"亲""清"。对领导干部而言,所谓"亲",真心实意支持民营经济发展。所谓"清",就是同民营企业家的关系要清白;对民营企业家而言,所谓"亲",就是讲真话,说实情,建诤言,满腔热情支持地方发展。所谓"清",就是要洁身自好、走正道,做到遵纪守法办企业、光明正大搞经营。

(本文是作者在 2016 年厅局级"中国特色社会主义理论体系"专题班上的讲稿)

第三章

发展理念创新与中国发展模式

论邓小平的经济发展观

"加速经济发展"是邓小平经济思想的核心,是党的"一个中心,两个基本点"的基本路线的精髓。加强对于这一思想的深入研究,在指导我国的经济发展和深化改革方面具有十分重要的现实意义。

一、中国经济发展必须立足中国国情是邓小平经济发展思想的基点

实事求是地从中国国情出发,大力发展社会生产力,促进中国经济高速增长是邓小平经济发展思想的出发点和归宿。他早在 1979 年 3 月就高度概括了中国人口状况和地理环境对中国经济发展的影响,他说:"人口多,耕地少。现在全国人口有九亿多。其中 80% 是农民。人口多有好的一面,也有不利的一面。在生产还不够发展的条件下,吃饭、教育和就业就都成为严重的问题。……我们地大物博,这是我们的优越条件,但是很多资源还没有勘探清楚,没有开采使用,所以还不是现实的生产资料。土地面积广大,但耕地少。耕地少,人口多特别是农民多。这种状不是很容易改变的。"[1]中国的人口总数在 1988 年为 109614 万,是美国当年人口的 4.25 倍,人口密度为每平方公里 108 人,是美国的 4.15 倍。尽管国家实行计划生育政策,已经取得了很大成绩,但由于人口基数大,以及人口增长的惯性作用。每年新增人口还

---

[1]　《邓小平文选》,外文出版社,1983 年,第 150 页。

是很多,仅 1990 年就增加 1629 万。1990 年我国人均耕地仅 1.3 亩,只有美国人均耕地面积的 8.8%,中国人口占世界总人口的 22%,却只占有世界耕地的 7%。这种情况不能不严重地制约着中国社会主义经济的发展。因此,考虑加速中国经济发展,要使中国实现四个现代化,至少必须看到:我国工农业从新中国成立以来的每年平均增长速度,在世界上是比较高的,但是由于底子薄,现在中国仍然是世界上很穷的国家之一。

中国经济发展不能脱离这一基本国情,历史已经证明,脱离和超越国情搞"大跳进"和"洋跃进",代价是惨重的,而忽视我们的优势,搞低速度发展也是错误的,"低速度就等于停步,甚至等于后退。"①只有实事求是地分析我国经济发展的优势和潜力,充分发挥社会主义制度的优越性,认识我国经济发展的困难与障碍,科学确定我国经济发展的规模和速度,才能不断壮大我国经济实力,赶上和超越西方资本主义发达国家。因此,邓小平指出:"是不是可以确定这样一个目标,到本世纪末翻两番。"也就是人均国民生产总值八百美元多一点,人民生活达到"小康的水平"②这是第一步。那时我国这个人口众多的民族就摆脱了贫困。以后邓小平又提出,在国民生产总值翻两番的基础上,再用 50 年时间,使我国在经济上"接近发达国家的水平"③这是第二步。这"两步走"的方针对我国经济发展做出了阶段性的、量的规定,使其具有更具体更切实的要求。

二、中国经济发展道路选择:以农村包围城市,城市辐射农村,最终走向国际化;从不均衡到均衡,实现共同富裕

中国是一个农业大国,中国经济发展从哪里起步,路在何方,是发展中国经济必须首先回答的问题。邓小平为此提出了明确的指导思想。他指出:"从中国的实际出发,中国有百分之八十的人口住在农村,中国稳定不稳定首先要看这百分之八十稳定不稳定。城市搞得再漂亮,没有农村这一稳定的基础是不行的,所以,我们首先要解决农村问题,在农村实行搞活经济和开放政

① 《邓小平同志在武昌、深圳、珠海、上海等地的谈话要点》,《邓小平文选》第三卷,人民出版社,1993 年,第 375 页。
② 《建设有中国特色的社会主义》增订本,人民出版社,1987 年,第 65—66 页。
③ 《建设有中国特色的社会主义》增订本,人民出版社,1987 年,第 68 页。

策,调动全国百分之八十的人口的积极性。"①在中国农村政策放宽后,一些适宜包产到户的地方搞了包产到户,效果很好,促进了农村经济发展。但是有的同志却担心,这样做会不会影响集体经济;甚至有的人发出感叹:"辛辛苦苦几十年,一夜回到解放前。"针对这种担心和模糊认识,他更明确地指出:"我看这种担心是不必要的。我们总的方向是发展集体经济。可以肯定,只要生产发展了,农村的社会分工和商品经济发展了,低水平的集体化就会发展到高水平的集体化,集体经济不巩固的也会巩固起来。关键是发展生产力,要在这方面为集体化的进一步发展创造条件。"②近十多年来,农村改革取得了巨大成功,农业生产有了很大发展,农民生活有很大改善。农村改革正在向纵深发展。许多地方已经走出一条经过联产承包责任制、双层承包经营责任制,逐步实行分工分业从而转向农业生产社会化、现代化的道路。同时,由于农村产业结构和劳动力结构的大幅度调整,促进了农村乡镇企业异军突起。壮大了农村经济实力,为推动城市经济改革与发展打下了坚实基础。据统计,仅 1979 年到 1981 年,全国农业劳动生产率平均每年提高 2.7% 相当于1952 年到 1978 年 26 年间提高的总幅度。1984 年人均食粮达到 800 斤,接近世界平均水平,基本上解决了广大农民的温饱问题。

当农村改革取得成功以后,我国经济改革和发展的重点转到城市,党的十二届三中全会通过的《中共中央关于经济体制改革的决定》,标志着我国已进入以城市为重点的全面经济改革与发展的新阶段。城市改革之初,邓小平就指出,城市改革比农村改革复杂,而且有风险,特别是我们经验不足,信息不通。但是,我们已经有了农村改革的成功经验作借鉴,加上对城市改革风险性的清醒认识,可以避免犯大错误。"我们现在确定的原则是:胆子要大、步子要稳。所谓胆子要大,就是要坚定不移地搞下去,步子要稳,发现问题就赶快改"。③ 为此,邓小平提出城市经济改革与发展的出发点和落脚点就是把作为国民经济"细胞"的企业搞活,充分调动企业和职工的积极性、创造性。改革也是解放生产力,他说:"城市改革首先要权力下放。没有权力下放就调

---

① 《建设有中国特色的社会主义》增订本,人民出版社,1987 年,第 54—55 页。
② 《邓小平文选》,外文出版社,1983 年,第 275 页。
③ 《建设有中国特色的社会主义》增订本,人民出版社,1987 年,第 106 页。

动不了每个企业和单位的积极性。下面活动的余地大,发展就会快。"①这样城市经济发展了,就会通过其"贸易中心""信息中心""金融中心""科技教育文化中心"的功能辐射广大农村,形成城乡经济联动协调发展的模式。

关于中国经济发展国际化,邓小平认为是中国经济发展方向的战略抉择。它包含两层含义:其一是实行对外开放,积极主动地参与和利用国际间的经济技术合作,吸引外资,学习国外的先进科学技术和管理经验。邓小平说:"过去中国闭关锁国一个半世纪,落后了,吃了大亏。只有实行对外开放政策,吸收世界先进的科学技术和经验,包括资金,才能加速中国的经济建设",其二是中国经济发展要走向国际市场,参与国际市场竞争,出口创汇,增强国家经济实力。邓小平早在 1975 年第二次复出主持中央工作时针对我国对外开放与经济发展不相适应的状况指出:"要争取多出口一点东西,换点高、精、尖的技术和设备回来,加速工业技术改造,提高劳动生产率","这是一个大政策"。② 到 1978 年他又指出:"外向型经济要放胆的干,加速步伐;千万不要贻误时机。"③实践证明,改革十多年来,我国大量引进国外 70 年代和 80 年代初的先进技术和设备,加上国内进行研究开发的大量科研成果,以及同后续的工业试验、基本建设、重点技术改造相衔接,并应用于生产建设,促进了我国工业技术水平登上了新台阶。从 1988 年起,国家和省市两级每年实施的重点新产品开发计划有 3000 多项,其中 60% 属于国内领先水平;相当部分达到国际水平;有 44% 可替代进口,有 10% 可以出口创汇。加上近年来外商来华投资踊跃,外商独资和合资、合作企业的增加,促进了我国技术水平的提高,也加强了产品走向国标市场的能力。

关于中国经济的区际发展,邓小平主张不搞"一刀切","不撒胡椒面","一部分地区有条件先发展起来,一部分地区发展慢点,先发展起来的地区带动后发展的地区,最终达到共同富裕。"④

---

① 《瞭望》,1986 年,第 44 期。
② 《邓小平文选》,外文出版社,1983 年,第 29 页。
③ 《光明日报》,1988 年 3 月 21 日。
④ 《邓小平同志在武昌、深圳、珠海、上海等地的谈话要点》,《邓小平文选》第三卷,第 374 页。

三、中国经济发展的动力,科学技术推动力,物质利益驱动力与市场竞争压力三位一体

1、科学技术推动力。早在 1978 年,邓小平在《全国科学大会开幕式上的讲话》中就明确提出:"科学技术是生产力,这是马克思主义历来的观点。"①科学是理论化的技术,技术则是工艺化、物质化的科学。经济赖以发展的劳动者的智力、知识、技能;劳动对象之由传统材料到新兴材料;劳动资料之由石器、铜器、铁器到机器、电脑;管理之由经验到科学。没有一项能离开科学而独立发展。在 18 世纪蒸汽机的出现引起了第一次产业革命。19 世纪电力的发明和应用导致了动力革命和电气化。20 世纪电子计算机的出现,对社会生活产生了越来越大的影响,不仅使生产效率成倍增长,而且正在酝酿一次新的科技革命,科学技术的进步为社会生产力的发展提供了巨大的动力。据统计,上世纪初,发达国家经济增长中的技术进步因素只占 5—20%。到 80 年代,则超过 50%。有些国家达到 80%。因此,邓小平从中国四个现代化着眼,提出科学技术是生产力的论断,目的在于揭示科学技术进步在中国经济发展中的地位和作用。他指出:"四个现代化,关键是科学技术的现代化,没有现代科学技术,就不可能建设现代农业、现代工业、现代国防,没有科学技术的高速度发展,也就不可能有国民经济的高速度发展。"②关于这一点,他在南方谈话中更进一步指出:"经济发展得快一点,必须依靠科技和教育。我说科学技术是第一生产力。"③并且科技开发要瞄准高科技领域,因为高科技领域的一个突破,带动一批产业的发展。④

2、物质利益驱动力。经济的发展需要调动各层次经济行为主体(地方、企业、职工等)的积极性和创造性,为此就必须给予其相应的物质利益。物质利益的分配由于经济行为主体自身素质与能力不同,即一个人在体力或智力上胜过另一个人的差别决定的。因此,在同一时间内提供较多的劳动或者能够劳动数长的时间,或者由于所处的生产单位和地区不同,在资源、技术、管理等方面都存在很大差异;他们的经营成果也会不同的。对贡献大的就应该

---

①　《邓小平文选》,外文出版社,1983 年,第 84 页。
②　《邓小平文选》,外文出版社,1983 年,第 83 页。
③　《邓小平同志在武昌、深圳、珠海、上海等地的谈话要点》,《邓小平文选》第三卷,第 377 页。
④　《邓小平同志在武昌、深圳、珠海、上海等地的谈话要点》,《邓小平文选》第三卷,第 377 页。

多分配一点,对贡献小的就应该少分配一点,这样才能鼓励人们积极劳动,提高生产效率,改进管理,为社会创造更多的经济效益。因此,这种物质利益分配上出现的不平衡性,是经济发展的客观规律,没有这种不平衡,经济发展就不会有驱动力和效率。邓小平早就认识到这一点,他在1978年底就提出"允许一部分人先富起来"的政策,其目的不是要贫富悬殊,而是要带动大家共同富裕。"一部分人生活先好起来,就必然产生较大的示范力量,影响左邻右舍,带动其他地区、其他单位的人们向他们学习。这样,就会使整个国民经济不断地波浪式地向前发展,使全国各族人民都能比较快地富裕起来。"①历史经验告诉我们,共同富裕不等于同步富裕与同等富裕。如果要求大家同步富裕、同等富裕,其结果只能导致"大锅饭"、平均主义和共同贫困。

3.市场竞争压力。市场竞争机制是优胜劣汰。它一方面能够迫使各个企业讲经济效益,增加产品数量,提高产品质量;另一方面能够促进企业走向市场,接受消费者的评判和检验,改善经营管理,提高企业素质,培植企业的进取心和首创精神。市场竞争是推动企业及经济发展的外部压力。特别应当指出,市场竞争不仅局限于国内企业之间,而且在国际间也异常激烈,为应付国际间的经济竞争,巩固社会主义制度,我们就必须抓住时机,加速发展中国经济。对此邓小平分析指出:"现在,周边一些国家和地区经济发展比我们快,如果我们不发展或发展得太慢,老百姓一比较就有问题了"。② 因此,我国的经济发展,总要力争隔几年上一个台阶。

四、中国经济的发展速度应该是扎扎实实、讲求效益、稳步协调发展的高速度

经济发展速度始终是社会主义建设的一个重大问题,它关系到人民生活的改善和实现社会主义现代化进程,甚至关系到国家的前途和命运。列宁在俄国十月社会主义革命前夕,曾经尖锐地指出:"或是在经济方面也赶上并且超过先进国家。""或是灭亡。或是开足马力奋勇前进。历史就是这样提出问题的"。③ 社会主义国家只有充分利用发展生产的一切有利条件和潜力,尽快

---

① 《邓小平文选》,外文出版社,1983年,第142页。
② 《邓小平在武昌、深圳、珠海、上海等地的谈话要点》,《邓小平文选》第三卷,第375页。
③ 《列宁选集》第三卷,人民出版社,1973年,第169页。

地发展经济,才能逐步提高人民的物质和文化生活水平,巩固社会主义制度。因此,邓小平指出社会主义制度优越于资本主义制度表现在许多方面,"但首先要表现在经济发展速度和效果方面。没有这一条,再吹牛也没有用"。① 但是,安排经济发展速度,必须采取科学的实事求是的态度,树立正确的"速度观",既不能认为速度越高越好,也不能认为速度越低越好。中国经济发展的最优速度应该是"扎扎实实、讲求效益、稳步协调地发展"。② 这种最优速度的要求是:(1)保证人民物质文化生活水平相应提高,符合社会主义生产目的要来。正像邓小平所说:"按照历史唯物主义的观点来讲,正确的政治领导的成果,归根到底要体现在社会生产力的发展上,人民物质文化生活的改善上。"③(2)保证国民经济稳定、协调地加速发展,符合按比例协调发展的要求。他说"对于我们这样的大国来说,经济要发展快一点。……要注意经济稳定、协调地发展。"(3)充分利用有利条件和资源潜力,能够带来最大经济效益,符合经济效益原则。他说"能发展就不要阻挡,有条件的地方要尽可能搞快点,只要是讲效益、讲质量,搞外向型经济,就没有什么可以担心的。"④(4)最优速度应该是扎扎实实的高速度。中国经济发展的高速度必须是实事求是,有条件的。这里所说的条件,包括资金、技术、市场、人才等方面经济发展必须具备的条件,它同过去那种"有条件要上,没有条件也要上"的不讲条件地盲目大干快上的唯心主义的超高速度截然不同。从我国经济发展的经验来看,"我们的发展,总要在某一个阶段,抓住时机,加速搞几年,发现问题及时加以治理,尔后继续前进。"⑤现在我们国内条件具备、国际环境对我有利,再加上发挥社会主义制度能够集中力量办大事的优势,在今后的现代化建设过程中,出现若干个发展速度比较快、效益比较好的阶段,是必要的。

(原载《毛泽东思想研究》1993 年第 2 期)

---

① 《邓小平文选》,外文出版社,1983 年,第 215 页。
② 《邓小平在武昌、深圳、珠海、上海等地的谈话要点》,《邓小平文选》第三卷,第 375 页。
③ 《邓小平文选》,外文出版社,1983 年,第 123 页。
④ 《邓小平同志在武昌、深圳、珠海、上海等地的谈话要点》,《邓小平文选》第三卷,第 375 页。
⑤ 《邓小平同志在武昌、深圳、珠海、上海等地的谈话要点》,《邓小平文选》第三卷,第 377 页。

创新"以人为本"的实现形式

胡锦涛总书记指出："坚持以人为本，就是要以实现人的全面发展为目标，从人民群众的根本利益出发谋发展、促发展，不断满足人民群众日益增长的物质文化需要，切实保障人民群众的经济、政治和文化权益，让发展的成果惠及全体人民。"因此，实现以人为本的科学发展观，必须从经济、政治、文化和社会等多方面着手，努力建设和形成以人为本的社会主义市场经济、民主政治、先进文化和和谐社会，完善保障以人为本的体制机制和政策。

一、以广大劳动人民群众为基本主体，发展以人为本的社会主义市场经济

首先，实现和维护广大人民群众的根本利益，必须坚持公有制为主体、多种所有制经济共同发展的基本经济制度。坚持公有制为主体，毫不动摇地巩固和发展公有制经济，有利于消灭剥削，消除两极分化，实现共同富裕的社会主义目标；有利于宏观效益与微观效益以及长期利益与短期利益的协调统一；有利于推动基础产业和高科技产业的发展和重点企业的迅速扩张，实现以信息化带动工业化的跨越式发展。同时，非公有制经济是社会主义市场经济的重要组成部分，是能够调动广大人民群众积极性、主动性和创造性的所有制形式。毫不动摇地鼓励和支持非公有制经济发展，不仅是完善社会主义市场经济体制的需要，而且是凝聚人流、物流、发展区域特色经济的需要，是增强国家经济实力的需要，是增加群众收入、增加国家税收和财政收入的需要，也是扩大就业和再就业、促进社会和谐稳定的需要。

其次，调动广大人民群众的积极性和创造性，必须坚持按劳分配为主、多种分配方式并存，"放手让一切劳动、知识、技术、管理和资本的活力竞相迸发，让一切创造社会财富的源泉充分涌流"的分配原则。无论是价值形成还是财富创造，都是离不开劳动、知识、管理和资本等各种生产要素的贡献。因此，建立以人为本的社会主义市场经济，必须"确立劳动、资本、技术和管理等生产要素按贡献参与分配的原则，完善按劳分配为主体、多种分配方式并存的分配制度"。进而为调动各类市场主体的积极性和各种生产要素活力的迸发提供制度保障。

第三，实现最广大人民群众的根本利益，必须妥善处理好效率与公平的关系，更加注重社会公平，努力使广大工人、农民、知识分子和其他群众共同享受到经济社会发展成果。在整个经济发展过程中，都要处理好生产与分配、效率与公平、先富与后富的关系。因此，发展经济，做大蛋糕仍然是我们的中心任务。要做大蛋糕，就必须坚持效率优先，坚持让一部分地区、一部分人通过合法经营诚实劳动先富起来的原则。同时，必须强调兼顾公平。解决不公平问题的办法不能走平均主义"吃大锅饭"的老路，不能牺牲效率讲公平，兼顾公平固然要重视结果的分配公平，但更应强调保证人人都享有平等竞争和发展的机会，要通过建立有效的机制，运用各种再分配手段，理顺收入分配关系。为此，一要努力缩小由于市场经济作用而产生的分配差距，通过完善个人所得税、利息税和遗产税等经济手段来抑制收入分配的"马太效应"；二要严厉打击非法收入，限制垄断收入，通过遏制社会腐败、走私贩私和反垄断，从源头上控制非法收入的增长；三要尽快完善社会保障和福利制度，通过失业保险、工伤保险、医疗保险、社会救助等一些制度的建立和完善，最大限度地保障最广大人民群众分享经济发展成果的权利。

二、以"人民当家作主"为根本宗旨，发展以人为本社会主义民主政治

社会主义民主政治和政治文明，是以人为本的民主政治。从新中国成立那天起，人民当家作主就成为新社会有别于旧社会的根本标志。以毛泽东为核心的第一代中央领导集体，在探索社会主义建设道路过程中，不断探索人民当家作主的实现形式，人民群众的利益和权利得到的切实维护。进入改革开放和现代化建设新时期，邓小平提出了加强民主与法制建设的思想。他强调：没有民主就没有社会主义，就没有社会主义现代化；发展社会主义民主，健全社会主义法制，是我们党坚定不移的基本方针。

建设以人为本社会主义政治文明，一方面强调国家一切权力属于人民，公民在政治上享有平等的权利，法律面前人人平等；另一方面强调从制度上切实保证人民真正做到当家作主。现代政治文明的一个重要特点，就是政治权力的运用具有严格的规范性，排斥任何形式的随意性。这就要求建立一套规则和程序，要求政治权力必须是一种规范性的权力，即政治权力严格按照既定的规则运行，不得随心所欲地滥用。因此，"十六大"报告要求："要坚持

和完善社会主义民主制度。健全民主制度,丰富民主形式,扩大公民有序的政治参与,保证人民依法实行民主选举、民主决策、民主管理和民主监督,享有广泛的权利和自由,尊重和保障人权。"为此,一要坚持和完善人民代表大会制度,加强人民代表大会的立法和监督工作;二要坚持和完善共产党领导的多党合作制度,充分发挥民主党派和民主人士在政治生活中的监督作用;三要健全基层自治组织和民主管理制度,保证人民群众依法直接行使民主权利,对干部实行民主监督;四要尊重和保障人权,这是社会主义政治发展的必然要求和价值取向。

三、以崇尚人的价值、崇尚民族精神和满足群众文化需求为立足点,打造以人为本的社会主义先进文化

首先,以人为本的社会主义先进文化必须是面向现代化、面向世界、面向未来的文化。社会主义的先进文化,理所当然应该具备这些人类共享的现代价值。建设社会主义先进文化必须面向世界,是我们对经济全球化背景下各民族国家世界性生存的客观现实的文化自觉,也是对中国先进文化在空间上的开放性特征的确认。在经济全球化的今天,闭关锁国固然意味着自取灭亡,一味被动地开放,跟在别人后面亦步亦趋,同样是永无出头之日。因此,我们应该立足世界文明发展的潮头,吸纳世界各国的优秀文化成果,创造中国特色、以人为本的先进文化,为世界文明的发展作出自己独特的贡献。建设社会主义先进文化必须面向未来,必须始终走在时代的前头,把握经济社会发展趋势,科学描绘经济社会的未来发展蓝图,进而肯定人生的意义,鼓舞人们的士气,坚定人们的信心。

其次,以人为本的社会主义先进文化必须是民族的、科学的、大众的文化。以人为本的社会主义先进文化必须具有民族性。它必须以能够推崇人的价值,表达维护中华民族和最广大人民群众的根本利益为价值取向,以弘扬中华民族优秀文化传统和民族精神为根本要求,以自己独特的风格气质和创造性成果,自立于世界文化之林。

以人为本的社会主义先进文化必须崇尚科学性。社会主义先进文化必须以科学知识、科学方法、科学精神和科学理念为基石,努力摒弃封建文化的糟粕和伪科学的荒诞。

以人为本的社会主义先进文化必须强调大众性。要以广大百姓喜闻乐见、通俗易懂为发展宗旨，最大限度地满足人民群众的精神需求，贴近实际、贴近生活、贴近群众，努力做到以科学的理论武装人，以正确的舆论引导人，以高尚的精神塑造人，以优秀的作品鼓舞人。

四、以"保护活力、维护公平、促进诚信、倡导友爱"为根本原则，构建以人为本的社会主义和谐社会

构建社会主义和谐社会，首先必须全面贯彻尊重劳动、尊重知识、尊重人才、尊重创造的方针，不断释放各种发展能量和生机活力。不论是体力劳动还是脑力劳动，简单劳动还是复杂劳动，工人、农民、知识分子的劳动还是其他社会阶层成员的劳动，凡是为我国社会主义现代化建设做出贡献的劳动都是光荣的，都应该得到承认和尊重。一切合法的劳动收入和合法的非劳动收入都应该得到保护。要使一切有利于社会进步的创造愿望、创造活力、创造才能、创造成果都得到充分尊重和肯定。要从政策上支持、从制度上保证社会充满创造活力，使社会各阶层的人们各尽所能、各得其所，为社会成员充分施展才能提供平等机会和宽广舞台，造就一种积极的、有利于社会发展的和谐。

其次，必须注意协调好劳动关系、保持合理的分配差距。只有当生产关系适应生产力的发展，劳动者的利益和社会地位得到保障，收入分配差距比较合理时，人民群众的心情才会舒畅，劳动的质量和效率才能得到不断提高，社会财富的源泉才能不断涌流，社会才能变得更加安定有序。要妥善处理好新形势下的人民内部矛盾，努力寻找化解矛盾的正确途径和有效方法，形成妥善处理矛盾的体制机制。要深入细致地做好思想政治工作，引导群众以理性合法的形式表达利益诉求、解决利益矛盾。

第三，必须健全信用制度，提出公平竞争和平等友爱。诚实守信不仅是社会主义市场经济得以有效运行的道德基础，而且是社会秩序和社会关系得以维系的重要条件。构建以人为本的社会主义和谐社会，必须加强诚信制度的建设。惟有如此，市场竞争才能有序进行，互帮互助才有基础。同时，要反对任何特权阶层和特权意识，反对职业歧视和性别歧视，提倡社会平等和友爱，形成互相尊重、互相关爱的社会氛围。

最后,必须重视人与自然和谐相处,发展循环经济,建立资源节约、环境友好型社会。必须科学认识和正确运用自然规律,学会按照自然规律办事,更加科学地利用自然资源为人们的生活和社会发展服务,坚决禁止各种掠夺自然、破坏自然的做法。要引导全社会树立节约资源意识,以优化资源利用、提高资源产出效率、降低环境污染为重点,加快推进清洁生产,大力发展循环经济,加快建设节约型社会,促进自然资源系统和社会经济系统的良性循环。要加强环境污染治理和生态建设,切实解决严重威胁人民群众健康安全的环境污染问题,保障人民群众在生态良好的环境中生活,促进经济发展与人口、资源、环境协调发展。

五、以人的本性和需求为基本出发点,完善经济发展政策和社会治理机制

第一,坚持科学合理的"人本假设"。人的本性理所当然要受到社会制度、社会关系和社会发展水平的影响。因此,无论是发展社会主义市场经济,还是构建社会主义和谐社会,都必须客观地承认人是自然属性和社会属性的统一,尊重人对自身物质利益最大化的追求,努力构建和营造"利己"和"利他"内在统一的激励约束机制和社会氛围。如果我们对人的本质不能科学、全面地认识,不重视经济发展中人的因素,以人为本就根本无从谈起,进而就不能最广泛地团结全国各族人民,调动一切积极因素,甚至重犯唯心主义的错误。

第二,确立有利于提高人民生活水平的投资与消费比例。投资和生产对消费起决定作用,提高人们的消费水平与生活质量,实现人的全面发展,离不开投资与生产的扩大。消费对生产与投资具有很强的反作用,有时还起决定作用。首先,满足消费需求是生产和投资的出发点,也是生产和投资的目的。其次,通过消费满足劳动者物质和文化生活的需要,有利于劳动者素质的提高和全面发展,提高劳动生产率,从而更好地促进经济社会发展。再次,消费还是新的投资得以实现和社会再生产得以持续进行的重要条件。因为如果投资和社会再生产的成果不能顺利进入消费领域并实现资金回笼,新的投资和再生产就无法进行。

第三,建立以实现劳动力充分就业为重点的经济结构。在发展战略上,要将扩大就业放在经济社会发展更加突出的位置,把就业增长、失业率控制

作为政府宏观调控的基本目标。在经济增长方式上,根据劳动力资源丰富的国情,选择既能体现技术进步要求,又能吸纳较多就业人员的发展模式。在经济结构的选择上,注重发展就业容量大的企业、产业和经济成分,提高经济增长对就业的带动作用。在政策理念上,不仅将就业视作谋生手段、民生之本,更要看作是人的价值和尊严的体现,尽可能地为劳动者提供就业机会,使其物质、精神需要得到满足。在政府职能上,既要充分发挥市场的基础性作用和劳动者自主择业的主体作用,又要高度重视体制转轨时期政府积极就业政策的特殊作用。

第四,倡导以人与自然的和谐为导向的绿色消费模式。必须告别工业社会对消费主义模式的崇尚,建立绿色消费模式,重塑我们的消费理念。关注人与自然的和谐,创建理性消费社会,这是绿色消费模式的中心环节。绿色消费告诫人们,不可违背自然规律,超越自然规律,而只能在顺应和尊重自然规律的前提下利用自然,以满足人的物质消费与精神消费需要。绿色消费主张人们应在不突破资源和环境承载能力的前提下合理消费、适度消费。适度的消费能带动生态系统中的物质循环和能量流动,促使大自然系统向有序方向流动。反过来,如果消费过度或不足,则会导致系统的功能紊乱,向无序化流动,破坏生态平衡,破坏人类赖以生存和发展的生态环境,从而危及人类自身的生存和发展。

第五,建立以保障人的基本权利为根本的社会治理体系。各级政府机关特别是司法部门的国家工作人员要依法履行职权,要承认经济利益在社会生产发展中的重要作用,要承认、尊重和保护公民个人合法经济权益,也要承认和保障公民个人合法的政治权利。各级党政干部要理解人、尊重人、团结人,密切干群关系,使广大人民以更饱满的热情、更积极的态度从事生产和经营活动,形成强大的向心力、凝聚力和推动力。

(原载《青岛日报》2006 年 2 月 5 日)

从"六个规律"高度把握发展理念创新

十八届五中全会强调,"十三五"时期,我国发展的环境、条件、任务、要求等都发生了新的变化。认识新常态、适应新常态、引领新常态,保持经济社会持续健康发展,必须有新理念、新思路、新举措。发展理念是发展行动的先导,是发展思路、发展方向、发展着力点的集中体现。为给"十三五"时期我国经济社会发展指好道、领好航,全会明确提出了"创新、协调、绿色、开放、共享"的发展新理念。这些新理念,不仅充分反映了共产党执政规律、社会主义建设规律、人类社会发展规律的客观要求,而且具体体现了习近平总书记所论述的"发展必须是遵循经济规律的科学发展,必须是遵循自然规律的可持续发展,必须是遵循社会规律的包容性发展"的本质要义。这是中国化的马克思主义最新发展成果,是指导我们"十三五"期间乃至未来发展的新的思想灵魂。因此,学习和贯彻这些新的发展理念,必须从上述六个规律的高度去把握,深刻认识这些新的发展理念的思想内涵和根本要求。

规律是对事物本质的揭示,不会呈现在表面。马克思指出:"如果事物的表现形式和事物的本质会直接合而为一,一切科学就都成为多余的了。"毛泽东同志也说过:"规律存在于历史发展的过程中。应当从历史发展过程的分析中来发现和证明规律。不从历史发展过程的分析入手,规律是说不清楚的。"因此,从规律高度来认识和把握"创新、协调、绿色、开放、共享"发展新理念,不仅更能深刻领会每一个发展新理念的内涵,而且能够看到它们作为有机统一整体的内在逻辑,进而增强我们在"十三五"时期乃至未来更长时期推动经济发展切实落实这五大新发展理念的自觉性。

执政规律,最根本的是人心向背定理。习近平同志指出:"一个政党,一个政权,其前途和命运最终取决于人心向背。"历史一再证明,人心是决定"谁主沉浮"的根本性力量。当前我们党执政无疑得到了广大人民群众的真心拥护,但创新能力不强和劳动生产率低下导致经济发展质量和效益不高、城乡和区域发展不均衡、人与自然发展不协调、收入分配和贫富差距拉大、看病难看病贵等,这都影响人心。因此,我们唯有坚持创新发展、协调发展、绿色发展、开放发展、共享发展,才能更好地解决人民群众的关切,不断满足人民群众对美好生活的向往,才能赢得人民群众的最广泛支持。

邓小平同志指出:"社会主义的本质,是解放生产力,发展生产力,消灭剥削,消除两极分化,最终达到共同富裕。"这一本质的规定性,一方面确立了社会主义的根本任务是以经济建设为中心、解放和发展生产力,明确了发展生产力是社会主义建设的"硬道理";另一方面确立了社会主义的最终目的是实现共同富裕。创新、协调、绿色、开放、共享这五大发展新理念,充分体现了社会主义本质的这两方面根本要求。科技创新本身就是发展生产力,制度创新是解放生产力。无论是区域城乡协调发展、还是物质文明和精神文明的协调发展,都是为了消除短板约束、疏解瓶颈制约以最大限度地提高效率和释放活力。生态保护、发展绿色产业、循环经济不仅保护生产力,而且形成新的经济增长点。对外对内双向开放、对生产力的解放和促进作用更为我们过去三十多年的经验所证实。在共享发展中增进人民福祉,更成为实现共同富裕的根本途径。

辩证唯物主义告诉我们,人类社会始终是在生产力与生产关系的对立统一的基本矛盾推动下不断发展的。科学技术作为第一生产力,更成为主导人类社会进步的主要力量。科学技术创新,提高科学技术和知识对经济增长的贡献率,成为现代众多发达国家实现现代化的不二法则。因此,习近平总书记指出,创新是引领发展的第一动力。抓创新就是抓发展,谋创新就是谋未来。当然,作为这一基本矛盾的另一面的生产关系也并不是完全被动的,它也具有一定的反作用力。它是否适应或促进生产力发展和科学技术进步,也影响着人类社会发展和进步的进程。党的十八届五中全会从生产力和生产关系两个方面来阐述创新发展,认为"十三五"期间,必须把创新摆在国家发展全局的核心位置,不断推进理论创新、制度创新、科技创新、文化创新等各方面创新。必须把发展基点放在创新上,形成促进创新的体制架构,塑造更多依靠创新驱动、更多发挥先发优势的引领型发展。提出要深入实施创新驱动发展战略,发挥科技创新在全面创新中的引领作用,实施一批国家重大科技项目,在重大创新领域组建一批国家实验室,积极提出并牵头组织国际大科学计划和大科学工程等政策主张,都充分反映了我们党遵循人类发展规律的高度自觉。同时,我们还提出绿色发展、开放发展、协调发展、共享发展等新理念更体现出我们党顺应世界发展潮流和人民意愿的高度自觉。

具体到习近平总书记讲到的遵循经济规律的科学发展,遵循自然规律的可持续发展,遵循社会规律的包容性发展,就更是充满理性,切中中国长期以来过度追求速度和规模而导致的"高投入、高消耗、高污染、低效率、不协调、不环保、不公平"的粗放经济发展方式的要害。

遵循经济规律的科学发展,是"实实在在、没有水分"的发展,是注重"系统性、整体性和协同性"的发展,是"质量更高、效益更好、结构更优、优势充分释放"的发展。这意味着,在经济发展中要保持战略定力与战略眼光,做到蹄疾步稳、行稳致远。为此,必须进一步理清政府和市场的关系,自觉让市场经济的价格、竞争、供需三大机制更顺畅有效地发挥作用,以适应中国经济新常态,进而实现中国经济从高速增长转为中高速增长;经济结构从中低端向中高端转变,第三产业消费需求逐步成为主体,城乡区域差距逐步缩小,居民收入占比上升,发展成果惠及更广大民众;增长动力从要素驱动、投资驱动转向创新驱动。

遵循自然规律的可持续发展,就是不能陶醉人类对自然界的征服,不能简单地以 GDP 论英雄。正像恩格斯所说:"不要过分陶醉于我们对于自然界的胜利,对于每一次这样的胜利,自然界都报复了我们。"人是自然界的产物,也是自然界的一部分,人类生存须臾离不开自然环境。我们必须遵循自然规律,敬畏自然力量,坚决摆脱发达国家"先污染后治理"的发展老路。这些年来,资源约束趋紧、环境污染严重、生态系统退化,自然生态平衡受到猛烈冲击和破坏,已经影响到人民的健康和生存,地震、雾霾、泥石流等的发生给我们敲响了警钟。我们必须摈弃"人定胜天"的思维方式和做法,强化自然客观存在、自然生态平衡、自然发展规律等发展理念,在生产力布局、城镇化发展、重大项目建设中都要充分考虑自然条件和资源环境承载能力。

遵循社会规律的包容性发展,就是促进公平正义,让人民共享发展福祉,实现共同富裕的发展。发展要以人为本,让每个人拥有平等参与、平等发展的机会,使不同社会群体、市场主体各得其所、各展其能。我们要准确把握经济社会发展和人民生活改善的结合点,将稳增长、促改革、调结构的聚焦点放在惠民生上,雪中送炭解决实际问题,增加公共产品有效供给,保基本、补短板、兜底线,向民生改善要发展潜力。

（原载《文汇报》2015 年 11 月 4 日,有改动。）

中国经济中高速增长的"多元动力"

——论习近平经济发展思想的基本内核与逻辑框架

党的"十八大"以来,习近平总书记就新常态下的中国经济如何实现中高速发展发表了多篇讲话,提出了许多新论断、新思想。再结合党的"十八大"以前他关于中国经济发展的相关论述,习近平总书记在继承邓小平理论、"三个代表"重要思想和科学发展观中关于中国经济发展思想精华的基础上,立足新时期中国经济发展面临的新形势、新情况和新任务而提出的这些新论断、新思想,已经形成了较为完整的思想理论体系。深入系统地研究习近平经济发展思想的基本内核、基本逻辑,认清新常态下中国经济发展的基本动力,对于在新常态下实现中国经济高质量中高速发展具有很强的指导意义。

一、发展依然是"硬道理",是"第一要务"

改革开放 30 多年来,由于经济年均增长 9.8%,中国的综合国力和人民生活水平显著提高,中国一举成为经济总量仅次于美国的世界第二大经济体,创造了世界经济史上的"中国奇迹",邓小平同志提出的"三步走"战略已经取得了举世瞩目的阶段性成果。党的"十八大"更加明确地提出了"两个一百年"的宏伟奋斗目标,即在中国共产党成立一百年时全面建成小康社会,在新中国成立一百年时建成富强民主文明和谐的社会主义现代化国家。

要实现"两个一百年"的奋斗目标,实现中华民族伟大复兴的"中国梦",最根本的靠什么? 习近平总书记在带领刚刚组成不久的新一届中央领导集体参观《复兴之路》展览时就鲜明地指出:"回首过去,全党同志必须牢记,落后就要挨打,发展才能自强。"因此,一脉相承地继承"发展"这个中国特色社会主义理论的本质和灵魂,自然就成了习近平总书记治国理政思想,尤其是其经济思想的基本内核。

马克思主义一贯重视发展生产力,认为物质生产是人类社会生存和发展的基础,生产力是人类社会发展的最终决定力量。改革开放以来,我们党和国家对国家发展问题十分重视。邓小平同志指出,中国解决一切问题的关键,是要靠自己发展,发展是硬道理。三十多年来,中国共产党对发展的认识不断深化,从发展是硬道理,到发展是执政兴国的第一要务,到发展是科学发展观的第一要义,始终把发展作为实施"三步走"战略过程中破解面临的各种难题和矛盾的法宝。因此,作为马克思主义中国化最新成果创立者,以及全面建成小康社会和实现中华民族伟大复兴的"中国梦"的伟大实践的领导者,不仅会继承好发展这一法宝,而且会根据新的实际进一步丰富它,赋予发展更多更新的时代内涵。

首先,"牢牢坚持以经济建设为中心"。人类发展与社会进步的一般规律表明,经济发展是一切发展的基础。对于我们这样一个仍处在社会主义初级阶段的发展中人口大国来说,就更是如此。尽管改革开放以来我们已经取得了世人瞩目的发展成就,但"我国仍处于并将长期处于社会主义初级阶段的基本国情没有变,人民日益增长的物质文化需要同落后的社会生产之间的矛盾这一社会主要矛盾没有变,我国是世界最大发展中国家的国际地位没有变"。因此,习近平总书记在 2012 年 11 月 17 日主持十八届政治局第一次集体学习时就明确强调:"我们在任何情况下都要牢牢把握这个最大的国情,推进任何方面的改革发展都要牢牢立足这个最大的实际。""我们在实践中要始终坚持'一个中心、两个基本点'不动摇","牢牢抓好党执政兴国的第一要务,始终代表中国先进生产力的发展要求,坚持以经济建设为中心,在经济不断发展的基础上,协调推进政治建设、文化建设、社会建设、生态文明建设以及其他各方面的建设。"2013 年 3 月 17 日,习近平总书记又在第十二届全国人民代表大会第一次会议上的讲话中强调:"我们要坚持发展是硬道理的战略思想,坚持以经济建设为中心,全面推进社会主义经济建设、政治建设、文化建设、社会建设、生态文明建设,深化改革开放,推动科学发展,不断夯实实现中国梦的物质文化基础。"2013 年 11 月 12 日,习近平总书记在中共十八届三中全会第二次会议上讲话中又再次重申:"我国仍处于并将长期处于社会主义初级阶段的基本国情没有变,人民日益增长的物质文化需要同落后的社会生产力之间的矛盾这一社会主要矛盾没有变,我国是世界最大发展中国家的国际地位没有变。这就决定了经济建设仍然是全党的中心工作。"因此,"全面建成小康社会,实现社会主义现代化,实现中华民族伟大复兴,最根本最紧迫的任务还是进一步解放和发展社会生产力。"

其次,"发展必须是遵循经济规律的科学发展,必须是遵循自然规律的可持续发展"。讲遵循经济规律的科学发展和遵循自然规律的可持续发展,说到底就是不能以经济增长代替经济发展,不能以 GDP 排名论英雄,追求实实在在、没有水分的经济增长。"既要看速度,也要看增量,更要看质量,要着力实现有质量、有效益、没水分、可持续的增长,着力在转变经济发展方式、优化经济结构、改善生态环境、提高发展质量和效益中实现经济增长。"

习近平总书记在党的十八届一中全会的讲话指出："在前进道路上,我们一定要坚持以科学发展为主题、以加快转变经济发展方式为主线,切实把推动发展的立足点转到提高质量和效益上来,促进工业化、信息化、城镇化、农业现代化同步发展,全面深化经济体制改革,推进经济结构战略性调整,全面提高开放型经济水平,推动经济持续健康发展。"习近平总书记在湖南考察时又进一步指出:"我们这么大个国家、这么多人口,仍然要牢牢坚持以经济建设为中心。同时,要全面认识持续健康发展和生产总值增长的关系,防止把发展简单化为增加生产总值,一味以生产总值排名比高低、论英雄。转方式、调结构是我们发展历程必须迈过的坎,要转要调就要把速度控制在合理范围内,否则资源、资金、市场等各种关系都绷得很紧,就转不过来、调不过来。各级都要追求实实在在、没有水分的生产总值,追求有效益、有质量、可持续的经济发展。"因此,"发展必须是遵循经济规律的科学发展,必须是遵循自然规律的可持续发展。各级党委和政府要学好用好政治经济学,自觉认识和更好遵循经济发展规律,不断提高推动改革开放、领导经济社会发展、提高经济社会发展质量和效益的能力和水平。"

第三,发展必须是遵循社会规律的包容性发展。所谓包容性发展,就是"坚定不移走共同富裕道路","努力把'蛋糕'分好",在共享发展中增进人民群众福祉。社会主义制度下的生产目的是为了最大限度地满足人民日益提高的物质文化生活需要。习近平同志在刚当选中共中央总书记之后,与中外记者第一次见面时就明确指出:"我们的责任,就是要团结带领全党全国各族人民,继续解放思想,坚持改革开放,不断解放和发展社会生产力,努力解决群众的生产生活困难,坚定不移走共同富裕的道路。"然而,要走好共同富裕的道路,不仅要发展经济,做大经济总量,创造尽可能多物质财富,而且要处理分配问题,避免两极分化,维护公平正义。对此,习近平总书记指出:"我们必须紧紧抓住经济建设这个中心,推动经济持续健康发展,进一步把'蛋糕'做大,为保障社会公平正义奠定更加坚实物质基础。""同时还要把'蛋糕'分好。我国社会历来有'不患寡患不均'的观念。我们要在不断发展的基础上尽量把促进社会公平正义的事情做好,……要把促进社会公平正义、增进人们福祉作为一面镜子,审视我们各方面体制机制和政策规定。""广大人民群众共享改革发展成果,是社会主义的本质要求,我们追求的发展是造福人民的发展,我们追求的富裕是全体人民共同富裕。改革发展搞得成功不成功,最终的判断标准是人民是不是共同享受到了改革发展成果。"

实现共同富裕,维护社会公平正义,从根本上说是要消除贫困,特别是农村地区的贫困,让每一个贫困地区的老百姓都过上小康生活。因为"消除贫困,改善民主,逐步实现全体人民共同富裕,是社会主义的本质要求"。所以习近平总书记十分重视扶贫工作,挂念贫困地区的老百姓,多次反复调研布置扶贫工作。2012年12月29日至30日,习近平总书记到河北阜平看望困难群众时讲话指出:"全面建成小康社会,最艰巨最繁重的任务在农村,特别是在贫困地区。没有农村的小康,特别是没有贫困地区的小康,就没有全面建成小康社会。""现在,距实现全面建成小康的第一个百年奋斗目标只有五六年了,但贫困地区、贫困群众还为数不少,必须时不我待地抓好扶贫开发工作,决不能让困难地区和困难群众掉队。"因此,"要以更加明确的目标、更加有力的举措、更加有效的行动,深入实施精准扶贫、精准脱贫,项目安排和资金使用都要提高精准度,扶贫到点上、根上,让贫困群众真正得到实惠。""要着力推动老区特别是原中央苏区加快发展,决不能让老区群众在全面建成小康社会进程中掉队,立下愚公志、打好攻坚战,让老区人民同全国人民共享全面建成小康社会成果。这是我们党的历史责任。"

二、新常态是新时期中国经济发展的大逻辑

中国经济在经过了三十多年的高速增长之后,由于经济发展的内在支撑条件和外部需求环境都发生了深刻变化,中国经济进入速度换挡器、结构调整阵痛期和前期刺激政策消化期"三期叠加"的"新常态"。

中国经济进入"新常态"的战略判断,是2013年12月10日习近平总书记在中央经济工作会议上的讲话首次提出的。他强调,我们注重处理好经济社会发展各类问题,既防范增长速度滑出底线,又理性对待高速增长转向中高速增长的新常态。2014年5月9日至10日在河南考察时,针对人们担心中国经济增长减速和国外有些学者唱衰中国经济的观点,他认为:"我国发展仍处于重要战略机遇期,我们要增强信心,从当前我国经济发展的阶段特征出发,适应新常态,保持战略上的平常心态。"

那么,中国经济"新常态"的内涵到是什么?2014年11月9日,习近平总

书记在亚太经合组织工商领导人峰会开幕式上的演讲中给出了初步的描述，他认为："中国经济呈现新常态，有几个主要特点。一是从高速增长转为中高速增长。二是经济结构不断优化升级，第三产业、消费需求逐步成为主体，城乡地区差距逐步缩小，居民收入占比上升，发展成果惠及更广大民众。三是从要素驱动、投资驱动转向创新驱动。"

时隔一个月，2014 年 12 月 9 日至 11 日，习近平总书记在中央经济工作会议上的讲话，从 9 个方面对中国经济新常态的阶段性特征、表现及应对之策进行了更全面系统的阐述。

从消费需求看，过去我国消费具有明显的模仿型排浪式特征，现在模仿型排浪式消费阶段基本结束，个性化、多样化消费渐成主流，保证产品质量安全、通过创新供给激活需求的重要性显著上升，必须采取正确的消费政策，释放消费潜力，使消费继续在推动经济发展中发挥基础性作用。从投资需求看，经历了三十多年高强度大规模开发建设后，传统产业相对饱和，但基础设施互联互通和一些新技术、新产品、新业态、新商业模式的投资机会大量涌现，对创新投融资方式提出了新要求，必须善于把握投资方向，消除投资障碍，使投资继续对经济发展发挥关键作用。从出口和国际收支看，国际金融危机发生前国际市场空间扩张很快，出口成为拉动我国经济快速发展的重要动能，现在全球总需求不振，我国低成本比较优势也发生了转化，同时我国出口竞争优势依然存在，高水平引进来、大规模走出去正在同步发生，必须加紧培育新的比较优势，使出口继续对经济发展发挥支撑作用。从生产能力和产业组织方式看，过去供给不足是长期困扰我们的一个主要矛盾，现在传统产业供给能力大幅超出需求，产业结构必须优化升级，企业兼并重组、生产相对集中不可避免，新兴产业、服务业、小微企业作用更加凸显，生产小型化、智能化、专业化将成为产业组织新特征。从生产要素相对优势看，过去劳动力成本低是最大优势，引进技术和管理就能迅速变成生产力，现在人口老龄化日趋发展，农业富余劳动力减少，要素的规模驱动力减弱，经济增长将更多依靠人力资本质量和技术进步，必须让创新成为驱动发展新引擎。从市场竞争特点看，过去主要是数量扩张和价格竞争，现在正逐步转向质量型、差异化为主的竞争，统一全国市场、提高资源配置效率是经济发展的内生性要求，必须深化改革开放，加快形成统一透明、有序规范的市场环境。从资源环境约束看，过去能源资源和生态环境空间相对较大,现在环境承载能力已经达到或接近上限,必须顺应人民群众对良好生态环境的期待,推动形成绿色低碳循环发展新方式。从经济风险积累和化解看,伴随着经济增速下调,各类隐性风险逐步显性化,风险总体可控,但化解以高杠杆和泡沫化为主要特征的各类风险将持续一段时间,必须标本兼治、对症下药,建立健全化解各类风险的体制机制。从资源配置模式和宏观调控方式看,全面刺激政策的边际效果明显递减,既要全面化解产能过剩,也要通过发挥市场机制作用探索未来产业发展方向,必须全面把握总供求关系新变化,科学进行宏观调控。

这些趋势性变化说明,我国经济正在向形态更高级、分工更复杂、结构更合理的阶段演化,经济发展进入"新常态"。"新常态下,我国经济发展表现出速度变化、结构优化、动力转换三大特点,增长速度要从高速转向中高速,发展方式要从规模速度型转向质量效率型,经济结构调整要从增量扩能为主转向调整存量、做优增量并举,发展动力要从主要依靠资源和低成本劳动力等要素投入转向创新驱动。这些变化不依人的意志为转移,是我国经济发展阶段性特征的必然要求。"因此,认识新常态,适应新常态,引领新常态,就成为当前和今后一个时期我国经济发展的大逻辑。

三、新常态下中国经济发展要依靠"多元动力"

保持中高速发展,既是新常态下中国经济发展的基本特征,也是中国经济发展的基本要求。因为只有保持住中高速发展,才能实现转方式、调结构、惠民生的发展目标,才能实现充分就业、居民增收和社会稳定,才能不断夯实全面建成小康社会奋斗目标的物质基础。

然而,要在新常态下实现中高速发展,单纯依靠扩大有效需求,即投资、消费、出口这"三驾马车"拉动是不够的,还要千方百计扩大有效供给,通过提高各种生产要素的配置效率,特别是提高劳动生产率来推动和促进经济发展。单纯依靠资源能源和生产要素量的扩张投入就不够了,还要不断优化产业结构和区域经济结构,大力培植新技术和新产业,不断释放结构转换动力。对此,习近平总书记指出:"新常态下中国经济增长更趋平稳,增长动力更为多元。"并进一步指出:"后国际金融危机时期,增长动力从哪里来?毫无疑问,动力只能从改革中来,从创新中来,从调整中来。我们要创新发展理念,从传统的要素驱动、出口驱动转变为创新驱动、改革驱动。通过结构调整释放内生动力。"

第一，科技创新驱动发展："创新是引领发展的第一动力。"新中国成立后，特别是改革开放以来，我们党一贯强调要增强自主创新能力。继邓小平提出"科学技术是第一生产力"的论断后，党中央先后于1995年、2002年、2006年分别提出科教兴国战略、人才强国战略、建立创新型国家战略。2012年，党的十八大报告又第一次将"实现创新驱动发展战略"写入党代会报告，强调科技创新是提高社会生产力和综合国力的战略支撑，必须摆在国家发展的核心地位。十八大以来，习近平总书记高度重视创新，重视新常态下培育创新驱动发展动力。2013年9月30日，中央政治局专门以实现创新驱动发展战略为题，进行集体学习。为了唤醒全社会的创新意识，增强提高自主创新能力的自觉性，习近平总书记多次在不同场合强调技术创新、倡导创新驱动，希望全社会都要增强自主创新的紧迫感。2014年6月9日，习近平总书记在中科院第十七次院士大会、工程院第十二次院士大会上的讲话中强调指出："不能想象我们能够以现有发达水平人口消耗资源的方式来生产生活，那全球现有资源都给我们也不够用！老路走不通，新路在哪里？就在科技创新上，就在加快从要素驱动、投资规模驱动发展为主向以创新驱动发展为主的转变上。"2014年8月18日，习近平总书记在主持召开中央财经领导小组第七次会议时的讲话又再次强调："创新始终是推动一个国家、一个民族向前发展的重要力量。我国是一个发展中大国，正在大力推进经济发展方式转变和经济结构调整，必须把创新驱动发展战略实施好。"要"增强科技进步对经济增长的贡献度，形成新的增长动力源泉，推动经济持续健康发展"。2015年3月5日，习近平总书记在参加十二届全国人大三次会议上海代表团审议时的讲话中更进一步地强调："创新是引领发展的第一动力。抓创新就是抓发展，谋创新就是谋未来。适应和引领我国经济发展新常态，关键是要依靠科技创新转换发展动力。"为此，一方面，必须破除阻碍和制约创新的体制机制，深入推进科技与经济的紧密结合，促进产学研的深度融合，实现科技同产业的无缝对接，打通从科技强到产业强、经济强、国家强的通道，加快建立健全国家创新体系，让一切创新源泉充分涌流。另一方面，必须重视发挥人才是第一资源的作用，鼓励大众创业、万众创新。正像习近平总书记所说："人才是创新的根基,创新驱动实质上是人才驱动,谁拥有一流的创新人才,谁就拥有了科技创新的优势和主导权。要择天下英才而用之,实施更加积极的创新人才引进政策,集聚一批站在行业科技前沿、具有国际视野和能力的领军人才。"同时"要最大限度地调动科技人才的创新积极性,尊重科技人才的创新自主权,大力营造勇于创新、鼓励创新、宽容失败的社会氛围"。同时,必须提高自主创新能力。习近平总书记指出:"实施创新驱动战略,最根本的是要增强自主创新能力,最紧迫的是要破除体制机制障碍,最大限度解放和激发科技作为第一生产力所蕴藏的巨大潜能。"因为"只有把核心技术掌握在自己手中,才能真正掌握竞争和发展的主动权,才能从根本上保障国家经济安全、国防安全和其他安全"。"我们不能在这场科技创新的大赛场上落伍,必须迎头赶上、奋起直追、力争超越、赢得主动、赢得优势、赢得未来。"

第二,扩大内需拉动发展:"扩大内需是中国经济自主性增长的关键。""十八大"之前的历次党代会,都强调重视开发国内市场,强调最大限度地满足国内老百姓物质文化生活水平提高的需要。特别是受1998年亚洲金融危机和2008年国际金融危机的影响,我们党自觉把扩大内需确立为经济发展的基本立足点和长期的战略方针。党的"十八大"后,以习近平为总书记的党中央更加强调要用好我国经济的巨大潜力、韧性和回旋余地,加快构建扩大内需长效机制,着力扩大消费需求,切实把扩大内需作为拉动中国经济增长的主要动力。

扩大内需,难题是如何扩大消费需求。尽管2014年居民消费对我国GDP总量的贡献率已经达到51.2%,但远低于世界61%的平均水平,同时也低于中等收入国家55%的平均水平。扩大居民消费需求前提是要深化收入分配制度改革,逐步提高劳动所得占初次收入分配的比重和居民所得占国民收入分配的比重,确保居民收入增长不低于经济增长速度,同时健全社会保障制度,减少居民消费的后顾之忧。对此,习近平总书记指出:"把落实收入分配制度、增加城乡居民收入、缩小收入分配差距、规范收入分配秩序作为重要工作,着力解决人民群众反映突出的问题。"加强民生保障,提高人民生活水平。"要按照'守住底线、突出重点、完善制度、引导舆论'的思想做好民生工作。重点是保障低收入人民群众基本生活,做好家庭困难学生资助工作,……要加强城乡社会保障体系建设,继续完善养老保险转移接续办法,提高统筹层次。"

扩大内需重点还是要重视扩大投资。像我们这样一个正处在工业化和城镇化加速发展时期的发展中大国来讲，基础设施建设和公共服务需求仍有巨大的需求空间，进而产生巨大的投资需求。习近平总书记指出："推进城镇化是解决农业、农村、农民问题的重要途径，是推动区域协调发展的有力支撑，是扩大内需和促进产业升级的重要抓手，对全面建成小康社会、加快推进社会主义现代化具有重大现实意义和深远历史。"特别是"城乡公共基础设施投资潜力巨大，要加快改革和创新投融资体制机制"。

第三，结构优化提升发展："加快由中低端向中高端迈进。"推动经济结构战略性调整，是经济发展方式转变的主线，是提高经济发展质量的根本条件，更是促进经济发展的重要动力。习近平总书记认为："把经济发展抓好，关键还是转方式、调结构，推动产业机构加快由中低端向中高端迈进。"国际金融危机后的世界经济深度调整，为迎接新工业革命而进行的再工业化、再平衡成为潮流。因此，习近平总书记强调："加快推进经济结构战略性调整是大势所趋，刻不容缓。国际竞争历来就是时间和速度的竞争，谁动作快，谁就能够抢占先机，掌控制高点和主动权；谁动作慢，谁就会丢失机会，被别人甩在后边。"要推动产业结构调整，首先就是要化解过剩产能，加快传统产业升级改造。近年来，我国经济发展中存在的一个最突出的问题是传统产业产能过剩，"两高一资"行业尤为明显。据有关资料显示，目前我国工业企业产能利用率只有78%左右。其中，钢铁、水泥、电解铝、焦炭、船舶、光伏等行业主要产品产能利用率不到50%。这不仅造成巨大的投资与资源的浪费，而且导致大量的环境污染。老百姓对此怨声载道。对此，习近平总书记明确指出："现在不拿出壮士断腕的勇气，将来付出的代价必然更大。""要决战决胜打好调整经济结构、化解过剩产能这场攻坚战。"

第四，城乡区域协调促进发展："发展差距意味着发展潜力。"当前，中国经济发展不平衡的矛盾集中体现在城乡之间和区域之间发展差距不断扩大上。差距就意味着潜力。在全面建成小康社会的决战阶段，不断缩小并逐步消灭这两大差距，不仅是实现全面建成小康社会的内在要求，而且是新常态下进一步促进中国经济平稳健康发展的重要引擎。改革开放三十多年来，我国广大农村面貌都发生了巨大变化，但由于自然条件和发展水平不同，城乡之间、农村与农村之间还存在着很大的发展差距,农村真穷、农民真苦的问题还在一些贫困地区普遍存在,要解决这个问题,习近平总书记指出:"小康不小康,关键看老乡。一定要看到,农业还是'四化同步'的短腿,农村还是全面建成小康社会的短板。中国要强,农业必须强;中国要美,农村必须美;中国要富,农民必须富。农业基础稳固,农村和谐稳定,农民安居乐业,整个大局就有保障,各项工作都会比较主动。"因此,"我们既要有工业化、信息化、城镇化,也要有农业现代化和新农村建设,两个方面要同步发展。要破除城乡二元结构,推进城乡发展一体化,把广大农村建设成农民幸福生活的美好家园。"

破除城乡二元结构,推进城乡发展一体化,必须协调推进农业现代化、新农村建设和新型城镇化,形成三轮驱动。一方面通过推进农业现代化和新农村建设,充分发挥亿万农民主体作用和首创精神,不断解放和发展农村社会生产力,激发农村发展活力,从而不断增加农民收入,最大限度地释放农村消费力。另一方面要在推进城镇化过程中谋划农业和农村发展,避免"两张皮",努力实现城乡规划和基础设施一体化、城乡居民基本权益平等化、基本公共服务均等化、城乡居民收入均衡化的新局面。

我国幅员辽阔,区域发展回旋余地大,促进区域协调发展,是新常态下推进中国经济发展的另一重要引擎。新世纪以来,我国逐步形成了西部开发、东北振兴、中部崛起、东部率先的区域发展总体战略。特别是随着主体功能区战略的不断实施,我国地区之间的发展差距呈现出日益缩小的趋势。在广大的中西部地区正逐步形成一些新的经济增长极。党的"十八大"后,以习近平为总书记的党中央继续深入实施区域发展总体战略,坚定不移地实施主体功能区战略,重视创新区域发展政策,着力促进区域协调发展,尤其重视老少边穷地区的发展。为此,党中央和国务院创造性地提出旨在促进东中西部协调发展和西部地区对外开放的"一带一路"、京津冀协同发展、长江经济带三大区域发展战略。随着三个区域发展战略的深入实施,不仅区域发展差距会进一步缩小,而且会形成许多新的增长极或增长带,进而为新常态下中国经济稳定健康可持续发展提供新的能量。具体到京津冀协同发展战略,习近平总书记指出:"通过疏解北京非首都功能,调整经济结构和空间结构,走出一条内涵集约发展的新路子,探索出一种人口密集地区优化开发的模式,促进区域协调发展,形成新增长极。"

第五,生态文明推动发展:"改善生态环境就是发展生产力。"党的"十八大"从实现中华民族伟大复兴和永续发展的全局出发,首次把"美丽中国"作为生态文明建设的宏伟目标,把生态文明建设摆上了中国特色社会主义五位一体总体布局的战略位置。对此,习近平总书记指出:"建设生态文明,关系人民福祉、关乎民族未来。党的十八大把生态文明建设纳入中国特色社会主义事业五位一体总体布局,明确提出大力推进生态文明建设,努力建设美丽中国,实现中华民族永续发展。这标志着我们对中国特色社会主义规律认识的进一步深化,表明了我国加强生态文明建设的坚定意志和坚强决心。"

建设生态文明推动发展,首先要正确处理经济发展和保护生态环境的关系。习近平总书记指出:"我们既要绿水青山,也要金山银山。宁要绿水青山,不要金山银山,而且绿水青山就是金山银山。"因此,"要正确处理经济发展同生态环境保护的关系,牢固树立保护生态环境就是保护生产力、改善生态环境就是发展生产力的理念,更加自觉地推进绿色发展、循环发展、低碳发展,决不能以牺牲环境为代价去换取一时的经济增长。"其次,要坚持绿色、循环、低碳发展,推动生产方式绿色化。从根本上缓解我国经济发展与资源环境之间的矛盾,出路在于必须构建起科技含量高、资源消耗低、环境污染少的产业结构,加快推进生产方式绿色化,有效降低经济发展的资源环境代价。习近平总书记指出:"节约资源是保护生态环境的根本之策。""大部分对生态环境造成破坏的原因是来自对资源的过度开发、粗放型使用。如果竭泽而渔,最后必然是什么鱼也没有了,扬汤止沸不如釜底抽薪,建设生态文明必须从资源使用这源头抓起。"他强调,要加快发展绿色产业,形成经济社会发展新增长点。

第六,全面改革保障发展:改革开放是中国发展"进步的活力之源"。改革开放三十多年来,我们党靠什么来振奋民心、统一思想、凝聚力量? 靠什么来激发全体人民的创造精神和创造活力? 靠什么来实现我国经济社会快速发展、在与资本主义竞争中赢得比较优势? 靠的就是改革开放。因此,习近平总书记高度重视改革开放,他指出:"改革开放是当代中国发展进步的活力之源,是党和人民事业大踏步赶上时代的重要法宝。""我们正在推行的全面深化改革,既是对社会生产力的解放,也是对社会活力的解放,必将成为推动中国经济社会发展的强大动力。""我国发展走到今天,发展和改革高度融合,发展前进一步就需要改革前进一步,改革不断前进也能为发展提供强劲动力。"

全面深化改革给中国经济社会发展带来的强大动力从哪里来? 一是从使市场在资源配置中起"决定性"作用和更好发挥政府作用中来。习近平总书记指出:"经济发展就是要提高资源尤其是稀缺资源的配置效率,以尽可能少的资源投入生产尽可能多的产品、获得尽可能大的效益。理论和实践都证明,市场配置资源是最有效率的形式。"然而,这并不是否认政府在推动和保证经济平稳健康发展中的特殊作用。习近平总书记强调:"在市场作用和政府作用的问题上,要讲辩证法、两点论,'看不见的手'和'看得见的手'都要用好,努力形成市场作用和政府作用的有机统一、相互补充、相互协调、相互促进的格局,推动经济社会持续健康发展。"二要从继续毫不动摇巩固和发展公有制经济、毫不动摇鼓励、支持、引导非公有制经济发展,大力发展混合所有制经济中来。《十八届三中全会关于全面深化改革若干重大问题的决定》中指出:"国有资本、集体资本、非公有资本等交叉持股、相互融合的混合所有制经济,是基本经济制度的重要实现形式,有利于国有资本放大功能、保值增值、提高竞争力。"同时,鼓励非公有制企业参与国有企业改革,鼓励发展"非公有资本控股的混合所有制企业,鼓励有条件的私营企业建立现代企业制度"。由此,公有制经济与非公有制经济平等竞争、相互补充、混合发展,进而使各类经济主体的发展活力竞相迸发。三是从"明确事权、改革税制、稳定税负、透明预算、提高效率,加快形成有利于转变经济发展方式、有利于建立公平统一市场、有利于推进基本公共服务均等化的现代财政制度,形成中央和地方财力与事权相匹配的财税体制,更好发挥中央和地方两个积极性"中来。四是从政府简政放权,扩大市场准入,实施负面清单制度,加快形成"大众创业、万众创新"的新局面中来。

(原载《中共中央党校学报》2015 年第 6 期)

不断开拓发展新境界

党的十八届五中全会认为,我国发展仍处于可以大有作为的重要战略机遇期,也面临诸多矛盾叠加、风险隐患增多的严峻挑战。我们要准确把握战略机遇期内涵的深刻变化,更加有效地应对各种风险和挑战,继续集中力量把自己的事情办好,不断拓展发展新境界。

"十三五"时期作为全面建成小康社会的收官时期,注定了它的不平凡。它不仅目标宏伟,使命神圣,催人奋进,而且外部风险,内部困难,任务压力前所未有。讲它目标宏伟,不仅是简单的国内生产总值和居民纯收入到 2020 年比 2010 年要"翻一番",而是它意味着人类历史上从来未有过的一个十三亿多人口的大国跨过"中等收入陷阱"①步入现代化的门槛,而继续续写中国奇迹。讲它使命光荣,是讲收官必求决胜,在这五年内必须打赢这场旷世难有的全面建成小康决战。打赢这场决战,不仅为我们实现第二个百年目标和中华民族伟大复兴"中国梦"奠定更加坚实的物质基础,更为我们从容应对未来可能遇到的外部风险,提供强大的支撑力和保障力。讲催人奋进,是讲盼望了三十多年的小康社会,再经过五年的奋斗即将成为现实。这种目标憧憬和感召将化成全国各族人民为之奋斗的凝聚力和正能量。

蓝图已经绘就,关键在于实施。老实地讲,与过去的五年规划时期实施相比,"十三五"时期的外部环境可能会大不如前。尽管世界和平发展的大趋势没有变,我国发展仍处于可以大有作为的战略机遇期,但中国快速崛起所带来的"树大招风效应"将继续扩大,中国发展面临的外部竞争和挑战将更加严峻。特别是国内发展所面临的困难和压力也远非以前的五年规划时期可比,破解多年历史积累和"时空压缩"而形成的不协调、不平衡、不可持续的矛盾,啃下几十年都没啃下的"脱贫硬骨头",其难度将前所未有。面对诸多矛盾叠加、风险隐患增多的严峻挑战,我们该怎么办? 我们只有背水一战,奋勇向前。不管国内外环境变化所带来的挑战与风险有多严峻,我们都集中力量办好自己的事,用发展和改革的办法来解决发展和改革带来的问题,通过发展壮大强大自己来应对来自国际国内的各种挑战和风险,不断开拓发展新境界。

---

①　"中等收入陷阱"是指当一个国家的人均收入达到中等水平后,由于不能顺利实现经济发展方式的转变,导致经济增长动力不足,最终出现经济停滞的一种状态。按照世界银行的标准,2015 年我国人均国民总收入达到 7900 多美元。而 2015 年 7 月 1 日世界银行的归类,中等偏上收入国家的人均国民收入在 4126-12735 美元之间,很显然中国已经进入中等收入偏上国家的行列。中国只有跨越中等收入陷阱,才能在今后的十年内进入高收入国家,从而实现中华民族的伟大复兴。

　　开拓发展新境界,就是要扭住经济建设这个中心不放松,不为外部环境所扰。要如期全面建成小康社会,"十三五"时期最根本的任务还是要推动经济发展,做大"蛋糕",不断增加政府的财政收入、企业利润和居民收入。因为无论要增强国家综合实力、国防实力和国际影响力,还是要增加公共产品供给、健全社会保障和改善民生,尤其是要让多达7017万生活在贫困线以下的人口如期脱贫,没有经济发展和经济总量的持续做大是不行的。由于世界许多国家,尤其是美日等国对中国的快速崛起存有疑虑,"十三五"时期中国将遇到更多来自外部想到的或意想不到的干扰和空间挤压。一方面,我与发达国家之间"追赶与反追赶"的"垂直竞争"将更加激烈。无论是西方发达国家普遍推行的"再工业化",还是美国力推的TPP① 和TTIP② 的太平洋和大西洋经贸伙伴关系协定,特别是美国将把60%的军力布置在亚太地区的"亚太再平衡"战略的加紧实施,以及由此引发的我与日本、菲律宾等国海洋权益争端多发,都将会对我国发展产生干扰。另一方面,我与发展中国家之间的"发展

---

　　① TPP 是跨太平洋伙伴关系协定(Trans-Pacific Partnership Agreement)的英文缩写,也被称作"经济北约",是目前重要的国际多边经济谈判组织,前身是跨太平洋战略经济伙伴关系协定(Trans-Pacific Strategic Economic Partnership Agreement,P4)。是由亚太经济合作组织成员国中的新西兰、新加坡、智利和文莱四国发起,从2002年开始酝酿的一组多边关系的自由贸易协定,原名亚太自由贸易区,旨在促进亚太地区的贸易自由化。2008年美国高调介入并主宰TPP谈判,2016年2月4日,美国、日本、澳大利亚、文莱、加拿大、智利、马来西亚、墨西哥、新西兰、秘鲁、新加坡和越南12个国家在奥克兰正式签署了跨太平洋伙伴关系协定(TPP)协议。

　　② TTIP 是"跨大西洋贸易与投资伙伴协议"(Transatlantic Trade and Investment Partnership)的英文缩写。2013年6月利用八国集团(G8)峰会的机会,美国总统奥巴马和欧盟领导人计划启动"跨大西洋贸易与投资伙伴关系协定"(TTIP)谈判。这个协定如果达成,将成为史上最大的自由贸易协定:美欧关税降至零、覆盖世界贸易量的1/3、全球GDP的1/2。很大程度上,TTIP将改变世界贸易规则、产业行业标准,挑战新兴国家,尤其是金砖国家间的准贸易联盟。TTIP前景不容小视,谈判进程中的难度可想而知。目前来看,双方至少要在以下方面达成一致:首先是立即或在一定时期内,将产品关税从目前的平均3-5%降至零;第二是在服务和采购上扩大市场准入;第三是处理双方市场内部的监管和国内标准;第四是将食品安全、转基因生物、音像制品等行业问题上观念的差别消弭或达成一致。虽然困难重重,但美国貌似在自由贸易协定上下足了功夫,继TPP之后又推动TTIP,美国带动欧、日透过跨国地域经贸整合,重新掌握全球地缘政治优势。过去10多年,中国对外贸易额占到全球1/10,未来20年中国市场潜力巨大,但是通过TPP、TTIP,美国正在拉拢欧、日另起炉灶,创建起超越WTO规范的全面性经贸自由化网络,这些网络一旦建成,将抵消中国的硬实力发展成果。美欧日等国以市场自由化为名,推动双向互惠的高规格经营投资保障条件,更以决定技术标准、医药、医疗服务以及电子产品规格、环保指标的方式,组建有利于美欧等自由经济体的全球贸易规则。TPP和TTIP将打造一个以高度自由化为堡垒的市场准入屏障,使中国等相对滞后国家因无法高尺度互惠开放本国市场而无法加入,在新规则的制定中无发言权,从而阻隔中国经济影响力在全球的扩展。

竞赛"而诱致的"水平竞争"将更加激烈。由于全球市场和全球资源的稀缺性,广大发展中国家出于其国家利益和发展欲望的驱使,必然会加入与我争资源、争市场、争投资、争技术的行列,由于许多发展中国家较我劳动力成本更低,招商引资政策更优惠,这不仅会吸引走一些在华跨国企业,而且会挤占走我一些外贸份额。因此,我们要有"任凭风浪起,稳坐钓鱼船"的定力,紧紧扭住发展这个第一要务不放松,始终坚持以经济建设为中心,扎扎实实把自己的事办好。

开拓发展新境界,就是要扭住发展短板不放松,不为发展难题所惧。习近平总书记指出,"十三五"规划作为全面建成小康社会的收官规划,"必须紧紧扭住全面建成小康社会存在的短板,在补齐短板上多用力。"[①]改革开放三十多年来,我国的各项事业都取得了长足进步,但发展过程中出现的各种短板,仍然制约着经济社会的协调发展,更制约着全面建成小康社会的进程。然而,我们必须承认,诸如"三农"不稳、消费不足、服务业落后、创新力不强、环境保护不力、贫困人口量大等短板的成因复杂且多年没有解决好,要补齐这些短板难度不可小觑。习近平总书记常说:小康不小康,关键看老乡。要全面建成小康社会,最关键的是要千方百计增加农民收入,补上"三农"这个短板。在过去几个五年规划里,为了稳定"三农",增加农民收入,从取消"三提五统"[②]和延续3000多年的农业税,到提高粮食收购价格,再增加种粮、购买农机、使用良种等各种补贴,用了几乎能用的所有政策,但农村居民收入偏低的问题仍没有得到根本解决。尽管城乡居民收入差距比从过去的3∶1,降到2014年的2.92∶1,但农村居民纯收入也只及城市居民可支配收入的34%左右。更何况我们这些传统的促进农业发展和农民增收的政策空间已经十分狭小。不仅国内粮价和畜产品价格均高出国际市场价格,而且对农业的补贴也已超过WTO规定不超过农业生产总值8.5%的标准。特别是由于大量

---

① 习近平:"关于《中共中央关于制定国民经济和社会发展第十三个五年规划的建议》的说明",新华网,2015年11月3日。

② "三提五统"是指村级三项提留和乡级政府的"五项统筹"。"村提留"是村级集体经济组织按规定从农民生产收入中提取的用于村一级维持或扩大再生产、兴办公益事业和日常管理开支费用的总称。包括三项,即公积金、公益金和管理费。"乡统筹费",是指乡(镇)合作经济组织依法向所属单位(包括乡镇、村办企业、联户企业)和农户收取的,用于乡村两级办学(即农村教育事业费附加)、计划生育、优抚、民兵训练、修建乡村道路等民办公助事业的款项。随着2006年农业税取消后,这个词语也成为一个历史名词。

使用化肥、农药、塑料薄膜等,农村、农业污染已经严重威胁到粮食安全。可以说依靠传统农业发展方式来增加农民收入,稳定"三农"近乎不可能。再加上7017万贫困人口大部分居住在农村,依托"三农"自身更是很难实现如期脱贫。其他几个短板要补齐同样会面临很多困难。面对诸多难题和困难,怎么办?面对如期全面建成小康社会目标到"倒计时",我们必须有时不我待的紧迫感,树立"狭路相逢勇者胜"的信心,敢于直面短板,用创新、协调、绿色、开放、共享的新理念来武装头脑,谋求新思路,运用新方法来破解长期难解的老问题。

开拓发展新境界,就是要抓住经济转型不放松,不为传统发展方式所困。习近平总书记指出:"我国经济发展表现出速度变化、结构优化、动力转换三大特点,增长速度要从高速转向中高速,发展方式要从规模速度型转向质量效率型,经济结构调整要从增量扩能为主转向调整存量、做优增量并举,发展动力要从主要依靠资源和低成本劳动力等要素投入转向创新驱动。这些变化不依人的意志为转移,是我国经济发展阶段性特征的必然要求。"[①]因此,"十三五"时期作为新旧发展方式转换时期,新旧发展方式的"拉锯战"也将异常激烈。因为由于对传统发展方式的"路径依赖"[②],我们许多干部还习惯于以追逐 GDP,大搞招商引资,扩大投资等"扩张型"方式来推动工作。面对新的经济形势和发展要求,不会干、不能干的"本领恐慌"问题日益突出。特别是在如何推动创新发展、协调发展、绿色发展、开放发展、共享发展上乏术。有的还是用老办法来解决新问题。这就使得不仅新问题没有解决,老问题、老毛病又变得更加严重。因此,"十三五"时期,必须集中精力抓结构转型,不失时机地利用好"第三次工业革命"和"工业 4.0"时代给我们带来的新机遇,努力实施好"互联网+"行动计划和《中国制造 2025》,促进新一代信息通信技术、高档数控机床和机器人、航空航天装备、海洋工程装备及高技术船舶、先

---

① 习近平:《关于〈中共中央关于制定国民经济和社会发展第十三个五年规划的建议〉的说明》,新华网,2015 年 11 月 3 日。

② 路径依赖(Path-Dependence),又译为路径依赖性,它的特定含义是指人类社会中的技术演进或制度变迁均有类似于物理学中的惯性,即一旦进入某一路径(无论是"好"还是"坏")就可能对这种路径产生依赖。一旦人们做了某种选择,就好比走上了一条不归之路,惯性的力量会使这一选择不断自我强化,并让你轻易走不出去。第一个使"路径依赖"理论声名远播的是道格拉斯·诺斯,由于用"路径依赖"理论成功地阐释了经济制度的演进,道格拉斯·诺斯于 1993 年获得诺贝尔经济学奖。

进轨道交通装备、节能与新能源汽车、电力装备、农机装备、新材料、生物医药及高性能医疗器械等产业发展壮大。推动生产性服务业向专业化和价值链高端延伸、生活性服务业向精细和高品质转变，推动制造业由生产型向生产服务型转变，彻底走出传统发展方式的窠臼。

开拓发展新境界，就是要抓住发展质量和效益不放松，不为经济下行压力所动。当前，中国经济下行压力和去过剩产能压力交织，稳增长的任务艰巨。今年第三季度，中国经济增长速度"破7"，只实现 6.9% 的增长。特别是各级政府的财政收入、规模以上工业企业实现利润较去年同期都有不同程度的下降，部分传统工业企业出现较为严重的亏损，有些地区企业倒闭数量增多。面对经济下行带来的政府财政收支矛盾和企业经营困难，该怎么办？是沿用老办法通过投资扩张和大搞房地产来消化过剩产能，使政府和企业渡过难关，还是始终把经济发展质量和效益挺在前头，宁可牺牲一点速度，也要花力气把发展方式彻底转变过来。回答肯定是后者，这才是新的发展境界。因为正像习近平总书记所说的那样："现在不拿出壮士断腕的勇气，将来付出的代价必然更大。"[1]所以"我们要的是实实在在、没有水分的速度，是民生改善、就业比较充分的速度，是劳动生产率同步提高、经济活力增强、结构调整有成效的速度，是经济发展质量和效益得到提高又不会带来后遗症的速度"[2]。

（原载《学习时报》2015 年 11 月 30 日，注释是作者后加的）

在共享发展中增进人民福祉

《中共中央关于制定国民经济和社会发展第十三个五年规划的建议》明确指出："共享是中国特色社会主义本质要求。必须坚持发展为了人民、发展依靠人民、发展成果由人民共享，做出更有效的制度安排，使全体人民在共建共享发展中有更多获得感，增强发展动力，增进人民团结，朝着共同富裕方向稳步前进。"这是对"社会主义本质论"的最新丰富和发展，对"十三五"时期实现全面建成小康社会奋斗目标，做好民生工作具有重大的指导意义。

---

[1]　习近平：《在参加河北省委民主生活会时的讲话》，《人民日报》2013 年 9 月 26 日。
[2]　习近平：《在中央经济工作会议上的讲话》，《人民日报》2014 年 7 月 7 日。

一、共享与共同富裕"两个本质要求"内在统一

为人民谋幸福,实现共同富裕,不仅是我们党长期为之奋斗的理想,而且是我们党始终坚持走社会主义道路不动摇的初衷。毛泽东作为我们党第一代领导核心,是最早倡导"共同富裕"的。在1953年由其主持起草的《中共中央关于发展农业合作社的决议》中指出,为着进一步提高农业生产力,党在农村中工作的最根本的任务,就是"逐步克服工业和农业这两个经济部门发展不相适应的矛盾,并使农民能够逐步完全摆脱贫困的状况而取得共同富裕和普遍繁荣"。邓小平首先把共同富裕同社会主义本质联系在一起,指出,"社会主义的本质,是解放生产力,发展生产力,消灭剥削,消除两极分化,最终达到共同富裕。"①改革开放三十多年来,围绕着实现共同富裕,我们始终把解放和发展生产力作为抓手,坚持以经济建设为中心不动摇,发展成果的"蛋糕"不断做大,经济实力、科技实力、国防实力、国际影响力有了质的飞跃,人民收入水平、人民生活质量和幸福指数有了显著提高。但老实地讲,由于我们收入分配关口没有把好,公共服务和民生工作没有做好,经济发展成果没有很好地让人民群众共享,收入分配、教育、就业、社会保障、医疗、住房、生态环境、食品药品安全等关系群众切身利益的问题仍然较多,部分群众生活还比较困难,人民群众对此还有意见。

为了如期实现全面建成小康社会的"第一个百年"目标,使全体人民在共建共享发展中有更多获得感。习近平总书记多次强调:"广大人民群众共享改革发展成果,是社会主义的本质要求,我们追求的发展是造福人民的发展,我们追求的富裕是全体人民共同富裕。改革发展搞得成功不成功,最终的判断标准是人民是不是共同享受到了改革发展成果。"党的十八届五中全会把习近平总书记的这一思想写入中央"十三五"规划建议,更简洁地概括提出:"共享是中国特色社会主义本质要求"的重要论断,强调"按照人人参与、人人尽力、人人享有的要求,坚守底线、突出重点、完善制度、引导预期,注重机会公平,保障基本民生,实现全体人民共同迈入全面建设成小康社会"。这是对邓小平的"共同富裕论"的继承和发展,是新的理论创新。它不仅坚持了人人享有的共同富裕的目标要求,而且强调了人人参与、人人尽力和机会公平的

---

① 《邓小平文选》第三卷,人民出版社,1993年,第373页。

实现机制。共同富裕与共享浑然一体,内在统一。

二、共享发展必须打赢精准脱贫攻坚战

习近平总书记指出:"小康不小康,关键看老乡。"农村贫困人口脱贫是全面建成小康社会最艰巨的任务。必须充分发挥政治优势和制度优势,坚决打赢脱贫攻坚战。按照我国现行脱贫标准是农民年人均纯收入按 2010 年不变价计算为 2300 元,2014 年现价脱贫标准为 2800 元。按照这个标准,2014 年末全国还有 7017 万农村贫困人口。按照 2011 年至 2014 年,每年农村脱贫人口分别为 4329 万、2339 万、1650 万、1232 万的速度,今后每年减贫 1000 万人的任务是可以完成的。但难度之大也将前所未有,因为实施扶贫开发三十多年还未脱贫的肯定是最难啃的骨头。因此,"十三五"期间,必须实施精准扶贫、精准脱贫,因人因地施策,对贫困家庭进行分类扶持的政策。一是通过对有劳动力的支持发展特色产业和转移就业实现脱贫;二是对"一方水土养不起一方人"的实施扶贫搬迁脱贫;三是对生态特别重要和脆弱的实行生态保护扶贫脱贫;四是对丧失劳动能力的实施兜底性保障政策脱贫;五是对因病致贫的提供医疗救助保障脱贫。特别是要实行低保政策和扶贫政策相衔接,对贫困人口应保尽保。

为确保贫困人口如期脱贫,提高贫困人口自我发展能力和贫困地区"造血功能",还必须多管齐下。一要扩大贫困地区基础设施覆盖面,因地制宜解决通路、通水、通网络。对贫困地区开发水电、矿产资源占用集体土地的,试行给原住居民集体股权方式进行补偿,探索对贫困人口实行资产收益扶持制度。二要着力提高贫困地区基础教育质量和医疗服务水平,推进贫困地区基本公共服务均等化。特别要建立健全农村留守儿童、留守妇女、留守老人关爱服务体系。三要实行脱贫工作责任制,进一步完善中央统筹、省(自治区、直辖市)负总责、市(地)县抓落实的工作机制。要强化脱贫工作责任考核,对贫困县重点考核脱贫成效。要加大中央和省级财政扶贫投入,发挥政策性金融和商业性金融的不同作用,整合各类扶贫资源,开辟扶贫开发新的资金渠道。要健全东西部协作和党政机关、部队、人民团体、国有企业定点的扶贫机制,激励各类企业、社会组织、个人自愿采取包干方式参与扶贫。要特别把革命老区、民族地区、边疆地区、集中连片贫困地区作为脱贫攻坚重点。只要各

级党委和政府都重视扶贫,切实采取过硬的、管用的举措,今后每年减贫1000万人的任务是可以完成的。具体讲,到2020年,通过产业扶持,可以解决3000万人脱贫;通过转移就业,可以解决1000万人脱贫;通过易地搬迁,可以解决1000万人脱贫,总计5000万人左右。还有2000多万完全或部分丧失劳动能力的贫困人口,可以通过全部纳入低保覆盖范围,实现社保政策兜底脱贫。

三、共享发展必须把控好收入分配总枢纽

国民收入分配作为决定发展成果分配和利益关系调整的总枢纽,一头连着消费,另一头连着生产,不仅决定着经济发展,而且决定着社会和谐。从消费角度讲,在保证资本获得合理的平均利润的前提下,提高劳动所得在初次分配中所占比重,有利于扩大消费需求,带动经济增长,因为劳动者的边际消费倾向高。从生产角度讲,在保证土地、资本等物质生产要素获得合理回报的同时,提高劳动所得在初次分配中所占比重,有利于调动劳动积极性,最大限度地激活价值创造的源泉。反之,如果居民收入、劳动报酬不能跟上经济增长和劳动生产率提高速度,消费需求就会不足,劳动积极性就会下降,经济增长就会乏力。如果收入分配差距扩大,引起劳资冲突或群众不满,更会殃及社会稳定和社会和谐。因此,"十三五"期间,必须坚持居民收入增长和经济增长同步、劳动报酬提高和劳动生产率提高同步,持续增加城乡居民收入。必须调整国民收入分配格局,规范初次分配,加大再分配调节力度,缩小收入差距。为此,一方面要健全科学的工资水平决定机制、正常增长机制、支付保障机制,推行企业工资集体协商制度。完善最低工资增长机制,完善市场评价要素贡献并按贡献分配的机制,完善适应机关事业单位特点的工资制度。另一方面要实行有利于缩小收入差距的政策,明显增加低收入劳动者收入,扩大中等收入者比重。加快建立综合和分类相结合的个人所得税制。多渠道增加城乡居民财产性收入。特别是要规范收入分配秩序,保护合法财产,规范隐性收入,遏制以权力、行政垄断等非市场因素获取收入,取缔非法收入。

在重视初次分配关系调整的同时,还要发挥国民收入再分配的作用。通过建立更加公平更可持续的社会保障制度和支持慈善事业发展,健全社会保

障和社会福利"安全网",让人民群众公平享受经济发展成果和福祉。为此,一要实施全民参保计划,基本实现法定人员全覆盖。坚持精算平衡,完善筹资机制,分清政府、企业、个人各自责任。适当降低社会保险费率,完善社会保险体系。二要完善职工养老保险个人账户制度,健全多缴多得激励机制。实现职工基础养老金全国统筹,建立基本养老金合理调整机制。拓宽社会保险金投资渠道,加强风险管理,提高投资回报率。逐步提高国有资本收益上缴公共财政比例,划转部分国有资本充实社保基金,出台渐进式延迟退休年龄政策。发展职业年金、企业年金、商业养老保险。三要健全医疗保险稳定可持续筹资和报销比例调整机制,研究实行职工退休人员医保缴费参保政策。全面实施城乡居民大病保险制度。改革医保支付方式,发挥医保控费作用。改进个人账户,开展门诊收费统筹。实现跨省异地安置退休人员住院医疗费用直接结算,整合城乡居民医保政策和经办管理,鼓励发展补充医疗保险和商业健康保险,鼓励商业保险机构参与医保经办,将计划生育保险并入基本医疗保险。四要广泛动员社会力量开展社会救济和社会互助、志愿服务活动,完善鼓励回馈社会、扶贫济困的税收政策。

四、共享发展必须抓好四项民心工程

让人民群众真正共享发展成果,除了必须要打赢精准扶贫攻坚战,切实把控好收入分配总枢纽外,还必须重点抓好四项民心工程。

一是努力增加公共服务供给。要坚持普惠性、保基本、均等化、可持续方向,从解决人民最关心最直接最现实的利益问题入手,增强政府职责,提高公共服务共建能力和共享水平。要切实加强义务教育、就业服务、社会保障、基本医疗和公共卫生、公共文化、环境保护等基本公共服务,努力实现全覆盖。要增加对革命老区、民族地区、边疆地区、贫困地区的转移支付,加强对特定人群特殊困难人群的帮扶。创新公共服务提供方式,能由政府购买服务提供的,政府不再直接承办;能由政府和社会资本合作提供的,广泛吸引社会资本参与。

二是大力提高教育质量。要深化教育改革,把增强学生社会责任感、创新精神、实践能力作为重点任务,贯彻到国民教育全过程。要促进义务教育均衡发展,全面提高教育教学质量。普及高中阶段教育,促进中等职业教育

免除学杂费,率先从建档立卡的家庭经济困难学生实施普通高中免除学杂费。要发展学前教育,鼓励普惠性幼儿园发展。要完善资助方式,实现家庭经济困难学生资助全覆盖。要重视推进教育公平,加快城乡义务教育公办学校标准化建设,加强教师队伍特别是乡村教师队伍建设,推进城乡教师交流。要提别重视办好特殊教育。要全面提升高效创新能力,若干高校和一批学科达到或接近世界一流水平。建设现代职业教育体系,推进产教融合、校企合作。要优化专业学科布局和人才培养机制,鼓励具备条件的普通本科高校向应用型转变。要落实并深化考试招生制度改革和教育教学改革,建立个人学习账号和学分累计制度,畅通继续教育、终身学习通道。加快推进教育信息化,发展远程教育,扩大优质教育资源的覆盖面。完善教育督导,加强社会监督。分类支持和规范民办教育发展,鼓励社会力量和民间资本提供多样化教育服务。

三是积极促进就业创业。就业是民生之本,创业是发展之基。无论是就业还是创业,都是人人参与、人人尽力、共享发展的基本途径。"十三五"期间,要坚持就业优先战略,实施更加积极的就业政策,创造更多就业岗位,着力解决结构性就业矛盾。完善创业扶持政策,鼓励以创业带动就业,建立面向人人的创业服务平台。要统筹人力资源市场,打破城乡、地区、行业分割和身份、性别歧视,维护劳动者平等就业权利。要加强对灵活就业、新就业形态的支持,促进劳动者自主就业。要落实高校毕业生就业促进和创业引领计划,带动青年创业就业。要加强就业援助,帮助就业困难者就业。推进终身职业技能培训制度。要实施新生代农民工职业技能提升计划。要开展贫困家庭子女、未升学初高中毕业生、农民工、失业人员和转岗职工、退役军人免费接受培训行动。推行工学结合、校企合作的技术工人培养模式,推行企业新兴学徒制。要提高技术工人待遇,完善职称评定制度,推广专业技术职称、技能等级等同大城市落户挂钩做法。提高劳动力素质、劳动参与率和劳动生产率,增强劳动力市场灵活性,促进劳动力在地区、行业和企业间自由流动。要特别重视建立和谐劳动关系,维护职工和企业合法权益。要完善就业服务体系,提高就业服务能力。

四是推进健康中国建设。健康是每个人需与不可离开的"福祉"。因此,健康中国建设,像党的十八大提出的美丽中国建设、法治中国建设一样,是泽及每一个老百姓的最大福祉。"十三五"期间,一要继续深化医药卫生体制改革,实行医疗、医保、医药联动,推进医药分开,实行分级诊疗,建立覆盖城乡的基本医疗卫生制度和现代医院管理制度。全面推进公立医院综合改革,坚持公益属性,破除逐利机制,建立符合医疗行业特点的人事薪酬制度。优化医疗卫生机构布局,建立上下联动、衔接互补的医疗服务体系,完善基层医疗服务模式,发展远程医疗。促进医疗资源向基层、农村流动,推进全科医生、家庭医师、急需领域医疗服务能力提升,鼓励社会力量兴办健康服务业,推进非营利性民营医院和公立医院同等待遇。加强医疗质量监管,完善纠纷调解机制,构建和谐医患关系。二要坚持中西医并重,保护和促进民族医药发展。完善基本医药制度,健全药品供应保障机制,降低药品价格,增加艾滋病防治等特殊药物免费供应。提高药品质量,确保用药安全。加强传染病、慢性病等重大疾病综合防治和职业病危害防治,通过多种方式降低大病慢性病医疗费用。加强心理健康服务。三要实施食品安全战略,形成严密高效、社会共治的食品安全治理体系,让人民群众吃得放心。

（原载《学习时报》2016 年 1 月 4 日）

中国发展模式是怎样"炼成"的

——基于中国改革开放史的考察与思考

改革开放 30 多年来,中国创造了无与伦比的经济发展奇迹。这一伟大成就的取得,从根本上归功于中国共产党人带领全国各族人民不懈探索解放和发展生产力的制度路径,创造性地把社会主义制度与市场经济体制"有机结合"在一起而形成的具有中国特色的发展模式。因此,全面系统地回顾改革开放历史,深入地分析中国发展模式的生成机理,对于增强我们坚定中国特色社会主义的道路自信、理论自信、制度自信具有重要的现实意义。

一、改革开放催生中国发展模式

1978 年,北京的冬天同往年一样,依旧是寒风凛冽、冰冷刺骨。然而,也正是在这样一个寒冷冬天,却孕育涌动着一股强大的暖流,它不仅将彻底驱除过去那些让人感到窒息的股股寒流,而且将催生出让人激情澎湃的阵阵春潮。

1978 年 12 月 18 日至 22 日,党的十一届三中全会在北京举行,会议明确提出全党工作的重点要从 1979 年开始转移到经济建设上来,响亮地吹起中国改革开放的号角。向世界宣告中国要"根据新的历史条件和实践经验,采取一系列新的重大的经济措施,对经济管理体制和经验管理方法着手认真的改革,在自力更生的基础上积极发展同世界各国平等互利的经济合作,努力采用世界先进技术和先进设备"。① 也正是从这时开始,中国也就以自己的方式开始了新的发展道路的探索,并在探索当中逐步形成了中国特色社会主义理论体系和具有中国特色的发展模式。

应该说,实行改革开放是中国人深刻认识社会主义本质和痛苦反思传统计划经济体制教训的结果,是以邓小平为核心的第二代中央领导集体代表全中国人民做出的理性战略抉择。众所周知,新中国成立以后,由于我们缺乏社会主义建设的经验,因此学习和模仿苏联"老大哥"的体制和做法就成为自然而然的事情。苏联计划体制的特点是片面强调指令性计划,计划一直管到企业和集体农庄,忽视企业和集体农庄的自主权,否认商品货币关系,排斥市场的作用。对此,邓小平在 1978 年 9 月指出,"从总体的状况来说,我们国家的体制,包括机构体制等,基本上是从苏联来的,人浮于事,机构重叠,官僚主义发展。"②"这是一种僵化的方式,实际上是把整个社会和人民的手脚等捆起来了。"③所以,"我是主张改革的,不改革就没有出路,旧的那一套经过几十年的实践证明是不成功的。过去我们搬用别国的模式,结果阻碍了生产力的发展,在思想上导致僵化,妨碍人民和基层积极性的发挥。我们还有其他错误,例如'大跃进'和'文化大革命',这不是搬用别国模式的问题。可以说,从一九五七年开始我们的主要错误是'左','文化大革命'是极左。中国社会从一九五八年到一九七八年二十年时间,实际上处于停滞和徘徊状态,国家的经济和人民的生活没有得到多大的发展和提高。"④"文化大革命"是一场浩劫,但由于它把"左"的路线推到极端,又从反面教育了全党和人民。

① 《中国共产党第十一届中央委员会第三次全体会议公报》(1978 年 12 月 22 日通过),《三中全会以来重要文献选编》(上),人民出版社,1982 年,第 1—15 页。
② 《邓小平年谱》(一九七五——一九九七)(上),中央文献出版社,2004 年,第 376 页。
③ 《邓小平思想年谱》,中央文献出版社,1998 年,第 335 页。
④ 《邓小平文选》第三卷,人民出版社,1993 年,第 237 页。

因此,"现在的方针政策,就是针对'文化大革命'进行总结的结果。最根本的一条经验教训,就是要弄清什么叫社会主义和共产主义,怎样搞社会主义。""'文化大革命'当中'四人帮'更荒谬地提出,宁要贫穷的社会主义和共产主义,不要富裕的资本主义。不要富裕的资本主义还有道理,难道能够讲什么贫穷的社会主义和共产主义吗?结果中国停滞了。这才迫使我们重新考虑问题。考虑的第一条就是要坚持社会主义,而坚持社会主义,首先要摆脱贫穷落后状态,大大发展生产力,体现社会主义优于资本主义的特点。要做到这一点,就必须把我们工作的重点转移到建设四个现代化上来,把建设四个现代化作为几十年的奋斗目标。同时,鉴于过去的教训,必须改变闭关自守的状态,必须调动人民的积极性,这样才制定了开放和改革的政策。"[1]

改革传统体制,必须找准传统体制阻碍社会生产力解放和发展的症结。只有找准了症结,对症下药,改革才能迅速见到成效。对此,党的十一届三中全会指出,"现在我国经济管理体制的一个严重缺点是权力过于集中,应该有领导地大胆下放,让地方和工农企业在国家统一计划的指导下有更多的经营管理自主权;应该着手大力精简各级经济行政机构,把它们的大部分职权转交给企业性的专业公司或联合公司;应该坚决实行按经济规律办事,重视价值规律的作用,注意把思想政治工作和经济手段结合起来,充分调动干部和劳动者的生产积极性;应该在党的一元化领导下,认真解决党政企不分、以党代政、以政代企的现象,实行分级分工分人负责,加强管理机构和管理人员的权限和责任"[2],进而通过"自主权"的安排,进一步明确权、责、利的关系,充分发挥中央部门、地方、企业和劳动者个人四个方面的主动性、积极性、创造性,使社会主义经济的各个部门各个环节普遍蓬勃地发展起来。

由此可以清晰地看出,中国经济体制改革首先是沿着"自主权(利益)-积极性(活力)-发展生产力(现代化建设)"的起始逻辑展开的。改革开放初期在没有根本拆除计划经济体制的制度根基的条件下,这一逻辑一直成为中国经济体制设计改革方案和选择改革路径的基本原则,从而也成为了中国发展模式的重要"基因"。

---

[1]　《邓小平文选》第三卷,人民出版社,1993年,第223—224页。

[2]　《中国共产党第十一届中央委员会第三次全体会议公报》(1978年12月22日通过),《三中全会以来重要文献选编》(上),人民出版社,1982年,第1—15页。

　　围绕这一改革的初始逻辑,中国的经济体制改革首先是在农村取得突破。为了调动广大农民的积极性,在中国的大江南北广泛推行"包产到户",实行家庭联产承包责任制,进而明确家庭在农业生产中的主体地位和农民的农业生产自主权。实际上,在中国"包产到户"并不是新鲜事物,早在农业生产高级合作化时候就早已出现过。但一直被当作"单干"、走资本主义道路而遭到批判。因此,受"左"的思想影响,人们对它始终心有余悸。然而,穷则思变。从 1978 年开始,安徽省的一些地方和群众开始探索实行包产到户。著名的凤阳县小岗村生产队的"大包干"就是在此时搞起来的①。这种"交够国家的,留足集体的,剩下都是自己的"家庭联产承包责任制度,通过"剩余索取权"由"集体"向"个人"的让渡,不仅极大地调动了广大农民的生产积极性,而且极大地解放了农村的生产力,促进了农村经济的发展。就是这样一种促进农村经济发展立竿见影的好方法,当时也招致很多不同甚至反对的意见,认为"分田单干"是"倒退",会破坏集体经济,影响社会主义性质。针对这些意见,1980 年 5 月,邓小平旗帜鲜明地指出:"农村政策放宽以后,一些适宜搞包产到户的地方搞了包产到户,效果很好,变化很快。安徽肥西县绝大多数生产队搞了包产到户,增产幅度很大。'凤阳花鼓'中唱的那个凤阳县,绝大多数生产队搞了大包干,也是一年翻身,改变面貌。有的同志担心,这样会不会影响集体经济。我看这种担心是不必要的。"②

　　也正是有了邓小平的肯定和支持,1980 年 9 月,中共中央召集各省市区第一书记座谈会,会议纪要指出:"在那些边远山区和贫困落后的地区,长期'吃粮靠返销,生产靠贷款,生活靠救济'的生产队,群众对集体丧失信心,因而要求包产到户的,应当支持群众的要求,可以包产到户,也可以包干到户,并在一个较长的时间内保持稳定。"同时指出:"就全国而论,在社会主义工业、社会主义商业和集体农业占绝对优势的情况下,在生产队领导下实行的包产到户是依存于社会主义经济,而不是脱离社会主义轨道的,没什么复辟

---

　　①　包产到户是生产队把一定数量的土地、耕畜、农具等固定给社员使用,劳动成果中包产部分由生产队统一分配,超产部分分给承包的农户,生产队仍采取按工分分配的方式。"大包干"和包产到户略有区别,它是劳动成果在完成国家征购任务、上交集体提留的公共积累和其他费用之后,全部归承包户所有,不再采取工分分配形式。

　　②　《邓小平文选》第二卷,人民出版社,1994 年,第 315 页。

资本主义的危险,因而并不可怕。"①由于当时中国农村大多数是贫困落后的。因此,这个文件下发之后,包产到户、"大包干"发展得很快,到1980年年底,已从年初仅占生产队总数的1.1%发展到14.9%。1981年下半年以后,包产到户、"大包干"遍及全国,不仅贫困落后地区普遍实行,富裕的和比较富裕的地区也纷纷效仿,而且大都取得了明显的效果。到1982年6月,全国实行农户家庭联产承包的生产队占86.7%,1983年年初,达到93%,其中绝大部分是包干到户②。

包产到户、"大包干"的出现,冲破了严重束缚农民积极性的旧的经营管理体制,彻底摆脱了集中统一管理、集体劳动、否定分散经营的"大呼隆"和评工记分制度难以体现多劳多得的"大锅饭"体制,极大地调动了广大农民的生产积极性。因此,1983年1月,中共中央就发出了《当前农村经济政策若干问题》的文件,进一步放宽农村政策。这包括:肯定专业化(重点户);对雇工经营作了规定;允许农民购置农机具;发展个体工商业和服务业,允许农民长途贩运;鼓励农民个人或合伙集资兴办基础设施。1984年,中央决定延长土地承包期到15年以上。1985年,粮食、棉花取消统购,改为合同定购,定购以外的可以自由上市。生猪、水产品和大中城市、工矿区的蔬菜,也要逐步取消派购,自由上市,自由交易,随行就市,按质论价。对于这项重大改革,邓小平评价很高,认为是在改革上"迈出相当勇敢的一步"③。同时,在1983年10月,中共中央、国务院发出《关于实行政社分开建立乡政府的通知》。1985年6月,全国完成了政社分设和建乡工作,从此废除了人民公社制度。

在农村经济体制改革红红火火,并取得显著成效的同时,以国有企业改革为重点的城市经济体制改革也已悄然兴起。

像农村经济体制改革一样,国有企业改革也是沿着改革的初始逻辑,从扩大企业经营自主权开始的。在计划经济体制下,统一而僵硬的计划一直管到企业,企业没有经营自主权。企业的生产计划由国家统一下达;生产需要的能源、原材料和劳动力由国家统一调拨;财务统收统支,资金由国家拨,利润上缴国家,亏损由国家补贴;产品由国家统一收购。"这种体制严重地束缚

---

① 《十一届三中全会以来农村政策文件选集》,中共中央党校出版社,1985年,第8页。
② 周太和主编:《当代中国的经济体制改革》,中国社会科学出版社,1984年,第273—274页。
③ 杜润生:《中国农村改革决策纪事》,中央文献出版社,1999年,第145页。

了企业和职工的积极性。国有企业改革从扩大企业的经营自主权开始,是客观要求。"①

国有企业改革比农村改革复杂得多,曾经经历了一个曲折的过程。首先是在"计划经济体制内"进行国有企业改革探索。起初是在国有企业进行"放权让利"改革。从1978年第四季度开始,四川省在江宁机床厂等六家企业进行扩大企业自主权试点,仅仅3个月的时间,就收到了显著效果。1979年试点单位扩大到100个。试点的办法是:全民所有制企业可以在完成国家计划后组织计划外生产;可以不经过物资、商业部门,自行销售他们不收购的产品(包括生产资料);可以用自有资金扩大再生产,等等。据统计,100个试点企业中的84个地方工业企业,1979年和1978年相比,总产值增长14.9%,利润总额增长33%,上缴利润增长24.4%,普遍高于非试点企业②。为此,国务院下发了《关于扩大国营工业企业经营管理自主权的若干规定》等多个文件。按照国务院的部署,到1979年年底,全国试点企业发展到4200个;1980年6月,又发展到6600个。这些试点企业约占预算内工业企业总数的16%,产值的60%,利润的70%。因此,邓小平在1980年12月召开的中央工作会议上高兴地说:"今年扩大企业自主权的试点单位,已经达到六千多个。这些单位的产值占全部工业企业总产值的百分之六十左右。怎样把国家利益、企业利益、职工利益比较好地结合起来,调动各方面的积极性,我们开始找到了门路。"③

1981年春,山东省又率先开始实行经济责任制的改革探索。一方面,政府采取行业利润包干、亏损企业包干和地区包干等盈亏包干;另一方面,企业内部则实行多种形式的计件工资制度,使职工收入和劳动成果直接挂钩。这种方法的实行,不仅解决了地方财政收入问题,而且进一步调动了企业职工的积极性。因此,在全国很快推广,原来的扩大自主权试点企业,也纷纷转向实行经济责任制。应该说,各种形式的经济责任制,实质上都是扩大企业留利,给企业大小不等的财权,这就在国家和企业的分配关系上打破了多年来形成的统收统支的局面。它的优点在于通过合同划分国家和企业的权责利,

---

① 苏星:《新中国经济史》,中共中央党校出版社,1999年,第713页。
② 《四川扩大企业自主权试点经验》,载于《社会科学研究》丛刊第1期。
③ 《邓小平文选》第二卷,人民出版社,1994年,第362页。

初步解决了所有权和经营权分离的问题。同时,在分配上包死国家一头,完成上缴利润后,新增利润全部或大部分留给企业,使企业有了自我积累、自我发展的能力。特别是职工工资、奖金的高低取决于企业留利多少,极大地调动了职工的积极性。但它也有弊病,即包盈容易包亏难,不能从根本上解决自负盈亏的问题。特别是承包期短,容易导致企业短期行为,往往能保证上缴利润和职工福利,而不能保证企业技术设备改造更新,甚至采取过度消耗现有资产的办法来增加利润。由于价格、税收关系没有理顺,企业主管部门对企业确定承包基数只能是一对一的谈判,苦乐不均、"鞭打快牛"的现象也比较普遍。尽管如此,作为改革初期的探索和过渡的办法,确实发挥了推动改革的历史作用。

也正是由于"放权让利"式的改革存在一些不足,从 1983 年 1 月决定在全国范围内实行利税并存的第一步利改税,从此国有企业开始了"利改税"改革。即为了稳定国家与企业的分配关系,保证国家财政收入稳定增长,保证企业能够独立经营、自负盈亏,将国有企业的上缴利润改为征税。1984 年 9 月,国务院决定普遍推行第二步利改税,即由"利税并存"逐步过渡到完全"以税代利"。实行"利改税"的初衷是想把国家和企业的关系用税收的形式固定下来,通过税收杠杆缓解价格不合理带来的矛盾,摆脱"条条(部门)"和"块块(地方)"对企业的行政束缚。但是,并未达到预期的目的。而这也就促使中国改革的设计者和领导者们逐渐认识到,这种体制内的微观改革,如果没有整个经济体制的变革的跟进,效果始终是有限的。因此,着眼突破传统计划经济体制,肯定商品货币关系和市场机制的作用,进而探索建立新的经济运行体制的序幕开始正式拉开,谋求推进经济体制全面改革的战役也由此打响。

建立新的经济运行体制,关键是如何看待商品经济和市场机制,如何处理计划与市场的关系。1984 年党的十二届三中全会通过的《中共中央关于经济体制改革的决定》更加深刻地揭示计划体制模式的主要弊端,认为"政企职责不分,条块分割,国家对企业统得过多过死,忽视商品生产、价值规律和市场的作用,分配中平均主义严重。这就造成了企业缺乏应有的自主权,企业吃国家'大锅饭'、职工吃企业'大锅饭'的局面,严重压抑了企业和广大职工群众的积极性、主动性、创造性,使本来应该生机盎然的社会主义经济在很大程度上失去了活力"。因此,"改革计划体制,首先要突破把计划经济同商品经济对立起来的传统观念,明确认识社会主义计划经济必须自觉依据和运用价值规律,是在公有制基础上的有计划的商品经济。商品经济的充分发展,是社会主义经济发展的不可逾越的阶段,是实现我国经济现代化的必要条件。"①从而第一次鲜明地提出"社会主义经济是有计划的商品经济"的论断。1987 年 10 月召开的党的十三大,对社会主义有计划商品经济的体制又作了新的说明,它放弃了"计划经济为主、市场调节为辅"的提法,认为计划调节和市场调节都是形式与手段,都是覆盖全社会的,并且提出利用市场调节不等于搞资本主义。最终认为新的运行机制应该是"国家调节市场,市场引导企业"。在这种新的改革理论指导下,经济体制改革的自觉性和整体性都显著增强,商品化、市场化改革进程大大加快。

　　一方面,围绕扩大经营管理自主权为重点企业改革进一步推进,企业经营承包制的范围迅速扩大。党的十二届三中全会通过的《中共中央关于经济体制改革的决定》指出:"这几年城市改革的试验充分表明,农村实行承包责任制的基本经验同样适用于城市。为了增强城市企业的活力,提高广大职工的责任心和充分发挥他们的主动性、积极性、创造性,必须在企业内部明确对每个岗位、每个职工的工作要求,建立以承包为主的多种形式的经济责任制。"②1986 年 12 月,国务院发布《关于深化国有企业改革增强企业活力的若干规定》,根据党的十二届三中全会的《决定》精神,提出"推行多种形式的经营承包责任制,给经营者以充分的经营自主权"。同时提出,各地可以选择少数有条件的全民所有制大中型企业,进行股份制改革试点;有些全民所有制的小型商业、服务业企业,可以由主管部门进行拍卖或折价出售。1987 年 5 月开始,在全国范围内普遍推行经营承包责任制。具体经营承包的办法是:包死基数,确保上缴,超收多留,欠收自补。这一做法推行很快,到 1988 年年底,全国预算内工业企业承包面已经超过 90%,其中大中型企业达到 95%。经营承包制的推行,提高了经营者和生产者的积极性,扭转了由于利改税导致平均利润下降的局面,确保了财政收入的稳定增长。但是,由于承包制的固有缺陷依然存在,加上企业外部环境不宽松,除少数企业经济效益比较好

---

①　《中共中央文件选编》,中共中央党校出版社,1994 年,第 277 页。

②　《中共中央文件选编》,中共中央党校出版社,1994 年,第 285 页。

以外,大多数企业效益并没有显著提高。到了上世纪 90 年代初,党中央总结了过去十多年改革的经验和教训,认为要提高国有企业的经济效益,增强企业生机和活力,不能只在企业经营方式上边来换取,必须切实抓住两个方面:一是改善企业经营的外部环境;二是转换企业经营机制。而后者是搞好全民所有制大中型企业的根本。为此,国务院提出改善企业外部条例的 12 条政策,通过了《全民所有制工业企业转换经营机制条例》。

　　另一方面,全面启动价格体制改革,积极发挥市场机制在价格形成中的作用。1984 年党的十二届三中全会通过的《中共中央关于经济体制改革的决定》指出:"价格体系的改革是整个经济体制改革成败的关键。""价格体系不合理,同价格管理体制的不合理有密切的关系。在调整价格的同时,必须改革过分集中的价格管理体制,逐步缩小国家统一定价的范围,适当扩大有一定幅度的浮动价格和自由价格的范围,使价格能够比较灵活地反映社会劳动生产率和市场供求关系的变化,比较好地符合国民经济发展的需要。"[1]据此,从 1985 年开始,不仅放开了除国家定购的粮、棉、油等少数品种外的绝大多数农副产品的收购价格和销售价格,而且放开了部分计划外的生产资料价格,这样"就出现了生产资料价格由国家定价和市场调节价并存的所谓价格'双轨制'"[2]。1988 年 8 月,中央政治局又讨论并通过了《关于价格、工资改革的初步方案》,提出除少数重要商品和劳务价格由国家管理外,绝大多数商品价格放开,由市场调节,以转换价格形成机制,逐步实现党的十三大提出的"国家调控市场,市场引导企业"的要求。

　　与此同时,在进行企业改革和价格体制改革的同时,对传统"一大二公三纯"的所有制结构也进行着深刻的调整。党的十一届三中全会以后,在总结所有制问题上的历史教训和经验的基础上,从 1979 年起,党中央和国务院就果断采取支持城乡个体经济发展的方针。1981 年 10 月,党中央和国务院做出的《关于广开就业门路,搞活经济,解决城镇就业问题的若干决定》指出:"今后在调整产业结构的同时,必须着重开辟集体经济和个体经济中的就业渠道。在我国,国营经济和集体经济是社会主义经济的基本形式,一定范围

---

①　《十二大以来重要文献选编》(中),人民出版社,1986 年,第 570—571 页。

②　苏星主编:《邓小平社会主义市场经济理论与中国经济体制转轨》,人民出版社,2002 年,第 24 页。

的劳动者个体经济是社会主义公有制经济的必要补充。"①1982 年,党的十二大把坚持国营经济的主导地位和发展多种经济形式的问题,列为促进社会主义全面高涨特别注意坚持的重要原则之一。就这样,在各种政策的鼓励和支持下,我国濒临灭绝的城乡个体经济又如雨后春笋般地迅速恢复和成长起来。到 1987 年,党的十三大就更加明确地提出,要鼓励发展个体经济和私营经济。因为"实践证明,私营经济一定程度的发展,有利于促进生产,活跃市场,扩大就业,更好地满足人民多方面的生活需求,是公有制经济必要和有益的补充。必须尽快制订有关私营经济的政策和法律,保护它们的合法利益,加强对它们的引导、监督和管理。"②因此,1988 年,七届全国人大第一次会议通过的《中华人民共和国宪法修正案》明文规定:"私营经济是社会主义公有制经济的补充。国家保护私营经济的合法权利和利益。"从此,个体经济和私营经济具备了更加广阔的发展空间。

　　然而,不可否认,由于缺乏经验和系统设计,这一阶段的改革也出现了一些问题,即由于旧的计划机制的作用逐步退去,新的市场机制没能充分发挥作用,由于体制转换"真空"而导致经济过热、物价涨幅过大、流通秩序混乱,以及"官倒"和"私倒"现象产生。由此,从 1989 年开始我国进入了三年国民经济治理整顿时期。

　　也正是在这个时期,理论界和实际工作部门就我国经济体制改革的方向以及计划与市场的关系的认识发生了较为严重的分歧,经济体制改革陷入僵局。一方面,有人把肯定市场机制的作用、推进市场化改革等同于搞资本主义,强调市场的作用是"资产阶级自由化",主张继续坚持计划经济,扩大指令性计划;另一方面,人们仍然坚信市场化改革,认为改革过程中出现的问题,不是市场化改革造成的,而恰恰是市场化改革不到位的结果。对此,邓小平在 1990 年 12 月也鲜明地指出:"我们必须从理论上搞懂,资本主义与社会主义的区分不在于计划还是市场这样的问题。社会主义也有市场经济,资本主义也有计划控制。不要以为搞点市场经济就是资本主义道路,没有那么回事。"③

---

① 《三中全会以来重要文献选编》(下),人民出版社,1982 年,第 983 页。
② 《中共中央文件选编》,中共中央党校出版社,1994 年。
③ 《邓小平文选》第三卷,人民出版社,1993 年,第 364 页。

　　1992 年是中国经济体制改革历史上最具有划时代意义的一年。这一年春天,改革总设计师邓小平发表了重要的"南方谈话"。在谈话中他不仅深刻提出"计划和市场都是经济手段"的重要论断,而且明确指出"社会主义要赢得与资本主义相比较的优势,就必须大胆吸收和借鉴人类社会创造的一切文明成果,吸收和借鉴当今世界各国包括资本主义发达国家的一切反映现代社会化大生产规律的先进经营方式、管理方法"①。

　　1992 年 6 月 9 日,江泽民在中共中央党校省部级干部进修班上所作的《深刻领会和全面落实邓小平同志的重要谈话精神,把经济建设和改革开放搞得更快更好》的讲话中,第一次明确地提出要用"社会主义市场经济体制"来概括我国的社会主义新经济体制。

　　1992 年 10 月 12 日,江泽民在党的十四大报告中系统地阐述了社会主义市场经济体制的科学内涵。他认为:"建立社会主义市场经济体制,就是要使市场在社会主义国家宏观调控下对资源配置起基础性作用。""社会主义市场经济体制是同社会主义基本制度结合在一起的。"②具体来讲,在所有制结构上,以公有制包括全民所有制和集体所有制经济为主体,个体经济、私营经济、外资经济为补充,多种经济成分长期共同发展,不同经济成分还可以自愿实行多种形式的经济联合。国有企业、集体企业和其他企业都进入市场,通过平等竞争发挥国有企业的主导作用。在分配制度上,以按劳分配为主体,其他分配方式为补充,兼顾效率与公平。运用包括市场在内的各种调节手段,既鼓励先进,促进效率,合理拉开收入差距,又要防止两极分化,逐步实现共同富裕。在宏观调控上,我们社会主义国家能够把人民的当前利益与长远利益、局部利益与整体利益结合起来,更好地发挥计划和市场两种手段的长处。

　　1993 年 11 月 13 日,党的十四届三中全会通过了《中共中央关于建立社会主义市场经济体制若干问题的决定》。《决定》在总结党的十四大以来经济体制改革取得经验的基础上,提出了社会主义市场经济体制的基本框架。具体包括五个方面的主要内容:"坚持以公有制为主体、多种经济成分共同发展的方针,进一步转换国有企业经营机制,建立适应市场经济要求、产权清晰、

① 《邓小平文选》第三卷,人民出版社,1993 年,第 372 页。
② 《江泽民文选》第一卷,人民出版社,2006 年,第 226—227 页。

权责明确、政企分开、管理科学的现代企业制度；建立全国统一开放的市场体系，实现城乡市场紧密结合，国内市场与国际市场相互衔接，促进资源优化配置；转变政府管理经济的职能，建立以间接手段为主的完善的宏观调控体系，保证国民经济的健康运行；建立以按劳分配为主体，效率优先、兼顾公平的收入分配制度，鼓励一部分地区一部分人先富起来，走共同富裕的道路；建立多层次的社会保障制度，为城乡居民提供同我国国情相适应的社会保障，促进经济发展和社会稳定。"①

应该说，中国的经济体制改革在有了这样一个比较清晰的市场经济体制框架之后，就很自然地摆脱了在此之前的"摸着石头过河"改革方式的某些"盲目性"和"不确定性"，从而摒弃了长期把市场机制和市场经济元素作为"外生变量"，机械式"塞入"计划经济体制的传统做法，从此开始明明白白、理直气壮地推进市场化改革的崭新阶段。

进入建立社会主义市场经济体制的新阶段，改革步骤更加从容，改革内容更加全面，改革力度更加增大。

第一，按照市场经济作为交换经济的一般要求，自觉地去调整所有制结构，积极构建公有制为主体，多种经济成分共同发展的"多元"所有制结构。

一方面，紧紧抓住国有企业改革这个经济体制改革的中心环节，牢牢把握产权改革这个关键，坚定建立现代企业制度的改革方向，积极探索公有制新的实现形式，不断深化国有企业改革。1994年，国务院出台了《关于选择一批国有大中型企业进行建立现代企业制度试点的方案》，以此为标志，国有企业建立公司制度的试点在全国正式推开。该方案提出："国有企业实行公司制，是建立现代企业制度的有益探索。公司制企业以清晰的产权关系为基础，以完善的法人制度为核心，以有限的责任制度为主要特征。"到1998年年底，全国共确定了近3000家企业进行建立现代企业制度试点。试点企业在改革产权制度、建立规范的法人治理结构方面取得了一定的经验和进展：一是初步建立了现代企业制度的基本框架，找到了国有企业从工厂制向公司制转变的方式和从政府附属物向市场主体转变的途径。二是企业经营机制有所转变，企业活力和适应市场竞争的能力有所增强。三是推进了企业投资主体多元化，拓展了企业融资渠道，清晰了企业产权关系，促进了企业发展。四

---

① 《中共中央关于建立社会主义市场经济体制若干问题的决定》，人民出版社，1993年，第1—2页。

是初步建立起了企业法人治理结构的基本框架,进行了企业经营管理体制改革的尝试,企业管理及其内部制度建设有所加强。五是采取建立国有资产管理公司、国有资产授权经营等多种形式进行了国有资产管理体制改革探索。六是在精简机构和人员、改革劳动用工制度、分流富余人员和企业办社会职能、完善社会保障体系、增资减债等难点问题上进行了多方面的尝试。因此,试点"加深了人们对现代企业制度运行机制的认识,进一步明确了建立现代企业制度的必要条件、可行途径及重点、难点问题,为在更大范围内推进建立现代企业制度的建设创造了条件。可以说,建立现代企业制度是国有企业改革十几年经验的总结,是改革认识水平的一次巨大飞跃"[①]。

但是,随着改革的不断深入和国际竞争的日趋激烈,国有经济"点多、面广、线长"的矛盾日益突出。因此,在重点推进大中型国有企业建立现代企业制度的同时,如何对整个国有经济结构进行调整就摆到了进一步深化国有企业改革的议事日程。早在1995年春,理论界就有专家学者提出,单纯提"搞活国有企业"不全面,要从整体上搞好国有经济。这个新观点不久就被中央决策层肯定和采纳。1995年9月28日,中共十四届五中全会通过的《中共中央关于制定国民经济和社会发展"九五"计划和2010年远景目标的建议》就指出:"要着眼于搞好整个国有经济,通过存量资产的流动和重组,对国有企业实施战略性改组。"1996年5月4日,江泽民关于加快国有企业改革和发展步伐的讲话中进一步指出:"要着眼于搞好整个国有经济,通过存量资产的流动和重组,对国有企业实施战略性改组,以市场和产业政策为导向,集中力量抓好一批国有大型企业和企业集团,放开搞活一般国有小型企业,以利于更好地发挥国有经济在国民经济中的主导作用。"这个讲话就为国有企业战略性改组和国有经济结构调整指明了方向。1997年9月,党的十五大更加明确地指出:"把国有企业改革同改组、改造、加强管理结合起来,要着眼于搞好整个国有经济,抓好大的,放活小的,对国有企业实施战略性改组。以资本为纽带,通过市场形成具有较强竞争力的跨地区、跨行业、跨所有制和跨国经营的大企业集团。采取改组、联合、兼并、租赁、承包经营和股份合作制、出售等形式,加快放开搞活国有小型企业的步伐。"党的十五届三中全会通过的《中共

---

① 马建堂:《30年巨变——国有企业改革进程简要回顾与评述》,载《学习与思考:国家行政学院第二十四期厅局级公务员任职培训论文集》,经济科学出版社,2007年,第174页。

中央关于国有企业改革与发展若干重大问题的决定》对进一步调整国有经济结构和深化国有企业股份制改革做出新的部署,明确提出国有经济要"有进有退,有所为有所不为"的方针,从此国有经济结构调整的步伐进一步加快。但从国有经济结构调整和国有企业股份制改革的过程中又逐步认识到,光有"有进有退,有所为有所不为"的方针原则不行,关键是由谁来主导和推动国有经济结构战略性调整和国有企业股份制改革,由谁来代表国有股的权益,由谁来进行国有资产监管与运营。为此,2002 年 11 月召开的党的十六大和2003 年 10 月召开的十六届三中全会相继指出:"继续调整国有经济的布局和结构,改革国有资产管理体制是深化经济体制改革的重大任务。"从此在党的正式文件中不再使用"国有企业改革是经济体制改革的中心环节"的提法,这说明深化国有企业改革的思路已经基本清晰。从 2003 年 3 月开始,国家正式开始实施国有资产管理体制改革,主要内容是:(1)撤销过去专司国有企业改革的国家经济贸易委员会以及中央企业工委,设立国有资产监督管理委员会;(2)将财政部、中央组织部等部门行使的部分产权管理、人事任免等职能划入国务院国资委;(3)将当时 197 家中央所属国有企业划归国务院国资委,由国资委代表国家对这些企业统一实施国有资产出资人职能,初步实现了管资产与管人、管事相统一;(4)31 个省市和部分地级单位也在 2003 年年底和2004 年上半年相继设立了对各自所有的国有企业履行出资人职责的国有资产监督机构。经过五年的努力,到 2007 年国有资产管理体制框架基本建立,国有资产保值增值责任得到落实,出资人监管得到强化,很大程度解决了国有企业政资不分、政企不分、多头管理、无人负责的问题,进而有效地推动了国有经济战略性调整和国有企业建立现代企业制度的步伐,国有企业活力和竞争力进一步增强。

另一方面,积极改善个体经济、私营经济、外资经济的发展环境,大力发展非公有制经济。作为社会主义市场经济的重要组成部分,非公有制经济的发展不仅是发挥一切经济潜力、活跃城乡经济、增加财政收入、创造就业机会、满足人们多样化需求的需要,更重要的是,它对促进国有经济战略性调整和市场经济发育具有重要意义。我国国有经济的战略性改组,国有企业自身改革的深化和企业经营管理行为的改善,很大程度上还是得益于它的竞争伙伴——非公有制经济的发展。因此,党的十六大在十五大明确提出非公有制经济是社会主义市场经济重要组成部分的基础上,明确提出"两个毫不动摇"的思想,把毫不动摇地鼓励、支持和引导非公有制经济发展作为完善社会主义市场经济体制和全面建设小康社会的重要措施。2005 年 2 月 25 日正式颁布的《国务院关于鼓励支持和引导个体私营等非公有制经济发展的若干意见》,突出解决了其行业准入和公平服务的问题。2007 年 3 月 16 日第十届全国人大第五次会议通过了《中华人民共和国物权法》,明确提出"保障一切市场主体的平等法律地位和发展权利",进一步强调了"国家、集体、私人的物权和其他权利人的物权受法律保护,任何单位和个人不得侵犯"。这样,在社会主义市场经济条件下,个体私营等非公有制经济不仅有了自己的重要地位,而且有了维护自己权利的法律保障。2007 年 10 月 15 日召开的党的十七大再次重申"两个毫不动摇"的思想,并进一步提出"坚持平等保护物权,形成各种所有制经济平等竞争、相互促进新格局"的政策主张,进一步提出要"推进公平准入,改善融资条件,破除体制障碍,促进个体、私营经济和中小企业发展"[1]。2012 年 11 月 8 日召开的党的十八大更加坚定地强调:"要毫不动摇巩固和发展公有制经济,推行公有制多种实现形式,深化国有企业改革,完善各类国有资产管理体制,推动国有资本更多投向关系国家安全和国民经济命脉的重要行业和关键领域,不断增强国有经济活力、控制力、影响力。毫不动摇鼓励、支持、引导非公有制经济发展,保证各种所有制经济依法平等使用生产要素、公平参与市场竞争、同等受到法律保护。"[2]

第二,按照市场经济的要求,进一步完善"按劳分配为主体、多种分配形式并存"的收入分配制度。党的十五大明确提出,要把按劳分配和生产要素分配结合起来,允许和鼓励资本、技术等生产要素参与收益分配。这是第一次把"按劳分配"与"按生产要素分配"相提并论起来,进而对社会主义分配理论进行了新的发展。为了"放手让一切劳动、知识、管理和资本的活力竞相迸发,让一切创造财富的源泉充分涌流",党的十六大又进一步确立了劳动、资本、技术和管理等生产要素按贡献参与分配的原则。

第三,为了充分发挥市场机制在配制资源中的基础性作用,进一步完善

---

[1]　《十七大报告辅导读本》,人民出版社,2007 年,第 25 页。

[2]　胡锦涛:《坚定不移沿着中国特色社会主义道路前进为全面建成小康社会而奋斗》,《人民日报》2012 年 11 月 19 日。

市场体系。一方面,加快建立统一开放、竞争有序的商品市场,逐步放开价格。1992 年年底,在社会商品零售额中,政府定价占 5.9%,在农民出售的农产品总额中,政府定价占 12.5%,在工业企业销售的生产资料总额中,政府定价占 18.7%。到 1993 年,全国基本上放开了粮食购销价。另一方面,加快建立各类生产要素市场,其中特别重视加快发展资本市场。从 1990 年 12 月上海证券交易所和深圳证券交易所开始挂牌营业,到 1992 年 10 月,国务院证券管理委员会和中国证监会成立,标志着中国资本市场开始纳入全国统一监管框架,全国性资本市场由此形成并初步发展。随后不断发展壮大,发展到今天,不仅真正成为了国民经济运行的"晴雨表",而且成为中国国有企业股份制改革和国民经济发展的"助推器"。

第四,积极探索计划、金融、财政相互配合的机制,不断完善宏观调控体系。1997 年,计划、金融、财政等部门间协同运用货币、财政政策的组织形式和制度初步建立。同年 4 月 15 日,国务院颁布了《中国人民银行货币政策委员会条例》,成立了中国人民银行货币政策委员会。作为制定货币政策的咨询议事机构。同时,计划、金融、财政三家为建立直接融资、间接融资和投资计划等方面相互配合、相互制约的机制,也进行了积极的尝试和探索。为了促进国民经济持续、稳定、健康地发展,根据不同的经济形势,分别尝试采用财政政策与货币政策"双松""双紧"或"松紧搭配"以及有保有压的宏观政策组合,取得了较好的效果。

第五,社会保障体系建设不断加强,以城镇职工养老、医疗、失业保险为主要内容的社会保障制度基本建立。在养老保险方面,形成了社会统筹与个人账户相结合的企业职工基本养老保险制度。在失业保险方面,建立了面向城镇职工的失业保险制度,实现了国有企业下岗职工基本生活保障向失业保险并轨。在基本医疗保障方面,建立了基本医疗保障、企业补充医疗保障和商业医疗保障等多层次的保障制度,农村新型合作医疗制度普遍推广。城镇和乡村最低生活保障制度进一步健全。

如果说改革是一场自我革命,是通过不断革除旧的体制顽疾、增加新的体制基因而实现体制创新的过程,这一过程得以不断推进的主要力量除了来自"改革的自我强化机制",还有一个重要力量,那就是不断深化对外开放而释放出的开放的示范、牵引和逼迫效应。

　　讲对外开放的"示范效应",是指对外开放让中国人了解了世界,看到了当代资本主义的新变化,认识了市场经济。党的十一届三中全会以后,中国在对外开放方面最先迈出两大步:一是 1979 年 7 月,党中央和国务院根据广东、福建两省靠近港澳、华侨众多的有利条件,决定对两省的对外经济活动实行特殊优惠的政策;二是决定在广东的深圳、珠海、汕头和福建的厦门设立经济特区,采取来料加工装配、补偿贸易、合资经营、合作经营,以及外商独资经营等形式,吸引外资。特区成立后,由于引入了市场经济机制,焕发了这些地区的发展热情,经济发展神速。以深圳为例,原本是一个鲜为人知的小渔村,到 1984 年,已经成为高层建筑林立、道路四通八达的现代化气息十足的工业新城。这一年的 1 月至 2 月,邓小平考察了深圳、珠海和厦门,他对特区的发展成就十分满意。回到北京后,他说:"我们建立经济特区,实行开放政策,有个指导思想要明确,就是不是收,而是放。"①

　　随后,1982 年 9 月,党的十二大明确提出"实行对外开放,按照平等互利的原则,扩大对外经济技术交流,是我国坚定不移的战略方针"。所以,1983 年 4 月,党中央和国务院决定对海南岛实行经济特区政策。1988 年 4 月建立海南省,并作为经济特区;1984 年 4 月,进一步开放了北自大连、天津,南至上海、广州的 14 个沿海港口城市。1985 年 2 月,中央又决定将长江三角洲、珠江三角洲和闽南的厦门、泉州、漳州三角地区以及山东半岛、辽东半岛、环渤海地带开辟为沿海经济开发区。这样,中国就形成了一个"经济特区-沿海开放城市-沿海经济开发区-内地"的多层次、有重点、点面结合的对外开放格局,在沿海形成了包括 2 个直辖市、25 个省辖市、67 个县,约 1.5 亿人口的对外开放前沿地带。在这样一个地带,不仅生成了新的经济发展观念,而且孕育着新的市场经济体制胚胎。经济特区,不仅成为推动经济快速发展的主要动力,而且成为内陆广大地区了解世界和认识市场经济的主要窗口,进而成为诱导内陆地区实施市场化改革和推进对外开放的榜样。

　　1992 年 10 月党的十四大报告和 1993 年 11 月党的十四届三中全会通过的《中共中央关于建立社会主义市场经济体制若干问题的决定》更加明确地把"加快对外开放步伐,充分利用国际国内两个市场、两种资源,发展开放经济"作为建立社会主义市场经济体制的重要内容加以肯定。1997 年党的十五

---

① 《邓小平文选》第三卷,人民出版社,1993 年,第 51 页。

大又进一步提出"对外开放是一项长期的基本国策",这都充分表明了我们党和政府继续坚持对外开放的信心与决心。

讲对外开放的"牵引效应",是指通过对外开放深度融入世界经济,世界市场经济体制对中国市场经济体制的建立与完善产生有效的牵引和促进作用。从20世纪80年代末期启动的重返关贸总协定的"复关"谈判,到2001年11月成为世界贸易组织的正式成员,中国社会主义市场经济体制建设始终都得益于这一融入进程过程中与"世界市场经济体制"的积极对接。通过争取加入只有市场经济国家才有资格成为成员国的世界贸易组织,不仅使我们真正熟悉了市场经济体制的基本制度元素,而且使我们得到了加快推进市场化改革进程的外在动力。随着"引进来"和"走出去"相结合战略的逐步实施和全方位、多层次、宽领域的对外开放格局的逐步形成,我国的社会主义市场经济体制不断从国际交往和开放实践中汲取营养,进而成为一种日臻完善并被国际认同的具有中国特色的市场经济体制。

讲对外开放的"逼迫效应",是指中国的改革、中国的市场化进程有自己的内在动力,但离不开开放对中国不断深化改革、不断推进市场化改革进程的有力"逼迫"。改革开放前的29年,我们长期实行计划经济体制,长期接受经典作家的"社会主义无市场"的观念教育,特别是受苏联模式的影响,进而形成很强的计划经济体制的"锁定"效应。如何打破旧体制的锁定和束缚,如何摆脱旧体制的"路径依赖","需要改革"的内在动力是重要的,但"必须改革"的外在压力就更重要。应该说,不断深入的对外开放,给中国不断推进的市场化改革提供了强大的"外在压力",它逼迫我们"不得不改革""不得不抓紧改革"。因此,我们的改革很大程度上是通过开放来实现的。

总之,中国的社会主义市场经济体制,诞生于30年持之以恒、不断深化的体制改革和制度创新,诞生于30年持之以恒、不断深化的对外开放和大胆借鉴。是不断尝到的改革开放甜头诱致了改革开放的不断深入,是不断的改革开放深入坚定了市场化的改革取向,是不断深化市场取向改革成就的中国特色的社会主义市场经济体制,是中国特色的社会主义市场经济体制造就了"中国发展奇迹"。

二、"渐进式改革"孕育中国发展模式

改革的目的是为了解放和发展生产力。因此,为了发展生产力而要改革

不合时宜的生产关系和上层建筑,必须明确"发展生产力"是改革选择和调整生产关系的唯一标准。只有"标准"唯一,行动才能果断,改革才能彻底。因此,邓小平引用民间谚语道出了中国改革路径选择的基本方法,那就是"不管黑猫白猫,捉住老鼠就是好猫"①。由此极大地推动了全国各地探索改革的决心和热情。有了这种"理念",还必须有合理的改革路径。邓小平从中国国情和具体实际出发,还鲜明地提出"摸着石头过河"的改革方式。这种"摸论"的试验理性与"猫论"的唯一标准有机结合在一起,构成了中国推进改革的特有方式,即后来被理论界命名为"渐进式改革"。这种"渐进式改革"是相对于叫做"休克疗法(Shock therapy)"的"激进式改革"而言的。后者是指通过迅速而猛烈地终止旧的计划经济体制,一步到位地实现市场化体制改革的方式。这种改革以俄罗斯、波兰这样一些前社会主义国家的改革为代表。中国的渐进式改革,不仅有效地避免了东欧式的社会经济震荡,极大地降低了体制转型成本,而且通过"试验"过程中的"边干边学",最巧妙地把市场经济的"优秀基因"与社会主义制度的"制度优势"结合起来,进而极大地激发了蕴藏在中国社会当中的生机和活力。

中国的体制改革选择"渐进式"的方式,自然有其特殊的道理。一方面,实施市场化取向的经济体制改革,谋求建立一套新的社会主义市场经济体制是中国共产党人的伟大创造,前无古人,无经验可循。加上经典作家们社会主义与商品货币关系"水火不容"的理论论断和我们自己长期形成的"市场经济等于资本主义"的观念桎梏,所以谨慎前行、理性试验、知错就改、循序渐进就成为中国推开改革开放大门并不断深入、进而逐步建立起社会主义市场经

---

① 1961年6月下旬,中共中央书记处听取了华东局农村办公室的汇报。华东局认为安徽搞责任田就是单干,是方向性错误。邓小平说:在农民生活困难的地区,可以采取多种办法,安徽省的同志说,"黑猫、黄猫,只要捉住老鼠就是好猫",这话有一定的道理。责任田是新生事物,可以试试看。1962年7月,邓小平在中央书记处会议上和接见青年团干部的时候,均讲道农村广大地区出现包产到户的新情况,他认为:"生产关系究竟以什么形式为最好,恐怕要采取这样一种态度,就是哪种形式在哪个地方能够比较容易比较快地恢复和发展农业生产,就采取哪种形式;群众愿意采取哪种形式,就应该采取哪种形式,不合法的使它合法起来。"并且,引用了刘伯承同志常说的那句著名的四川民间谚语:"黑猫、黄猫,只要捉住老鼠就是好猫。""文革"期间,"猫论"被指责为"唯生产力论",遭到批判。党的十一届三中全会后,"猫论"成了中国经济发展的重要理论,成为对"姓资""姓社"的评判标准。20世纪80年代初,薄一波曾问邓小平,"黑猫白猫"这个说法现在怎么看? 邓小平回答:"第一,我现在不收回;第二,我是针对当时的情况说的。"1985年,邓小平当选美国《时代》周刊年度风云人物,"不管黑猫白猫,捉到老鼠就是好猫"被摘登在《时代》周刊上。由此,"猫论""的影响扩大到世界,尽而成为了中国改革创新的最有力的"观念指导"。

济体制这一制度大厦的重要途径。对此，邓小平说："我们现在所干的事业是一项新事业，马克思没有讲过，我们的前人没有做过，其他社会主义国家也没有干过，所以，没有现成的经验可学。我们只能在干中学，在实践中摸索。"①马克思和恩格斯在其著作中分析的是私有制条件下的商品经济，特别是分析了资本主义的商品生产和商品交换，但对未来社会是否存在商品生产和商品交换问题持否定态度。他们认为，随着资本主义私有制的灭亡，商品货币关系将随之消失。马克思在《哥达纲领批判》中讲得很明白，他说：在一个集体的、以共同占有生产资料为基础的社会里，生产者并不交换自己的产品；消费在产品生产上的劳动，在这里也不表现为这些产品的价值，不表现为它们所具有的某种物的属性，因为这是和资本主义社会相反，个人的劳动不再经过迂回曲折的道路，而是直接地作为总劳动的构成部分存在着②。恩格斯在《反杜林论》中进一步指出说，社会一旦占有生产资料并以直接社会化的形式把它们应用于生产，每一个人的劳动，无论其特殊用途是如何的不同，从一开始就成为直接的社会劳动。那时，一件产品中所包含的社会劳动量，可以不必首先采用迂回的途径加以确定；日常的经验就直接显示出这件产品平均需要多少数量的社会劳动……人们可以非常简单地处理一切，而不需要著名的"价值"插手其间。一旦社会占有了生产资料，商品生产将被消除，而产品对生产者的统治也将随之消除。社会生产内部的无政府状态将为有计划的自觉的组织所代替③。也正是有这样的一个先验的理论认识，所以后来以前苏联为代表的社会主义国家，普遍建立了以全民所有制、计划经济和按劳分配为特征的经济体制。中国作为一个以苏联模式为学习榜样的社会主义国家，很自然地也选择建立了一个全民所有制、计划经济和按劳分配为主要特征，进而否定和排斥商品经济的经济体制。

另一方面，中国的特殊国情也决定了其体制改革的"渐进性"。我国传统的政治体制、经济体制、文化体制的诸多弊端，多少都带有某些封建主义的色彩，要摆脱几千年遗留下来的封建残余的束缚和阻碍，并不是一件容易的事情，所以改革不可能一蹴而就。例如，要建立适应现代市场经济发展的新体

---

① 《邓小平文选》第三卷，人民出版社，1993 年，第 258—259 页。
② 《马克思恩格斯选集》第三卷，人民出版社，1972 年，第 10 页。
③ 《马克思恩格斯选集》第三卷，人民出版社，1972 年，第 303 页。

制,往往遇到自然经济中形成的"自给自足","大而全"、"小而全","万事不求人"的封建小农意识的影响;贯彻按生产要素分配原则,鼓励一部分人、一部分地区先富裕起来,往往会遇到"不患寡而患不均"、"劫富济贫"的小生产的平均主义思想的干扰;要实行党政分开、政企分开,精简机构,扩大企业自主权,往往会遇到家法观念、特权思想和家长作风的阻碍;改革干部人事制度,实行"能者上、庸者下",往往会遇到等级观念、论资排辈、任人唯亲的家族观念等封建意识的抵触。因此,改革不可能不循序渐进。只有不断用改革的成果证明改革的必要性,改革才能不断获得更加广泛的社会支持和舆论氛围。

同时,改革需要人才、需要经验、需要理论。由于我们多年否定商品货币关系,排斥市场经济,自我封闭发展,所以我们缺乏懂得价值规律、熟悉市场经济和了解国际经济的干部和管理人才。正像毛泽东早就指出的那样,"路线确定之后,最关键的是干部。"干部"本领恐慌"和管理人才素质低下,不可能胜任"推陈出新"和驾驭复杂改革发展局面艰巨任务。然而,俗话说:"十年树木,百年树人。"提高干部和人才素质需要时间,因此,在人才资源储备不足的情况下,只能通过边干边学、引进消化、总结提升的方式,总结经验、创新理论、培养人才、提高能力。其中,特别是改革必然会涉及权力分配、利益调整和机构撤并等问题,因此也必然招致利益受损者和认识不到位的干部群众的反对或阻挠,进而由此导致社会冲突和交易成本的增加,因此,必须小心谨慎,充分考虑社会与心理对改革和发展的承受程度,切不可急功近利。也正是由于我们始终坚持用改革的成果教育群众,让群众在改革成功中自觉,中国的改革才能最终获得最广大人民群众的支持和拥护,进而取得改革成功。

中国的渐进式改革最首要的特征是,表现为"尊重群众的首创精神"。历史唯物主义的基本观点认为,人民群众是创造历史的真正英雄。作为中国改革总设计师的邓小平早在1962年就曾明确地指出:"生产关系究竟以什么形式为好,恐怕要采取这样一种态度,就是哪种形式在哪个地方能够比较容易比较快地恢复和发展农业生产,就采取哪种形式;群众愿意采取哪种形式,就应该采取哪种形式,不合法的使它合法起来。"①这种质朴的理念也成为1978年党的十一届三中全会以后指导中国不断深入改革开放的重要思想。

---

① 《邓小平文选》第二卷,人民出版社,1994年,第323页。

　　讲到尊重群众创造,首先不能不提包产到户和"大包干"。包产到户不仅开启了中国经济体制改革的先河,而且最先让最广大的农村群众和整个中国人民享受到了改革的成果与好处。然而,包产到户的发明权并不是什么圣明的领袖,而是最普通的农民,是由著名的安徽省凤阳县小岗村的十几户农民冒着坐牢的风险而大胆开始尝试的。这一尝试,不仅破解了旧的计划经济体制始终没有解决如何去调动广大农民积极性的难题,而且找到了中国人如何才能养活自己的出路。因此,邓小平说:"农村搞家庭联产承包,这个发明权是农民的。"①

　　其次不能不讲改革开放初期最先尝试发展商品经济、发展私营经济的老百姓。他们利用自己的聪明才智和创业精神,不仅证明了商品经济和个体私营经济存在和发展的意义,而且在体制外培育了社会主义市场经济体制的"胚胎"和重要的制度元素。试想如果没有最广大的基层老百姓盯住"割资本主义尾巴"和"投机倒把罪"等政治压力去积极尝试商品生产和商品交换,如果没有东南沿海地区个体私营经济的"星星之火",就没有今天呈现"燎原之势"的非公有制经济的蓬勃发展,没有非公有制经济的蓬勃发展和巨大作用,就没有今天社会主义市场经济的繁荣,因此也就没有今天中国的经济奇迹和中国发展模式的魅力。

　　再次不能不讲地方政府的大胆尝试和自觉创造。中国的改革经验许多都是地方政府创造出来的。试想没有改革开放初期东南沿海地区大胆的市场化改革实验,就没有今天对市场经济理所当然的认同和接受。没有山东诸城等地尝试的"股份合作制",就没有后来"抓大放小"和国有经济结构调整战略的顺利实施,因此也就没有今天国有经济的控制力、影响力和带动力。

　　第二个鲜明特征是,从"点"到"面",上下结合。先行"试点",然后"扩面",是中国改革震动小、效果好的重要经验。关于中国的改革如何推进,邓小平早在党的十一届三中全会召开前夕所作的题为《解放思想,实事求是,团结一致向前看》的报告中就明确指出,"在全国的统一方案拿出来以前,可以先从局部做起,从一个地区、一个行业做起,逐步推开。中央各部门要允许和鼓励它们进行试验。"②因此,无论是中国的农村,还是城市的经济体制改革、

---

　　① 《邓小平文选》第三卷,人民出版社,1993年,第382页。
　　② 《邓小平文选》第二卷,人民出版社,1994年,第150页。

政治体制改革、文化体制改革、社会体制改革、科技体制改革、教育体制改革等,甚至对外开放,都是从"试点"开始,试验成功后再向面上推广的。用这种方式推进改革开放最大的好处,就是通过"试点"去认识改革、创新改革、接受改革,同时把改革的风险和成本降低到最低限度。

从"点"到"面"的改革虽然呈现出"自下而上"的诱致性,进而有效地克服了"自上而下"强制性休克疗法式改革由于信息不足和经验缺乏而可能带来的风险和不确定性,但是没有"自上而下"的强制性推动,进而发挥中央政府的"权威效应"和"规模经济",中国的改革开放也很难全面地推动和展开。一方面,中央允许和鼓励各个地方大胆创新、大胆试验。对此,邓小平在1992年南方谈话中指出:"改革开放胆子要大一些,敢于试验,不能像小脚女人一样。看准了的,就大胆地试,大胆地闯。""没有一点'冒'的精神,没有一股气呀、劲呀,就走不出一条好路,走不出一条新路,就干不出新的事业。"[1]另一方面,在总结地方经验的基础上,中央也不遗余力地去积极推进关系改革全局的重要领域的改革。比如,1998年开始的国有企业"三年脱困"攻坚改革、分税制改革、取消农业税等收效明显、关系全局的改革都是中央在总结试点经验基础上主动推开的。因此,自上而下的领导推动和自下而上的主动创造有机结合、良性互动,构成了推动中国不断深化改革开放的崭新动力。

第三个鲜明特征是,与时俱进的理论创新,促进了不断深化的市场化改革。理论是实践的先导。中国市场取向改革的成功得益于其不断深化对市场经济的科学认识和与时俱进的理论创新。不断进行的理论创新,不仅进一步丰富了中国特色社会主义理论体系,而且为经济体制改革的不断深化提供了有力的理论指导。这从我们选择市场取向,不断推进社会主义市场经济体制建设的改革轨迹中可以清晰看到理论创新对中国渐进式改革的贡献:首先是提出实行"计划经济为主,市场调节为辅",这主要是在改革开放初期不愿或不敢放弃计划经济体制的条件下,改革实践主要是在传统计划经济体制的薄弱环节上开始并逐步展开的,如农村经济体制改革和东南沿海地区的改革开放。这些地方由于计划经济体制薄弱,所以也就为市场经济体制因素的萌芽和成长创造了条件。其次是提出实行"有计划的商品经济"。在1984年前后,随着我国农村经济体制改革的初步成功,沿海地区对外开放的全面展开,

---

① 《邓小平文选》第三卷,人民出版社,1993年,第372页。

以及非公有制经济的逐步成长,市场机制在国民经济运行中的作用越来越大。由此实践呼唤理论创新。因此,党的十二届三中全会通过的《中共中央关于经济体制改革的决定》中,第一次明确提出社会主义有计划商品经济理论。第三是提出建立"国家调节市场,市场引导企业"的经济运行机制。党的"十三大"在承认有计划的商品经济提法的基础上,又明确提出了它的新经济运行机制,即"国家调节市场,市场引导企业"的机制。从此,结束了"计划经济为主"的提法。第四是重提"计划经济和市场调节相结合"。1989 年前后,为了实现政治和经济稳定,对市场的认识出现了反复,重新强调政府行政控制和直接计划调节,重提计划经济与市场调节相结合,计划经济重新得到强调。第五是明确提出实行"社会主义市场经济"。邓小平南方谈话终结了喋喋不休的"计划与市场关系"的无谓争论,明确提出了"计划经济不等于社会主义,资本主义也有计划;市场经济不等于资本主义,社会主义也有市场"的著名论断。因此,党的"十四大"鲜明地提出我们经济体制改革的目标模式是建立社会主义市场经济体制的观点,进而把我国经济体制改革推向了一个新的历史阶段。第六是提出完善社会主义市场经济体制。党的十六届三中全会通过《中共中央关于完善社会主义市场经济体制若干问题的决定》,强调了完善社会主义市场经济体制的若干新任务,清晰地展现了继续深化中国特色社会主义市场经济体制改革的轨迹。从此不难看出,与时俱进的理论创新,推动着中国改革的不断深化,不断深化的改革实践又不断驱动着中国的理论创新,二者互为因果、互相促进,进而构成了中国渐进式改革的又一主要旋律。

第四个主要特征是,妥善处理改革、发展、稳定三者关系,科学把握好改革力度。关于改革、发展、稳定这三者的重要性,邓小平都分别作过强调性的论述,讲到改革,他说"不改革是死路一条"。讲到发展,他说"发展是硬道理"。讲到稳定,他说"稳定压倒一切"。可以说这三方面的论断,构成了中国选择改革方式和路径的约束条件。在这样的约束条件下,中国必须把改革的力度、发展的速度和社会承受程度统一起来考虑,进而选择一种比较温和渐进式的改革方式。应该说,改革、发展、稳定三者相互依存、互相制约、相辅相成、辩证统一。改革是经济和社会发展的强大动力,是我国现阶段的一项重要任务。在社会主义初级阶段,不彻底改革束缚生产力发展的旧的经济、政治、文化和社会体制,建立起充满生机和活力的新体制,就不能发挥社会主义的优越性,就不可能使社会生产力得到快速发展。发展是中国生死攸关的根本问题。中国要摆脱贫穷落后,实现国家强大和人民共同富裕,唯有加快发展。维护稳定是推进改革和发展的前提,事关中国特色社会主义事业全局。没有稳定,中国将重新陷入混乱、倒退和分裂,不可能搞好经济建设,不可能深化改革开放,社会主义现代化建设进程将毁于一旦。因此,无论是改革方式的选择,还是新的改革措施的出台,都要审时度势,权衡利弊,不能贸然行事、急于求成,必须考虑是否有利稳定和发展,尽量避免大的矛盾冲突和社会动荡。也正是由于我们在改革开放过程中注意协调改革力度、发展速度同社会可承受程度的关系,把改善人民生活作为处理这三者关系的重要结合点,进而使我们既避免了不少转型国家出现过的经济严重衰退和社会剧烈震荡,又使改革发展成果真正惠及全体人民。

三、"善于学习"成就中国发展模式

改革开放 30 多年来,中国的市场化改革之所以能够成就今天具有中国特色的社会主义市场经济体制和骄人经济发展奇迹,还得益于中国自始至终都抱定的"善于学习的态度和自我修正的精神"。学习资本主义,吸收一切人类文明成果,成为中国发展模式形成的重要途径。

早在中国改革开放之初,中国就抱定了向外国学习的思想。1978 年 10 月 10 日邓小平在会见格奥尔格・内格韦尔为团长的西德新闻代表团时就鲜明地指出,中国在历史上对世界有过贡献,但是长期停滞,发展很慢。"现在是我们向世界各国学习的时候了。""要实现四个现代化,就要善于学习,大胆取得国际上的帮助。要引进国际上的先进技术、先进设备,作为我们发展的起点。"[①]在党的十一届三中全会召开前夕,邓小平又在其著名的《解放思想,实事求是,团结一致向前看》的讲话中重申"自己不懂就要向懂行的人学习,向外国的先进管理方法学习"的观点[②]。随后,他在 1979 年 3 月 21 日会见以马尔科姆・麦克唐纳为团长的英中文化协会执行委员会代表团时又强调:"我们要善于吸收,善于使用,善于管理。这一切都需要学习,我们有信心可

---

① 《邓小平年谱》(一九七五—一九九七)(上),中央文献出版社,2004 年,第 398—399 页。
② 《邓小平文选》第二卷,人民出版社,1994 年,第 150 页。

以学会。"①也正是从那时起,敢于学习、善于学习,就成为中国建立社会主义市场经济体制,成就中国发展模式的重要途径。

讲善于学习,首先是要善于向外国学习经验,准确地说是善于向发达的资本主义国家学习取经。这在"宁要社会主义草,不要资本主义苗"的极"左"思想禁锢多年后的改革开放初期提出来,本身就需要勇气,需要胸怀。它不仅隐含了到底如何看待社会主义的问题,而且隐含了如何看待当代资本主义的问题。

这里讲如何看待社会主义,就是讲要从对社会主义的教条理解和僵化的社会主义实践中解放出来,承认我们自己是"不合格的社会主义",进而把探索有利于解放生产力和发展生产力的具有中国特色社会主义的生产关系作为改革的根本任务。对此,党的十一届六中全会通过的《中国共产党中央委员会关于建国以来党的若干历史问题的决议》指出,"社会主义生产关系的发展并不存在一套固定的模式,我们的任务是根据我国生产力发展的要求,在每个阶段上创造出与之相适应和便于继续前进的生产关系的具体形式。"②

然而,要创造出与生产力发展要求相适应和便于继续前进的生产关系,就必须承认当代资本主义的生产关系和经济运行机制当中,有许多有利于生产发展的"制度营养",进而自觉地向当代资本主义学习。对此,邓小平曾旗帜鲜明地指出:"我们实行开放政策,吸收资本主义社会的一些有益的东西,是作为发展社会主义社会生产力的一个补充。"③向当代资本主义学习,并不是鼓吹要搞资本主义。而是因为当代资本主义,不仅创造了许多属于人类共同财富,并有利于发展现代生产力的财产组织形式、科学技术和管理经验,而且创造了许多属于人类共同财富,并有利于现代政治文明发展的制度框架。其实,对于资本主义的制度优越性和贡献,马克思也从不回避。他指出,与封建主义的小商品生产相比,资本主义的生产关系更能适应生产社会化的要求,所以"资产阶级在它的不到一百年的阶级统治中所创造的生产力,比过去一切世代创造的全部生产力还要多,还要大"④。正是凭借这种强大的社会化

① 《邓小平年谱》(一九七五——一九九七)(上),中央文献出版社,2004年,第496页。
② 《三中全会以来重要文献选编》(下),人民出版社,1982年,第839页。
③ 《邓小平文选》第三卷,人民出版社,1993年,第181页。
④ 《马克思恩格斯选集》第一卷,人民出版社,1972年,第277页。

的生产力,资本主义最终战胜了封建主义。

　　无疑,社会主义必须创造出高度发达的生产力和比资本主义更高的劳动生产率,才能最终取代资本主义。对此,列宁也早就鲜明地指出:"劳动生产率,归根到底是使新社会制度取得胜利的最重要最主要的东西。资本主义创造了在农奴制度下所没有过的劳动生产率。资本主义可以被最终战胜,而且一定会被最终战胜,因为社会主义能造成新的高得多的劳动生产率。"①邓小平在 1984 年 6 月 21 日会见缅甸副总理兼计划、财政部部长吴吞丁时指出:"我们是社会主义国家,社会主义应该是生产力发展比较快的制度。"②但是,由于我们的社会主义制度不是建立在发达资本主义及其先进的生产力基础上的,而是在资本主义最薄弱,甚至在半殖民地半封建的国家建立起来的。所以,无论是物质基础条件、生产力水平状况,还是生产关系和上层建筑等诸多方面,都远未达到马克思恩格斯所构想的那个能够取代资本主义的社会主义形态应具有的水平,是"不合格"的社会主义。因此,我们要努力成为能够最终代替资本主义的合格的社会主义,一个重要的任务就是学习当代资本主义,大胆吸收和借鉴资本主义的文明成果。对此,邓小平科学而实事求是地指出,要敢于承认资本主义在科学技术、经营管理等方面有先进和可供学习的地方。他在谈到如何加快改革步伐时指出,社会主义中国有许多优越性,应当保持。但是,至于经济管理、行政管理的效果,资本主义国家在许多方面比中国好一些。人家有长处,为什么不能学习和利用呢?"总之,社会主义要赢得与资本主义相比较的优势,就必须大胆吸收和借鉴人类社会创造的一切文明成果,吸收和借鉴当今世界包括资本主义发达国家的一切反映现代社会化生产规律的先进经营方式、管理方法。"③也正是有了这样的胸怀和认识,中国的改革始终是与开放同步,并把学习当代资本主义的先进技术、管理经验和某些制度文明,作为推动中国现代化建设和体制机制创新的重要手段和促进力量。

　　事实上,从人类社会变迁的历史来看,比较落后的民族和国家,吸收和借鉴比较先进的民族和国家的文明成果,更好更快地发展自己,这也是一个自

---

① 《列宁选集》第四卷,人民出版社,1995 年,第 11—12 页。
② 《邓小平年谱》(一九七五—一九九七)(下),中央文献出版社,2004 年,第 981 页。
③ 《邓小平文选》第三卷,人民出版社,1993 年,第 373 页。

然的历史现象。社会主义不能离开人类文明的康庄大道。建设中国特色社会主义,更要自觉学习一切民族、一切国家的长处,吸收和借鉴人类社会所创造的一切文明成果,特别是要积极吸取和借鉴与我们可能长期并驾齐驱的当代资本主义国家的先进科学技术、经营方式、管理方法、法治框架和民主制度,取其所长,避其所短,努力形成一套符合中国国情、能够最大限度地解放生产力和发展生产力的体制机制,只有站在发达资本主义肩上发展我们自己,我们才能比资本主义走得更远,走得更好。

讲善于学习,另一层含义就是要及时总结国外在体制改革和制度变迁过程中的深刻教训,避免改革走弯路、入歧途。实际上,早在中国开始改革开放之前,南斯拉夫、匈牙利等前东欧社会主义国家就已经开始了体制改革的探索。针对高度集中的计划经济体制随着社会生产的发展和世界经济格局的变化,日益暴露出的不可克服的弊病,南斯拉夫最早对这种计划经济体制提出异议,率先进行了改革。当时受到苏联的压制和批判。斯大林逝世后,赫鲁晓夫提出反对个人迷信,在理论上逐步冲破苏联模式的禁锢,在实践上也开始了经济体制的初步探索。"经过长期曲折的过程,改革计划经济体制,实现向市场经济的转轨成为人们的共识。"①然而,由于戈尔巴乔夫的"新思维"和采取的"休克疗法"式的激进改革,导致苏联东欧国家在转轨过程中出现了苏联解体和东欧社会主义国家的巨变,为社会主义国家的经济体制改革提供了深刻的教训。这些国家的教训,很自然成为中国选择改革方式和体制模式的"活教材"。也正是这些惨痛教训,坚定了中国走自己的改革道路的信念和决心。

讲善于学习的又一层含义,是科学地看待自己,吸取自己的经验和教训,敢于否定自己、修正自己。科学地看待自己,就是要认清自己的长处与弊端。对此,邓小平在 1982 年 7 月就早已明确指出:"社会主义同资本主义比较,它的优越性就在于能够做到全国一盘棋,集中力量,保证重点。缺点在于市场运用得不好,经济搞得不活。计划与市场的关系问题如何解决? 解决得好,对经济发展就有利,解决不好,就会糟。"②因此,如何既能保持和发挥好社会

---

① 苏星主编:《邓小平社会主义市场经济理论与中国经济体制转轨》,人民出版社,2002 年,第 110 页。

② 《邓小平文选》第三卷,人民出版社,1993 年,第 16—17 页。

主义制度的比较优势,又能克服传统计划经济体制的弊端,进而增强经济发展的活力,就自然成为中国经济体制改革选择目标模式的逻辑起点。也正是有了这样一个认识逻辑,谋求社会主义制度的"优势基因"和市场经济"优势基因"的有机结合,构建具有中国特色的社会主义市场经济体制,就必然成为中国经济体制改革的目标选择。

吸取自己的经验和教训,敢于否定自己,修正自己,就是要善于从自己的社会主义实践和改革开放过程中找出成功的经验和失败的教训,敢于承认自身的缺陷和失误,通过不断修正自己,实现自身的优化。事实上,从计划经济体制内的"小革小改"和计划经济体制外的市场经济元素的自然发育,到建立社会主义市场经济体制的整体创新;从承认个体私营经济为社会主义的必要补充,到承认其作为社会主义经济的重要组成部分,并"毫不动摇"地坚持发展非公有制经济;从特区式的"点开放"到构建宽领域、多层次、全方位的对外开放经济新格局,等等,无不显示中国在改革开放中的学习精神和纠正错误的理性。也正是这种精神和理性,造就了中国自己求真务实的改革风格。也正是这种风格促成了具有中国特色的体制框架和发展模式。

四、"勇于结合"生成中国发展模式

中国发展模式可谓聚社会主义和现代资本主义之精华,集东西方体制之优势。也正是如此,中国发展模式释放出了任何一个"单纯"体制所无法比拟的生机和活力。而这种"中西合璧"的发展模式恰恰应该归功于中国勇于进行"体制嫁接",不断谋求"优势结合",着力建设"混合经济体制"的努力。正像邓小平早在 1980 年设想的那样:"我们的制度将一天天完善起来,它将吸收我们可以从世界各国吸收的进步因素,成为世界上最好的制度。"[①]

那么,世界上最好的制度和体制是什么样的呢?邓小平在 1980 年中共中央召集的干部会议上曾指出:"我们在发展经济方面,正在寻求一条合乎中国实际的,能够快一点、省一点的道路,其中包括扩大企业自主权和民主管理,发展专业化和协作,计划调节和市场调节相结合。"[②]也就是说,当年邓小平设想,如果能够通过计划调节和市场调节有机结合,进而实现计划经济与

---

① 《邓小平文选》第二卷,人民出版社,1994 年,第 337 页。
② 《邓小平文选》第二卷,人民出版社,1994 年,第 337 页。

市场经济的优势互补,那就能更好地发展社会生产力,就会成为好制度。为了构建这样一个好制度,邓小平极力地教导人们要从教条无谓的姓"社"还是姓"资"的争论中解脱出来,大胆进行制度创新。

首先,勇于把市场经济与社会主义制度进行"嫁接",构建社会主义市场经济体制。在社会主义条件下发展市场经济,是中国共产党人对马克思主义发展做出的历史性贡献,体现了我们党坚持理论创新、与时俱进的巨大勇气。邓小平在1979年11月会见美国不列颠百科全书出版公司编委会副主席弗兰克·吉布尼等人的时候就提出社会主义也可以搞市场经济的思想。他指出:"说市场经济只存在于资本主义社会,只有资本主义的市场经济,这肯定是不正确的。社会主义为什么不可以搞市场经济。""市场经济不能说只是资本主义的。市场经济,在封建社会时期就有了萌芽。社会主义也可以搞市场经济。"①那时起,中国的改革就主要体现在不断向计划经济体制内加入市场经济元素,进而不断削减计划经济元素,最终整体构建全新的社会主义市场经济体制的过程。在这一过程中,不管计划与市场"板块式"的结合(计划经济为主,市场调节为辅),还是计划与市场"交融式"结合的尝试(国家调节市场,市场引导企业),最终都是想真正构建起能够充分发挥社会主义制度和市场经济体制"双重优势"的社会主义市场经济体制。这样的市场经济体制必须在两个难点上取得突破:一是如何让公有制与市场经济有机融合;二是如何在政府宏观调控下让市场在配置资源过程中充分发挥基础性作用,进而实现"看不见的手"和"看得见的手"的良性互动。

围绕公有制与市场经济有机融合的难点,中国大胆进行了两个方面努力。一方面,在所有制结构的层面,积极建构公有制为主体,多种所有制经济共同发展的基本经济制度。通过不同所有制经济之间的"自然分工",使公有制经济尽量在非公有制经济不愿进入的公共经济领域和限制非公经济进入的少数关系国家安全的命脉经济和自然垄断行业去充分发展。另一方面,在公有制本身的层面,积极探索公有制的多种实现形式。能否找到好的公有制实现形式,不仅关系到公有制优越性的发挥及其存在的历史命运,而且关系到社会主义市场经济的特色和性质。在公有制实现形式中,股份制是主要形式。股份制是一种适应社会化大生产和现代市场经济要求的企业资本组织

---

① 《邓小平年谱》(一九七五——一九九七)(上),中央文献出版社,2004年,第580—581页。

形式,它实现了出资人所有权和企业法人财产权的相分离,进而使不同所有制更加广泛和多样化的资产融合成为可能。因此,国有制企业和集体所有制企业可以通过股份制改造,进而真正转换经营管理机制而融入市场经济。股份合作制作为公有制的另一种实现形式,是广大基层干部群众在实践中的新创造。它把股份制和合作制有机结合,实现了"资本联合"和"劳动联合"的内在统一。因此,它成为国有中小企业和集体企业改制的实现形式。

围绕如何在政府宏观调控下让市场在配置资源过程中充分发挥基础性作用的难题,中国建立了一套直接调控与间接调控相结合的宏观调控体系。除了继续使用计划、规划等调控手段外,更加重视运用财政政策、货币政策、产业政策等宏观经济政策。除了继续使用行政手段外,更加重视使用经济手段和法律手段。特别是通过转变政府职能,为市场发挥配置资源的基础性作用留出充分的空间。

其次,勇于坚持按劳分配与按生产要素分配相结合的原则,构建"按劳分配为主,多种分配方式并存"的初次分配制度。同时,坚持更加注重社会公平的原则,通过建设公共财政体制、完善财政转移支付制度和健全社会保障制度,构建国民收入再分配制度。按劳分配不仅是社会主义条件下实现共同富裕的重要原则,而且是社会主义制度的价值选择。多劳多得、不劳者不得食(孤老病残者除外)不仅是实现效率的前提条件,而且也是实现社会公平、公正的重要保证。但是,从价值创造和财富形成的角度看,劳动的特殊贡献是无疑的,但还必须看到劳动之外的其他生产要素的作用和贡献。如果只强调劳动的稀缺性和贡献,看不到土地、资本、管理、技术等生产要素的稀缺性和贡献,甚至把这些要素的价值体现简单异化为"剥削"予以限制和反对,那么社会生产力就不能快速发展,财富就不能有效创造,社会就不能实现进步,人们的生活就不能真正改善。因此,我们在构建社会主义市场经济体制条件下的收入分配制度的时候,理性地承认非劳动生产要素的作用和贡献,鲜明地提出了"按劳分配和按生产要素分配相结合"的制度设计思想,形成了"按劳分配为主体,多种分配方式并存"的分配制度框架。在这种制度框架下,通过有效借助国家国民收入再分配机制,不仅可以有效兼顾效率与公平,而且可以有利于形成党的十六大提出的"放手让一切劳动、知识、技术、管理和资本的活力竞相迸发,让一切创造社会财富的源泉充分涌流,以造福于人民"的良好局面[①]。

再次,勇于促进国有资本、集体资本等公有资本和私人投资、外商投资等私人资本的有机结合,大力发展混合所有制经济。混合所有制经济从本质上说是一种股份制经济或以股份制为基础的经济。大力发展国有资本、集体资本和非公有制资本等相互参股的混合所有制经济,有利于改善国有企业或公有企业的产权结构,推动其建立规范的现代企业制度;有利于国有或公有产权的流动、重组,优化资本配置,提高运营效率;有利于依托多元产权架构和民营型的运营机制,增强国有经济或公有经济的运营效率;有利于减少不同性质资本之间的相互侵害,增强国有资本对其他资本的控制力、影响力和带动力。

最后,勇于把坚持独立自主同参与经济全球化结合起来,充分利用国际国内"两种资源,两个市场"。中国这样十几亿人口的发展中大国要发展起来,既离不开世界,离不开经济全球化,更离不开独立自主。这样的结合,使我们能同时用好国际国内两个市场、两种资源,在趋利避害的平等竞争中达到互利、普惠、共赢。

也正是这些"结合",使得社会主义市场经济体制既具备了一般市场经济体制的优势,又使社会主义制度和计划经济体制的一些比较优势得到保留,由此形成了独具魅力、优势鲜明的新经济模式。

五、"中国特色"升华中国发展模式

一般来说,市场经济体制作为一种基本的经济制度,其本质是以市场机制(利益机制、供求机制、价格机制、竞争机制)来配置资源,实现效率提高和财富增进。不管哪个国家、哪个地区采用市场经济体制,都不能偏离这个本质。但同时也必须看到,不同国家、地区都有各自独特的历史文化背景,其领导集团也会有特定的意识形态和政策偏好,这些都会在经济体制上打下烙印,从而形成市场经济的不同模式。对此,经济合作与发展组织归纳总结出了三种"成功"的市场经济模式,即美国的以消费者为导向的市场经济;法国和日本的以行政管理为导向的市场经济;德国和北欧的社会市场经济。除此之外,比较受关注的还有东南亚市场经济模式、拉美市场经济模式、印度市场

---

① 《江泽民文选》第三卷,人民出版社,2006 年,第 540 页。

经济模式以及俄罗斯和东欧的转轨市场经济模式等。

在三种"成功"的市场经济模式中,美国以消费者为导向的市场经济模式备受关注,因为它的"自由企业制度"和"受限政府",推动了美国二百多年的经济发展和近十多年的经济繁荣。日本、法国、德国和北欧国家以行政管理为导向和社会市场经济模式在第二次世界大战之后相当长的时间里取得了成功,但由于经济自由度不够或者社会保障负担过重,严重影响了其经济效率和国际竞争力的提高。因此,这些国家近年来的改革也基本上以"放松管制"或"经济自由化"为主要取向。

东南亚市场经济模式、拉美市场经济模式、印度市场经济模式以及俄罗斯和东欧的转轨市场经济模式,由于普遍爆发了严重的金融危机和经济社会危机,而受到国际社会的质疑。经济学家把这些模式称为"权贵市场经济"或"买办市场经济"。这些市场经济模式的基本特征,就是政府对资源配置过于强大的影响和对经济运行过多的规制,由于这种影响和规制主要来自于"非受限政府",所以很容易导致不当倾斜和"权钱交易",使发展速度受到抑制、金融系统被严重侵蚀、社会不公不断加剧。世界银行的研究报告称:"新兴市场的转型过程可以看出,对准入监管更多的国家,腐败和地下经济就越严重。"

因此,鉴于国际上市场经济体制不同模式的经验和教训,鉴于国际上通过"法治"来建立"受限政府"和"放松管制"的潮流,根据我们自己的国情和特色,建立自由发展、平等竞争、有限干预的"法治"市场经济,是必然选择。

首先,"经济自由"是市场经济的"灵魂",也是推动经济发展的不竭动力。关于经济自由的意义,著名经济学家阿瑟·刘易斯在总结欧美国家经济发展经验的基础上得出结论,认为:"近几个世纪以来西欧和北美人均收入是与经济自由——一个人改变其社会地位或职业自由,租用资源并以增加产量或降低成本的方法将各种资源结合在一起的自由,进入某些行业并与已在这些行业中存在的其他企业竞争的自由的增加密切相关的。""我们对制度与经济增长一致性的研究得出了这样的一个结论:制度对经济增长的促进取决于制度把努力与报酬联系起来的程度,取决于制度为专业化和贸易所提供的范围,以及制度允许寻求抓住经济机会的自由。"[1]我国现行的经济体制改革是

―――――――――――

[1]　阿瑟·刘易斯:《经济增长理论》,上海三联书店、上海人民出版社,1994年,第94页和第176页。

脱胎于带有显著的"中央集权和家长专制色彩"的传统计划经济体制,压抑"经济自由"的制度惯性依然很大,许多人甚至仍然害怕和忌讳"经济自由"。所以要建立起充满生机和活力的社会主义市场经济,必须摒弃旧体制的惯性思维,通过限制政府干预,给各类经济主体和生产要素主体留出更广泛的"自由选择和自由发展的空间"。因此,要建立起真正"自由"的市场经济,必须抓好三个层面的基本制度建设:(1)尊重市场机制发挥作用的基本假定。"经济人及其利己心"是市场经济条件下财富积累和经济发展的"原动力",是市场经济的"无形之手"发挥"魔力"的前提。如果各类经济主体,没有"改变自己生活状态的愿望(或努力)"[1],市场通过"利益"配置资源就成了"对牛弹琴",市场有效配置资源的功能就会荡然无存。正如亚当·斯密的《道德情操论》所言:"追求私利的人类利己本能乃是大自然所赋予的,它是引导全社会的生产和繁荣的原动力。"[2](2)独立的企业制度。产权清晰是市场交易和价值规律发挥作用的制度前提,是市场高效配置资源的制度源泉。因此,必须保证企业法人财产权的完整性和独立性,尊重企业自主的选择,把企业打造成真正"自主经营、自负盈亏、自我约束、自我发展"的市场主体。(3)有效的财产权保护制度。有效的财产权保护制度,不仅有利于资源的有效使用,而且有利于作为财富创造者的各类经济主体获得稳定的发展"预期",调动他们创造财富的热情和欲望,进而推动经济繁荣。因此,著名经济学家阿瑟·刘易斯强调,所有权或产权是资源稀缺的反映,没有产权保护资源就会被滥用,"资本形成是经济增长的条件之一,而一部所有权法的存在又是资本形成的条件之一。"如果保护公共财产不被私人滥用是必要的,那么,保护私人财产不被滥用同样也是必要的。因为"在世界上每一个地方,所有权都是一种得到承认的制度,没有这种制度,人类无论如何也不会取得进步,因为这种情况下不存在改善他们所生活环境的动机。"[3]。

其次,"平等竞争"是市场经济"正义"的要求,是"把一切积极因素充分调动和凝聚起来","让一切劳动、知识、技术、管理和资本的活力竞相迸发,让一切创造社会财富的源泉充分涌流"的制度前提。正如著名经济学家米尔

---

[1]　亚当·斯密:《国民财富的性质和原因的研究》(上册),商务印书馆,1972年,第314页。

[2]　转引自新开长英:《市民社会伦理的成立》,东京,理想社,1976年,第81页。

[3]　阿瑟·刘易斯:《经济增长理论》,上海三联书店、上海人民出版社,1994年,第70页,第94页。

顿·梅尔斯所言,在市场经济社会,只有良好的"正义"的法律和制度保证,经济人追求个人利益最大化的自由行动,才会无意识地、卓有成效地增进社会的公共利益。

再次,"有限干预",明确政府与市场之间的边界,是市场经济条件下发挥政府积极作用的要求。现代市场经济需要政府干预和宏观调控,但政府干预的目的和空间在于克服"市场失灵",政府干预行为必须在法律的框架下依照法定的程序来进行。

如果说社会主义市场经济必须具备一般市场经济的上述基本要求的话,我们中国的社会主义市场经济还必须体现其社会主义的本质要求和"特殊性",即中国特色。突出中国特色,并不只是为了"刻意"有别于其他市场经济模式,因为任何一种市场经济模式都必然带有其民族和文化的烙印,都要反映其执政者的"价值追求",与其他市场经济模式有所差别是必然的。我们这里讲要突出中国特色,是指中国的社会主义市场经济体制当中确实有其独特并使其有别于其他市场经济模式的优越性。

早在中国开始市场化改革之初,邓小平就明确指出,要"立足于自己,也要照顾自己的特点,完全照搬别的国家的模式来建设中国是不可能的"①。1994 年 12 月江泽民也曾明确地指出:"我们搞市场经济,是同社会主义基本制度紧密结合在一起的。如果离开了社会主义基本制度,就会走向资本主义。""有些人老提出这样的问题,你们搞市场经济好啊,可是为什么还要在前面加上'社会主义'几个字,认为是多余的,总是感到有点不顺眼、不舒服。国外一些人也提这种问题。有这种看法,并不奇怪,因为他们看惯了西方的市场经济,也希望中国照他们那个样子去搞。我对西方国家一些来访的人说,我们搞的是社会主义市场经济,'社会主义'这几个字是不能没有的,这并非多余,并非'画蛇添足',而恰恰相反,这是'画龙点睛'。所谓点睛,就是点明我们市场经济的性质。西方市场经济符合社会化大生产、符合市场一般规律的东西,毫无疑义,我们要积极学习和借鉴,这是共同点;但西方市场经济是在资本主义制度下搞的,我们的市场经济是在社会主义制度下搞的,这是不同点,而我们的创造性和特色也就体现在这里。"②

---

① 《邓小平年谱》(一九七五——一九九七)(上),中央文献出版社,2004 年,第 626 页。
② 《江泽民论有中国特色社会主义(专题摘编)》,中央文献出版社,2002 年,第 69 页。

因此,中国特色的社会主义市场经济,首先表现为坚持公有制为主体和国有经济为主导的基本原则。公有制经济是中国社会主义经济性质的根本体现,是社会主义现代化建设的支柱和国家进行宏观调控的主要物质基础。以公有制为主体,是社会主义初级阶段基本经济制度创新的基本前提。虽然从市场经济发展和市场交换的角度看,不同所有制经济之间的关系是平等竞争关系,它们之间不应有高低主次之分,但是,从生产关系的角度看,不同所有制经济在社会主义经济体制中的地位和作用却应该有所区别。公有制为主体,是社会主义经济制度的基础,也是多种所有制经济共同发展的基础。坚持公有制为主体,毫不动摇地巩固和发展公有制经济,不仅有利于消灭剥削,消除两极分化,实现共同富裕的社会主义目标,而且有利于宏观效益与微观效益、长期利益与短期利益的协调和统一。特别是通过国有资本向关系国家安全和国计民生的自然垄断行业、军工行业、公共产品、支柱产业等领域的集中,为其他所有制经济发展提供有力的物质支撑和安全保障,进而有利于促进非公有制经济的充分发展。公有制经济和非公有制经济如此合理分工、良性互动、共同发展就使得社会主义市场经济比建立在"单一私有制"基础上的市场经济更具发展活力。

其次,注重社会公平,实现共同富裕。邓小平指出:"我们在改革中坚持了两条,一条是公有制始终占主导地位,一条是发展经济要走共同富裕的道路,始终避免两极分化。"①应该说,这两条我们在改革开放过程中始终坚定不移地坚持着,也正是坚持了这样根本的两条,才使得我们的改革不仅没有偏离社会主义方向,而且由于让最广大人民群众分享到改革开放的实惠,而获得了最广大人民群众的普遍支持和拥护。注重社会公平和实现富裕,让老百姓过上幸福生活,不仅始终是社会主义的价值追求,也是社会主义制度的魅力所在。但是,作为社会生产力发展的结果,真正意义的社会公平和共同富裕是以物质产品相对丰富为前提的。我们曾经在旧中国经历过由于贫穷和两极分化而引起的社会动荡和民不聊生,也吃过在旧的计划经济和"左"的年代不讲生产力发展而追求所谓"平等"、搞平均主义"大锅饭"的苦头。因此,要实现社会公平和共同富裕,必须首先发展社会生产力,始终坚持以经济建设为中心,倡导和保护效率,注重和维护社会公平,妥善处理好效率与公平、

① 《邓小平文选》第三卷,人民出版社,1993年,第149页。

合理的分配差距与共同富裕的关系。一方面,发展生产力,不断提高劳动生产率是社会主义制度能够战胜资本主义制度并赖以生存的根本。对此,列宁早就指出:"劳动生产率,归根到底是保证新社会制度胜利的最重要最主要的东西。资本主义造成了在农奴制度下所没有过的劳动生产率。资本主义可以被彻底战胜,而且一定会被彻底战胜,因为社会主义能造成新的高得多的劳动生产率。"①因此,针对旧的计划经济体制下存在的平均主义"大锅饭"的弊端,改革开放和实行社会主义市场取向的改革后,我们开始注重效率,并提出了"效率优先,兼顾公平"的分配原则。这完全符合我国社会主义初级阶段的根本任务是发展生产力,尤其是发展先进生产力的要求。只有坚持效率优先,把竞争机制和差别机制引入国民收入初次分配,让劳动者的收入报酬与他们的劳动贡献挂钩,让经营者的收入报酬与他们的经营业绩直接挂钩,让投资者的收入直接与他的生产要素投入状况直接挂钩,让企业的收入与企业的经济效益直接挂钩,进而让一部分人通过合法经营和诚实劳动先富起来,才能从根本上打破平均主义的分配格局和分配理念,进而最大限度地调动劳动者、经营者和生产要素所有者的积极性,最终实现各种生产要素和资源的优化配置及要素资源利用效率的提高。但是,这并不等于不要社会公平,不注重共同富裕。针对由于劳动者先天的能力差异、劳动效率与要素贡献不同而扩大的收入分配差距,我们提出并实施了一系列促进社会公平和实现共同富裕的方针与政策。在分配政策的取向上,党的十四大把"兼顾效率与公平"写进报告。党的十四届三中全会通过的《中共中央关于建立社会主义市场经济体制若干问题的决议》又把"效率优先、兼顾公平"作为社会主义市场经济体制建立过程中分配制度改革的目标指向。党的十六大报告在继续坚持这一原则的同时,进一步提出"初次分配注重效率,发挥市场的作用","再分配注重公平,加强政府对收入分配的调节职能,调节差距过大的收入。"特别要"以共同富裕为目标,扩大中等收入者比重,提高低收入者收入水平"。

然而,多年的实践证明,仅仅"再分配注重公平"是不够的,党的十七大报告就更加明确地提出,"初次分配和再分配都要处理好效率和公平的关系,再分配更加注重公平"的新论断。并且提出"要坚持和完善按劳分配为主体、多种分配方式并存的分配制度,健全劳动、资本、技术、管理等生产要素按贡献

---

① 《列宁选集》第四卷,人民出版社,1995 年,第 11—12 页。

参与分配的制度",要"逐步提高居民收入在国民收入分配中的比重,提高劳动报酬在初次分配中的比重"。要"着力提高低收入者收入,逐步提高扶贫标准和最低工资标准,建立企业职工工资正常增长机制和支付保障机制。创造条件让更多群众拥有财产性收入。保护合法收入,调节过高收入,取缔非法收入。扩大转移支付,强化税收调节,打破经营垄断,创造机会公平,整顿分配秩序,逐步扭转收入分配差距扩大趋势"。也正是基于这种认识,针对城乡居民收入差距过大的趋势,党中央明确提出"工业反哺农业,城市支持农村"的发展战略;针对区域收入差距扩大的问题,党中央在提出"西部大开发""中部崛起""振兴东北老工业基地"等区域重点发展战略的基础上,加大了东部发达地区对中西部老少边穷地区帮扶力度;针对居民之间的收入差距扩大的问题,党中央采取了一方面通过征收个人所得税、遗产税、物业税等适当限制高收入者的收入增长,另一方面通过社会救济、社会福利、社会保险、最低生活保障等各种转移支付,保证社会低收入者的基本生活稳步提高。由此逐步找到了一条能够最大限度地兼顾效率与公平,有利于实现共同富裕的利益调整的新路径。

第三,全国"一盘棋",集中力量办大事。邓小平指出:"社会主义同资本主义比较,它的优越性就在于能够做到全国一盘棋,集中力量,保证重点。"这既是从传统计划经济体制遗传下来的宝贵制度遗产,也是中国发展模式得以卓有成效的体制关键。中国是一个生产力并不发达的社会主义国家,它要维护国家主权,自立于世界民族之林,必须在基础设施、关键技术、命脉行业、瓶颈环节有所突破,为此就要举全国之力,统一领导,重点投入。只有这样国家才能独立,社会才能稳定,经济才能实现跨越式发展。从上世纪五六十年代的"两弹一星"、七八十年代的宝钢、八九十年代的"三峡工程",再到进入 21世纪后的青藏铁路、探月工程以及成功举办奥运会,无一不是通过发挥全国"一盘棋"和集中力量办大事的社会主义制度优势来完成的。也恰恰是在这些重点领域的突破,带动了整个国民经济和社会的快速发展。然而,中国之所以能够做到全国"一盘棋"和集中力量办大事,主要取决于三个关键条件:一是共产党强有力的"一元化"领导以及强有力的中央政府。这是实现全国"一盘棋"和集中力量办大事的政治前提。二是公有制为主体是全国"一盘棋"和集中力量办大事的经济基础。其中特别是土地等自然资源的所有权属于国家或集体,这就为道路交通等基础设施建设的顺利推进和低成本建设创造了条件。三是群众拥护和民心所向。许多重大工程是为了经济社会的长远发展和老百姓的根本利益而开工建设,因此这些重大工程从立项到建设的全过程得到了老百姓的支持和参与,进而成为强国富民的"民心工程"。

第四,重视宏观调控,坚持科学发展。如果宏观调控是现代市场经济的重要特征,那么宏观调控对于社会主义市场经济体制就是应有之义。党的十四大在初步阐述社会主义市场经济构架的时候就明确地提出,"我们要建立的社会主义市场经济体制,就是要使市场在社会主义国家宏观调控下对资源配置起基础性作用。"之所以这样强调宏观调控的作用,一方面由于"市场失灵"和经济波动需要宏观调控,这是所有市场经济国家都看得到的;另一方面就是宏观调控是维护国家大局、实现中央政府意志的重要手段。如果说西方的宏观调控带有很大的"被动性"和"事后性"的话,中国的宏观调控则具有很强的"自觉性"和"前瞻性"。也正是如此,中国不仅非常重视利用宏观调控手段来保证国民经济快速稳定、全面协调、可持续地发展,而且利用宏观调控来统筹城乡协调发展、统筹区域协调发展、统筹经济社会协调发展、统筹人与自然协调发展、统筹国内经济与对外开放协调发展。

第五,坚持独立自主,谋求和平发展。中国的经济发展得益于不断深入的扩大开放,充分利用国际国内"两种资源,两个市场"。但是,在扩大对外开放中,中国始终坚持"以我为主",高举和平、发展、合作旗帜,坚持奉行独立自主的和平外交政策,坚持走和平发展道路,坚持互利共赢的对外开放战略,既通过争取和平的国际环境来发展自己,又通过自身的发展促进和平。中国将继续推动世界多极化,倡导国际关系民主化和发展模式多样化,促进经济全球化朝着有利于各国共同繁荣的方向发展。积极倡导多边主义和树立以互信、互利、平等、协作为主要内容的新安全观,反对霸权主义和强权政治,反对一切形式的恐怖主义,推动国际秩序向更加公正合理的方向发展。中国在和平共处五项原则基础上发展与世界各国的友好合作关系。坚持与邻为善、以邻为伴的方针,加强与周边国家的友好合作关系。深化与发展中国家的互利合作,维护与发展中国家的共同利益。进一步发展同发达国家的关系,努力寻求和扩大共同利益汇合点,妥善处理分歧。积极参与多边外交,维护和加强联合国及安理会的权威和主导作用,努力在国际事务中发挥建设性作用。中国政府和人民愿与世界各国人民一道,努力建设一个持久和平与共同繁荣的和谐世界。也正是因为如此,中国通过独立自主的对外开放,不仅赢得更加广泛的发展资源和发展空间,而且使中国的发展模式赢得了世界广泛的认同和支持。

第六,坚持共产党的领导。有人把中国发展模式简单概括为"市场经济+共产党领导"。这种概括尽管有些简单,但却道出了中国发展模式的最突出的特点,那就是在中国的经济发展和现代化建设过程中,如果没有共产党的正确领导,根本不能取得如此辉煌的伟大成就。在中国改革开放以来的许多关键时刻,邓小平都明确地强调,中国由共产党领导,中国的社会主义现代化建设事业由共产党领导,这个原则是不能动摇的。"从根本上说,没有党的领导,就没有现代中国的一切"①,"共产党的领导就是我们的优越性"②,"如果没有共产党的领导,不搞社会主义,不搞改革开放,就呜呼哀哉了,哪里能有现在的中国?"③在中国这样一个大国,要把十几亿人的思想和力量统一起来建设中国特色社会主义,没有一个具有高度自觉性、纪律性和自我牺牲精神的党员组成的能够真正代表和团结人民群众的党,没有这样一个党的统一领导,是不可想象的。因此,邓小平说:"没有党的领导,就没有一条正确的政治路线;没有党的领导,就没有安定团结的政治局面;没有党的领导,艰苦创业的精神就提倡不起来;没有党的领导,真正又红又专、特别是有专业知识和专业能力的队伍也建立不起来。这样,社会主义四个现代化建设、祖国统一、反霸权主义的斗争,也就没有一个力量能够领导进行。这是谁也无法否认的客观事实。"④的确,改革开放30多年来,也正是由于我们始终坚持中国共产党在我国改革开放和社会主义现代化过程中的领导核心地位。在中国共产党的正确领导下,不断进行理论创新和制度创新,最终才找到市场化的改革方向,进而建立了社会主义市场经济体制。从此找到了加快推进社会生产力发展,实现经济繁荣和人民富裕的康庄大道。

（原载《经济研究参考》2013 年第 8 期）

---

① 《邓小平文选》第二卷,人民出版社,1994 年,第 266 页。
② 《邓小平文选》第二卷,人民出版社,1994 年,第 256 页。
③ 《邓小平文选》第二卷,人民出版社,1994 年,第 326 页。
④ 《邓小平文选》第二卷,人民出版社,1994 年,第 266 页。

中国发展模式运行的制度机理

——改革开放 30 年中国经济高速发展的制度奥秘

改革开放 30 年来,中国经济始终持续高速增长,从 1978—2007 年,中国国内生产总值(GDP)年均增长 9.8%。中国的 GDP 总量一举从 1978 年的 1473 亿美元增加到 2007 年的 3.2 万亿美元,增长了 20 多倍;人均 GDP 从 1980 年的 173 美元增加到 2007 年的 2300 多美元,增长了近 14 倍,经济总量位列美国、日本和德国之后,成为世界第四大经济体。中国经济占世界经济总量的比重由 20 世纪 70 年代末不足 1%提高到 2007 年的 7%以上。贫困人口由 1978 年 2.5 亿减少到 1460 万人。对此,诺贝尔经济学奖得主、美国经济学家约瑟夫·斯蒂格利茨毫不隐讳地说,"世界上还从未出现过如此大规模而又持久的经济增长。在过去 1/4 个世纪里,中国的增值率为 9%,人均收入提高了 4 倍(从 220 美元到 1100 美元)。唯一可以相提并论的是所谓东亚奇迹,8 个增长最快的经济体从 1965 年至 1990 年平均每年人均收入增值率为 5.5%,但这比过去 1/4 个世纪里的中国经济慢得多,规模也小得多。在以往的经济革命中——比如 19 世纪的工业革命——增长率最高也就是 2%到 3%。"[1]因此,人们把改革开放 30 年来中国创造出世界经济发展史上持续时间最长、增长率最高的"经济奇迹"的道路和方式,概括为"中国发展模式"。那么,这种"三十而立"的中国发展模式的制度奥秘何在? 是什么制度运行机理支撑了中国的神奇发展? 它对广大发展中国家有什么借鉴意义? 本文进行了系统思考和理性回答。

一、多种所有制经济"混合发力"

中国经济的快速发展,得益于改革开放 30 年来不断深化的所有制改革和多元化"混合所有制"经济结构的形成。以公有制为主体,多种所有制经济共同发展的混合所有制经济结构,不仅为各种经济成分的存在提供了制度空间,而且为各种经济成分相互补充、相互促进、相互渗透、共同发展搭建了基

---

① 约瑟夫·斯蒂格利茨在"2006 年北京大学中国经济研究中心'两会'研讨会"上的发言,引自《中国经济导报》2006 年 10 月 17 日。

本经济制度平台。

一方面,在市场经济条件下,我国公有制经济与非公有制经济都需要进一步发展,但各自的重点应该有所不同。公有制经济特别是国有经济本着"提高控制力"和"不与民争利"的原则,主要进行布局和结构上的战略性调整,缩短战线、着眼质量、抓大放小,进一步提高控制力和公共服务能力。非公有制经济则主要是着眼发展竞争性产业,努力贴近市场,不断提高满足多样化需求和市场竞争能力。在进一步完善和规范市场经济的法律制度和竞争秩序的条件下,两方面可以发挥各自优势,互相融合、互相促进,进而实现多种所有制经济成分"分工协作"基础上的"混合发展"。即公有制经济与非公有制经济可以在包括国有经济、集体经济、私有经济、外商经济等多种经济成分的"广义混合所有制经济"体制中实现"板块式结合",国有经济、集体经济可以借助非公有制经济发展消化改制、改组过程中的富余人员和其他成本。非公有制经济,则可以借助公有制经济在关系国家安全、经济命脉、公共产品等领域的发展,心无旁骛地发展自己具有比较优势的经济性产业。即使公有制经济与非公有制经济都处于某些竞争性行业,这种"混合生存"的多种经济成分也可通过平等竞争,相互取长补短,相互促进,共同发展。

另一方面,公有制经济与非公有制经济可以通过发展股份制、股份合作制等财产组织形式,互相参股,互相渗透,混合生长,成为一个"内在兼容"的混合所有制经济形式。从其内在机制来看,发展混合所有制经济,不仅有利于国有、集体、个人、外商等各种不同投资主体的积极性,实现不同性质的物质资本的有机结合,而且有利于促进物质资本和人力资本的有机结合,实现社会优势资源的优化配置。具体来讲:

首先,混合所有制经济以其"开放式"的社会融资机制,取代"业主制"私人企业和"独资制"国有或集体所有制企业"封闭式"的融资机制,有力地克服了"封闭融资、自我积累、贷款扩张"不能适应市场扩张和社会发展需要的企业发展"桎臼",不仅极大地促进了企业扩张,而且大大促进社会生产力的发展。与私人企业靠自己投资和自我积累,国有企业靠国家投资和自我积累,集体企业靠集体投资和自我积累相比,混合所有制企业的融资没有的"身份限制",摆脱了单一所有制企业"投资能力和积累能力"的束缚,把蕴藏在社会中大量的闲置资本为我所用,这就为混合所有制经济有所作为提供了广阔天地。对股份制的这种好处，马克思曾经给予高度评价，他说"积累，即由圆形运动变为螺旋形运动再生产所引起的资本的逐渐增大，同仅仅要求改变社会资本各组成部分的量的组合的集中比较起来，是一个极缓慢的过程。假如必须等待积累去使某些单个资本增长到能够修建铁路的程度，那么恐怕直到今天世界上还没有铁路。但是，集中通过股份公司转瞬之间就把这件事完成了"。并且"通过集中股份制而在一夜之间集合起来的资本量，同其他资本量一样，不断再生产和增大，只是速度更快，从而成为社会积累的新的强有力的杠杆"。

其次，混合所有制经济通过其所有权与经营权的有效分离和有效的激励与约束机制建设，可以克服私人企业的"家族管理"与国有和集体企业"政企不分"而导致的"治理能力不足"的弊端，实现物质资本和人力资本两种最稀缺资源的有机结合，进而提高企业治理效率，促进企业健康发展。从现实经济生活来看，一方面，民营企业逐渐走过了靠胆量、靠经验发展的"原始积累"阶段并积累了相当的财富，但是由于自身知识和管理能力的不足，民营企业很难持续发展，有的企业即使雇用了一些训练有素的经营管理者，但仍然摆脱不了"无限责任"和家族式的干预，进而无法有效调动所有者和经营者双方的热情。应该说，以有限责任、"两权分离"和规范的"委托代理关系"为根本特征的股份制企业，可以有效调动所有者和经营者两方面积极性。另一方面，国有和集体企业的缺陷就更明显，不仅它们的所有权主体的权责利不明确、政出多门，而且其经营权主体也具有相当强的"行政色彩"。所以国有和集体企业内部更难实现"物尽其用，人尽其才"。只有从根本上对国有和集体企业进行股份制改造，并克服国有股和集体股一股独大的弊端，才能保证让有能力的经营者治理企业，进而保证国有资产和集体财产保值增值。

再者，混合所有制经济可以借助"股份制的路径"，实现职工持股、居民持股、知识产权入股，促进"劳资一体化"，进而"内在地"调动一切积极因素，发展社会生产力。因此，这种多种所有制经济"混合发力"，不仅有利于调动全社会各种资本或资源所有者的积极性，最充分地利用各种资源，而且有利于发挥各种所有制经济的比较优势，进而形成"多轮驱动"经济发展的混合动力。

二、自组织与他组织"相互补充"

中国改革开放 30 年的快速发展,得益于不断深化经济体制改革和日臻成熟的社会主义市场经济体制过程中而逐步形成的"自组织和他组织相互补充"的内在机制。这种机制不仅最大限度地发挥了市场机制的制度优势,而且最大限度地发挥了政府宏观调控的制度优势。

这里讲的自组织,是指借助市场机制的"自发力量"驱动各种经济主体优化经济行为,实现各种生产要素和资源优化配置,进而实现经济发展的"自然秩序"或"帕累托最优"的境界。

市场经济的这种"自组织"的能力,首先来自各类市场主体的"利己心"。亚当·斯密在其所著的《道德情操论》中明确地指出,"毫无疑问,每个人生来就主要关心自己"[1],并进一步在《国富论》中淋漓尽致地阐述了利己心对促进社会繁荣的神奇效应。他说:"人们追求自己的利益,往往能比在真正处于本意的情况下能更有效地促进社会利益。人们的这种行为,受着一只看不见的手的指导,去尽力达到一个并非他本意要达到的目的,即公共利益。"[2]因为每个人为了不断改变自身环境和命运,为了实现自身的利益最大化都必然会不遗余力,开动脑筋和积极作为,由此使各种创造财富的源泉充分涌流。

其次,自组织的能力来自"看不见的手"的神奇效应。亚当·斯密在谈到这只"看不见的手"的再配置资源过程中的神奇作用时指出:"关于可以把资本(包括各种生产要素——笔者注)用到什么种类的国内产业上,其生产能力有最大价值的这一问题,每个人处在他当时的地位,显然能判断得比政治家或立法家好得多。"[3]如果某一部门投资太多,利润的下降会纠正这种错误的分配,"用不着法律干涉,个人的利害关系与情欲,自然会引导人们把社会资本尽可能按照最合适于全社会利害关系的比例,分配到国内一切不同的用途。"[4]

再者,自组织的能力来自市场机制可以发现和提供更加真实和充分的

---

[1]　亚当·斯密:《道德情操论》,商务印书馆,1997 年,第 103 页。
[2]　亚当·斯密:《国民财富的性质和原因的研究》(下),商务印书馆,1972 年,第 101—102 页。
[3]　亚当·斯密:《国民财富的性质和原因的研究》(下),商务印书馆,1972 年,第 27 页。
[4]　亚当·斯密:《国民财富的性质和原因的研究》(下),商务印书馆,1972 年,第 199 页。

"资源配置信息"。无疑在现代社会生活当中,信息是分散的。怎么把地种好,怎么把这个机器开好,怎么把一个企业经营好,农民、第一线操作的工人和经营企业的经理们最清楚,别人都不知道。因此,最了解信息的人们来做出决策,决策才能正确。同时他做了决策以后,也会带来一些结果,比如说是盈利了还是亏损,他自己承担这个结果。所以这种把信息、决策和经济利益统一起来,就迫使决策者要正确决策,进而形成各种具有不同功能、不同利益的决策单位。这些不同的决策单位,比如说企业或者其他的商品生产者,又通过市场供求关系、价格机制以及竞争机制联系起来,通过优胜劣汰和要素流动,最终实现社会资源的最优配置。

但是,市场经济的发展历史也表明。市场机制的自组织也存在时滞性和盲目性,进而发生某些市场失灵的现象。具体表现为:(1)垄断性失灵;(2)外部性失灵;(3)公共性失灵;(4)公平性失灵;(5)宏观性失灵。因此,客观上需要"他组织"的补充和介入,即市场经济客观上需要加强政府对市场经济的干预,进行必要的宏观调控。

这里的"他组织",主要是指市场机制以外配置资源的力量。这里主要是指政府利用战略目标引导、政府干预和宏观调控来组织配置资源,即通常人们讲的"看得见的手"的作用。

首先,"他组织"的力量来自国家自觉。改革开放初的中国经济濒临崩溃,面临西方发达国家的竞争和亚洲"四条小龙"的崛起,中国必须加快发展。要发展并实现对这些国家的赶超,必须选择跨越式的发展战略。这种跨越式发展战略,必须以人民利益和国家利益为核心,以基本国情为出发点,以能够实现为原则。也正有这样的认识,中国在以实现四个现代化为总的奋斗目标的基础上提出的著名的"三步走"战略,特别是提出的建设小康社会和全面建设小康社会的具体奋斗目标,始终把提高人民生活水平放到首位,努力让广大人民群众分享经济发展成果。这样的战略不仅感召了人民,而且凝聚了力量,把社会资源和群众积极性最大限度地整合到实现战略目标的经济建设过程中来,进而形成了独具中国特色的"一心一意谋发展,聚精会神搞建设"的局面。

其次,"他组织"的力量来自政府权威。C.林德布洛姆认为:"权威关系是支撑政府的基石。权威对政府之要紧,如同交换对市场制度之要紧一样。"①
对于一个拥有众多人口、经济发展落后、地区发展极不平衡,且需要动员全国
有限的经济资源来加快推进现代化建设的中国来讲,无论是推进经济体制的
改革,还是加快突破制约经济发展的"瓶颈"束缚,都需要有一个"权威力量"
来保证。应该说,在中国共产党的坚强领导下,中国各级政府强有力地推动
体制改革、对外开放和经济发展,有力地克服改革发展过程中出现的各种困
难,最终取得了如此显著的改革成就和发展业绩。

再者,"他组织"的力量来自"外部威胁"。落后就要挨打,这是1840年鸦
片战争以来中国遭受列强欺凌的历史告诉当代中国最深刻的经验。中国要
在一个生产力不发达、工业化程度低、贫穷落后的基础上搞建设,单纯靠市场
和民间的自发力量是不可能的,必须发挥社会主义"集中力量办大事"政治优
势。因此,必须发挥政府组织资源、推动发展的"规模效应"。改革开放30年
来,随着中国崛起,中国来自大国竞争的压力日益加大,"中国威胁论"的论调
甚嚣尘上。在这种环境下,经济发展不平衡、地区发展差距扩大、社会矛盾增
多的现实也必须重视发挥各级政府的作用,借助政府的组织力量和政策力
量,来促进经济社会的协调平稳发展。

也正是在中国特色的社会主义市场经济体制条件,市场机制的"自组织"
与宏观调控的"他组织"相互配合、相互补充,进而形成了中国独特的"刚柔并
济"的经济运行机制。一方面,市场机制的作用得到了比较充分的发挥,中国
经济充满了"经济自由",各种经济主体都可以在法律的框架内自主地追求经
济利益,进而使社会充满了生机活力和创造性。另一方面,政府在克服市场
失灵,围绕"三步走"发展战略及全面建设小康社会目标进行政府干预和宏观
调控的自觉性、能动性充分发挥,进而通过比较有效的宏观调控措施和政策
的有机组合,利用"组合拳"来克服经济的"大起大落"和发展不平衡所导致
的城乡之间、区域之间的发展差距和收入分配过程中的两极分化问题。同
时,政府的"他组织"作用的存在,可以有力地克服"垄断"对市场机制充分发
挥"自组织"作用的阻碍,保证市场充分竞争具有不可替代的作用。

---

① ［美］查尔斯·林德布洛姆:《政治与市场——世界的政治—经济制度》,上海人民出版社、上海三
联出版社,1992年版,第14—15页。

三、两类企业家的"积极作为"

"企业家"这个词 16 世纪出现在法语中,即指挥军事远征的人。18 世纪法国人用这个词定义从事其他种类冒险活动的人。1755 年,法国经济学家理查德·坎博龙将企业家精神定义为"承担不确定性";1815 年,萨伊《政治经济学概论》第一次将企业家列入经济发展的要素之一,尽管萨伊忽略了资本形成的创造性和责任心是企业家精神重要的两翼。1942 年"创新主义经济学之父"美籍奥地利经济学家熊比特在《资本主义、社会主义与民主主义》中,使"企业家"这一独特的生产力要素成为最重要的经济增长要素。熊比特指出,所谓创新就是企业家对新产品、新市场、新的生产方式、新组织的开拓以及新的原材料来源的控制调配,企业家被称为"创新的灵魂"。熊比特在其《经济发展理论》中指出,经济发展是动态的,是对现存的均衡状况的改变。经济发展不是因为人口、欲望状态、经济和生产组织的变化这些被称为"生产扩张的外部因素",企业家对生产要素的重新组合才是经济增长的基本动力,才是经济增长的内在因素,也就是说,创新是增长的灵魂,创新是公司成长迅速的原因。特别是在今天,传统的工业时代向信息时代进步,创新精神十足的小公司发展超过传统的大公司。美国小企业局的统计表明,新公司创造的新产品比大企业多 250%。美国国家科学基金会的一项研究认为,新公司每 1 美元研究与发展费用所获得的创新利润是大企业的 4 倍。所以创新是企业家精神的内核,创新对传统生产力要素的重新组合,使企业家成为企业的催生婆或者是走出困境的领路人。

实际上,仔细研究中国发展模式运转和中国经济高速发展的奇迹,有"两类企业家"的特殊作用不可忽视:一类是追求经济利益最大化而敢于承担风险,勇于创新的实业企业家;另一类是追求政治业绩最大化而敢于承担风险,勇于创新的政治企业家。

中国的体制改革的发端首先是来自"实业企业家"们的实验和探索。从小岗村 18 户农民为吃饱肚子而签下"生死契约"去分集体的土地进行承包探索,到马胜利在国有企业内部大搞承包经营;从温州柳市一批农民放下农具,做起与低压电器有关的五金配件、原材料、机电、贸易合同、目录等生意,并很快涌现出了如"电器大王"郑元忠、"五金大王"胡金林、"矿灯大王"程步青、

"螺丝大王"刘大源等一批能人,到在国有企业内部砸掉职工铁饭碗,实行"下不保底,上不封顶"的收入分配并带着职工闯市场的步鑫生;从把飞跃牌缝纫机卖到世界各地当年被朱镕基总理称为"国宝"的私营企业主邱继宝;到带领一个资不抵债的集体企业一举把它打造成拥有世界知名品牌、国际化程度很高的海尔集团的著名管理者张瑞敏;从打铁匠出身、赫赫有名的万向集团董事长鲁冠球;到知识分子出身却不甘寂寞,勇于下海,鼎鼎大名的联想集团董事长柳传志等,无以计数的敢冒风险、勇于探索、不断创新的人,构成了推动中国改革开放,引领中国发展潮流的"实业企业家"群体。

改革开放30年来,随着中国社会主义市场经济体制的建立与完善、国有企业股份制改革的不断深化和非公有制经济的快速发展,中国的实业企业家群体也随之迅速崛起。也正是这一实业企业家群体的崛起,为中国经济体制改革和国民经济发展注入了奔腾的动力。他们虽然追逐利润,但他们也追求"实业报国"。他们为了自己企业提高核心竞争力而不断创新,这种"创新"的涓涓细流汇集在一起构成了全中国奔腾不息的创新大潮,甚至他们的创新思想和创新精神已经成为全社会思想解放和观念创新的先导和推动。特别是他们敏锐的创新神经,往往能够发现资源和机会的稀缺性,进而把稀缺资源配置到最有效率的地方。因此,这样一群"实业企业家"带领着各种所有制企业不断创新并相互竞争,就构成了驱动中国体制改革和经济快速发展的重要机制和最可持续的动力。

客观地说,改革开放不仅给我国造就了巨大的物质财富和精神财富,还造就了成千上万的企业家。同时,不断成长和壮大起来的企业家群体,创造了千万亿财富,创造了数以亿计的就业岗位,有力地支撑了改革开放以来中国经济列车30年的高速运行,为民族的振兴、国家的富强立下不朽的功勋。对此,全国工商联副主席辜胜阻认为,从历史的角度看,一个大国的崛起必须依靠两个方面的因素:一是制度因素,二是人的因素。中国30年的改革开放道路产生了两个最重要的成就,一是制度创新,二是新阶层崛起。在制度建设上,我们确立了社会主义市场经济体制;在阶层分化方面,与市场经济体制相适应的一个成熟的企业家阶层快速崛起。正是这两大市场经济元素改变了中国的面貌[①]。

---

① 转引自何沙洲:《企业家群体支撑一个大国的崛起》,《经理日报》2008年2月6日。

如果说"实业企业家"是从微观层面驱动着经济体制改革和经济快速发展的话，那么，作为"政治企业家"的官员们则在中观和宏观层面引领和驱动中国的体制改革和经济快速发展。

"为官一任，造福一方"，既是中国封建社会清廉为官的重要信条，也是现代社会为官者追捧的职业价值。特别是改革开放以来，面对新旧体制转换过程中纷繁复杂的矛盾，许多领导干部为了加快发展国民经济或区域经济，增加人民收入，充分展示自己的能力和追求政绩，敢于冲破各种不合时宜的体制框框和教条，大胆进行体制创新和政策创新，不断推进经济体制改革的市场化进程，推进国有经济结构调整和国有企业股份制改革，大力保护和促进非公有制经济的发展，进而促进整个国民经济或区域经济的快速发展。

如果说以上所述政治企业家们敢冒风险、不断创新，进而促进区域经济发展是来自他们自己为官的个人价值追求的话，那么，政治集中化和官员治理的改革给地方政府引进了一个所谓的"政治锦标赛"。锦标赛式的地方、部门的横向竞争，则是激励各级官员大胆创新、加快区域经济发展的又一主要动因。一方面，中国的集权制度使得中央政府可以来设定游戏规则和评价标准，并可以决定到底是谁可以被提升。另一方面，中国政府是一个层级制结构，组织内部各部分都可以直接进行比较，并能对官员产生激励。特别是虽然非国有部门增长迅速，但是地方政府依然控制着大部分的金融资源、土地资源及其他生产要素和政策的制定权，因而，政治体制中的激励机制就能够对地方政府的行为产生深远影响。无论是为了仕途升迁，还是为了地方利益（增加地方财政收入），地方官员们都会不遗余力地把自己的权力资源和政策资源用足，甚至还会冒风险打一些"擦边球"。这种地方竞争，不仅使地方经济由于获得地方政府的支持而得到快速发展，而且诱致了一种区域之间"比学赶超"的"GDP竞赛"，进而成为推动整个国民经济快速发展的重要力量。因此，中国的改革深化和经济快速发展，地方政府和官员功不可没。

再者，中国官员的能力和素质，也成就了他们作为政治企业家推动中国改革创新和加快发展的非凡业绩。新一代中国官员不仅学历很高，而且观念开放，接受和学习新鲜事物，特别是西方发达资本主义国家的先进理念和先进做法比较快。因此，他们必然会比老一代官员更能大胆地坚持"拿来主义"，大力改革旧的体制，进而加速推进中国经济市场化和国际化的进程。

四、独立自主与全面开放"统筹协调"

"独立自主"一直是中国改革开放过程中恪守的信条。邓小平曾明确指出："中国的事情要按照中国的情况来办，要依靠中国人自己的力量来办。独立自主，自力更生，无论过去、现在和将来，都是我们的立足点。中国人民珍惜同其他国家和人民的友谊和合作，更加珍惜自己经过长期奋斗而得来的独立自主权利。任何外国不要指望中国做他们的附庸，不要指望中国会吞下损害我国利益的苦果。我们坚定不移地实行对外开放政策，在平等互利的基础上积极扩大对外交流。"①也正是中国的改革开放始终坚持独立自主的原则，才使得中国在推进经济体制市场化改革和融入经济全球化的过程中，没有迷失自己。同时，在积极融入经济全球化、加入 WTO 和全方位、多领域、宽领域对外开放的过程中，也没有像阿根廷等拉美国家以及东南亚一些国家那样，过早地"不设防火墙"地开放资本市场和金融领域，过多地依赖国际货币基金组织等国际机构，而失去了自己国家的经济主权甚至部分政治主权。中国则是从本国的根本利益出发，本着平等合作、互利共赢、和平发展的原则，循序渐进地开放，由浅入深地融入。

同时，中国的对外开放又是积极而主动的。因为中国不仅已经饱尝了闭关锁国、夜郎自大的苦头，而且也为极"左"时代拒绝学习当代资本主义的先进技术和管理经验，拒绝商品经济和市场机制付出了沉重的代价。对此，邓小平说："现在任何国家要发达起来，闭关自守都不可能，我们吃过这个苦头，我们的老祖宗吃过这个苦头。"②邓小平还说："我们建国以来长期处于同世界隔绝的状态。这在相当长一个时期不是我们自己的原因，国际上反对中国势力，反对中国社会主义势力，迫使我们处于隔绝、孤立状态。六十年代我们有了同国际上加强交往合作的条件，但是我们自己孤立自己。现在我们算是学会利用这个国际条件了。"③因此，中国一开始改革开放，就抱着一种积极、学习、包容的心态，能动地去融入世界经济和国际社会，实施全面深入的对外开放。

---

① 《邓小平文选》第三卷，人民出版社，1993 年，第 3 页。
② 《邓小平文选》第三卷，人民出版社，1993 年，第 90 页。
③ 《邓小平文选》第二卷，人民出版社，1994 年，第 232 页。

首先,中国的对外开放不唯"主义"论。选择走社会主义道路的中国走向世界,首先遇到的是如何处理与资本主义国家的关系。客观地讲,世界上的各种反动力量,对于社会主义制度从一开始就坚持反对和仇视的态度,企图把社会主义扼杀在摇篮之中。因此,多年来,他们或用封锁、或用制裁,甚至用干涉、侵略的办法,力图消灭社会主义,甚至要把它封闭起来,遏制它的发展。但是,社会主义中国并不能因此而放弃与世界的联系,不能放弃与资本主义的联系。因为正像列宁所说:"社会主义共和国不同世界发生联系是不能生存下去的,在目前情况下应当把自己的生存同资本主义的关系联系起来。"[①]因此,中国在改革开放过程中,在继续和坚持社会主义制度的国家保持密切关系的同时,积极发展同资本主义国家的关系,引进发达资本主义国家的资金、技术和先进的管理经验,甚至还大胆引进曾经属于资本主义的市场经济制度和某些合理的政治制度。

其次,中国的对外开放不唯"贫富"论。中国的对外开放是对不分贫富的所有国家的开放。中国作为发展中国家,向发达国家引进资本、技术和先进管理经验,出口自己具有比较优势的产品到发达国家市场是需要的。同时,中国也重视和最广大发展中国家和不发达国家的经贸关系和友好往来,甚至在自己并不富裕的情况下还力所能及地帮助需要帮助的发展中国家和不发达国家。这就不仅使中国在国际社会能够获得最广泛的政治支持,而且使中国在最广泛的国家交往中获得了最广泛的经济资源和经济利益。

再者,中国的对外开放不唯"领域"论。不唯"领域"论是指中国的开放不仅限于只与外国人做贸易,而是包括金融、文化、教育甚至政治等多领域的交流和开放。特别是中国加入 WTO 以后,中国以更加开放的姿态与世界各国开展对外贸易关系,在文化、政治领域与世界各国开展对话和交流,以此来加深了解,增加共识。改革开放 30 年来,由于中国始终重视处理好"独立自主"和"全面开放"的关系,统筹国内发展与对外开放的协调发展,积极利用国际国内"两种资源,两个市场",不仅使中国发展模式获得了越来越多的国际认同,而且使中国的发展获得了越来越广泛的市场空间和资源支持。

---

① 《列宁全集》,第四十一卷,人民出版社,1984 年,第 167 页。

五、强政府与有为政党"和谐一体"

早在 1955 年,刘易斯就曾经指出,"国家越落后,一个开拓性政府的作用范围就越大","软弱的政府不能维持自己境内的秩序"①。对于一个落后国家如何才能快速推进现代化,美国著名政治学家、保守主义政治学派的主要代表作人物塞缪尔·P·亨廷顿提出了他的"强政府推进论"。亨廷顿认为,后发国家特别是第二次世界大战后发展中国家社会生活不稳定和动荡不断的根源并不在于落后,而在于现代化。由于这些国家或地区现代化的发展速度比较早进入现代化进程的国家要快得多,因而一个社会在现代化进程中面临的纷繁复杂的问题不是依次渐进地出现的,而是同时呈现在面前。亨廷顿引用美国学者西里尔·E·布莱克在《现代化动力》一书中提供的数据来说明后发展国家与先发展国家在现代化速度上的差别,即首先是英国,花了 183 年(1649—1832 年)的时间实现了现代化,其次是美国,花了 89 年(1776—1865 年)的时间实现了现代化,欧洲其他 13 个从拿破仑时代开始进入现代化的国家,也都经历了大约 73 年的时间。然而,20 世纪 30 年代开始走向现代化,且到 60 年代已在形式上进入现代化的 21 个发展中国家,平均只用了 29 年。因此,亨廷顿认为,为了在这样短的时间内应付这些骤然迸发的诸多矛盾和问题,美国的现代化道路不符合第二次世界大战后广大发展中国家社会经济现代化的现实要求,必须向 17 世纪的欧洲那样,"只有靠强大的集权政府才能克服"②。因此,他认为,许多拉丁美洲国家的政府之所以软弱无能,就在于他们过早地照搬并推行了美国的政治制度,而这样的政治制度在封建残余浓厚的社会中不会发挥任何作用,只能使陈旧过时的社会结构得以延续,并与其试图推进的现代化过程发生激烈的冲突和对抗,最终导致剧烈的社会动荡,严重阻碍社会经济的现代化进程。至于什么才是"强政府",亨廷顿认为,强政府就是能够提供合法的政治秩序基础和有效政治参与(共同体)基础的政府。他特别强调,"强大政党"与"强大组织"是形成"强政府"的重要条件。所以,发展中国家欲根除国内社会政治的动荡与腐朽,必须建立起"强政府",舍此别无他途。而"强政府"的构建和维持必须依赖强大的政党和组织

---

① [美]W·阿瑟·刘易斯:《经济增长理论》,上海三联书店,1990 年,第 520 页、第 516 页。
② [美]塞缪尔·P·亨廷顿:《变革社会中的政治秩序》,华夏出版社,1988 年,第 46—47 页。

的力量。无疑,亨廷顿的分析在很大程度有其一定的道理,对我们认识中国发展模式的运行机理很有启示。

其实,著名学者 G·缪尔达尔也通过对印度等南亚各国经济发展的分析,从反面论证了"强政府"的意义。缪尔达尔将以印度等实行"民主的计划化"原则的南亚国家称为"软国家"(Soft states)。因为在这些国家,虽然政府制定了经济计划,却没有可操作的实际程序支持,使之往往停留在纲领阶段而得不到实际执行,并且国家也不要求国民为执行计划而履行义务和遵守纪律。这说明,在实现经济增长和发展过程中,制度的供给固然重要,但必须有一个"强政府"来保证制度及其绩效,否则,制度就会流于形式。

因此,"在一定的历史条件下,致力于经济增长的'强政府'必须具有较高的'政府质量'即政府理性(Government rational)、政府效率性(Government efficiency)和政府自律性(Government self-control)。"①

30 年来,中国在推动由计划经济体制向市场经济体制转轨过程中,仍能够保持经济快速发展和社会基本稳定,固然与中国在改革开放过程中注意改革节奏和利益协调有关,但是中国"强政府"的作用不可忽视。首先,中国政府在改革开放过程中具有很强的"理性",即必须改革开放、必须以经济建设为中心、必须保持一定的发展速度、必须让人民群众得实惠等理念,始终成为中国选择经济体制的目标模式和选择经济发展方式的思想基准。因此,它使得中国的所有资源和智慧都积聚在现代化建设过程中,进而让中国不仅获得了最快的经济发展,而且获得了最空前的民众支持和民族团结。其次,中国政府在改革开放过程中具有很强的"效率"。这种政府效率,一方面来源于对改革开放和加快发展认识上的"一致性",另一方面来源于"集中性"和"科层性"都很强的政府自身。罗素曾经指出,"政府强度"就是指政府"权力的密度或组织的强度"②,具体来讲就是政府行政的力度。中国尽管也存在中央与地方之间的利益矛盾,但是中央政府的权威仍能够通过"权力委派"和"利益分配"而对地方政府产生直接影响。加之地方本身就具有很强的改革和发展冲动,因此,中央作出的改革开放和加快发展的政策一经出台,很快就变成地方的行动。再次,中国政府在改革开放过程中具有很强的"自律性"。即政府

① 李晓:《东亚奇迹与"强政府"——东亚模式的制度分析》,经济科学出版社,1996 年,第 19 页。
② [英]B·罗素:《权力论》,东方出版社,1989 年,第 135—136 页。

在体制改革目标模式的选择和加快发展的政策制定过程中,重视提高透明度,不武断和盲目。同时,政府要在法律允许的范围内活动,注重通过立法、执法、司法等法律手段来推进改革开放,稳定改革开放的成功做法。

然而,如此强大的政府,必须有一个有为的政党去驾驭,才能成为有效推进改革开放沿着正确方向推进的强大力量。中国共产党作为社会主义现代化事业的领导核心,不是中国共产党自封的,是经过长期革命斗争和现代化建设的考验形成的,是同中国共产党自觉地肩负起伟大历史使命、不屈不挠地推进中国社会的不断进步紧紧联系在一起的。建党80多年来,中国共产党团结和带领中国各族人民,战胜种种艰难险阻,从根本上改变了中国人民的地位、中国的历史方向和中国社会的面貌,把一个贫穷落后的中国建设成了一个基本实现小康、国家综合实力显著增强的国家。历史充分证明,只有中国共产党才能领导中国人民取得独立、人民解放和社会主义胜利。改革开放30年来,中国共产党不断根据新的发展形势的需要,自觉增强党的先进性,改善党的执政方式和领导方式,进而提高党的执政能力。

党的领导要想正确而科学,首先,要明确自己身份和角色。中国共产党深刻认识到自己已经从一个领导人民为夺取正确而奋斗的党,转变成为一个领导人民掌握着全国政权并长期执政的党;已经从一个在受到外部封锁的状态下领导国家建设的党,转变成为在全面改革开放条件下领导国家建设的党。因此,由仅仅定位为"工人阶级先锋队"转变成为"既是工人阶级先锋队,又是中华民族的先锋队"。这样就为其代表最广大人民群众的根本利益、团结和调动一切积极因素提供了制度前提。其次,要妥善处理党政关系。党的意志要变成具体的政策和实践,必须发挥政府的作用。因此,党必须处理好它与政府的关系。为此,邓小平早就提出要"着手解决党政不分、以党代政的问题"。他认为:"党政要分开,这涉及政治体制改革。党委如何领导?应该只管大事,不能管小事。"①江泽民根据改革开放以来多方面的实践经验,又具体明确地提出"要按照总揽全局、协调各方的原则,进一步加强和完善党的领导体制,改进党的领导方式和执政方式,既要保证党委的核心作用,又要充分

---

① 《邓小平文选》第三卷,人民出版社,1993年,第177页。

发挥人大、政府、政协以及人民团体和其他方面的职能作用。"①另一方面,邓小平又指出:"要通过改革,处理好法治和人治的关系"。②党领导人民制定宪法和法律,党要在宪法和法律的范围内活动。同时,党要善于把自己关于国家重大事务的主张,经过法定程序变成国家意志。党的十五大进一步提出依法治国的基本方略,要求把坚持党的领导同发扬人民民主、严格依法办事统一起来。党的十六大明确提出了加强党的执政能力建设,要善于"经过法定程序,使党的主张成为国家意志,使党组织推荐的人选成为国家机关的领导成员,并对他们进行监督"。党的十七大又具体提出了要按照科学执政、民主执政、依法执政的要求,改进领导班子思想作风,提高领导干部执政本领,改善领导方式和执政方式,健全领导体制,把各级领导班子建设成坚定贯彻党的理论和路线方针政策、善于领导科学发展的坚强领导集体。也正是有了这些清醒的认识,党与政府之间形成了既有统一又有分工的和谐关系,进而使中国共产党的正确路线和主张迅速得到贯彻和执行。这样,就使得中国的改革开放和现代化建设始终在一个强有力的党的坚强领导下,通过强有力的政府推动而得到稳步推进和快速发展。

(原载《经济研究参考》2009 年第 28 期)

中国发展模式的运行动力探析

中国的经济建设发展到今天,已得到国际社会的认同。由于承认物质利益的存在,使人们的积极性创造性得以发挥;由于战略目标的感召,使人民群众的力量形成一股合力;由于多种经济的竞争与合作,使创造财富的资源充分涌流;由于国际竞争的挤压,使中国走向世界,充满活力。这些结合在一起就构成了推动中国发展模式运行的动力体系。

一、物质利益的驱动

回顾改革开放三十年来我们所走过的历程,是什么力量如此神奇,能够

---

① 江泽民:《在庆祝中国共产党成立八十周年大会上的讲话》单行本,人民出版社,2001 年,第 34 页。

② 《邓小平文选》第三卷,人民出版社,1993 年,第 177 页。

把社会各个经济主体的主动性、积极性和创造性充分地调动起来,使之投身于社会主义建设中去? 这个问题的答案就是,我们承认和释放了人们对物质利益的合法有效的需求。因此可以说,物质利益驱动,是调动人的积极性创造性,进而促进经济发展的内在动因。

物质利益是人与社会的连接纽带。任何社会要想进步和发展,都必须以承认和维护人们对物质利益的合理合法的追求为前提。对此,马克思主义创始人进行了分析和阐述。他们认为,社会是人的社会,人类社会的历史就是人的实践活动的历史。离开了人的有意识、有目的的实践活动,就没有人类社会,也没有人类社会的历史。人的实践活动的目的和动机是由人对自身生存和发展的客观条件的需要所引起的。人的需要是复杂的、多层次的,既有物质需要,又有精神需要;既有生理需要,又有心理需要;既有个体需要,又有群体需要。其中,对物质利益的需要,是人类活动的基础和核心,也是促进社会发展的根本动因。马克思曾指出:"人们为了能够'创造历史',必须能够生活。但是为了生活,首先就需要衣、食、住以及其他东西。因此第一个历史活动就是生产满足这些需要的资料,即生产物质生活本身。"恩格斯也曾指出:"历史破天荒第一次被安置在它的真正基础上;一个很明显而以前完全被忽视的事实,即人们必须吃、喝、住、穿,就是说首先必须劳动,然后才能争取统治,从事政治、宗教和哲学等等——这一明显的事实在历史上应有的权威此时终于被承认了。"不仅如此,马克思主义创始人还认为,人们所从事的各种社会活动都与物质利益或经济利益有关。马克思曾说过:"人们奋斗所争取的一切,都与他们的利益有关。"甚至认为:"'思想'一旦离开'利益',就一定会使自己出丑。"恩格斯在揭露和批判剥削阶级的虚伪性和欺骗性时,对经济利益在社会变革中的作用也做了科学的阐述。他说,"使人民群众、使整个的民族,并且在每个民族中间又是使整个阶级行动起来的动机;而且也不是短暂的爆发和转瞬即逝的火花而是持久的、引起变迁的行动",不是别的,正是这些人民群众、这些民族以及这些阶级的"经济利益"。由此可知,物质利益是人类活动的内在动因。因此,什么时候重视了物质生产和人们物质利益的追求,就能最大限度地调动人们的主动性、积极性和创造精神,生产力就会得到较快的发展,社会就会充满生机与活力;相反,什么时候忽视了物质生产和人们物质利益的追求,就会抑制人们的创造力,生产力发展就会缓慢,社会就会停滞不前、甚至走向衰落。

前苏联,他们曾经试验过一切被认为是最好的计划方法,但高度集中的计划经济体制却使这个国家千百万人没有足够的食品,冬天缺少取暖的设施。在世界市场上,除少数航天和军工产品外,很少有前苏联占有一席重要地位的产品。加之其他政治原因,最后导致整个国家的解体。改革开放前中国长期实行的是传统的计划经济体制,这是中国人民所亲身经历过的。这种体制之所以被现在的社会主义市场经济体制所代替,之所以行不通,就在于它没有正确地处理好人们对物质利益的合法追求与经济发展的关系。

在传统的计划经济体制下,社会的一切经济资源都由全社会成员共同占有,这虽然没有绝对地否定物质利益的存在,但是它所体现的是全体国民物质利益的高度一致性,而否定了任何分散的、独立的个人利益,也否定了个人之间的利益差别和利益冲突,使个人追求自身物质利益最大化的积极性得不到发挥;在计划经济体制下,决策权力高度集中,依靠行政命令的方式配置资源。这种权力的分配方式使地方政府、生产单位和劳动者得不到应有的权力和利益,当然不能调动他们的积极性;在计划经济体制下,分配关系平均化,只重视国家的利益而忽视企业和劳动者的利益,企业的利益和企业的生产经营业绩、职工的利益和职工的劳动成果不挂钩。所以,经济在这样一种体制下发展的最终结果是造成资源的巨大浪费、产业结构的严重失调,最终导致整个国民经济长期停滞、人民生活水平难以提高。

党的十一届三中全会以来进行的各项改革,其主要任务就是要改革生产关系中与生产力发展不相适应的环节和部分,革除计划经济体制下的弊端,从关心人的物质利益入手,建立合理的利益调节机制,充分调动人们的主动性、积极性和创造性,以创造出新的生产力。正如邓小平所指出的那样:"不讲多劳多得,不重视物质利益,对少数先进分子可以,对广大群众不行,一段时间可以,长期不行。革命精神是非常宝贵的,没有革命精神就没有革命行动。但是,革命是在物质利益的基础上产生的,如果只讲牺牲精神,不讲物质利益,那就是唯心论。"改革开放以来,我们主要从以下几个方面注重发挥物质利益的驱动作用,促进了经济社会的快速发展。

首先是家庭联产承包责任制的实行,极大地推动了农业生产的发展,使农产品供应的短缺状况大大缓解,农民生活得到改善。责任制的核心是责权利相结合。正如邓小平所指出的:要使责任制真正发挥作用,必须采取以下几方面措施:一要扩大管理人员权限;二要善于选用人员,量才授予职责;三要严格考核,赏罚分明。"而且,这种赏罚、升降必须同物质利益联系起来。"在这三者中,利是动因,也是人们活动的目的所在。个人从关心自己的物质利益出发,就会想方设法地去履行好职责;当个人的利益和需要得到满足时,就会迸发出新的热情和干劲。这样,千百万利益主体、经济主体的努力,就会形成一股巨大的合力,促进整个社会生产力的提高。正如邓小平指出的:"一个生产队有了经营自主权,一小块地没有种上东西,一小片水面没有利用起来搞养殖业,社员和干部就要睡不着觉,就要开动脑筋想办法。全国几十万个企业,几百万个生产队都开动脑筋,能够增加多少财富啊! 为国家创造财富多,个人的收入就应该多一些,集体福利就应该搞得好一些。"个人利益和社会福利的增加又会反过来激发人的积极性,使人们利用一切条件去发展生产,去创造更好的经济效益。

其次是国有企业放权让利的改革。传统的国有企业是由政府垄断了企业几乎全部的剩余权利的奢望,使其没有创造剩余产品的积极性,长期处于低效率运行的状态。针对这一状况,中共十一届三中全会后,中央政府颁布了一系列扩大企业自主权的文件,推动了国有企业经营权层面的改革。1979年4月中央工作会议做出了扩大企业自主权的决定,同年国务院颁布了《关于扩大国营工业企业经营管理自主权的若干规定》等五个管理体制改革文件,并在四川省进行扩大企业自主权的试点。根据中央政策,政府向企业让渡了生产自主权、原料选购权、劳动用工权和产品销售权等十四项经营权。正是因为这种放权让利的改革是以中央政府的利益让度作为切入点,受益者是包括国有企业在内的社会各种利益主体,是使各利益主体均获可得收益下进行的改革。因此不仅推动起来阻力小,而且对各个经济主体产生了较强的激励作用,有力地调动了各个主体参与经济活动的积极性。1979年国有工业企业实现利税比1978年增长了10.1%,高于1957—1978年的平均增长率。国家财政收支也从1978年的财政赤字10.17亿元转为1979年的财政盈余135.41亿元。职工实际工资比上年增长了7.5%。

为了进一步推进经营权层面的改革,从1987到1992年,国有企业经历了两轮承包制改革。承包制的出发点是想通过赋予全体职工或高层管理人员部分企业产权或剩余索取权的办法,来激发国有企业职工和经营者的积极性。其基本特征是:包死基数,确保上交,超收多留,欠收自补。承包制推行伊始,向企业做了大幅度的让利,确实调动了企业和职工的积极性,推动了国有经济的发展。1987 和 1988 年我国工业增长速度分别为 14.1% 和 20.7%。企业实现利润和上缴税金 1987 年比 1986 年增长 8.0%,1988 年比 1987 年增长 18.2%,亏损面也逐年下降,经济效益有所提高。这为国有企业进行所有权改革,实行股份制改造,建立现代企业制度奠定了基础。

再次是物质利益对个体的牵引。在传统的计划经济思想影响下,绝大多数的中国人都抱着"不怕不公、只愁不均"的思想,宁愿共同挨饿,也不愿他人比我强、比我多,造成能人不能,多劳不得,干好干坏一个样,劳动效率十分低下,生产力水平始终上不去。如果维持现状,要想取得经济的快速发展是不可能的,要想取得改革开放的成功是不可能的。在这种特定环境下,为了鼓励能人创业、鼓励能人发展经济、鼓励能人改革开放,邓小平提出了"让一部分人先富起来"的论断。1985 年 10 月 23 日,邓小平同志在会见美国时代公司组织的美国高级企业代表团时,第一次提出了这一思想。他说,"一部分地区、一部分人可以先富起来,带动和帮助其他地区、其他的人,逐步达到共同富裕。"就是在这种承认物质利益的差别效应,承认地区之间、企业之间、个人之间存在竞争的思想指导下,中国大地上涌现出了一大批能人,引路人和探索者,他们通过合法经营,勤劳致富,推动了中国经济的快速发展。

此外,生产要素按贡献参与分配的原则的确立和实施,使劳动之外生产要素所有者的积极性得以充分调动。分配问题的实质就是物质利益在社会成员之间的分割问题。1997 年党的十五大报告明确提出,允许和鼓励资本、技术等生产要素参与收益分配;提出要把按劳分配和按生产要素分配结合起来,从而明确按生产要素分配的地位,即是对多种分配方式并存制度的具体化。2002 年党的十六大召开,明确了劳动、资本、技术和管理是基本的生产要素,同时也没有否认知识、资源、信息等生产要素在财富创造中的积极作用;明确了生产要素按贡献分配。这就使资金、土地、技术、信息等生产要素的所有者享有了按各自贡献大小进行物质利益追求的合法性,从而极大地调动了他们的生产积极性。

二、战略目标的感召

战略目标是在一个较长时间内战略对象的发展方向和所追求的重大的、带全局性或决定全局的结果。任何国家要实现民富国强,都必须完成现代化的历史任务。现代化是指通过工业化的基本途径,将整个经济社会转移到现代物质技术基础之上,经济社会活动的主要技术经济指标达到当代世界先进水平的历史过程。纵观中国的历史,晚清政府的闭关锁国政策使我们与世界文明演进的潮流擦肩而过。工业革命使一些国家开始走上工业化和现代化的道路,而我们不仅错失了这次近代以来现代化建设的历史机遇,而且从鸦片战争开始逐渐沦入落后挨打的境地。当时的仁人志士深切感受到要从根本上解决中华民族的生存问题,必须实现中国的现代化。但是,洋务运动、戊戌变法,乃至辛亥革命,都没有成功地引导中国走上现代化的道路。直到中国共产党的诞生并领导中国人民推翻三座大山的压迫,建立社会主义新中国,才最终扫清了阻碍中国现代化进程的各种障碍。

中国的现代化是社会主义与现代化相结合的社会主义现代化,它是一个在社会主义制度条件下,按照社会主义的本质要求,使经济社会活动达到世界先进水平的历史过程。而中国的现代化不同于其他国家的现代化的主要标志在于,它不仅仅是使经济社会活动达到世界先进水平,更重要的是使人民群众能够从中不断共同受益,最终实现共同富裕。

从新中国成立那天起,赶超就是中国的目标。为了实现这一目标,以毛泽东为核心的党的第一代中央领导集体就对中国的经济社会发展描绘了美好的蓝图——基本实现"四个现代化"。1954 年 6 月 14 日,毛泽东在《关于中华人民共和国宪法草案》的讲话中说:"我们是一个六亿人口的大国,要实现社会主义工业化,要实现农业的社会主义化、机械化……"1956 年 8 月 30 日,毛泽东在中国共产党第八次全国人民代表大会预备会议上,作了《增强党的团结,继承党的传统》的讲话,号召团结一切可团结的力量,搞好建设,不然就会被开除"球籍"。他说:"你有那么多人,你有那么一块大地方,资源那么丰富,又听说搞了社会主义,据说是有优越性,结果你搞了五六十年还不能超过美国,你像个什么样呢? 那就要从地球上开除你球籍!"1957 年 3 月,在中国共产党全国宣传工作会议上的讲话中,又提出了三个现代化。他说:"我们一定会建设一个具有现代工业、现代农业和现代科学文化的社会主义国家。"这离四个现代化的提法只差小小的一步。1959 年末至 1960 年初,在读苏联《政治经济学教科书》笔记中,他对这一提法作了完善和补充。他说:"建设社会主义,原来要求是工业现代化,农业现代化,科学文化现代化,现在要加上国防现代化。"至此,"实现社会主义四个现代化"的口号就全面完整地提了出来。1960 年 3 月 18 日,他在同尼泊尔首相的谈话中,再一次地对实现四个现代化的奋斗目标作了重申。他说:我们的任务"就是要安下心来,使我们可以建设我们国家现代化的工业,现代化的农业,现代化的科学文化和现代化的国防"。"四个现代化"目标正式公诸于世是在 1964 年 12 月,周恩来在第三届全国人民代表大会第一次会议上所做的《政府工作报告》中,向全国人民郑重宣布:我们"要在不太长的历史时期内,把我国建设成为一个具有现代农业、现代工业、现代国防和现代科学技术的社会主义强国,赶上和超过世界先进水平"。实现上述战略目标要分两步走:第一步,从 1966 年开始到 1980 年以前,用三个五年计划的时间,全面实现工业化,"建立一个独立的比较完整的工业体系和国民经济体系";第二步,再用二十年的时间,即到 20 世纪末,"全面实现农业、工业、国防和科学技术的现代化,使我国经济走在世界的前列。"这样,"实现工业、农业、科学技术和国防现代化"的口号就传播开来,成为鼓舞我国亿万人民团结奋斗的目标基础和精神动力。但令人遗憾的是,由于指导思想的失误和工作重心的偏离,这个"两步走"的四个现代化进程没有如期完成。

党的十一届三中全会把全党的工作重心转移到现代化建设上来之后,以邓小平为核心的第二代中央领导集体重新思考和规划了中国现代化的战略目标,并用"小康"一词来描述中国式的现代化,从而催生了中国的经济发展。"小康"一词,最早出自《诗经》。《诗·大雅·民劳》中说:"民亦劳止,汔可小康。"实际上,古代所说的小康社会,只不过反映了长期处于贫困状态的普通百姓对于衣食无忧生活的向往。而由于邓小平的倡导,"小康"这个概念被赋予了新型的时代内容。1979 年 3 月,邓小平在会见英中文化协会执委会代表团时第一次提出了"中国式的现代化"这个概念。两天后,他在中央政治局会议上说,我同外国人谈话,用了一个新名词:"中国式的现代化。"到本世纪末,我们大概只能达到发达国家七十年代的水平。"中国式的现代化"的提出,说明邓小平对中国现代化发展战略有了比较准确的定位。同年 12 月 6 日邓小平在会见日本首相大平正芳时,针对大平正芳的疑问"中国的现代化蓝图究竟是如何构想的? 中国将来会是什么样的情况"? 回答说:"我们要实现的四个现代化,是中国式的四个现代化。我们的四个现代化的概念,不是像你们那样的现代化的概念,而是'小康之家'。到本世纪末,中国的四个现代化即使达到了某种目标,我们的国民生产总值人均水平也还是很低的。要达到第三世界中比较富裕一点的国家的水平,比如国民生产总值人均一千美元,也还得付出很大的努力。就算达到那样的水平,同西方来比,也还是落后的。所以,我只能说,中国到那时也还是一个小康的状态。"

关于小康的含义,邓小平后来有过多次阐述,最概括的解释是"不穷不富,日子比较好过"。这实际上就是从温饱到现代化的中间阶段。根据邓小平的这一思想,党的十二大制定了到 2000 年分两步走的战略,第一步为八年时间,即从 1982 年到 1990 年,实现国民生产总值按 1980 年不变价格翻一番,解决人民的温饱问题;第二步为十年时间,即从 1991 年到 2000 年,使国民生产总值在 1980 年的基础上按不变价格翻两番,人民物质生活达到小康水平。以"小康"这一中国人民体会自己生活的亲近朴实的说法作为 20 世纪末的奋斗目标,无疑激发了亿万人民的极大热情。

小康水平达到后,下一步目标是什么? 邓小平继续思考"再发展三十年到五十年的"战略构想。1987 年 4 月,在会见西班牙客人时,邓小平全面阐述了到 21 世纪中叶"三步走"的发展战略:"我们原定的目标是,第一步在八十年代翻一番。以 1980 年为基数,当时国民生产总值人均 250 美元,翻一番,达到 500 美元。第二步是到本世纪末,再翻一番,人均达到 1000 美元。实现这个目标意味着我们进入小康社会,把贫困的中国变成小康的中国。那时国民生产总值超过一万亿美元,虽然人均数还很低,但是国家的力量有很大增加。我们制定的目标更重要的还是第三步,在下世纪用三十到五十年再翻两番,大体上达到人均四千美元。做到这一步,中国就达到中等发达的水平。这是我们的雄心壮志。"同年 10 月党的十三大根据邓小平的战略构想,正式确定我国经济建设的战略部署大体分三步走。第一步,实现国民生产总值比 1980 年翻一番,解决人民的温饱问题。这个任务已经基本实现。第二步,到本世纪末,使国民生产总值再增长一倍,人民生活达到小康水平。第三步,到下个世纪中叶,人均国民生产总值达到中等发达国家水平,人民生活比较富裕,基本实现现代化。由此,"三步走"战略成为我国制定国民经济和社会发展长远规划和五年规划的重要指导思想,成为鼓舞和激励全党和全国人民努力奋斗的战略目标。

这个战略在实践中又得到了丰富和发展。1992年党的十四大在第二步目标和第三步目标之间增加了建党100周年的奋斗目标。党的十五大根据世纪之交我国现代化战略实施的实际情况,将第三步战略目标进一步具体化,提出新的"三步走"发展战略:第一个十年,即到2010年,实现国民生产总值比2000年翻一番,使人民的小康生活更加富裕,形成比较完善的社会主义市场经济体制;再经过十年的努力,到建党100年时,使国民经济更加发展,各项制度更加完善;到21世纪中叶建国100年时,基本实现现代化,建成富强民主文明的社会主义国家。"温饱""小康""基本实现现代化",这些富有中国特色和切实可行的战略目标,把现代化和人民群众生活水平的提高紧密结合起来,使人民群众能够生动、科学地认识和切身感受到这个目标的实现过程。

在人类社会跨入21世纪的时候,我们胜利实现了现代化建设"三步走"战略的第二步目标,人民生活总体上达到小康水平。然而这时达到的小康还是低水平的、不全面的、发展很不平衡的小康。"三步走"虽然走完了两步(只花了二十年时间),但是还不到现代化建设三分之二的路程。完成第三步需要五十年左右的时间,时间跨度大,任务繁重,有必要在此划出一段时间,确定一个便于规划经济社会发展和动员人民的新的阶段性目标。为此,党的十六大提出了全面建设小康社会的奋斗目标,即在本世纪头二十年,集中力量,全面建设惠及十几亿人口的更高水平的小康社会,使经济更加发展、民主更加健全、科教更加进步、文化更加繁荣、社会更加和谐、人民生活更加殷实。并指出这是实现现代化建设第三步战略目标必经的承上启下的发展阶段,也是完善社会主义市场经济体制和扩大对外开放的关键阶段。经过这个阶段的建设,再继续奋斗几十年,到本世纪中叶基本实现现代化,把我国建成富强民主文明的社会主义国家。

四个现代化所凸显的是社会主义制度的优越性,全面建设小康社会的目标直接追求的是给全国各族人民带来更大的经济利益、政治权益和文化享受。改革开放至今,我们取得了令人瞩目的成就,得益于中国共产党领导中国人民,坚持从本国国情出发,根据中国人民的共同愿望,制定出了有步骤分阶段循序发展全面推进现代化建设的战略目标。它就像人的灵魂一般,始终牵引着中国人为了实现富民强国的梦想,心无旁骛、义无反顾地朝着一个共同的方向努力。

三、多种经济的竞争

中国的市场经济之所以能够让创造财富的活力竞相迸发,让创造财富的资源充分涌流,就在于我们为社会主义社会生产力的发展创造了一个平台,提出了与建立社会主义市场经济体制相适应的社会主义基本经济制度,即以公有制为主体,多种经济成分共同发展的所有制结构,从而在全社会逐步形成了一个各种经济成分相互竞争又相互补充、共同发展的格局,构成了支撑中国经济发展的内在动力。

在社会主义初级阶段,多种经济的并存与竞争,有其历史必然性。首先,这是对社会主义认识后做出的正确选择。要建设社会主义首先必须搞清楚什么是社会主义。新中国成立之初,我们受传统社会主义观念的束缚和苏联模式的影响,对社会主义本质的认识还不够清晰,到 20 世纪 50 年代后期逐步形成了所有制关系上的一大二公三纯,经济管理模式上的完全计划经济,分配制度上的平均主义大锅饭,政治路线上的阶级斗争为纲为主要特征的社会主义观。这种脱离我国生产力实际,一味拔高生产关系的做法导致了中国上世纪 70 年代经济的崩溃。党的十一届三中全会以后,在思想解放的推动下,全党特别是邓小平以巨大的理论勇气进行探索。邓小平先从反面阐述了什么不是社会主义。指出:"经济长期处于停滞状态总不能叫社会主义。人民生活长期停止在很低的水平总不能叫社会主义。""贫穷不是社会主义,更不是共产主义。""贫穷不是社会主义,发展太慢也不是社会主义。"通过反复思考"什么是社会主义"的问题,逐渐从中得出越来越清晰的答案。他说:"讲社会主义,首先就要使生产力发展,这是主要的。""社会主义要消灭贫穷。"1985年前后,邓小平多次用社会主义原则来反映他对社会主义的认识。"一个公有制占主体,一个共同富裕,这是我们所必须坚持的社会主义的根本原则。"1986 年 9 月,他指出:"社会主义原则,第一是发展生产,第二是共同致富。"到

1992 年初南方谈话中,他明确完整地概括了社会主义的本质,即是"解放生产力,发展生产力,消灭剥削,消除两极分化,最终达到共同富裕"。由此可知,"解放和发展生产力""共同富裕",都是社会主义基本制度所要达到的目的和所要实现的目标。

其次,这是发展社会主义社会生产力的必然要求。生产力决定生产关系,而作为生产关系基础的生产资料所有制形式,自然也是由生产力发展水平决定的。因此,衡量一种所有制形式是否先进,不在于所有制本身的性质是公有还是私有,而在于这种所有制能否促进生产力的发展。换句话说,在某一个社会制度下,所有制结构的具体形式取决于这个社会的生产力状况。正如邓小平所指出的:"生产关系究竟采取什么形式为最好?恐怕要采取这样一种态度,就是采取哪种形式在哪个地方能够比较容易较快地恢复和发展生产,就采取哪种形式,群众愿意采取哪种形式就采取哪种形式,不合法的把它合法起来。"我国是在"一穷二白"的基础上建立起社会主义,并长期处于社会主义初级阶段,生产力发展水平比较低,而且呈现出明显的多层次性和不平衡的特点。这就从总体上决定了我国既有实行公有制的一定基础,又不能搞清一色的公有制,必须使所有制具有多样性特点,才能促进生产力的发展。

回顾历史,改革开放前相当长的历史时期内,我国实行的是"一大二公三纯"的单一公有制形式。简单地把社会主义与公有制、资本主义与私有制等同起来,视非公有制经济为社会主义的异物;认为所有制有高低好坏之分,全民所有制是高级形式,集体所有制是低级形式,集体所有制要不断向全民所有制过渡,公有制的范围越大越好,公有化的程度越高越好。到 1978 年之前,这种单一的所有制对生产力造成严重的束缚。党的十一届三中全会以来,我们才逐步从"左"的思想束缚中解放出来,依照生产力的发展要求,在农村实行家庭联产承包责任制,在城市对国有企业进行放权让利、利改税、责任承包制、股份制、公司制等多种形式的改革和探索,同时鼓励支持个体、私营、"三资"等非公有制经济的发展,从而有力地促进和发展了社会生产力,增强了综合国力,提高了人民的生活水平。

再次,这是建立社会主义市场经济的必然产物。我们可以越过资本主义阶段而直接进入社会主义阶段,但是现实的社会主义制度并不像马克思主义创始人所设想的那样,不存在商品经济或市场经济发展的基础。相反,商品经济或市场经济的充分发展是我国经济社会发展不可逾越的阶段。市场经济是商品经济发展到一定阶段的必然要求,其实质是通过市场进行商品的等价交换,从而实现不同所有者之间交换劳动的经济关系。因此,这种经济关系要求不同利益主体、所有者的存在,而不问这些主体是自然人、法人还是社会组织、国家。或者说,投资主体、产权主体、经济利益主体的多元化,即多种所有制经济的存在,是市场经济的存在基础。指出:"社会分工则使独立的商品生产者互相对立,他们不承认别的权威,只承认竞争的权威,只承认他们互相利益的压力加在他们身上的强制。"通过竞争,形成优胜劣汰机制,有利于实现社会资源的有效配置,有利于实现利益主体的经济利益。而竞争机制这一作用的发挥又是以投资主体、产权主体、经济利益主体的多元化为客观经济条件的。因此,发展社会主义市场经济,就必须发展多种所有制经济,使之形成相互竞争的局面,从而促进生产力的发展。

党的十一届三中全会之后,我们党开始全面纠正所有制结构过于单一的弊端。党的十五大根据社会主义市场经济发展的客观需要,在所有制结构调整和变革中实现了重大突破,第一次明确提出:"以公有制为主体,多种所有制经济共同发展,是我国社会主义初级阶段的一项基本经济制度。"多种经济成分的互补与竞争,既可以保证我国社会经济沿着社会主义道路发展,又可以引入竞争机制,增强社会主义经济成分的活力,促进社会生产力的发展。

多种经济成分之间的互补性,共同推动了经济社会的全面发展。大力发展公有制经济,可以使社会主义国家政权不仅拥有强大的政治力量,而且拥有强大的经济实力来巩固共产党的执政基础。党的十五大报告明确指出,公有制的主体地位主要体现在:公有资产在社会总资产中占有优势,这种优势不单指量的优势,更注重质的提高;国有经济控制国民经济命脉,对经济发展起主导作用,这种主导作用主要体现在控制力上;公有制经济的主体地位和国有经济的主导作用是就全国而言,有的地方、有的产业、可以有所差别。对关系国民经济命脉的重要行业和关键领域,国有经济必须占支配地位,在其他领域,可以通过资产重组和结构调整,以加强重点,提高国有资产的整体质量。关于关系国家安全和国民经济命脉的重要行业和关键领域,主要包括军工、电网电力、石油石化、电信、煤炭、民航、航运等七大行业。这些行业由于投入大、生产周期长、具有规模经济等特征,使得个体私营等非公有制经济不愿意干或干不了,但这些行业又是非公有制企业自身发展所必须的一些基础产业,所以由国家来提供就可以使非公有制经济的发展节约大量成本。同时,国有经济的战略性调整,逐步退出一般竞争性领域,也为个体私营等非公有制经济的发展提供了广阔的空间。而个体私营等非公有制经济在一般竞争性领域的发展,也为国有经济的发展排忧解难。有资料显示,1997—1999年间,国有单位和集体企业平均每年下岗职工1600万人,这期间平均每年新就业的人口中有700万人被非国有企业吸纳。据国家工商局统计资料,2000年、2001年私营企业共安置国有企业下岗职工106.99万人和58.61万人,此外还有20.93万和9.69万下岗职工作为投资人创办了私营企业。正是由于国有经济和非公有制经济的相互补充,相互促进,才共同奠定了中国特色社会主义这座大厦的根基。多种经济成分之间的竞争性,也促进了各自的健康发展。市场经济的特点是市场在资源配置中发挥基础性作用。市场主体通过相互竞争、合作,实现优胜劣汰,从而发挥市场的调节作用。个体、私营等非公有制经济的发展,改变了公有制一统天下、国民经济缺少活力的局面,激活了市场的竞争机制,为公有制经济提供了竞争对手。这既对公有制企业改进技术、提高效率、加强管理等形成压力,又有助于公有制经济克服僵死的经营机制和作风,适应市场需求,加快改革步伐,促进经济的发展和生产力的提高。同时,非公有制经济与公有制经济在一个统一的社会主义市场上"公平竞争",既营造了生机勃勃的局面,又有助于克服非公有制经济的无政府状态,从而使整个国民经济在较为均衡的条件下健康顺利地向前发展。

四、国际竞争的挤压

世界上不同国家并存,就必然存在着矛盾和竞争。有竞争就有优胜劣汰,必然出现"几家欢乐几家愁"。在激烈的国际竞争中站稳脚跟,经得住各种风浪的考验,屹立于世界民族之林,是每个国家必须在自身经济社会发展中需要认真分析解决的问题。作为社会主义国家的中国也不例外。从建国至今,我国的经济社会发展无时无刻不是处在激烈的国际竞争中。也正是由于国际竞争的存在,对我国的发展构成了一个强大的外部压力,使我们毫不犹豫地选择积极应对这些压力,努力做大做强,实现中华民族的伟大复兴。可以说,正是国际竞争的挤压,构成了中国经济发展的外部动力。

新中国成立之初，以美国为首的帝国主义国家，就开始在政治上孤立我国，在经济上对我国实行封锁、禁运、冻结，试图搞垮年轻的中华人民共和国。能否迅速恢复和发展经济，尽快自立于世界民族之林，是关系国家生死存亡的头等大事。因此，超英赶美，优先发展重工业的赶超战略就成为我国当时的一种必然选择。正是因为这一战略的实施，我国能在较短时间内建立起比较完整的、独立的工业体系，奠定了现代化建设的物质基础；能把有限的资源集中起来用于发展重工业，促进经济的快速增长；能顶住外部的政治压力和经济封锁，维护人民民主政权和经济上的独立。

同样是这一在新中国经济起步阶段曾取得重大成功的发展战略，随着社会政治经济条件的变化，其内在的一些矛盾暴露出来，并制约了经济的进一步发展。这些矛盾主要表现在：为了集中财力物力进行重工业建设，在资源配置上需要采取高度集中的计划体制，就相应地排斥了市场机制，而高度集中的计划体制导致企业缺乏活力，经济效益低下；以牺牲农业为代价优先发展重工业，导致农业、轻工业和第三产业的发展受到极大影响；较高的积累率与较低的消费水平并存，制约了经济的更快增长和人民生活水平的更大提高。原本"一五"计划完成前后是我国进行这一战略转变的有利时机，党的"八大"也正确分析了国内形势和主要矛盾的变化，提出要在综合平衡中稳步前进的经济建设方针。但是由于当时"左"的思想的影响，不但"八大"的决策没有执行，原有的战略没有转变，反而向极端的方向发展，致使经济建设遭受重大损失。

就在我们自我封闭、自我陶醉，大搞特搞大跃进、人民公社化运动、阶级斗争的时候，外部世界已发生了巨大的变化。以计算机、原子能、空间技术和生物工程的发明和应用为标志的第三次科技革命，使日本走出战后的阴影，获得了经济发展的强大动力，一跃成为世界第二经济强国。就连我们身边的亚洲"四小龙"，也借着市场经济的强劲东风迅速崛起。我们不仅与发达国家的差距越来越大，而且与周边的发展中国家的差距也越来越大。环顾周边这些国家和地区，我们越感自身的落后和贫穷。社会主义的优越性如何体现？四个现代化目标如何落实？中华民族的伟大复兴如何实现？面对着国际竞争的压力，我们必须进行清醒的反思，理性的分析。终于，在对比中我们找到了造成差距的原因，主要是由于我们实行的计划经济体制，束缚了社会生产力的发展。党的十一届三中全会召开之后的整个 80 年代,中国面貌焕然一新。我们党及时把工作重心转移到社会主义现代化建设上来,提出必须重视价值规律的作用;开始重新思考计划和市场的关系,重视市场机制的调节作用;在农村普遍实行家庭联产承包责任制,极大地调动了农民的生产积极性;对城市的国有企业进行放权让利的改革,转换企业经营机制;设立经济特区、沿海开放城市和地区,逐步形成全方位对外开放的格局。在整个 80 年代,当西方国家被"滞胀"、经济增长缓慢所困扰的时候,我国却因为坚持"发展才是硬道理",坚持改革开放,而成为这个时代世界上为数极少的几个高速增长的国家之一。

然而,这个世界并不太平。20 世纪 80 年代末至 90 年代初,国际形势发生了深刻变化。苏联解体、东欧剧变,社会主义阵营不复存在,两极格局瓦解。与此同时,中国在 1989 年后,受到了以美国为首的西方国家实施的一系列制裁,这使中国承受了巨大的压力。社会主义向何处去? 中国该怎么办? 面对如此严峻的国际形势,1989 年 9 月,邓小平同志指出:"对于国际形势,概括起来就是三句话:第一句话,冷静观察;第二句话,稳住阵脚;第三句话,沉着应付。不要急,也急不得。要冷静、冷静、再冷静,埋头实干,做好一件事,我们自己的事。"

中国的发展离不开世界,世界的发展也离不开中国。中国的对外开放是全方位的开放,不仅对社会主义国家开放,也对资本主义国家开放;不仅对发达国家开放,也对发展中国家开放。中国要发展,必须融入世界经济发展的主潮流。进入到 90 年代之后,经济全球化迅速发展。经济全球化使世界市场成为一个不断扩大的统一的全球市场,进而使各国必须突破本国市场狭小的限制,通过参与世界市场竞争来获得更大的发展空间。但是对于发展中国家来说,经济全球化既是机遇,又是挑战。一方面,经济全球化可以使发展中国家利用外国的资金、先进技术和科学的管理经验发展本国经济,实现经济的跨越式发展。另一方面,经济全球化加深了发展中国家对发达国家的依附关系,使发展中国家面临经济发展主动权的丧失而陷入经济、社会危机的危险;经济全球化是发达国家推行新殖民主义政策、加剧西方意识形态渗透工具,其结果只会加深发达国家对发展中国家的剥削和控制。面对经济全球化,任何国家都不能回避。我国作为发展中国家,经济全球化同样给我国的现代化建设提供了前所未有的机遇和挑战。积极适应经济全球化的发展趋势，我们采取了统筹国内发展与对外开放的重要举措：在国内发展方面，正式确立了社会主义市场经济体制作为改革的目标模式；调整所有制结构，基本形成了以公有制为主体、多种经济成分并存的局面；推动房地产市场、股票市场、债券市场等生产要素市场的发展；运用宏观调控中的经济手段实现经济的"软着陆"、克服亚洲金融危机的冲击、扩大国内的消费需求和投资需求。在对外开放方面，进一步扩大国内对外开放的地区；实施市场多元化战略，优化出口商品结构，全面参与国际贸易；积极利用外资，提高外资利用质量，与跨国公司建立长期合作的战略伙伴关系；积极实施"走出去"战略，拓展对外开放的发展空间；积极参与多边和区域经济交流与合作，发展与周边各国的经贸关系；牢牢掌握对外开放的主动权，维护国家经济安全。就是这些措施的付诸实施，使我国将自身的比较优势转化为竞争优势，实现了国内经济与国际经济的对接互补，实现了国民经济健康快速的发展。

中国加入了 WTO 组织，不仅实现了中国经济与世界经济的对接，而且更高程度地实现了国际竞争的国内化。中国的崛起使西方发达资本主义国家诚惶诚恐，他们不愿意看到一个发达富强的社会主义中国对其霸权地位的影响。日益激烈的国际竞争中，他们一方面希望占领中国市场，另一方面利用"中国威胁论"孤立、排斥中国，采取遏制中国发展的政策。面对这种国际形势，中国对外始终奉行独立自主的和平外交政策，强调中国决不称霸，强调中国的发展将会给各国经济发展带来更多的机遇；继续实施走出去战略，加强区域合作，发展同周边国家的睦邻友好关系；致力于推动建立和平、稳定、公正、合理的国际经济政治新秩序。对内坚持发展是执政兴国的第一要务，以科学发展观为指导，走自主创新之路、新型工业化之路、可持续发展之路；继续深化国有企业改革，支持鼓励非公有制经济的健康发展；完善收入分配制度和社会保障制度改革，妥善处理效率与公平的关系；完善社会主义市场经济法律体系，为经济社会发展保驾护航。

（原载《甘肃理论学刊》2009 年第 2 期，与李霞合撰。）

第四章
经济增长理论与经济增长动力

现代经济增长理论与当前中国经济增长问题研究

财富创造和经济增长问题一直是经济学研究的核心问题。因此,自从有了经济学理论以来,经济增长问题的研究就从来没有中断过,并不断丰富和发展。经济增长理论经历了古典经济增长理论、新古典经济增长理论、新经济增长理论等演进阶段,学者们对经济增长源泉探求的视野也从土地(自然资源)、资本、劳动扩展到技术、人力资本、知识资本、制度等要素。

一、现代经济增长理论的演进与发展

(一)古典经济增长理论

英国古典经济学家亚当·斯密被认为是古典经济增长理论的发端者,在其巨著《国富论》(1776)中,对经济增长的途径进行开创性分析,认为促进经济增长的因素主要有两个:一是生产性劳动数量多少及其效率的提高;二是资本数量及其积累。斯密认为,劳动分工和资本积累促进了劳动效率的提高。马克思在其鸿篇巨著《资本论》(1867)中虽然主要探讨的是资本主义生产关系和生产方式,揭示的是资本主义基本矛盾及其必然灭亡的规律,但也从收入分配、劳动分工、资本积累等角度系统阐述了资本主义条件下生产、再生产和经济增长的规律。

（二）新古典经济增长理论

马歇尔在其《经济学原理》（1890）中系统阐述了"组织"（实际上是讲管理视角下的资源配置和要素组合）对经济效率和经济增长的作用。熊彼特（1912）通过建立纳入创新的新生产函数，提出创新是经济长期增长的驱动力。马歇尔和熊彼特的理论为人力资本、企业家和技术进步作为重要的生产要素引入经济增长模型奠定了基础。

经济增长研究成为炙手可热的研究领域是从20世纪40年代开始的。哈罗德和多马率先开创了对经济增长理论模型的研究，从而开创了现代经济增长理论的开端。此后，现代经济增长理论经历了从新古典经济增长理论到新经济增长理论的演进。

哈罗德–多马模型。该模型假定储蓄全部转化为投资（$I=S$），将经济增长抽象为三个宏观经济变量之间的函数关系，第一个变量是经济增长率，用G表示（$G=\triangle Y/Y$）；第二个变量是储蓄率，用s表示（$s=S/Y$）；第三个变量为资本–产出比率，用v表示（$v=I/Y$）。经济增长的数学表达式为：$G=s/v$。从公式中可以看出：一国的经济增长率与该国的储蓄率成正比，与该国的资本–产出比率成反比。哈罗德和多马将经济增长率分为实际增长率、均衡增长率和自然增长率。实际增长率就是社会实际达到的经济增长率。均衡增长率就是哈罗德提出的有保证的增长率，它所对应的是投资者满意的储蓄率和投资者满意的资本–产出比率。自然增长率是在人口和技术都不发生变动的情况下，社会所允许达到的最大增长率。当实际增长率和均衡增长率发生偏差时会导致经济短期波动。而当均衡增长率和自然增长率发生偏差时则会导致经济长期波动，而且一旦偏差发生，就有自我加强的趋势。因此要实现实际增长率等于均衡增长率并等于自然增长率的长期均衡增长几乎是不可能的，常被形象地称为"刀锋式"的经济增长。

索洛–斯旺模型。索洛和斯旺改进了哈罗德–多马模型，将技术进步引入生产函数，并假定技术进步为中性和外生变量，得到生产函数为：$Y=A\cdot f(K,L)$。索洛–斯旺模型描述了一个完全竞争的经济、资本和劳动投入的增长引起产出的增长。索洛和斯旺认为，在长期中，人均资本增长趋于零，长期经济增长由技术进步来驱动，并趋于稳态（经济增长率＝技术进步率）。因此，该模型不仅打破了人们固化的"资本是经济增长的重要因素"的结论，更为经济增长根源研究构建了一个比较完整的理论框架,提出把"索洛余值"(又称全要素生产率)作为度量技术进步对经济增长贡献的重要指标。

(三)新经济增长理论

进入 20 世纪 80 年代,阿罗和罗默等人分别提出"干中学"模型和"知识溢出"模型,将技术进步和知识积累视为决定经济增长的内生变量,认为长期增长率是由内生因素解释的,也就是说,在劳动投入过程中包含着因正规教育、培训、在职学习等等而形成的人力资本,在物质资本积累过程中包含着因研究与开发、发明、创新等活动而形成的技术进步,从而把技术进步等要素内生化,得到因技术进步的存在要素收益会递增而长期增长率是正的结论。当然,许多经济学家也看到了人力资本和技术进步对经济增长的作用(熊彼特,1934;舒尔兹,1990;贝克尔,1989),但是,他们都是把它们看作是外生因素。

(四)新制度经济增长理论

无论是古典经济增长理论还是新古典经济增长理论乃至新经济增长理论,都是在假定制度不变的前提下演绎归纳的,是"见物不见人"增长模型。而实现社会经济发展的历史表明,制度也是决定或影响发展的一个重要变量。实际上,人、物质利益、权利归属都决定着生产要素的供给和配置效率。以科斯、诺斯为代表的新制度经济学派,从制度变迁的角度阐述了制度对经济增长的作用,提出"清晰的产权和有效率的组织是决定经济增长的关键"。

(五)现代经济增长方程

约束条件:总供给=总需求

方程一:Y(GDP)=F(自然资源+劳动+资本)×技术进步×人力资本×制度创新(供给侧)

方程二:Y(GDP)=第一产业产值+第二产业产值+第三产业产值(供给侧)

方程三:Y=私人产品+公共产品(供给侧)

方程四:Y=投资+消费+净出口(需求侧)

二、中国经济增长的历史经验

1978—2015 年中国经济持续高速增长 37 年来,年均增长 9%以上,为同期世界经济增长率的 3 倍多,经济总量从 2165 亿美元增加到 10.42 万亿美元

（按 2015 年 12 月 31 日汇率），稳坐世界"第二大经济体"的位置。同时，人均 GDP 由 1978 年的 137 美元增长到 2015 年的 8016 美元，贫困人口由 1978 年 2.5 亿减少到 7017 万，创造出"无与伦比"的经济发展奇迹。

总结中国经济高速增长的经验，除了正处在工业化、城镇化快速推进过程、幅员辽阔、人口众多、市场潜力大、高储蓄率等客观因素外，改革开放形成的独特发展模式起到了决定性作用。

首先，社会主义与市场经济结合形成社会主义市场经济。

邓小平提出："社会主义的本质，是解放生产力，发展生产力，消灭剥削，消除两极分化，最终达到共同富裕。"要解放和发展生产力，必须摈弃僵化的计划经济体制，选择过去被视为与资本主义制度划等号的市场经济为社会主义所用，进而独创的中国特色的社会主义市场经济体制。

其次，公有制与私有制结合形成"混合所有制经济"。

以公有制为主体，多种所有制经济共同发展的混合所有制经济结构，不仅为各种经济成分的存在提供了制度空间，而且为各种经济成分相互补充、相互促进、相互渗透、共同发展搭建了基本经济制度平台。一方面，在市场经济条件下，我国公有制经济与非公有制经济都需要进一步发展，但各自的重点应该有所不同。公有制经济特别是国有经济本着"提高控制力"和"不与民争利"的原则，主要进行布局和结构上的战略性调整，缩短战线、着眼质量、抓大放小，进一步提高控制力和公共服务能力。非公有制经济则主要是着眼发展竞争性产业，努力贴近市场，不断提高满足多样化需求和市场竞争能力。在进一步完善和规范市场经济的法律制度和竞争秩序的条件下，两方面可以发挥各自优势，互相融合、互相促进，进而实现多种所有制经济成分"分工协作"基础上的"混合发展"。即公有制经济与非公有制经济可以在包括国有经济、集体经济、私有经济、外商经济等多种经济成分的"广义混合所有制经济"体制中实现"板块式结合"，国有经济、集体经济，可以借助非公有制经济发展消化改制、改组过程中的富余人员和其他成本。非公有制经济，则可以借助公有制经济在关系国家安全、经济命脉、公共产品等领域的发展，心无旁骛地发展自己具有比较优势的经济性产业。即使公有制经济与非公有制经济都处于某些竞争性行业，这种"混合生存"的多种经济成分也可通过平等竞争，相互取长补短，相互促进，共同发展。另一方面，公有制经济与非公有制经济可以通过发展股份制、股份合作制等财产组织形式，互相参股，互相渗透，混合生长，成为一个"内在兼容"的混合所有制经济形式。从其内在机制来看，发展混合所有制经济，不仅有利于国有、集体、个人、外商等各种不同投资主体的积极性，实现不同性质的物质资本的有机结合，而且有利于促进物质资本和人力资本的有机结合，实现社会优势资源的优化配置。

第三，"看不见的手"与"看得见的手"结合形成自组织与他组织"相互补充"资源配置方式。

自组织是指借助市场机制的"自发力量"驱动各种经济主体优化经济行为，实现各种生产要素和资源优化配置，进而实现经济发展的"自然秩序"或"帕累托最优"的境界。当然，市场机制的"自组织"也存在"时滞性"和"盲目性"，进而发生某些"市场失灵"的现象，因此需要政府的"他组织"。这里的"他组织"，主要是指市场机制以外配置资源的力量。这里主要是指政府利用战略目标引导、政府干预和宏观调控来组织配置资源，即通常人们讲的"看得见的手"的作用。中国30多年来经济快速发展，无疑得益于在不断推进市场化改革和逐步建立的社会主义市场经济体制的条件下，各类市场主体追逐自我利益而展开的市场竞争这种市场机制内在的"自组织"力量，但也更得益于改革开放以来中国政府紧紧围绕现代化和经济建设这个中心，通过"三步走"战略和全面建设小康社会的战略部署，引领和聚集全社会乃至世界资源，调动一切可以调动的积极因素，进而实施最有效的宏观调控而形成的"他组织"力量。也正是在中国特色的社会主义市场经济体制条件，市场机制的"自组织"与宏观调控的"他组织"相互配合、相互补充，进而形成了中国独特的"刚柔并济"的经济运行机制。一方面，市场机制的作用得到了比较充分的发挥，中国经济充满了"经济自由"，各种经济主体都可以在法律的框架内自主地追求经济利益，进而使社会充满了生机活力和创造性。另一方面，政府在克服市场失灵，围绕"三步走"发展战略和全面建设小康社会目标进行政府干预和宏观调控的自觉性和能动性充分发挥，进而通过比较有效的宏观调控措施和政策的有机组合，利用"组合拳"来克服经济的"大起大落"和发展不平衡所导致的城乡之间、区域之间的发展差距和收入分配过程中的两极分化问题。同时，政府的"他组织"作用的存在，可以最有力地克服"垄断"对市场机制充分发挥"自组织"作用的阻碍，保证市场充分竞争具有不可替代的作用。

第四,民间企业家与官员企业家"积极作为"形成支撑中国经济高速增长的最重要人力资本。

中国经济高速发展的奇迹,有"两类企业家"的特殊作用不可忽视:一类是追求经济利益最大化而敢于承担风险,勇于创新的民间企业家;另一类是追求政治业绩最大化而敢于承担风险,勇于创新的政治企业家。

中国的体制改革的发端首先是来自"民间企业家"们的实验和探索。从小岗村18户农民为吃饱肚子而签下"生死契约"去私分集体的土地进行承包探索,到马胜利在国有企业内部大搞承包经营;从温州柳市一批农民放下农具,做起了与低压电器有关的五金配件、原材料、机电、贸易合同、目录等生意,并很快涌现出了如"电器大王"郑元忠、"五金大王"胡金林、"矿灯大王"程步青、"螺丝大王"刘大源等一批能人,到在国有企业内部砸掉职工铁饭碗,实行"下不保底,上不封顶"的收入分配并带着职工闯市场的步鑫生;从把飞跃牌缝纫机卖到世界各地、当年被朱镕基总理称为"国宝"的私营企业主邱继宝;到带领一个资不抵债的集体企业一举把它打造成拥有世界知名品牌、国际化程度很高的海尔集团的著名管理者张瑞敏;从打铁匠出身、赫赫有名的万向集团董事长鲁冠球;到出身知识分子却不甘寂寞,勇于下海,鼎鼎大名的联想集团董事长柳传志;再到今天的任正非、马云、马化腾等等。如此无以计数的敢冒风险、勇于探索、不断创新的人,构成了推动中国改革开放,引领中国发展潮流的"民间企业家"群体。这样一群"实业企业家"带领着各种所有制企业不断创新并相互竞争,就构成了驱动中国体制改革和经济快速发展的重要机制和最可持续的动力。

如果说"实业企业家"是从微观层面驱动着经济体制改革和经济快速发展的话,那么,作为"政治企业家"的官员们则在中观和宏观层面引领和驱动中国的体制改革和经济快速发展。政治集中化和官员治理的改革给地方政府引进了一个所谓的"政治锦标赛"。锦标赛式的地方、部门的横向竞争,则是激励各级官员大胆创新,加快区域经济发展的又一主要动因。

第五,独立自主与全面开放"统筹协调"形成中国经济发展重要平台。

"独立自主"一直是中国改革开放过程中恪守的信条。也正是中国的改革开放始终坚持"独立自主"的原则,才使得中国在推进经济体制市场化改革和融入经济全球化的过程中,没有"迷失自己"。在经济体制市场化改革过程中,没有像前苏联和东欧国家那样,不仅放弃了社会主义制度,而且丢失了共产党的政权。同时,在积极融入经济全球化、加入 WTO 和全方位、多领域、宽领域对外开放的过程中,也没有像阿根廷等拉美国家,以及东南亚一些国家那样,过早地"不设防火墙"地开放资本市场和金融领域,过多地依赖国际货币基金组织等国际机构,而失去了自己国家的经济主权甚至部分政治主权。中国则是从本国的根本利益出发,本着平等合作、互利共赢、和平发展的原则,循序渐进地开放,由浅入深地融入。

但是,中国的对外开放又是积极而主动的。因为中国不仅已经饱尝了闭关锁国、夜郎自大的苦头,而且也为极"左"时代拒绝学习当代资本主义的先进技术和管理经验,拒绝商品经济和市场机制付出了沉重的代价。对此,邓小平说:"现在任何国家要发达起来,闭关自守都不可能,我们吃过这个苦头,我们的老祖宗吃过这个苦头。"①邓小平还说:"我们建国以来长期处于同世界隔绝的状态。这在相当长一个时期不是我们自己的原因,国际上反对中国势力,反对中国社会主义势力,迫使我们处于隔绝、孤立状态。六十年代我们有了同国际上加强交往合作的条件,但是我们自己孤立自己。现在我们算是学会利用这个国际条件了。"②因此,中国一开始改革开放,就抱着一种积极、学习、包容的心态,能动地去融入世界经济和国际社会,实施全面深入的对外开放。

第六,强政府与有为政党"和谐一体"形成中国经济高速增长的重要政治保障。

改革开放 39 年来,中国在推动由计划经济体制向市场经济体制转轨过程中,仍能够保持经济快速发展和社会基本稳定,固然与中国在改革开放过程中注意改革节奏和利益协调有关,同时中国"强政府"的作用不可忽视。中国政府在改革开放过程中具有很强的"理性",即必须改革开放、必须以经济建设为中心、必须保持一定的发展速度、必须让人民群众得实惠等理念,始终成为中国选择经济体制的目标模式和选择经济发展方式的思想基准。因此,它使得中国的所有资源和智慧都积聚在现代化建设过程中,进而让中国不仅获得了最快的经济发展,而且获得了最空前的民众支持和民族团结。然而,

---

① 《邓小平文选》第三卷,人民出版社,1993 年,第 90 页。

② 《邓小平文选》第二卷,人民出版社,1994 年,第 232 页。

如此强大的政府,必须有一个有为的政党去驾驭,才能成为有效推进改革开放沿着正确方向推进的强大力量。中国共产党作为社会主义现代化事业的领导核心,不是中国共产党自封的,是经过长期革命斗争和现代化建设的考验形成的,是同中国共产党自觉地肩负起伟大历史使命、不屈不挠地推进中国社会的不断进步紧紧联系在一起的。

三、新常态下中国经济实现中高速增长与供给侧结构性改革

由于世界经济复苏基础还不牢固,特别是美国加息政策可能带来风险难测,中国经济很难更多从世界经济复苏中获得更多的贸易红利。加上国内去产能、去库存、去杠杆力度加大,以及由此可能带来失业压力而导致的投资和消费能力不足,中国经济依然将面临巨大的经济下行压力,因此,"稳增长并保持中高速增长"将必定是 2016 年乃至"十三五"时期"头号任务"。

尽管依然要把"稳增长"作为 2016 年中国经济工作的第一要务,但与往年的"稳增长"不同,其起点更高,要求更多。从经济规律来看,发展基数越大,维持速度越难。特别是要在经济增长中体现创新、协调、绿色、开放和共享等新发展理念的要求,因此,要在"十三五"乃至更长时期实现中高速增长,必须做好以下几方面工作:

首先,要增强战略定力和发展信心。"信心是金",没有信心,不仅投资预期会受到影响,而且消费的积极性也会下降。由于我们的工业化和城镇化还没有完成,尤其是新型城镇化和新型工业化跟新技术结合会创造出新的增长动力。加上 13 亿多人收入提高和消费升级所创造的巨大市场空间,我国经济发展的空间和潜力仍十分巨大。虽然我国劳动年龄人口数量在减少,但是人口素质在提高,人口红利也是很大的。因此,正像习近平总书记指出:"中国经济发展长期向好的基本面没有变,经济韧性好、潜力足、回旋余地大的基本特征没有变,经济持续增长的良好支撑基础和条件没有变,经济结构调整优化的前进态势没有变。"

其次,要保持宏观政策的稳定性和连续性,实施更加积极的财政政策和稳健的货币政策,努力扩大投资需求和消费需求,努力挖掘需求侧的经济增长动力。现在我们财政资源的潜力还很大,有不少财政资金趴在账上"睡大觉"。要打破一些条条框框的限制,改变像"打酱油的钱不能打醋"等不合理

规定,切实把沉淀资金盘活,用来促进发展和提高人民生活水平。从全球范围来看,我国财政赤字率和负债率并不高,今年也只有2.4%。欧盟的《马斯特里赫特条约》规定其成员国财政赤字率不得超过3%。但欧盟很多国家没有认真执行,有的达到7%—9%。美国的赤字率最高时超过10%。我们即便严格按3%,也还有很大空间。至于负债率,2014年,美国是105%,意大利是132%,法国是96%,英国是89%,日本更是高达246%。我们只有40%多,其中中央政府债务率只有17%,地方政府负债率虽然高一点,但其中70%左右都是有资产支撑的。因此,实施更加积极的财政政策是有空间的。同样,货币政策也可以再适度宽松一些。现在不是通胀压力而是通缩风险。我们不仅要继续灵活运用数量型、价格型货币政策工具适时降准、降息,以保持市场充足的流动性,而且要实施定向降准、降息的办法,加快对"三农"、小微企业、新兴产业、绿色产业等支持力度。

第三,大力推进供给侧结构性改革,促进结构优化升级、创新驱动发展和体制机制创新,不断为各类经济主体减负,努力培育促进经济增长的供给侧动力。要大力实施创新驱动战略,推进大众创业、万众创新,增强发展动力和活力。要积极稳妥推进企业优胜劣汰,通过兼并重组、破产清算,实现市场出清。要帮助企业降低成本,包括降低制度性交易成本、企业税费负担、社会保险费、财务成本、电力价格、物流成本等,打出一套"组合拳"。要化解房地产库存,通过加快农民工市民化,推进以满足新市民为出发点的住房制度改革,稳定房地产市场。要防范化解金融风险,坚决守住不发生系统性和区域性金融风险的底线。要深化改革开放,继续深化简政放权、放管结合、优化服务,加大国企、财税、金融、社保等重要领域和关键环节改革力度,推出一批具有重大牵引作用的改革举措。要切实保障人民群众基本生活,保持社会和谐稳定。要抓好"一带一路"建设,促进国际产能合作,抓好重大标志性工程落地。要改善国内投资环境,保护外资企业合法权益,保护知识产权。

第四,稳定心理预期,充分调动各类经济主体的发展积极性。首先要充分调动基层政府和基层干部的发展积极性,加快解决习近平总书记说的"能力不足'不能为'、动力不足'不想为'、担当不足'不敢为'"的问题。其次要充分调动国有企业与经营管理者的发展积极性,健全国有企业法人治理结构与经营管理者激励和约束机制。三是要充分调动民营企业家的发展积极性,彻底走出

"原罪"怪圈,认真理顺政商关系,充分肯定其社会主义建设者的地位和作用。四是充分调动外商企业和跨国公司的发展积极性,认真落实国民待遇加负面清单制度。

（本文是作者在 2015 年中共中央党校经济学师资班上的讲稿）

双重创新:中国经济持续增长的引擎

1979 年以来十几年间,中国经济一直保持着举世瞩目的持续快速增长,GDP 年均增长率达到 8%,其中有近一半年份突破了两位数。中国经济增长不仅明显快于发达国家,而且也远远超过发展中国家的平均水平。但是,我国经济高速增长的背后,依然是高积累、高投入支撑下的粗放型增长模式的延续。根据世界银行报告,1990 年我国的国内投资率高达 39%,在 152 个国家和地区中名列前茅,而同期印度只有 23%,58 个中等收入国家平均也只有 23%,工业化国家平均为 22%。另据国家统计局公报,扣除物价上涨因素,1992、1993 年固定资产投资分别比上年增长 37.6% 和 22.2%,其数额已超过 GNP 的 1/3,如果加上配套的流动资金等,积累率已突破 40%。我国经济在传统模式驱动下,虽实现了增长的高速度,但与之伴生的通货膨胀、结构失衡等问题却日益严重。现实迫使我们必须认真思考中国经济增长的质量与效益问题。

在理论界已有研究成果的基础上,结合笔者对中国经济增长的实证分析,我们发现这样一个引人深思的现象:在中国高经济增长率的构成中,全要素生产率的贡献在"六五"时期一下子跃升了 30—40%,打破了"四五""五五"以来长期保持负增长的局面,但是"七五"、"八五"以来,其比重又回落了 15 至 20 个百分点,本文的分析将主要围绕全要素生产率的波动而展开,通过分析技术创新与制度创新对全要素生产率增长率的影响,进而探讨中国经济持续增长的途径。

一、全要素生产率增长率分解假说

要素生产率(Total Factor Productivity),是 20 世纪 40 年代由荷兰经济学

家丁伯根提出的。所谓全要素生产率是指总产出量与所利用的各种不同投入要素的加权综合量之比。它度量的是资源转化为产出品的经济和技术的综合效率。

假设 A 为全要素生产率,那么

$$A = Y/(\sum r_i x_i)$$

其中:Y—产出量;x_i—第 i 种投入要素数量;r_i—相应权重;i—1,2,……n

比全要素生产率更为重要的一个指标是全要素生产率增长率,它是由美国经济学家索洛和丹尼森提出的。所谓全要素生产率增长率是指在确定了产出增长率和投入增长率之后,产出增长率与各生产要素投入增长率加权和之差。全要素生产率增长率是用来度量排除了各种投入要素变化的效率变化情况的重要指标。采用新古典经济增长方程,不难得到:

$$G_A = G_P - (\alpha G_L + \beta G_K)$$

其中:G_A—全要素生产率增长率;G_v—产出增长率;G_L—劳动投入增长率;G_K—资本投入增长率;α—劳动投入产出系数;β—资本投入产出系数,且 $\alpha + \beta = 1$

令: $G_p = 2GL_I + \beta G_K$,则得到

$$G_A = G_V - G_P$$

传统经济增长理论认为,经济要实现增长主要靠要素投入增加,特别是劳动与资本两大生产要素的投入。但是一般而言,一国劳动投入要受到人口自然增长率及劳动力参与率等客观因素限制,而资本投入要受其积累率及可获得外资能力等制约,可以说从长期来看,要素投入具有相对稳定的特点。即令要素投入在一定阶段上能获得较大提高,但其产出效率也要受当期技术进步及制度现状的影响。故而要谋求持续而高速的经济增长,应将注意力集中在对全要素生产率贡献的提高上来。这一点对于那些资源并不丰裕,又面临技术落后,制度欠缺的发展中国家显得尤为重要。

1957 年,索洛在其《技术进步与总生产函数》中提出"余值法",第一次对全要素生产率在经济增长率中的贡献进行了定量分析。他将全要素生产率的提高全部归结为由技术创新而取得的技术进步提供的,但是 60 年代以来经济学家们的研究显示:单凭技术创新不足以解释全部全要素生产率的增长率。我们认为技术创新难以解释的部分实际上是由制度创新完成的。因此,

我们假定：

$$G_A = F(G_I, G_r)$$

其中：G_I—制度创新率；G_r—技术创新率下表示全要素生产率增长率与G_I与G_r的函数关系。

技术创新一般是指教育投入和研究与开发（Research and Development，简称 R&D）投入以及相应的制度激励机制推动的结果。技术创新的效应在于：（1）提高要素生产率，用有限的资源生产出更多的产品，或在保证产量的情况下，使用更少的资源。（2）产品质量的提高和新产品的开发。制度创新则取决于社会经济改革的不断深化，一种先进的制度安排对落后制度安排的替代，不仅可以解放社会生产力，而且能激励科技创新，促进生产效率的进一步提高。

关于这一点，美国经济学家钱德勒在《看得见的手》一书中明确指出，技术创新只能对 1870—1910 年间美国铁路生产率的急速提高提供一半解释，另一半解释在于组织创新，即监督、评价和协调复杂系统的等级制度的创立，即制度的创新。

长期以来，技术创新推动经济增长这一问题引起了经济学界热烈而持久的讨论，而制度创新对经济增长的影响却并未引起经济学家们的足够重视。对此，诺斯异常鲜明地提出了自己对经济增长的独到见解。1968 年 10 月，他发表了《1600—1850 年海洋运输生产率变化的原因》一文，该文根据统计分析指出，尽管这一时期海洋运输技术没有多大的变化，但由于海洋运输变得更安全，市场经济更趋完善，船运制度与市场制度的变迁降低了海洋运输成本，最终使得海洋运输生产率获得了极大提高。因此，诺斯认为"有效率的经济组织是经济增长的关键，一个有效率的经济组织在西欧的发展正是西方兴起的原因所在"（1973）。一个社会如果没有实现经济增长，那就是因为该社会没有为经济方面的创新活动提供激励，没有从制度方面去保证创新活动的行为主体应得到最低限度的补偿。历史上的经济增长之所以没有同时在整个西方世界同时出现而首先在荷兰和英国出现，是因为荷兰和英国最早进行了产权结构方面的变革，从制度上激发和保护了经济领域内的创新活动，因此它们首先在西方世界崛起，而法国和西班牙则没有做到这一点，在竞争中落伍了。

　　然而,制度创新和技术创新不是相互独立的两股泉水,正如它们的源头不是相互隔绝的一样。经济制度的创新可以认为是人为减低生产的交易成本所作的努力,技术创新则可以认为是人为减低生产的直接成本所作的努力(诺斯,1990)。因此,一个自然的处理方法就是将二者都看成是一种"创新过程",共同作用于整个国民经济增长。

　　为动态地衡量一个经济体系的创新能力,设立下列统计指标:

$$EIR = G_A/G_P$$

　　其中:EIR—经济创新比(Economic Innovation Ratio);G_A—全要素生产率增长率;G_P—全要素投入增长率。

　　这是一个相对指标,是考察期内导致增长的两种主要力量相互作用的结果。EIR 的大小同一个经济体系的活力与创造力成正比,同资源依赖性成反比。一国经济发展是一个动态的历史过程,而 EIR 的变动,可以从一定程度上显示该国所处的发展阶段。下面,我们以 EIR 为指标,将一国经济发展阶段大体划分为四个阶段,即:传统社会阶段、起飞阶段、工业化阶段以及后工业化阶段。(见图1)。

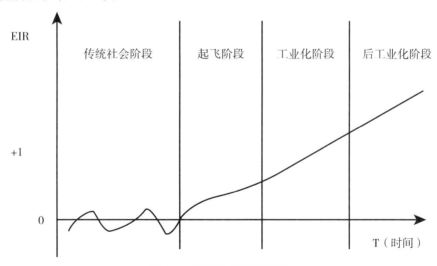

图 1　一国经济发展阶段图

　　对大多数国家而言,在经济发展的初期阶段,不论其资源是否丰裕,限于技术落后,制度欠缺,人力资源缺乏,几乎无一例外地要选择粗放型增长模式。但随着一国经济实力增强,如果其注意增加人力资本投资、R&D 投资,同时社会为创新提供足够的激励与保护,就会使 EIR 由过去在 0 附近起伏不定改为总体上呈上升趋势,且提高迅速。这就是我们在传统社会阶段与起飞阶段所能看到的基本情况。当一国 EIR 接近+1 时,表明技术的进步与制度的完善已使该国经济增长不再主要依赖资源投入时,则标志着该国基本进入工业化阶段。随着经济实力的进一步增强,一国经济由主要依赖资源投入实现增长为主要依赖综合要素使用效率的提高上来,这时就标志着该国进入了后工业化阶段。

我们这里提出的只是一种假说,是结合对各国经济发展的历史考察做出的不很精确的描述。它并不排除某些国家在特定背景条件下,出现某些变异,但我们确信,对大多数国家而言,这一假说是基本成立的。

二、中国经济增长的实证分析

考虑到对中国经济增长实证分析的理论、方法及数据的统一性、可比性,根据张军扩《"七五"期间经济效益的综合分析》一文的部分研究成果与笔者的补充,绘制出中国自"一五"以来,不同时期的 EIR 变动图。

按发展和体制特别分期计算的各要素对经济增长的贡献率

时 期 ＼ 项 目	国民收入增长率 G_V	劳动投入增加的贡献 αG_L	资本投入增加的贡献 βG_K	全要素增长率增加的贡献 G_A	经济创新比 EIR
"一五"时期（1953-1957）	8.93（100.00）	0.83（9.29）	5.06（56.67）	3.04（34.04）	0.516
大跃进及后期（1958-1965）	3.17（100.00）	0.71（22.40）	5.73（180.76）	−3.27（−130.15）	−0.507
"文化大革命"时期（1966-1977）	6.15（100.00）	0.80（13.01）	4.91（79.840）	0.44（7.15）	0.077
改革前期（1978-1984）	8.78（100.00）	0.88（10.02）	5.06（57.63）	2.84（32.35）	0.478
改革中期（1985-1989）	9.09（100.00）	0.84（9.24）	6.09（67.00）	2.16（23.76）	0.312
改革深化期（1989—）	9.29（100.00）	0.83（8.95）	6.49（69.70）	1.77（21.35）	0.269

资料来源:根据张军扩《"七五"期间经济效益的综合分析》(《经济研究》1991 年第 4 期),及笔者根据散见于有关统计年鉴及报刊杂志上的资料整理而绘制。

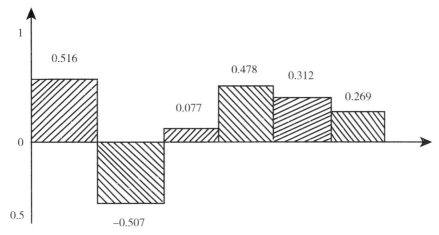

"一五"以来中国 EIR 变动图

从上面的图表不难看出,自 1953 年以来我国 EIR 主要经历了三次大的波动。第一次发生在 1953—1965 年段,EIR 由 0.516 跌至 −0.507,第二次发生在 1966—1984 年间,EIR 由 0.077 跃升到 0.478;第三次发生在 1985 年以来,EIR 由改革前期的 0.478 又回落至改革中期的 0.312 和改革深化期的 0.269。

第一次大波动,原因是众所周知的。由于 1958 年开始的大跃进等运动超越社会生产力发展水平,使得当时所推行的一系列创新活动不仅没有良好地促进经济增长,而且由于对经济资源的掠夺式开发及经济结构的严重失衡,导致社会生产力遭到极大破坏,资源浪费惊人。1961—1965 年间,全要素生产率对经济增长贡献不仅未获提高,反而以年均 5.29 个百分点的幅度下降。因此,这一时期 EIR 下跌如此剧烈也就不足为奇了。

第二次大波动原因也是一目了然的。1978 年党的十一届三中全会召开以后,我国进入体制改革与对外开放的经济发展新时期。在农村,家庭联产承包经营责任制的推行获得了极大成功,农业生产连获丰收,到 1984 年达到了历史最好水平。在城市,经济体制改革也逐步铺开,企业活力有所增强,自主权扩大,商品经济意识逐步提高,生产也获得了长足进步。此外,由于实行对外开放政策,各地区各部门引进国外资金、技术、设备与经验十分踊跃。知识分子政策的落实,给科技界带来了一片生机,1980—1985 年全国重大科技成果每年以 40—50% 速度递增,也就是说技术与制度的双重创新推动了这一时期的经济增长,EIR 大大提高,从而使这一阶段经济增长不仅速度快而且效益好。

第三次大的波动,其幅度远远小于前两次,是很值得深入地研究的。我们认为,这次波动发生的原因,简言之就是技术创新滞缓,制度创新力度不够,增长模式未变,仍要依赖高积累、高投入支撑,结果使我国仍未能摆脱经济冷热病的陷阱。

技术方面来看,创新滞缓是非常明显的。首先,国家教育投资远远满足不了社会经济发展的需要。改革开放以来,国家对教育的投入绝对数额呈逐年增加趋势,全国财政预算内教育经费由 1980 年的 113 亿元,增至 1992 年的 539 亿元,但教育经费的相对比重却连年下降。我国公共教育经费占 GNP 比重由 1985 年 3.6%降至 1992 年的 2.2%,远远低于 5.5%的世界平均水平。

其次,R&D 投入严重不足,近年来也呈递减之势。R&D 投入占 GNP 比重为国际通用反映一国对科技创新活动给予资金支持投入强度的关键指标。近年来,我国 R&D 投入占 GNP 比重不仅未实现国家原定年递增 0.1%的目标,反而逐年递减,由 1991 年的 0.71%降为 1993 年的 0.62%及至 1994 年的 0.5%,已跌至发展中国家的起点水平。

再次,当前科技体制改革尚无重大突破,科研成果商品化率极低。据国家科委统计,我国技术交易会上成交的技术合同数仅占展出技术项目的 8.5%。另据有关部门对全国 8300 个大中型企业技术需求状况调查显示,70%的企业无技术进步需求。我国对科技成果产权保护不力,侵权案件呈递增之势,假冒商品大行其道,严重挫伤了科研人员的创新积极性。

最后,我国企业消化技术及后续开发能力弱,技术成果转化的资金条件差。近年来,在技术引进工作中,由于消化吸收及创新不够,使许多行业陷入了一代接一代引进的被动境地。有些项目除了商品买卖和各种后期组装外,谈不上促进自身开发能力的提高,形势是十分严峻的。

从制度方面来看,深化改革进程中制度创新力度不够的问题是十分突出的,特别是 80 年代后期以来,表现得更明显。首先,整体改革思路落后于现实需要。我们选择的自上而下渐进式的改革道路,其基本思路是在力求不破坏原有利益格局的前提下,以增量带动总量和结构,使改革免受大的社会波动的影响。这基本上是一种帕累托式的推进。在创新过程中,回避一些根本性利益冲突是不明智的,必然人为延迟改革目标的实现,近年来我们的许多改革措施由于受到了来自地方和某些主管部门及其他既得利益集团的阻挠，就往往绕圈子、搞变通，实际上不仅扭曲了各项改革措施的初衷，不利于问题的解决，还加大了改革成本。此外，前一阶段改革由于缺乏经验，各项措施之间配套性不够，改革顺序安排显得有些盲目混乱，致使摩擦成本很高。因此，现实已经迫切需要我们调整改革整体思路，全面科学推进新一轮制度创新。

其次，国有企业改革滞后，效益逐年下降。当前，国有企业产权关系不清晰，经营机制混乱，企业整体经济效益降低的现象非常普遍。承包实际上是负盈不负亏，结果是企业经营并不能真正按市场要求运作，产品不适销对路，积压严重，致使企业平均负债率高达75%，国有资产大量流失。也正因为国有企业场1/3盈利、1/3暗亏、1/3明亏的低效运行现状，不仅抑制了整个国民经济的增长，而且给以后的国企改革加大了包袱。

再次，国家宏观经济管理制度创新滞缓。政企分开已喊了多年，但改革最迟缓。我们的改革是政府主导型的制度创新，因而各级地方政府及主管部门无疑成为推进改革的主力。然而，各地方政府及主管部门往往换汤不换药，牌子换了，职能却未转变。有些主管部门成立翻牌公司，直接从事经营活动，搞行政性市场垄断。类似粮食局开公司直接参与粮食倒卖，房地产管理局设分支机构从事地皮炒卖等现象并不鲜见，还有些地方政府或主管部门利用手中权力对企业乱收费、乱摊派，搞得企业苦不堪言。这些都给改革的深化造成了不利影响。

第四，投资体制改革近年来缺乏新举措。由于投资实行分配制，责权利不统一，投资包干责任制和招标承包制流于形式，而国家专业投资公司政企不分，关系不顺，致使投资效益低下。近年来，投资体制改革无重大突破，使投资效果无人负责，建设中吃回扣，建设质量差，投产后达不到设计能力等问题更加严重。结果是一方面全社会固定资产投资中，国有部门所占比重由1988年的61.27%跃升到1994年的71.29%，另一方面，效益却下降惊人，1993年国有工业企业实现利税仅66%，1994年上半年又下降到62%。

第五，收入分配制度需加快改革。我国收入分配制度方面的改革，近年来也严重落伍。工资制度主要仍沿用计划体制的一套，社会保障体系远未建立起来。由于企业厂长经理及政府官员们在改革中掌握着改革与建设大权，不可避免地利用职权之便，大搞权钱交易，非收入性消费，如公款吃喝造成国家每年上千亿元的浪费。知识分子收入仍很低,脑体倒挂现象未得到根本解决,一方面造成人才流失现象严重,另一方面也使居民在人力资本投资方面搞"短期行为"。企业中工人收入有了很大提高,但现行工资体制,尚不能较好地激励与约束工人的劳动行为,致使出工不出力现象十分普遍。收入分配制度事关改革进程中社会稳定的大局,这方面改革应加快。

综上所述,上世纪80年代中期以来技术创新滞缓,制度创新力度不够,导致全要素生产率增长率在我国经济增长率中锐减,EIR缩小,使我国经济依然因循粗放型增长模式,高增长并未带来高效益。

三、结论及政策选择

面对资本短缺,劳动力数量过剩而质量较低,能源交通严重不足这样的国情,要实现经济持续和高速的增长目标,我们没有条件像发达国家那样靠加快资本投入速度达到,因此必须将注意力集中到对全要素生产率的提高上来。为此,在今后相当长一段时间内,我国宏观经济政策的合理取向应是:重视制度创新与技术创新,实现经济增长模式的良性转换。换句话说,就是要开足马力,发动制度创新、技术创新这一中国经济持续增长的引擎,推进我国经济高效率、高收益的发展。

从技术创新方面来看,首先要加大教育与科技投入。尽管在市场经济条件上,教育与科研部门有自己创收的条件,但这些部门的特点,决定其发展必须主要依靠政府投入。具体而言,今后我国公共教育经费占 GNP 比重至少应达到 5.5% 的世界平均水平;R&D 投入要按国家计划实现年递增 0.1% 的目标。其次,科技体制创新应加快,要充分调动科研工作者们发明创造的积极性,基础研究与应用研究并重,后一方面应切实适应市场需要,要使科研部门与企业紧密联系起来,形成科工贸一体化,大大提高科研产品商品化率。

从制度创新方面来看,首先,改革整体思路上要有新思维。当前,对某些可能导致根本利益调整的改革措施要在适当兼顾社会稳定的基础上,大胆突破,不能继续因循渐进式改革的旧思路。此外,应通盘考虑一下新一轮制度创新的顺序性、配套性等问题。其次,企业改革方面,要寻求根本性突破。当前要努力在产权制度改革方面寻找突破,要把西方委托-代理制度与我国具体国情有机结合起来,要大力推进现代企业制度试点,使企业成为真正独立的法人实体,切实解决国有资产的保值增值问题。此外,要改变行政任命企业厂长经理的做法,建立职业企业家市场,由企业各方代表组成招聘委员会招标聘任。

第三,投资体制改革方面,要将出资主体法人化改革和企业法人化改革同步推进,停止国有资产出资主体不明的投资。无论对现有企业增加资本还是投资新建企业都不应继续沿用计划经济的行政分配投资的方法。国有资本应经由依法构建的能对企业承担出资和债务清偿责任的法人出资机构注入企业。

第四,收入分配制度改革要加快速度,抓紧理顺收入分配关系。其基本取向就是要逐步使居民收入决定市场化,效率优先,兼顾公平。对于各级政府官员及掌握国有企业经营权的厂长经理们可以考虑借鉴西方高薪养廉、按时向社会公布收入来源等制度,从制度上堵住寻租来源。国有企业工人工资应由职企双方谈判决定,由国家确定全社会最低工资水平。科研人员的工资收入仍应调整,应基本能够补偿其已有的人力资本投资中个人支出的部分。社会保障体系也应抓紧在各地普遍建立起来,从而为严重亏损的国有企业破产、职工再就业提供经济保障。

第五、国家宏观经济管理制度改革要加快速度,加大力度。在各级地方政府和主管部门职能转化过程中,切忌做表面文章,严禁主管部门搞行政性市场垄断,坚决制止继续向企业乱收费、乱摊派等行为发生。

（原载《当代经济研究》1996 年第 1 期,与李宝权合撰）

资源配置国际化:中国经济增长的"新引擎"

"走出去"与"引进来"并举,在全球范围内配置资源,无疑为新时期中国经济持续增长增置了一台功率强大的"新引擎"。由此,如何全面启动资源跨国配置"新引擎"就成为一项现实而紧迫的课题。

一、资源配置国际化的实践意义

20 多年的改革开放,推动了我国社会生产力的大发展和由"短缺"到"过剩"的经济转型,进而也给善于应对"短缺"、习惯于供给总量扩张和"添平补齐"式结构调整的我国经济发展带来了新课题——怎样在相对过剩经济条件下实现国民经济高质量、快速增长。很显然,新时期要实现经济快速增长不能再念数量扩张的"老皇历",应该从扩大有效需求、提升产业结构、拓展"两个市场"(国内市场和国际市场)、用活"两种资源"(国内资源和国外资源)、加快制度创新等方面去寻求新的经济增长点。因此,有两篇文章必须做好:一是为我国相对过剩的生产能力,适用技术找出路,延长我国优势产业的生命周期,使固化了的存量生产资本和劳动力资源继续发扬光大,进一步发挥"比较优势";二是为我国经济结构调整和产业升级寻找资本和技术(包括管理)支持,弥补国内资本和技术投入不足或短缺所留下的"资本缺口"和"技术(管理)缺口"。而要做好这两篇文章,有一个途径是必不可少的,那就是怎样借助经济全球化,在利用好国内市场和国内资源的同时,利用好国际市场、国际资源,实现资源配置跨国化。因此,要坚定地"走出去",不仅要继续调整我国出口产品结构,适应国际贸易结构的新变化,发展新型服务贸易、资本密集型和知识密集型服务贸易,提高国际市场竞争力,而且要发展中国的跨国公司,直接利用外国资源和外国市场,挣脱国内资源不足和市场空间有限的发展"案臼",解放生产力,发挥我国优势产业的生产能力。其次要着眼"引进来",既要积极引进国外的资本、先进技术和管理经验,又要深化与跨国公司的合作,向跨国公司学习。我国是一个人口多、底子薄、地区发展不平衡的发展中国家,必须不失时机地利用发达国家通过经济全球化进行产业结构调整的机遇,把发达国家技术先进的劳动密集型产业转移到中国,充分发挥我国人口多、劳动力成本相对较低的优势。我国是一个相对落后的国家,要改造旧的产业结构,加快企业重组,更需要吸引外资,让外资参与国有企业改革与重组。只有"走出去"和"请进来"并重,着眼全球资源和全球市场去发挥自己的优势,实现资源跨国配置,才能真正克服"禀赋缺陷"、资本缺口、技术(知识)缺口以及国内市场萎缩等矛盾,实现经济的快速、稳定、可持续发展。

二、"走出去":发挥优势

随着我国参与经济全球化进程的日益加快,我国经济发展的对外贸易依存度不断提高,商品进出口与国内生产总值的比重,从 1980 年的 12.6%上升到 2000 年的 44%以上。出口已经成为我国经济增长的重要动力,在 1997 年至 2000 年的经济增长率 8.8%、7.8%、7.2% 和 8.3% 中,出口的拉动作用分别高达 2.2、1.9、1.6 和 2.1 个百分点。因此,"十五"期间我国国民经济要实现稳定增长,就必须继续加快对外贸易的发展步伐,依托我们的资源禀赋优势和"长线产业"的竞争优势,扩大出口,为国民经济发展提供"基础动力"。

首先,要用"新技术"整合传统劳动和资源密集型产业,增加技术和知识含量,提高我国劳动和资源密集型产品的出口竞争力。我国是一个人口众多的发展中国家,就业任务艰巨。因此发挥劳动和资源密集型产业的优势,参与信息革命带来的新一轮国际贸易分工,承担发达国家转移给发展中国家的劳动密集型和低附加值生产环节,发展经济效益较低的加工贸易必须长期坚持。我们要从全球化视野看待出口结构的调整,不能片面地认为出口产品中制成品的比重高、劳动密集型产品、农副产品比重低,就是出口产品结构"优化",关键要看是否有利于发挥我们的资源优势,具有国际竞争力。"劳动和资源密集"是我国参与国际竞争的传统优势,劳动力资源丰富,成本低廉仍然是我国传统优势出口产业如纺织、服装、玩具、传统工艺品等发展和竞争的坚实基础。只要我们注意提高传统劳动密集型产业的"技术品位",实施"品牌战略",改变小型化、分散化的产业组织结构,发展规模经济,就一定能够进一步提高出口竞争力,再造我国劳动或资源密集型产业的辉煌,进而推动国民经济稳定发展。

其次,发展多边贸易,扩大具有竞争优势的机电设备和家电产品出口,释放过剩的生产能力。随着我国的社会生产力发展和技术进步,国内的机电产品生产企业在完成"进口替代"的历史性任务之后,已经面临生产过剩和国内需求不足的双重压力,迫切需要向国际市场释放生产能力,寻求新的发展空间。如果我国具有国际竞争优势的机电设备和家电产品能够通过发展多边贸易获得更大的出口,使国内过剩生产能力得以有效的释放,那么必然会有利于进一步拉动国内经济的增长。

第三,增加对外直接投资,直接利用外国资源和国际市场发挥我国的成熟技术和优势产业,带动出口,构建我国经济增长新的"动力源"。目前,跨国公司是经济全球化的弄潮者,是国际市场竞争的"主角"。世界各国都把发展跨国公司作为提高国家竞争力,带动本国经济发展的新动力。我国作为一个发展中大国,在国内资源紧缺和国内市场萎缩的情况下,不失时机地发展对外直接投资,打造自己的跨国公司,不仅有利于利用国外的各种资源,发挥成熟技术和优势产业的国际竞争力,而且有利于我国企业进一步参与全球分工,分享资源全球化配置的利益,提高资本收益,进而促进国内产业结构调整和国民经济稳定、高效地增长。

三、"引进来":弥补劣势

我国经济要发展,需要企业及其产品"走出去",去接受国际竞争和经济全球化的洗礼,同时也更需要我们坚持"拿来主义",吸引外国直接投资,让世界上属于人类共同财富的先进知识和技术为我所用。因此,未来五年或者更长的时期,我们必须矢志不移坚持扩大利用外资的政策,鼓励外商特别是跨国公司参与国有企业改组改造,投资高新技术产业和出口型产业,促进我国产业结构升级,进而形成保证我国经济快速、持续增长的"新结构、新机制"。

首先,利用外商投资可以直接弥补国内资本"缺口",为经济增长和结构调整提供充足的"资本支持"。目前,我国继续采用积极的财政政策,可以通过扩大政府投资来弥补经济发展所需资本的"缺口"。但这个政策如果长期实施会加剧财政风险。我们也可以千方百计启动民间资本,把沉淀在银行的8万亿元人民币"挤出"一部分来弥补经济发展所需资本的"缺口"。但我国绝大多数民间资本投向了国内已经处于过剩的一般产业和领域,对消除我国经济结构中存在的"小、散、低、同、少"的弊端和实现产业结构升级并无多少益处。而国外直接投资则具有"一石三鸟"的功效,既可以弥补中国经济发展的"资本缺口",又可以依托直接投资"携带"的先进技术、知识产权和先进管理经验来提升我国产业竞争力,还可以促进国有企业资产重组和国有企业转机建制。我国已经连续5年成为仅次于美国的全球第二大直接投资的东道国,每年400多亿美元的国外直接投资,不仅极大地缓解了国内经济结构调整和经济发展所需巨额资金的压力,而且成为推动我国经济增长和对外出口的主导力量。

第二,实施以结构调整促进经济增长的战略,利用国外技术弥补"技术缺口"。产业技术升级是未来五年或者更长时期我国经济可持续发展的关键。我国的产业技术升级的"技术源",虽然可以通过我们提高自主创新能力,发展具有独立知识产权的经济适用技术来获得,但更需要通过引进国外先进技术,填补国内高新技术空白。因为日本、韩国后起工业化国家缩短发展差距,实现跨越式发展的经验表明,后起国家可以通过省去不必要的前期技术开发成本,通过技术引进消化、吸收、创新,实现技术跨越和产业升级。目前,我们要特别重视吸引掌握先进技术优势的跨国公司来华投资,参与我国传统产业的改造和新兴产业的发展,为我国产业结构升级提供技术支持。跨国公司最大的优势就是技术优势,它的研究与开发投资占全球的90%,掌握全球80%的最新技术。因此,我们要利用当前国际经济结构调整和技术转让进程加快的大好时机,加大对国外高新技术的引进,用高新技术改造传统产业,提高我国国民经济的持续发展能力。

最后,让国外直接投资参与国有企业改组,有利于国有企业投资主体多元化,规范法人治理结构,推进社会主义市场经济体制的完善步伐,为我国经济快速、持续发展奠定制度和机制基础。跨国公司本身是在现代市场经济磨练中成长起来的公司制企业,不仅具有清晰的产权关系和规范的法人治理结构,而且拥有丰富的管理经验和完善的国际生产、销售和服务网络。积极利用跨国并购等吸引外资的新方式,既有利于提高我国企业的市场能力和抵御风险的能力,也有利于国有企业成为真正的市场竞争主体。特别是让外国直接投资进入国有企业,形成投资主体多元化和规范法人治理结构的利益主体有利于政企分开,做到政府行为和企业行为"两规范"。因此,我们需要从推动国有企业改革的角度、积极吸引跨国公司的投资,包括并购式的投资,使其成为推动国有企业改革的重要战略投资者。

(原载《光明日报》2001 年 11 月 20 日)

分配制度与财产权制度"联动创新":
中国经济增长的"新引擎"

党的"十六大"明确提出,要"全面建设小康社会,最根本的是以经济建设为中心,不断解放和发展社会生产力"。因此,正确认识现代经济增长的客观规律,创造有利于促进经济增长的体制环境,是不断解放和发展社会生产力的内在要求。

在本世纪头 20 年要"翻两番",实现全面建设小康社会的奋斗目标,说到底是个经济能否持续、高速增长的问题。只有保持国民经济较快的增长速度,不断创造更多的国民财富,全面建设小康社会的物质基础才能不断雄厚。然而,根据现代经济增长理论的最新研究成果,现代经济增长不仅直接决定于土地、自然资源、物质资本、人力资本、劳动、组织管理、技术和知识等生产要素的不断增加及其贡献率提高,而且取决于这些生产要素背后的"产权关系"和"制度建设"。对此美国著名的经济学家道格拉斯·诺斯,通过对西方发达的市场经济国家过去几百年经济增长历史的考察得以确认,认为:"有效率的经济组织是经济增长的关键,一个有效率的经济组织在西欧的发展是西方世界兴起的原因所在。"①因此,我国要实现全面建设小康社会的宏伟目标,不仅需要大量资本、劳动、技术、管理等生产要素,而且更需要调动作为各类生产要素主体的投资者、劳动者、技术或专利拥有者、管理者等的积极性。这就不仅需要进一步完善分配制度,理顺国家、企业、个人的分配关系,建立"收入与贡献相对称"的分配制度,而且更需要建立和完善作为收入分配结果的财产权制度,理顺国家、企业、个人的产权关系,建立"财产与收入相对称"的私有财产保护制度。只有"分配制度与财产制度的建设辩证统一"和"联动创新",形成"激励与约束相容"的内在动力机制,才能"让一切劳动、知识、技术、管理和资本的活力竞相迸发,让一切创造财富的源泉充分涌流",进而促进经济增长,造福人民,造福社会。

因此,深刻理解"十六大"报告的精神,必须把有关"分配制度"的论述与有关"财产权制度"的论述统一起来。首先,为了更广泛地获得和使用资本、劳动、技术、管理等生产要素和经济资源,就必须"确立劳动、资本、技术和管理等生产要素按贡献参与分配的原则,完善按劳分配为主体、多种分配方式并存的分配制度"。因为社会主义市场经济条件下的分配制度应该体现一般劳动的价值,调动广大劳动者的积极性和创造性,也应体现科学技术、经营管理等复杂劳动的价值,激发广大科技人员和管理工作者的创业精神和创新活力,还应体现包括土地、资本、知识产权等贡献,以集中各种生产要素投入经济建设。其中,要特别重视科学技术及其拥有者对现代经济增长的贡献和作用。世界银行的一份《知识促进发展》的世界发展报告认为,知识已超越资本和劳动等,成为促进经济社会发展的关键因素和本源。发展中国家和发达国家之

---

①　道格拉斯·诺斯:《西方世界的兴起》,华夏出版社,1989 年,第 1 页。

间的发展差距,不仅是因为资本,而首先在于"知识差距"(Knowledge Gaps)。

其次,为了保持土地、资本、劳动、技术、管理等生产要素连续不断的供给和经济可持续增长,又必须给土地、资本、劳动、技术、管理等生产要素的所有者或供给者提供长期激励或稳定的"预期"。这就要求健全相应的作为收入分配前提和收入分配结果,即财富或财产积累的"产权制度"。一方面,按生产要素的贡献分配的前提,是各种生产要素的归属权必须明确。只有明晰了各种生产要素的所有权、占有权、使用权、收益权以及处置权等各种权能归属,明确了各类生产要素的"人格主体"之后,按生产要素分配原则才可能得到落实。也就是说,不明确生产要素的主体和产权,按生产要素分配就没有前提条件,按生产要素分配就不能实现。另一方面,按生产要素的贡献分配的结果,是财富或财产的积累和扩大。而这又恰恰是各类生产要素主体不断进行新的要素投入的"原动力",是各类生产要素主体的"根本利益"所在。这就又要求必须明确界定作为收入分配结果的"财富或财产"归属。如果财富或财产的产权边界不清,或者假公济私、或者化私为公、或者相互侵占,都不利于调动各类生产要素主体的扩大投入的积极性,进而积聚和集中全社会的生产要素用于社会主义的现代化建设。根据发达国家经济发展的经验,产权清晰、保护有力的财产权制度是经济增长的重要源泉。亚当·斯密早就告诫:"在任何国家,如果没有具备正规的司法行政制度,以致于人民自己的财产所有权得不到安全,……那么,那里的商业制造业,很少能够长久发达。"[①]因此,"十六大"报告明确指出,"一切合法的劳动收入和合法的非劳动收入,都应得到保护","完善知识产权保护制度",进而"完善保护私人财产的法律制度"。这是第一次在党的代表大会报告中明确提出的新思想,反映了我们党对市场经济条件下的现代经济增长规律认识的深化。

第三,为了提高各类生产要素对经济增长的贡献率,需要健全的生产要素市场与收入分配制度和财产权制度"互动"。经济增长需要优化配置自然资源、资本、劳动、知识与技术、管理等各种生产要素和提高各类生产要素的利用效率。它不仅要求各种生产要素具有"自由和主权",而且需要真正能够发现各种生产要素的"真正价格"。一方面,各类生产要素失去"自由和主权",对各种要素的"价格",如利息率、工资、利润率、知识产权收益,不能或无

① 亚当·斯密:《国民财富的性质和原因研究》(下册),商务印书馆,1981年,第473页。

法做出反应,生产要素就很难流向高收益领域,各种生产要素的使用效率就不能提高,进而经济就不能高质量增长。另一方面,如果没有健全的生产要素市场,不能发现真正的要素价格,要素的贡献不能真实反映,要素就会无效流动或无效配置。因此,健全的生产要素产权市场是收入分配制度和财产权制度"联动"推动经济增长的必要条件。

(原载《理论前沿》2003年第7期,与张秀云合撰)

扩大内需与调整结构"互动":
中国经济稳定持续发展的关键

年前结束的中央经济工作会议明确提出,今年将继续坚持扩大内需的方针,通过积极的财政政策和稳健的货币政策,推动经济结构的战略性调整和体制创新,提高就业水平,改善人民群众生活,实现国民经济持续、稳定地增长。那么,究竟怎样才能正确领会中央经济工作会议的精神,科学把握"扩大内需"的本质要义,进而配合中央的统一部署,有机利用市场调节和宏观调控两种机制,促进国民经济结构调整,应对加入WTO的挑战?本文从理论、实践和政策等多个层面进行分析和思考,希望能够给政策实践带来裨益。

一、扩大内需,推动未来中国经济稳定持续增长的持久动力

改革开放24年,中国彻底告别捉襟见肘"紧运行"的"短缺经济",进入了生产能力闲置,产品出现盈余的"过剩经济"的新阶段。因此,靠高投入、高产出、供给扩张来推动经济增长的方式已经成为历史,"需求拉动"成为新时期推动经济发展的主要动力。因此,能否有力驱动消费、投资和出口"三驾马车",就自然成为决定我国经济发展快慢和经济增长质量的关键。

1997年以来,由于东南亚金融危机的影响,我国经济增长出现重大变化,原来消费、投资和出口"并驾齐驱"拉动我国经济快速增长的格局发生变化,不仅出口对经济增长的拉动力出现"疲软",而且由于出口受阻和国内经济结构矛盾尖锐,产业获利能力和吸纳就业能力下降,导致国内投资和消费需求减少,进而造成经济增长速度明显回落。据统计,1992—1996年,我国国内生

产总值的增长率分别为 14.2%、13.5%、12.5%、10.5% 和 9.6%，平均增长率 12.06%。1997—1999 年，我国的经济增长率分别为 8.8%、7.8%、7.2%，平均增长率为 7.93%，经济增长率平均回落 4.13 个百分点。为了保持国民经济的快速、持续和稳定增长，针对出口拉动力疲软和国内需求不足的实际情况，我国政府从 1997 年开始就明确提出"扩大内需"的经济政策：一方面实行积极的财政政策，通过扩大政府投资来扩大投资需求；另一方面促进社会投资和消费，刺激居民消费需求和民间投资的快速增长。实施"扩大内需"政策四年来，我国政府不仅发行了 3600 亿元国债，用于交通、电力、大江大河治理、天然林保护等基础设施的建设，进而推动原材料和基础产业的发展，增加"连带"需求，而且通过发展"消费信贷""假日经济"等手段，刺激居民消费需求的增长。在我国连续四年的扩大内需政策和世界经济全面复苏的内外部条件的共同作用下，2000 年我国国民经济的增长出现了明显回升，达到 8.3%，扭转了连续多年经济增长率下滑的势头。

2001 年，我国政府针对"美国新经济泡沫"的破灭和世界经济增长速度放缓，出口前景暗淡的客观情况，为了保持来之不易的良好经济发展态势和打好"十五"开局，我国政府仍继续坚持扩大内需的经济政策，不仅继续坚持实施积极财政政策，增发 2000 亿元国债，加大政府投资，而且通过规范假日市场秩序和扩大消费信贷范围，继续促进假日经济发展和居民消费的增长。从政策实施情况来看，也已经取得明显成效，去年 1—8 月份固定资产投资（不包括集体和个人）增长 18.9%，比上年同期增长 6.2 个百分点。居民消费增长 10.1%，也高于上年同期的 9.7%，进而促进经济增长超过 8%，预计全年经济增长率将不低于 7.3%，远远高于世界平均 2.5% 左右的经济增长水平。

然而，"天有不测风云"，我国经济增长在世界经济面临衰退威胁、扩大出口难度增大状况未能根本改变的情况下，"9.11 事件"使得本来就前景暗淡的世界经济增长"雪上加霜"，扩大出口的难度进一步增大。最近世界银行几乎调低了对除中国之外的所有国家的经济增长率的预测。因此，中国经济快速稳定增长的"命运"，无疑仍然需要系于"扩大内需"。因为只有国内投资和国内消费的需求扩大，超过出口减缓所带来的需求减少的幅度，我国经济增长的速度才能稳定提高。

与此同时，我们还必须看到，中国是一个人口众多、幅员辽阔、市场空间和潜力巨大的发展中大国,通过"扩大内需"来拉动经济增长,也不是仅仅应对东南亚金融危机和"9.11事件"所带来的"出口受挫"的"权宜之计",而恰恰是由我国的基本国情决定的。即使出口需求对经济增长的拉动力回升,就整个中国经济来讲,过去所谓"大出大进"的经济发展模式,也是不现实的。中国既不同于当年的日本,也不同于当年的亚洲"四小龙",如果撇开潜力巨大、回旋余地广阔的国内市场不去开发,不去研究和适应国内广大居民消费结构的变化,不去千方百计地寻找提高居民特别是广大农村居民收入水平的途径,不去激发和调动广大民间投资的积极性,中国经济增长就不会有可靠和稳健的基础。目前,中国居民储蓄总额已超过7万亿人民币,加上超过1000亿美元的外汇存款,如果政策得当,有效地把这些居民的存款分流进消费领域和投资领域,进而形成有效的消费需求和投资需求,不仅可以成为中国经济增长的强大拉动力,而且能够舒缓银行部门高居不下的居民储蓄带来的巨额"利息成本"压力,为银行摆脱"亏损"创造条件。因此,可以肯定地说,虽然"扩大内需"的方针和政策是始于1997年东南亚金融危机所导致的出口受阻的诱因,但是中国的国情决定,扩大内需将成为"过剩经济时代"的中国未来长时期刺激和拉动经济增长的持久动力。

二、扩大内需与调整经济结构的"互动",是保证中国经济持续稳健增长的关键

要扩大内需,无疑政府仍然要责无旁贷承担起启动内需的"引擎"和催化器的功能,因此,在未来的时期里,首先,还要继续实行扩张性的积极财政政策,扩大政府投资的力度,而且要想方设法启动民间资本,刺激社会投资的增长;其次,要配合实施稳健的货币政策,通过信贷等银行信用手段,支持优势产业的技术改造和民营企业的资金周转,扩大生产性需求的扩张;第三,更要继续千方百计地提高居民收入水平,开拓农村市场和城市市场,扩大消费需求。

但是,"新"的扩大内需政策与前一段的扩大内需政策相比,必须深化对扩大内需方针的认识,充实扩大内需政策的内容,更要关注内需的"质量与结构",要防止单纯的"数量"扩张;要深刻认识经济增长是需求与供给相互适应的"联动"的过程,供给不适应需求或需求不适应供给,经济都不可能良性增长;要把扩大内需同经济结构的战略性调整、深化经济体制改革、增加就业、提高居民收入、改善人民生活和可持续发展结合起来。具体来讲:

首先,调整农业结构,增加农民收入,扩大农村市场需求,应该成为新的扩大内需政策的核心。我国农村人口仍然占全国人口的 64% 以上,拥有 8.2亿之多的农村居民是国内需求的主力军。由于农村居民的恩格尔系数和边际消费倾向远远高于城市居民,增加一个单位的农村居民收入比增加一个单位的城市居民收入所增加的消费需求要多。并且由于广大农村居民生活水平相对比较低,农民群众的衣、食、住、行、用等商品,又恰恰是我国已经进入饱和或过剩的产业,所以扩大农村需求更有利于延长我国具有一定优势的成熟产业和产品的生命周期,充分利用过剩的生产能力。现在制约农村需求增加最大的障碍,是农村居民的收入水平低,购买能力缺乏,所以新的扩大内需的有关政策必须着眼于大力增加农民收入。增加农民收入,从根本上说,传统靠政府价格保护来增产增收的路子已经走到尽头。因为加入 WTO 后,国内许多农产品的"保护价"和"敞开收购"在国际上许多低价格农产品大举进入的情况下根本无力维持。因此,国家实施的积极财政政策,要在前几年增加大江大河治理、农村电网改造、新建粮食储备库等为重点的基础上,适时转移到帮助和推动农村经济结构调整,深化农村税费改革的"新层面"上来,切实保证农民收入稳定提高。因为只有农民收入水平提高并建立起稳定的收入增长预期。广大农民群众的消费欲望才能提高,农村市场的潜在需求才能真正启动起来。具体就是要坚定不移地推进农村的"四化战略":一是坚定农业产业化。要围绕市场需求调整农业生产结构,依托"生产基地+公司+农户"的运营体制,突出发展具有"比较优势"的优质专用农产品(花卉、蔬菜等)、畜牧业、绿色食品、有机食品和无公害食品。二是推进农村工业化。工业化是农村经济发展和农村居民增收的根本途径。因为只有工业化的加快,才能吸收更多的农民到工业当中去就业,实现"非农化"只有尽可能多地把农村居民"非农化",才能解决由于人多地少而导致的农村居民人均占有生产资料(特别是土地)少、生产粗放、效率低下的问题,进而实现农业生产"规模化"。也只有如此,留在农村或农业当中"相对少数"的农民,才能逐步提高收入,走向富裕,形成活跃农村市场的基本力量。三是加快农村城市化。农村工业化作为战略和方向无疑是正确的。但是农村工业化怎样才能成功并真正把农民彻底从土地中"解放"出来,真正为农村经济发展和农民增收留出更大的"空间"呢？出路就是要把农村工业化和农村城市化有机地结合起来。二者结合起来,不仅可以彻底解决目前"村村点火,处处冒烟"式的农村乡镇企业遍地开花而带来的"生态灾难"和发展成本昂贵的问题,而且可以有效解决城市发展过程中出现的"有城无市"和辐射力低下的问题。也只有实现工业化与城市化的良性互动,彻底摘掉农民工(包括其家属)头上的"农字帽子",增大城市人口数量,依托城市容量而发展的第三产业才能兴旺,就业机会才能被不断创造出来,居民收入才能进一步提高,从而扩大国内的市场需求。四是实施农村经济发展可持续化。农业是直接依赖自然资源和自然环境而发展的产业,农业的生命在于自然资源和自然环境能否可持续,因此,无论是农业发展自身,还是农村工业化和城市化的推进,都要认真考虑自然资源和生态环境的"承载能力",注意可持续发展。为此,未来支持农村经济发展的各项政策,要注重抓好农村城镇、公路、电网等基础设施建设,进一步扩大退耕规模,加快宜林荒山荒地的造林步伐,彻底改善农村生产生活条件。

第二,推进工业经济结构的战略"大调整",抓好企业技术改造,培植"核心竞争力"。随着我国"入世"进程的深化,与更加激烈的"全方位"竞争格局和冲突相比较,我国工业经济存在的"小(规模不经济)、散(生产力和资本布局不合理)、低(技术水平低)、同(地区之间的产业结构和产品结构趋同)、少(名牌产品少)"的结构性矛盾日益突出。中国工业何去何从？如果不认真研究国际产业结构演变规律,下决心调整这种缺乏竞争力的工业经济结构,中国的民族工业将很难生存下去。我们必须站在国际竞争的高度,谋划扩大内需政策的指向,利用政策的力量,力争在 WTO 规则给予我们的"过渡期"和某些优惠条件之内,围绕培植"核心竞争力",彻底改造旧的工业经济结构。从理论上讲,核心竞争力的强弱取决于许多因素:首先是规模和实力。在当今世界市场已经明显地表现为"垄断竞争"的时代,保持一定的垄断优势就保持了一定的竞争力。近 10 年来世界上风行的"强强联合"就印证了这一点。其次是比较优势。比较优势既是抵御外来竞争的武器,也是走出国门去决胜国际市场的"杀手锏"。第三是技术创新能力。当今世界谁拥有了更先进的技术和知识,谁就能获得竞争优势。第四就是"品牌和文化"。在一个技术水平日益拉近的全球化时代,许多产品的生产工艺和质量并没有太大的差距,所以国际市场上的产品竞争的优势就主要在于产品所包含的"名气"和"文化特色"。因为对于不同国籍的消费者来讲,要购买来自世界各地的、越来越多的"无差别"的商品,识别和选择的唯一标准就只有"品牌"和"文化内涵"了。因此,我们要提升我国工业和企业的生存能力和"核心竞争力",就必须深刻认识未来国际竞争的趋势和特点,扎扎实实地推进我国工业经济结构的调整和改善。一要下大力气抓好"大企业大公司战略"的落实,切实组建起 30 到 100 家左右能够进入世界 500 强的大企业。二要加快现有企业技术改造,积极采用高新技术和先进适用技术,改造一批重点产业和骨干企业,促进我国重点工业企业的技术进步和竞争力的提高。三要有选择、有重点地加快高新技术产业的发展,尽快形成具有中国特色的和竞争优势的高新技术产业群。四要用知识和品牌去武装我国具有比较优势的劳动密集型产业,力争把优势劳动密集型产业做大做强。

第三,大力发展教育,积极发展住房、旅游、社区服务业和现代流通方式,为国民经济发展提供高效率的服务体系。对于整个国民经济发展和社会进步来讲,服务业是具有高就业弹性、高贡献弹性、高收入弹性的产业。我国的国民经济的持续稳定的发展也逐渐面临物质资源枯竭、产出能力降低、传统的第一第二产业吸纳就业能力下降的矛盾。因此,要实现中国经济持续稳定的发展,也必须寻找新的经济增长点。而从世界其他国家,特别是许多发达国家的经济来看,第三产业发展都成为支撑国民经济持续发展并解决经济结构升级的重要出路。根据世界银行的有关统计,目前许多发达国家第三产业对其 GDP 和就业的贡献率均已经超过 75%,有些国家如美国甚至超过 80%,发展中国家的平均水平也达到 45% 左右。而我国 2000 年第三产业对 GDP 的贡献率才只有 33% 左右,对就业的贡献率还不足 30%。正因为如此,加入 WTO 后,我国面临的产业冲击很有可能在发展不充分、竞争力薄弱的第三产业被撕开一个"大缺口",进而通过挤垮中国的服务业而征服中国市场。目前已经进入国内市场的国外金融、保险、商业、饮食等企业无一不是表现出咄咄逼人、竞争力十足的态势。如果我们再不利用有限的"过渡期",加大对国内第三产业的政策支持力度,推进中国国内的金融、保险、电信、商业、饮食、教育等产业体制改革与结构重组进程,中国的第三产业将会受到比其他产业更大的"打击"。

第四，主动承担国有企业改革和国有经济战略性调整的"成本"，为加快发展和扩大开放创造良好的体制环境。国家在实施积极财政政策的过程中，必须要拿出一定数量的"财政收入"，支付濒临资源枯竭的国有企业、陷入困境不能自拔的部分军工企业、处于一般性竞争领域并陷入经营困境的中小型国有企业的"退出成本"，以及切实减轻有生存能力的大型国有企业的人员负担、办社会负担、债务负担等"减负成本"，如果没有政府更多更集中的投入，企业退出机制和社会保障制度建立不起来，结构调整就是一句空话，稳定的经济增长也无法真正实现。

三、扩大内需注意防范政策摩擦，是实现中国经济持续稳定增长条件

扩大内需的政策要行之有效，必须注意防止各项政策之间的冲突，力争形成强大的"政策合力"。第一，要注意扩张性的财政支出政策与财政增收政策之间的协调，防止"紧缩性"的税收政策削弱积极财政政策的实施效果。例如，1997 年至 2000 年通过增发国债 3600 亿元，拉动名义 GDP 增长率只有8.2%，而税收增长却年均增长接近 16%。"形松而实紧"的税收政策，在一定程度上抵消了增加财政支出的政策效应。因此，要注意发展税收政策对积极财政政策的"逆调节"。第二，要注意扩张性财政政策与货币政策之间的协调，防止不匹配的货币政策削弱积极财政政策的实施效果。第三，要注意积极财政政策与消费政策之间的协调，防止不配套的消费政策削弱积极财政政策的实施效果。一方面，国家要继续投资兴修基础设施、水利工程等公共工程，吸引大量剩余劳动力，将赤字融资转化为他们的收入，利用他们的高边际消费倾向来启动消费。这样才能发挥财政支出的乘数效应，扩大政策效果。另一方面，在国债的使用方向上，除继续增加投资外，还应该注重对消费需求的引导和拉动。各级财政要适当增加转移性支出比重，落实失业职工的基本生活保障，补发欠发的离退休职工养老金，增加失业保险和社会救济的发放范围，增加对公教人员的住房补贴等。第四，要注意积极财政政策与产业结构调整政策的协调，防止不合理的产业政策削弱积极财政政策的实施效果。要增加用于技术进步的预算，并相应增加技术改造贴息和拨款，要对国家重点技术改造项目补充资本金和提供贷款担保；要设立由财政出资的中小企业担保基金，支持中小企业技术改造。最后，要注意积极财政政策与鼓励民间

投资和吸引外商投资政策之间的协调,防止出现"一手硬,一手软"的政策冲突。从实际上看,真正从增发国债、扩大政府投资中获得的经济增长总是有限度的。因为提高扩大政府投资来刺激经济增长总是要受到财政收入规模和财政赤字承受能力的限制,况且政府投资大多投入基础产业和基础设施建设上,虽然对民间资本起到一定的启动作用,但效果不能估计太高,民间资本投资迟迟不能升温就是证明。因此,在加大政府投资的同时,应该通过政策手段,如适度减税、建立中小企业融资担保制度、开放创业板市场、对民营企业提供国民待遇等,启动民间投资。只有两股投资力量合力启动,中国经济增长的动力才能更加强劲。

最后特别指出,作为扩大内需政策重要内容的积极财政政策已经实行了5年,发行了5100亿元人民币的国债,中央决定明年还将发行1500亿的国债用于扩大内需。众所周知,国债收入同其他财政收入的重要区别就是它的"偿还性"。因此,各国政府确定发行国债都要评估其偿还能力和发行限度。我国在继续实行赤字性的积极财政政策的过程中,也必须注重国债发行规模,防止陷入"债务陷阱"。因为国债投资的使用是以国债投资的回报率高于国债利息率为暗含假定的,即如果国债投资回报率大于国债利息率,那么经过规定期限内国债增值,就可以保证还本付息。反之,那就取决于其他财政收入,特别是税收的增长状况。我国发行的国债大多投放在投资回收期长、回报率低的基础产业和基础设施建设上,有相当一部分用来弥补社会保障基金"缺口"和处置银行大量的不良资产,有的甚至用来涨工资。这样国债的偿还就主要依赖于税收等其他财政收入的连年增加。也就是说,国债规模越大,税收增长也必须越快,否则就有可能无法到期支付与年俱增的国债。然而,税率越高,税收增长越快,资本回报在需求不足的挤压下就越低,投资就会越萎缩,投资需求越启动不起来。如果是价内税,虽然企业可以把增税摊入成本,但对于收入本来不高的消费者来讲,无疑又打击了消费者的购买欲望,降低了消费需求能力。如此靠发行国债刺激起来的经济增长将陷入恶性循环的"债务陷阱"。实际上,虽然我国从宏观上看每年新增加的税收足以偿还当年到期的国债,但是如果把微观上的县级、乡镇乃至村级"财政赤字"算在内,我国政府也已经面临着支付危机和"财政风险"的考验。根据有关部门统计,目前我国约有85%的乡镇有"财政赤字"。因此,实施扩大内需政策必须注意防范有关政策的相互冲突和由此带来的"财政风险"。

（原载《学习月刊》2002 第 1 期）

外国学者看中国经济高速增长的原因

　　"Miracle"（奇迹、奇事）是西方学者描述日本、韩国、新加坡、台湾等"亚洲四小龙"经济高速发展常用的字眼，"日本奇迹""汉江奇迹"等称谓曾经吸引了全世界"眼球"，引起无数政客和学者的考察和研究，现在，他们又不约而同地把目光聚焦在中国经济增长问题上，毫不吝惜地使用"miracle"一词来形容中国改革开放以来 27 年的经济高速增长的伟大成就。

一、中国经济长期高速增长

　　美国学者 Mathew Shane 和 Fred Gale 指出："自从 1978 年以来，中国经济始终保持超过 8% 的年均增长速度，世界上没有哪个国家可以和中国经济的长期持续高速增长相比。"改革开放 27 年来，中国经济始终持续高速增长，按照中国官方统计，从 1979 年至 2005 年，中国年平均实际 GDP 增长率高达 9.7% 左右。远远高于同期的美国、日本、德国和曾经创造"汉江奇迹"的韩国。也正是如此，中国的 GDP 总量一举从 1978 年的 1473 亿美元增加到 2005 年的 22450 亿美元，增长了 15 倍；人均 GDP 从 1980 年的 173 美元增加到 2005 年的 1700 美元，增长了近 10 倍，经济总量一举超过了英国和法国，位列美国、日本和德国之后，成为世界第四大经济体。中国经济占世界经济总量的比重由上世纪 70 年代末不足 1% 提高到现在的 4.5%。

　　因此，美国学者 Mathew Shane 和 Fred Gale 认为："在其他国家几十年乃至上百年获得的发展成就和变化，在中国只用了二十多年。美国获得今天世界第一经济大国的地位，由于其经济增长速度只有 3%，用了超过 100 年的时间。日本在 1971 年至 1991 年的 20 年黄金发展时期，年经济增长率也只有 3.85%。其他'亚洲奇迹'国家或地区也从来没有像中国发展这样快。韩国、台湾和马来西亚在 1971 年至 2003 年间的经济增长速度也分别只有 7.06%、7.35% 和 6.53%。"对此，诺贝尔经济学奖得主、美国经济学家约瑟夫·斯蒂格利茨也羡慕而赞赏地说："世界上还从未出现过如此大规模而又持久的经济增长。在过去 1/4 个世纪里,中国的增值率为 9%,人均收入提高了四倍(从 220 美元到 1100 美元)。唯一可以相提并论的是所谓东亚奇迹,8 个增长最快的经济体从 1965 年至 1990 年每年人均收入增值率为 5.5%,但这比过去 1/4 个世纪里的中国经济慢得多,规模也小得多。在以往的经济革命中——比如 19 世纪的工业革命——增长率最高也就是 2% 到 3%。"

如果按照购买力评价标准,许多国外经济学家认为中国的经济总量要比现在中国政府公布的以人民币美元汇价计算的 22450 亿美元要大得多,应该是 91130 亿美元,人均 GDP 也不止 1700 美元,而应提高到 7182 美元。因此,中国经济总量已经超过日本(41000 亿美元)成为世界第二大经济体。对此,Wayne M·Morrison 认为,中国的 GDP 总量可能被低估。因为不仅中国的许多商品和服务价格明显低于美国及其他发达国家,而且许多非货币化指标,如寿命期望值、婴儿死亡率、日摄取热量、人均电视拥有量等都可以和比中国人均 GDP 高许多的泰国、马来西亚和巴西等国相媲美。这些都说明中国的实际发展水平要比其以美元汇价计算的 GDP 总量所表现的水平高许多。也正是基于这样的认识,国际货币基金组织乐观估计,只要中国继续深化改革,中国经济不仅在未来 10 年可以继续维持 7—8% 的高增长率,而且其以购买力平价法计算的 GDP 将在 2020 年之前超过美国进而成为世界第一大经济体。即便较悲观的估计也认为,中国的经济总量最迟 2040 年可以赶超美国,2016 年超过日本。根据世界银行统计,1980—2002 年,中国对世界新增 GDP(按购买力平价)的贡献率为 21.31%,美国为 21.09%,日本为 5.81%,德国为 3.04%。其中,在 1980—1990 年,美国对世界新增 GDP 的贡献率最高,为 21.25%,中国为 12.25%,名列第二,日本居第三位,为 10.56%;在 1990—2002 年,中国对全球新增 GDP 的贡献最大,上升为 27.09%,美国退居第二位。因此,中国已经成为带动世界经济快速成长的火车头。

二、中国经济高成长的奥妙何在

解析中国经济长期高速增长的奥秘,既要借助索洛的经济增长模型,研究要素投入对经济增长的影响,又要吸取新经济增长理论和新制度经济学的理论营养,研究人力资本投资和制度变迁对经济增长的影响。根据索洛的经济增长模型,Mathew Shane、Fred Gale、Wayne M·Morrison 等人把中国经济高速增长归因于中国的高资本形成率、丰富而廉价的劳动力和日益提高的全要素生产率。根据人力资本投资和制度变迁理论,有些国外学者更看重中国的教育事业、体制改革以及良好的投资环境(如基础设施)对中国经济成长的贡献。具体来讲:首先,"高投资"驱动中国经济高速增长。应该说,较高的资本形成率是许多亚洲国家创造经济增长奇迹的共同特征。日本从 1953 年开始到上世纪 70 年代初期的高速增长,得益于其高达 35% 的固定资产投资形成率(固定资产投资占 GDP 的比重)。新加坡在 1971 年至 1985 年间的高速发展时期,其固定资产投资形成率超过 40%。马来西亚在上世纪 90 年代中期也有几年高速增长的时期,而它在此时期的固定资本形成率也超过 40%。因此,许多西方经济学家也都认为,高资本形成率和大规模投资是驱动中国经济高速增长的主要引擎。

中国具有高储蓄率的传统,早在改革开放之初的 1979 年,中国的国内储蓄率就曾高达 32%。尽管在上世纪 80 年代曾经有过一次消费高潮,但总体来讲,高储蓄始终伴随着中国的经济发展。2000 年以来,中国的储蓄率一路高歌猛进,平均超过 49%,2004 年虽然中国的固定资产投资率已经达到 46%,但其储蓄余额占 GDP 的比重仍然从 2000 年的 1.9% 增加到 2004 年的 4.2%,并呈现上升的势头。与此相比,2004 年美国的储蓄率只有 10.7%。

支持中国经济高速增长的高投资不仅来源于国内储蓄,而且来源于大量的国外直接投资。众多的外国公司被中国广阔的国内市场和丰富廉价的劳动力资源所吸引,大举投资中国。据世界银行统计,中国年均实际利用外资额从 1983 年的 6.3 亿美元增加到 2005 年的 603 亿美元,平均年增长 15%。截止到 2005 年底中国累计利用外资总额达到 6180 亿美元。外资的大量流入,不仅补充了经济发展所需的资本,而且为中国的技术进步和出口竞争力的提高做出巨大贡献。由于中国内资与外资的巨大"合力"不仅表现为量的扩张,而且伴随基础设施的巨大改善、产业结构升级和技术进步,所以它对中国经济高速增长的贡献巨大。根据 Shane 和 Gale 等人的估计,高投资对每年中国经济增长率的直接贡献要在 4.7 到 6.4 个百分点之间。

第二,丰富廉价的劳动力资源保证中国经济高速增长。经济合作与发展组织(OECD)的一份研究报告指出,中国有世界其他任何国家都难以比拟的比较优势,一是丰富的劳动力资源。中国不仅每年都有近 1000 万的新增就业人口,而且在广大乡村有超过 1.5 亿的剩余劳动力等待到城市就业。二是"人优价廉"。中国的劳动力价格不仅价格便宜,而且质量很高。

由于追逐利润最大化是资本的天性,"人优价廉"的劳动力资源,就像磁石一般吸引着跨国公司的投资,进而使中国真正成为了"世界工厂"。因此,造就了中国在劳动密集型产业和工业制成品领域无与伦比的竞争力。在世界最大零售商沃尔玛的供应商当中有 80% 来自中国。而在上世纪 90 年代中期,沃尔玛销售的商品当中来自美国之外的只有 6%。根据 Shane 和 Gale 的研究,"丰富廉价的劳动力资源对中国年均增长率的贡献超过 1 个百分点。"

第三,效率改进促进中国经济高速增长。Shane 和 Gale 认为,中国的效率改进和全要素生产率的提高归因于技术改善和劳动力技能的提高。一方面,随着中国的经济体制从僵化的集权计划体制向市场经济体制转变,各种生产要素被配置到效率更高的部门或经济领域,使各种生产要素得到更加高效的利用;另一方面,外国直接投资不仅带来资本,而且也带来了技术和管理经验,这也是提高全要素生产率的重要因素。同时,随着中国教育事业的发展,劳动力质量也有很大的提高,无疑这也是提高全要素劳动生产率的因素。至于效率改进和全要素生产率对中国经济增长率的贡献,Heytens 和 Zebregs 认为:"在 1971 至 1998 年期间,效率改进和全要素生产率提高对每年中国经济增长率的贡献都在 2 到 3 个百分点之间。"

第四,剧增的国际贸易拉动支持了中国经济高速增长。Shane、Gale 和 Morrison 等国外学者都认为,自 1980 年以来,中国始终把对外贸易发展作为拉动和支持经济增长的关键因素之一。中国政府不仅主动减少国际贸易的政府垄断和控制,降低贸易壁垒,而且积极谋求加入世界贸易组织,而这些政策都极大地促进了中国国际贸易的快速发展,使中国在世界贸易总额中的比重逐年增加,进而迅速成为当今世界位居美国和德国之后的第三贸易大国。

国外学者认为,对外贸易对中国经济增长的贡献表现在两个方面:一方面是快速的出口特别是贸易顺差的快速增长,从需求方面不断拉动中国经济增长。Shane 和 Gale 认为:"解释对外贸易对中国经济增长贡献大小的最好的工具莫过于其日益攀升的贸易顺差。"自 1990 年以来,由于中国对外出口增长迅速,贸易顺差逐年提高,这就为中国释放其劳动密集型产业优势和过剩的机电生产能力提供了国际市场需求空间。另一方面,大量的稀缺资源进口从保障供给方面不断支撑中国的经济增长。中国近年来也通过国际贸易进口了大量的国外先进设备和自然资源,这不仅有利于提高中国制造业的生产水平,而且部分地弥补某些资源不足的"缺口"。如此"一出一进"就为中国经济增长注入了强劲的外在动力。

第五,体制改革与制度创新保证了中国经济高速增长。美国经济学家诺斯和托马斯(Douglass C North,Robert Paul Thomas)指出,有效率的经济组织是经济增长的关键。而这种组织的效率来源于一套能够对经济主体行为进行激励的产权制度安排。毫无疑问,中国经济 27 年的高速增长,得益于改革开放。"经济体制改革为中国经济增长和生产率提高提供了强大动力。"因为随着僵化计划经济体制的瓦解和市场经济体制的建立,不仅使计划体制压抑的经济发展潜力被最大限度地释放出来,地方政府和企业发展经济的积极性大大提高,而且各种非公有经济成分,如个体私营经济、外资经济等得到快速发展,并逐渐成为推动中国经济发展的主要力量。根据中国官方统计,截至2005 年底,私营企业和外商直接投资企业的产值对 GDP 的贡献已经超过国有经济,比重达到 65%。

对此,Shane 和 Gale 坚信:由于"中国将长期占有低劳动成本的比较优势,尽管韩国、印度尼西亚、越南和菲律宾等国的人均收入也不高,但它们都无法为对外开放和引进外资提供坚实的政治保障。只要中国继续保持改革开放,鼓励外资和其他资本投向基础设施和基础产业,中国还将继续保持快速增长的势头。"

(原载《中国经济时报》2006 年 11 月 27 日)

中国未来经济增长面临的困难与挑战

用外国人的"第三只眼睛"去看中国经济持续 20 多年高速增长的奇迹,不仅有利于我们清醒认识我国经济增长的根源和存在的问题,还有利于增强我们进一步坚持改革开放的信心。尽管由于他们有时是戴着有色眼镜看中国,提出的质疑和责难有失公正,但可以从反面提醒我们要正视中国经济高速增长背后存在的问题和隐患,防微杜渐,进而继续续谱写中国经济高速、高效、持续增长的辉煌。

一、"消费需求不足"削弱中国经济增长的"持续拉力"

美国的经济学家 Shane 和 Gale 研究认为,自从改革开放以来,消费需求始终是拉动中国经济高速增长的主要动力。在 20 世纪 80 年代,消费需求对 GDP 增长的贡献平均超过 60%。但进入 90 年代以后,消费需求对经济增长的贡献率明显下降,这种下降的趋势一直持续到现在。在 2000 年至 2004 年间,消费需求对中国经济增长的贡献率分别只有 61%、59.1%、56.8%、53.2% 和 54.1%。与此相比,美国的最终消费占 GDP 的比重平均高达 80%,经济合作与发展组织成员国的最终消费占 GDP 的比重平均也高达 75% 以上。因此,消费需求低迷,不仅直接导致中国经济持续增长的"后劲"不足,而且造成大量的生产能力闲置和商品积压,进而不得不"畸形"地依赖"扩张投资"和"增加出口"来维持经济增长。然而,扩张投资必然继续恶化"产能过剩",过剩产能的释放在国内消费需求不足的条件下必然要依赖扩大出口,扩大出口又必然导致国际贸易摩擦的增加。

他们认为,导致中国消费需求低迷的原因很多,但主要有三方面:一是高投资率的"挤压效应"。二是居民不稳定的收入预期和消费支出预期诱致边际储蓄倾向提高。三是住房、医疗、教育等产品或服务价格昂贵。

二、"自然资源短缺"削弱中国经济持续高速增长的"供给能力"

客观讲,中国经济的高增长是在一种比较"粗放"的经济增长方式基础上实现的。高投入、高消耗、高污染、低效益的经济增长与资源和环境承受能力不足的矛盾日益突出。根据世界银行统计,2003 年中国的 GDP 总量仅占世界经济总量的 4%,但却消耗了全球 21% 的钢材,31% 的煤炭,25% 的铝和 40% 的水泥。有外国学者认为:"中国经济的快速增长和制造业的持续膨胀直接导致其能源和资源需求的急速扩张,而这也成为诱致全球石油和资源价格持续高扬的重要因素。"因此,"有限的自然资源供给和石油、铁矿石、煤炭等生产资料价格的攀升将阻止中国经济快速增长的脚步。"

三、"污染严重"压缩中国经济持续高速增长的"环境空间"

由于经济增长方式粗放和环境保护不力,中国经济的高增长常常伴随着严重的环境污染,由此造成巨大的经济损失。美国世界观察研究所的一份研究报告显示,2004 年通过对中国 7 大水系 412 个观测点的抽样调查,受到污染的水面高达 58%。全世界 20 个空气污染最严重的城市中,中国城市占了16 席。30% 的农田由于遭受酸雨的影响而减产。在过去高速发展的 20 多年里,每年由于环境污染所造成的损失估计占到 GDP 总量的 10%。

四、"不平衡发展"限制中国经济协调发展的能力

伴随着经济高速增长的同时,中国区域经济发展不平衡的矛盾也日益突出。一方面,城乡二元经济矛盾继续恶化,发达的城市与落后的农村之间的发展能力差距和城乡居民收入差距进一步扩大,而这也成为影响社会稳定的头号难题。据统计,城乡居民实际收入差距已经从改革开放初期的 1.8∶1,扩大到 2005 年的 3.22∶1。如果考虑城镇居民享受的社会保障和教育等公共产品的收益,城乡居民实际收入差距将进一步扩大到 5∶1 或 6∶1。因此,能否消除城乡二元经济结构,逐步缩小城乡居民收入差距,进而努力实现社会公平,将直接挑战中国经济增长的可持续能力。另一方面,东部地区与中部、西部地区的发展差距逐步扩大。许多东部沿海城市的生活水平已经接近中等收入国家水平,中部和西部地区被东部地区远远地甩在后头。

五、"不完善的经济体制"桎梏中国经济高速增长的"潜力释放"

外国学者认为,"中国在经济体制转轨和经济快速发展过程中,仍然存在许多体制不完善和结构不合理的问题。这些问题将影响中国的经济和社会稳定,进而对中国经济持续增长形成威胁。"一是不健康的银行体系将成为威胁或延缓中国经济高速增长的重大隐患。由于中国的国有商业银行长期以来由政府主导并服务于国有企业,几乎很少考虑贷款者的偿还能力和贷款风险,所以许多贷款"有贷无还",进而形成大量的不良贷款。据中国官方估计,国有商业银行的不良贷款总量高达 3000 亿美元。随着加入 WTO 过渡期的结束,中国开放金融市场并允许外资银行经办各种金融业务,中国国有商业银行将面临更加激烈的市场竞争而导致的金融风险。二是国有企业的低效率仍然影响整个社会资源的有效配置。在上世纪 90 年代中期,国有企业就业的职工占城镇职工就业总数的 59%,但到 2005 年这一比重已经下降到

20%。尽管如此,由于国有企业与国有商业银行的"兄弟关系"和其在股票市场的垄断地位,国有企业却占用和消耗绝大部分的社会资源。管理混乱和竞争力缺乏是国有企业较为普遍的现象。与此相比,广大的个体私营经济却表现出非凡的效率和活力。然而,它们不仅大多被排斥在股票市场之外,而且也很难获得国有商业银行贷款支持。融资难、贷款难成为制约中国民营经济和中小企业发展的主要障碍。如此失衡的资本配置,极大地降低了社会资本的使用效率,削弱了中国经济持续增长的能力。三是巨额的财政赤字可能诱发的财政风险为中国经济的持续增长埋下隐患。不可否认,中国近年来的经济繁荣与其实施较长时期的扩张性的"赤字财政"政策有关。2003 年,中国财政赤字占 GDP 的比重为 2%,这对于发展中国家的偿还能力来讲,已经达到了一个极限水平。与此相比,作为财政赤字"巨无霸"的美国的财政赤字占 GDP 的比重也只有 4%左右。上述财政赤字是中央政府的,其中并不包括地方政府欠下的大笔债务,许多乡镇和村债台高筑。特别是中央政府实施取消农业税的政策以后,使原本就十分困难的基层财政更加"雪上加霜"。如果再考虑弥补巨额的养老金缺口和充抵银行不良资产所需要的财政资金,最终将导致巨大的通货膨胀压力和财政风险,进而影响中国经济的持续增长。

六、"廉价劳动力供给能力下降"以及由此诱致的劳动成本上升将成为劳动力短缺瓶颈

一方面,"民工荒"的出现已经昭示中国将逐渐结束廉价劳动力的无限供给,由此可能增加各类企业的劳动成本进而会形成对资本的"挤出效应"。另一方面,由于中国的人口控制政策导致中国新增劳动力的速度下降,进而使中国持续增加廉价劳动力的能力不足,进而逐步失去其经济高速增长赖以维系的劳动力优势。

（原载《中国经济时报》2006 年 11 月 30 日）

第五章

经济结构调整与发展方式转变

产业结构"趋同症"的症因及其根治

一、产业结构"趋同"及其危害

1.我国产业结构趋同化表现。产业结构是指国民经济体系和工业体系中的产业、行业的比例组合,它包括两重含义:其一是指第一、二、三产业以及各类产业内部各部门、各行业、主导与非主导产业、基础与非基础产业之间的相互关系。其二是指在一定产业内部作为组织载体的大、中、小企业之间的相互关系,即产业组织结构。二者辩证统一,构成产业结构的完整内涵。所以,我们在本文所讨论的产业结构"趋同症"是指产业结构在我国不同区域间的双重雷同,进而国民经济各个产业部门,从农业、工业到服务业,从加工工业到原材料工业,从轻工业到重工业,从机械工业到电子工业,从家电工业到纺织服务业,几乎普遍存在着生产集中度低、专业分工差、低技术、小批量、"大而全"、"小而全"自给性重复生产等不合理现象。它不仅表现在中部地区与东部地区、西部地区与中部地区的工业结构相似率分别高达93.5%和97.9%,而且表现各种产品生产在不同省份(市或区)之间存在明显重复与趋同(如下表所示)。

产品种类	呢绒	纱布	缝纫机	自行车	手表	电冰箱	洗衣机	电视机
地区分布(省市区数)	30	29	22	24	25	24	24	27
趋同度(%)	100	97	73	80	83	80	80	90
产品种类	钢材	玻璃	纯碱	水泥	化肥	塑料	机床	汽车
地区分布(省市区数)	29	28	25	30	29	28	28	26
趋同度(%)	97	93	83	100	97	93	93	87

★趋同度是指产品分布的省(直辖市、自治区)数占全国省(直辖市、自治区)总数的比重

2.产业结构趋同化的危害。我国这种产业结构高度趋同,不仅加剧了国内企业之间的原料大战与市场争夺,激化了区域经济矛盾,强化了部门垄断和地区封锁,从而阻碍了生产要素的合理配置,降低了国民经济综合效益,而且低水平的重复投资、重复建设、重复生产,达不到应有的专业化程度和规模经济,影响了整个国民经济的增长质量。具体来讲:(1)产业结构趋同,削弱国民经济素质。国民经济素质高低,取决于产业结构是否合理,只有在合理的产业结构下,形成企业间合理的社会分工与专业化协作,才能实现集约与规模经济,创造 1+1>3 的协同联动效应。在我国由于地区间产业结构趋同,重复投资引进,重复建设生产,企业一味追求“大而全”,致使一则不能形成分工基础上的相对集中,专业化水平低,分散化、小型化严重,根本形不成集约化与规模经济。与国际先进水平相比有很大差距。以钢铁工业为例,西方主要工业发达国家的钢铁企业在目前的技术水平下,其最佳规模为年产 1000万吨左右,而我国目前年产钢 500 万吨以上的企业仅 4 家,年产钢 100—500万吨的有 11 家,50—100 万吨钢的有 10 家,大约有 500 多家钢铁企业及众多的乡镇钢铁厂年产量更低。而早在 1976 年,美国最大的几家钢铁公司的年产量就达到 2570 万吨,日本新日铁年产钢更高达 3400 万吨。再如我国 70 多家彩电总装厂,平均年产量只有 17 万台,而电视机产量与我国相近的韩国,整机生产企业一共才 6 家,每家平均年产 200 多万台,可见规模经济水平相差极大。类似诸如汽车工业、电力工业、化学工业等都远未达到国际同类企业的正常生产规模。二则高加工度产业发展不足,形不成深加工能力,大量粗加工低质产品繁衍,产业增值能力低下。从轻纺工业中的服装与纺织的增加值比例来看,我国 1994 年仅为 0.32,大大低于发达国家 1992 年 0.64 的平均水平,甚至低于韩国(1991 年)0.44 和巴西(1989 年)0.58 的水平,重工业中的

深加工程度差距更大。初金属与机械类工业的比例,我国 1994 年仅为 2.29,大大低于发达国家 9.28 的平均水平,而且也低于韩国 4.69 和巴西 2.75 的水平。三则由于有限的建设资金被盲目争上的同一水平的新建企业所挤占,妨碍了原有企业的更新改造与技术进步,导致设备严重老化、工艺落后,产品在市场上失去竞争力。(2)产业结构趋同,诱使原料大战与市场争夺,不仅资源浪费严重,而且为外商占领中国市场创造了机会。由于产业结构趋同所衍生的大量同类企业及其生产能力扩张,必然导致一方面面对有限的资源,在生产要素市场上争原料、争能源,竞相提价,进行原料大战,增加了产品生产成本,同时面对产品市场上的供过于求,企业为了销售其产品,又争客户、争市场,争相降价、亏本竞争,甚至在国际市场上自相残杀。这"一高一低"给国家整体经济效益造成了巨大损失;另一方面,由于盲目引进重复建设而生产能力过剩,又必然造成巨大的生产能力与设备闲置,积压大量产品,甚至出现许多企业投产之日即亏损之时的现象。据统计,我国 3 万多亿的国有企业资产存量中被长期闲置的就有 1/3。其中家用电器工业、纺织工业中约有近 1/3 至 1/2 的生产能力闲置。并有大量的产品积压。这不仅浪费了大量的固定资金,而且占用大量的流动资金。而这种国内的市场自相残杀式的竞争格局正为外商及外国商品的进入打开了"方便之门",使民族工业陷入危难,损害着民族利益。

二、产业结构趋同的症因:体制扭曲与非经济理性

我国产业结构趋同化的根本原因是传统体制下的"条块分割"与"政企不分"和改革以来体制转轨时期所形成的"体制缺陷",及由此产生的经济主体行为的"非经济理性"。

首先,传统计划体制惯性中,中央部门与地方"条块分制"与"政企不分"造就产业结构趋同。一则人为割断了部门与地区以及地区与地区之间内在的资源、资金、技术和人才联系,部门与地区都盲目奉行"自成体系"的发展模式,加上政府控制的投资方向与投资结构不合理和各级政府与企业预算约束软化,必然重复投资、重复建设。二则内在于传统计划经济体制中的"一刀切"和相互攀比的"大呼隆"机制仍作用于各级政府及企业,又促成了一次又一次的重复建设高潮,各地曾发动的"五小工业"建设运动以及现在出现的

"房地产热"都足以例证。三则人为限制开放、统一、公平的市场体系的形成与发展,使产业结构调整及资产优化组合缺乏媒介,也促使产业结构趋同化倾向愈演愈烈。

其次,转轨时期的体制缺陷与利益摩擦,助长产业结构趋同。其一,自1985年推行地方财政包干"分灶吃饭"以来,地方利益驱动各地区及企业竞相发展短期利润高的产品,重复引进、重复建设、重复生产,使地区产业结构雷同化。其二,由于"地方保护主义"盛行,为免于"肥水外流",不仅本地区追求"大而全",而且封锁本地市场,限制外地产品进入,极力扶植由于重复建设、已经市场过剩的产业或企业发展,这样一冲动一纵容也必然助长地区产业结构低质趋同。其三,风险与利益非对称的风险转嫁机制加剧了产业趋同。即投资主体只追求投资利益,而不承担投资风险,风险最终只由国家承担,所以地方政府与企业投资趋同产业毫无顾忌。

第三,经济主体的非经济理性,推动产业结构趋同。"经济人"应该是市场经济条件下经济主体的典型人格特征,而经济人的"理性"在于其通过成本与收益、风险与收益的对比,追求利润与效用长期最大化。也就是说,理性的经济主体能够理性投资,降低风险,注重经济效益。然而在我国,各类经济主体的经济行为却具有一定程度的非理性,表现在产业选择与产业结构体系设置上的非市场性,而注重所谓政治和行政绩效取向,甚至不切合实际地贪"大"求"全"。因此,作为一种产业形成组织载体的企业可以不进行充分论证而盲目上马新项目,地方政府可以不通盘权衡国内外市场需要和本地区优势而盲目选择重点产业,结果在全国各地出现了这种非理性的产业结构趋同化现象。也正是由于这种非理性,各地在制定"九五"计划和2010年远景目标规划中,仍不顾市场拥挤,有22个省区市把汽车列为支柱产业,24个省区市把电子列为支柱产业,16个省区市把机械、化工列为支柱产业,14个省区市把冶金列为支柱产业,再次出现重复建设和结构趋同苗头。

三、根治难点:交易成本与沉没成本

调整和优化产业结构,彻底根治"趋同症",需要支付成本。因为在趋同产业结构安排下形成了相应的利益格局,地方政府与企业都在产业结构趋同的追逐中享有一定的政治利益或经济利益。因此,要消除"趋同症"必须考虑

来自各方利益主体或利益集团的讨价还价,及由此需要支付的交易成本,同时,在趋同产业结构下形成的各种资产具有相应的专用性,如果进行调整,又必然形成一定的"沉没成本"需要支付,国家能否支付这两种成本将成为能否解决产业结构趋同难题的关键。

1.根治产业结构趋同的"交易成本"。交易成本简单理解就是在一定的社会经济条件下,与人打交道处理人们利益关系时所发生的各种费用的总和。在我国经济运行中出现的产业结构趋同现象,正如前面所分析的那样,是各地区、各部门、各利益集团追求一定的经济利益或政治利益的一种必然产物,它既然作为一种客观存在的产业制度安排,说明它就是所涉及各部门、各地区及各种利益集团的权利关系的一种"均衡"。国家要调整它,即使是优化它,也必然会触及各方面的既得利益,使一部分人受益或受损,会有讨价还价,有合作也会有冲突,因此,国家要支付相应的"交易成本",具体包括:①各级地方政府出于本地区经济利益,实行"地方保护主义"进行"逆优化"抵制,或者进行"上有政策,下有对策"的策略性变通行为可能造成的国家利益损失;②各级政府官员出于政绩意识而进行的逆向行为所造成的各种损失;③部门、行业或企业主体出于部门、行业或企业利益而实施逆向行为所造成的各种损失;④根治产业趋同,重组资产存量,势必要关、停、并、转及破产,由此而引起的下岗或失业者的反对或抵制所形成的费用损失;另外消除产业趋同还要支付大量的宣传教育等费用,等等。因此,产业结构趋同症能否根治,关键就要看国家是否有勇气或能力支付这种交易成本。

2.根治产业结构趋同的"沉没成本"。在一定条件下产业结构趋同化格局一经形成,最终都由相应的专用资产配置组合物质地再现出来,这种专用资产具有在用于特定用途以后,很难再移作其他用途的性质。它包括:①场地或区域的专用性。如在某一特定地区、场所兴建厂房的投资无法移至其他地区用于他地。②物质资产专用性。如某一特定产业或行业所形成专用机械设备无法用于他业,如纺织设备与煤炭设备。③技术、人力资产的专业性。即专用技术和人所掌握的特定技能与知识只能服务于特定的产业或行业,一旦改变或取消某种产业或行业,这些专用技术、技能与知识将全部或部分地失去意义。④专项资产。即供给者为了专门向某一特定市场供货所投入的资产。由于这种资产的专用性,如果通过调整或优化产业结构,关停并转或破产一些"长线"行业或企业,那么原来所投入的资产将全部或部分地无法改作他用,因而在投资所形成的固定成本和可变成本中必然会有一部分"不可挽救的成本"或"沉没成本"。国家能否根治产业结构趋同症,还取决于国家财政对这种"沉没成本"的支付能力。

四、根治对策:多管齐下、综合治理

产业结构趋同化的形成并非一朝一夕,根治它需要一个过程,必须用系统方法,综合治理,具体措施包括:制度创新、妥用增量、存量调整、退出援助。

1.制度创断。产业结构趋同化的主要根源源于传统计划经济体制下的"条块分割"、"政企不分",以及转轨时期不清晰的中央与地方的权利关系。正本清源,根治结构趋同症的良方在制度创新,即继续深化经济、政治体制改革,加快市场化步伐,以市场经济运行惯例规范经济主体及其行为,规范政府与企业的责权利关系。一方面要真正实行政企分开,把企业塑造成真正自主经营、自负盈亏、自我约束、自我发展,成熟的理性市场主体,克服短期化行为;另一方面政府要完善宏观调控体系,打破条块界限,积极培育统一、开放、公平竞争的市场体系,创立健全的市场规则与法规,为产业结构调整与资产重组创造基础条件。

2.妥用增量。即各级政府,特别是中央政府要强化中国产业投资与发展的调控机制建设,使之真正成为杜绝不良与产业投资产业趋同的"闸门",而不能成为心善的"纵容者",要妥用投资。因此,一方面在选择支柱产业,推动产业结构高级化以及地区产业合理布局时,一定要遵循"高收入弹性""高生产率增长""高关联度""环境保护""疏通瓶颈"等基准,进行增量投资;另一方面对趋同产业结构中的"长线"产业、行业及项目要严格控制新增投资。这样经过一个长期的增量边际调整过程,使趋同的产业结构逐步优化。

3.存量调整。即各级政府要下决心利用破产机制和关停并转方式,优化组合作为产业结构趋同物质载体的资产存量,实现资产运营的集约化与规模经济。在选择资产存量调整方式时,要充分考虑交易成本与沉没成本的约束,应尽可能多利用兼并和转产方式,慎用破产与关停,要大力发展经济联合与企业集团,实现适当的市场集中,创造协同效应。

4.退出援助。即政府应设立产业调整援助基金,援助企业的退出和转产行为。一则政府多对从"长线"产业或行业中退出的企业给予优惠待遇,企业如果封存和淘汰设备,在进行新投资时,可以按比例得到优先或优惠贷款,或采用特别折旧率,或采取所谓"收购报废"方式。如五六十年代日本政府对纺织工业的调整就是采用此法,效果良好,二则产业调整援助基金还可以用来作为下岗职工再就业培训费用和失业救济金。

（原载《中国国情国力》1997 年第 1 期）

产业结构调整成本与方式选择

　　在我国,"畸形产业结构"一直是制约国民经济从"粗放型"向"集约型"发展转变的主要障碍。"结构失衡与趋同"不仅直接造成巨大的资源浪费,而且无法实现规模经济,提高效率,进而提高国民经济增长质量和国民经济素质。因此,中央提出,今年我国经济工作的重点之一是优化产业结构。实际上,调整不良产业结构多年来一直是我国经济工作的一个中心任务,为何我国经济生活中的产业结构失衡与趋同的弊端始终未能根治,原因何在? 我们认为,巨大的"调整成本"是消除结构顽症的主要约束。由于舍不得或无力支付巨大的调整成本,致使不良产业结构长期困扰我国国民经济的健康发展。

一、产业结构调整必须支付的两种成本

　　首先,产业结构作为一种"制度安排",在一定社会经济条件下,虽然内生于一定的自然条件、社会生产力和技术发展水平以及社会需求,具有客观性,但实际上也是中央以及各部门、各地区、各企业、各利益集团长期主观追求某种经济利益或非经济利益的必然结果,是一种权力和利益关系的"均衡"。因此,在我国产业与产业组织结构中存在的"重重、轻轻""短基础、长加工""产业趋同""大而全、小而全"等不合理结构问题的背后,隐含着从中央到地方、各部门、各地区、各企业及各利益集团的既得经济利益和政治利益。要调整产业结构,即使是优化产业结构,也必然会触及各方面的既得利益,使一部分人或集团受益或受损。受益的自然拥护结构调整,受损的自然会抵制或反对结构调整。从而在调整和优化产业结构过程中,由于某种行政隶属关系,必

然要在中央与部门、地方、企业之间，部门与地方之间，部门与企业之间，地方与企业之间，部门与部门之间，地方与地方之间，企业与企业之间进行复杂的"讨价还价"和社会博弈，由此需要支付巨大的"交易成本"。一方面，在产业结构调整的具体实施过程中，由于"信息或知识不完全"和"制度预期不稳定"，必然会造成一定的经济损失；另一方而，由于产业结构调整形成新的产业结构格局所造成的经济利益或政治利益重新分配，也必然带来社会上某些利益集团的抵触和反对，引起非经济领域的混乱、摩擦、动荡，从而阻碍社会再生产过程的正常运行，导致经济损失。这种交易成本对于中央政府来讲，它包括：1.各部门或各级地方政府出于本部门或本地方经济利益，实行部门或地方保护主义，进行"逆向"抵制或"上有政策，下有对策"的策略性变通可能造成的宏观利益损失；2.各部门或各级政府官员出于个人政绩利益而进行的"逆向选择"所造成的社会利益损失；3.企业关、停、并、转所引起的下岗或失业者的反对或抵制而造成的社会动荡；4.企业通过关、停、并、转，重组国有资产过程中，或假破产真逃债，或低估资产价值等流失国有资产；5.为保证调整成效，避免部门、地方或企业的抵制或变通而进行监督、检查所支付的费用，等等。与此同时，各部门、地方、企业与各自的上级进行讨价还价，"拉关系，走后门"，或抵制，或变通，也要需要费用；部门之间、地方之间、企业之间，在产业调整和资产重组中讨价还价也花费费用，等等。在优化调整产业结构过程中支付的交易成本越高，不合理的产业结构越难以改变，越难以达到预期的调整目标。其次，任何社会经济条件下的产业结构都有其物质载体，一定的产业结构格局一经形成，最终都由相应专用资产物质性地再现出来。这种专用资产具有用作某种用途以后，很难移为他用的性质。而资产的专用性是指：1.场地或区域专用性，由于场地或区域的自然条件特性和固定资产特性，兴建于一定场地或区域的基础设施很难移做他用；2.物质资产专用性，特定产业或行业所形成的专用机器设备，如纺织工业设备、煤炭工业设备等；3.人力资产的专用性，即人所掌握的专业技能和知识只能服务于特定的产业或行业，这些产业一旦废止，这些专业技能和知识将失去意义，等等。由于资产具有专用性质，如果通过关、停、并、转一些"长线"企业或项目，来调整或优化产业结构，原来所投入的资产将全部或部分地无法改作他用。这样，投资所形成的固定成本和可变成本中都将包含一部分"不可挽救的成本"即"沉没成本"。因此,在我国经济运行中能否从根本上解决产业结构不合理问题,取决于中央财政和地方财政,以及社会或人们心理对这种"沉没成本"的承受力。这种承受力越强,根治不良产业结构就越能够彻底。

二、成本约束下的产业结构调整方式的选择

我们认为,调整优化产业结构必须支付成本和代价,中央、各部门、各级政府与企业都应本着科学态度正视它,关键是如何尽可能降低结构调整成本。因此,我们必须要认真选择适合我国实际情况的产业结构调整与产业组织方式及对策。

首先,我们要统筹规划产业结构及其区域配置,妥用增量,防微杜渐。一方面,各级政府及企业都要根据自然资源条件和社会需求,遵循技术与产业演进规律,科学选择产业结构安排与区域布局,从全局或源头上降低结构不合理的可能性;另一方面,要按照"高收入弹性""高关联性""生产力高增民率""环境保护""规模经济"和"缓解短缺"等基准选择支柱产业和重点产业。理性使用新投资,科学使用增量,不仅国内的新增投资要严格按照国家产业政策的要求,切实增加基础产业、支柱产业和重点产业的发展投入,而且对于外商投资的方向和领域也要进行控制和引导,使更多的外商投资转向基础设施、基础产业、高新技术产业和高附加值产业,转向大型骨干项目,把吸收外商投资同国内产业结构和经济布局调整紧密结合起来,从而最大限度地减少不良资产和"长线"产业,从根本上杜绝不成规模、科技含量低,以及"小而全"项目的新建。在"九五"期间,预计我国将吸引外商直接投资 2300 亿至 2700 亿美元。如果有关部门能把这笔数量可观的外商投资引向农业新技术和土地资源综合开发、水利、能源、交通、重要原材料、机械、电子、矿业等国家短缺和急需发展的基础产业和支柱产业,即可创造"一箭双雕"的经济效应,它不仅可以直接有利于发展我国的基础产业和支柱产业,而且可以间接有利于减轻其他产业发展过程中的竞争压力,进而获得相对广阔的发展空间。

第二,要保证中央政府权威,推进制度创新,减少交易成本。一则在产业结构调整过程中,中央政府要有权威,通过政令统一,减少"交易成本"。实际上,部门或地区内部的结构调整,主管部门或地方政府也可以凭借其权威,及其相应的"规模效益",降低内部产业结构调整交易成本。二则要建立科学的

产业退出援助与保障制度。结合我国的实际情况可以考虑设立产业结构调整援助基金,援助企业的退出和转产行为,政府可以对从"长线"产业或行业中退出的企业给予优惠待遇。同时,为减少社会动荡,对由于结构调整而失业或下岗的职工建立失业救济和保险制度,以及职工再就业培训制度,实施再就业工程。特别是要完善劳动力市场;三则应加强调整不良产业结构重要意义的宣传教育,形成全民的优化产业结构共识和意识,配合国家对产业结构调整,使杜绝不良投资、减少重复建设成为自觉行动。

第三,针对"沉没成本"对产业结构调整的约束,在存量资产流动重组过程中,应尽可能采用低沉没成本的存量调整方式。即在破产、关、停、并、转等方式中,根据它们对沉没成本影响程度不同,应尽可能利用"并、转"或联合,慎用"关、停"与破产。这里讲"慎用"后者,并不是不用。对那些处于"长线产业",技术设备落后,不成规模,没有竞争力和市场,并且经营管理落后的企业,该关停与破产的,下决心关停和破产。但要进行科学论证,防止"一窝蜂"。同时,更应根据国家的产业政策和生产力布局的总体要求,鼓励资金雄厚、有知名品牌、管理水平高和经济效益好的企业兼并落后企业,推动跨部门、跨地区、跨所有制的联合与合并,特别是要大力发展企业集团。这不仅有利于极大地降低产业结构调整中的沉没成本损失和约束,而且内化了企业与科研、外贸、金融等部门的融合,从而也极大制约了产业结构调整的交易成本。

最后,特别指出,调整产业结构是一个复杂的系统工程,只有系统设计,统一协调,稳步实施,才能最大限度地降低"调整成本"。从而加速我国产业结构优化的进程,为国民经济高效益、协调稳定地健康发展创造有利条件。

(原载《理论前沿》1997 年第 14 期,与李旭茂合撰)

国际金融危机后中国经济结构战略性 调整的新约束与新对策

随着国际金融危机破坏力的减轻和世界经济的逐步复苏,世界经济进入了后国际金融危机时代。在这样一个新的时代随着中国等新兴经济体的经济总量以及国际竞争力的提升,大国竞争格局及国际社会治理机制将发生深刻变化。在这种新的国际竞争格局中,中国要谋其更大发展空间,解决自身在全面建设小康社会的发展难题,都必须加快解决中国经济社会发展过程中的"结构性"矛盾。只有彻底解决这些多年积累并受"时空压缩"的结构性矛盾,中国经济发展方式才能根本转变,中国经济才能真正走上全面、协调、可持续发展的道路。

一、国际金融危机后中国经济发展面临的新约束

国际金融危机后,世界各国都在根据国家利益和金融危机对其影响的程度而开始调整自己发展战略和思路,由此引起国际关系的调整和大国博弈必然影响到中国的国家利益。因此,中国制定经济结构调整战略必须充分考虑新的世界政治经济格局和大国博弈的约束。

1.新的大国竞争格局将恶化中国发展的国际环境。改革开放30多年,中国经济高速发展,GDP年均增速超过9.8%,由此中国一路赶超英、法、德等发达国家的经济总量,成为世界"第三大经济体"。由于成功应对这次百年一遇的国际金融危机,加之日本经济长期低迷,2010年中国又超出日本成为仅次于美国的世界"第二大经济体"。经济合作与发展组织测算2010年中国经济对全球经济增长的贡献会达到1/3,对于中国的这种高速发展和地位提升,无论是出于国家利益的考虑,还是鉴于意识形态的冲突,国际社会特别是传统经济大国对中国的策略都会有所调整。一方面,国际社会对中国的期待将进一步上升,其集中体现就是关于G2和Chimerica的说法。G2概念是美国彼得森国际经济研究所主任博格斯滕在2008年7—8月份的《外交事务》杂志上提出的,他认为美国应寻求同中国发展一种真正的伙伴关系,以实现对全球经济体系的共同领导,而不是纠缠于双边关系中的众多问题和相互抱怨。美国少数学者和个别战略家将G2一词上升到政治层面,特别是提出一种中美共治的制度性领导结构。进而以此要求中国要为国际社会多承担责任并努力"像负责任的利益相关方那样行事履行其承诺并与美国和其他国家共同努力促进为其成功提供条件的国际体系"。美国对中国提出的责任要求很多,如经济上开放市场,增加内需,改变中美贸易逆差关系;政治上加速推进政治改革,实现政治自由化和民主化;军事上增加军事透明度;外交上帮助解决地区安全问题及热点问题,如朝鲜、伊朗和苏丹达尔富尔问题;环境上减少

废气排放量使之符合国际排放标准,等等。另一方面,西方发达国家和部分发展中国家将更加防范中国并为中国的进一步发展和国际化制造麻烦。它们不仅因为中国是一个由共产党领导的社会主义大国崛起而心中不快,而且会由于担心中国快速发展影响其发展利益而制造麻烦,继续"妖魔化"中国的经济发展。如美国安全中心高级研究员罗伯特·卡普兰在美国《外交》杂志2010年5月至6月号上刊发的一篇题为《中国权力地图——中国能在陆上和海上扩张多远》的文章指出,"中国从北而深入俄罗斯远东地区,将中亚的石油和天然气经由输油管输入新疆维吾尔自治区,压制西藏并在印度洋海域建立一连串似乎意在包围印度的'基地',为吞并台湾和获取资源,中国控制了南海和东海并不断向太平洋延伸势力。中国正成为搅乱世界格局的一大因素。"①日本《选择》杂志2010年6月号刊登的《中国的地缘政治学》的文章更加明确地称:"为提高13亿人口的生活水平不得不在海外寻求粮食、金属和一系列自然资源是激发中国扩张势力的直接原因。从地缘政治学角度看,这一扩张与日本、俄罗斯和印度等国发生矛盾与冲突。可以说,冷战结束后,亚洲整体的秩序正迅速向'中国单极时代'迈进。"②又据美国皮尤研究中心的一项调查显示,"对中国态度最为负面的是日本人,对中国印象不好的人占总数的69%;其次是土耳其和德国,为61%;在法国、韩国及印度,也分别有50%、56%和52%的人对中国持负面印象。美国和英国对中国持负面印象的民众占总数的36%和35%。"③因此,在这种国际认知的环境中,中国发展的国际环境将进一步复杂而紧张。

2.国际社会"贸易保护主义泛起"将阻碍中国产品出口增长势头。这场金融危机虽然发端于美国,但重灾区却不仅是美国,欧盟、日本及许多新兴市场经济国家的经济发展都受到了严重破坏。这种破坏性不仅仅是经济增速的下降,而且还有社会与政治的混乱,失业率的攀升。因此以美国为代表的许多西方发达国家出于稳定国内经济、保护国内就业的需要,背弃了其曾经热捧的"贸易自由化"主张较为普遍地搞起了新贸易保护主义,人为地排斥产品进口,有的尽管允许进口也是附加许多条件。2007—2009年全球反倾销案

---

① 转引自《参考资料》,2010年7月22日第138期,第17页。
② 转引自《参考资料》,2010年7月22日第138期,第17页。
③ 转引自《参考消息》,2010年6月19日。

件分别是 165 件、213 件和 201 件,针对中国的案件就分别有 63 件、71 件和 76
件,均超过 1/3。如此泛滥的贸易保护主义形势,必然恶化中国的产品出口形
势,进而导致我国长期奉行的出口带动经济增长的模式难以为继。

3.发达国家实施"再工业化"战略将削弱中国制造业的比较优势。在过
去 10 年,40%的美国企业利润来自金融领域,这种虚拟经济是不可持续的,这
也是美国陷入金融危机的根源。美国经济必须深刻转型,政府将通过制定新
的教育、医疗卫生、能源计划,增强美国经济竞争力,为经济新的腾飞奠定坚
实的基础。制造业"劳动密集"的这种特点当然有助于创造就业。相关研究
表明制造业的每个工作岗位可以支撑其他经济部门的 3 个工作岗位。美国
劳工统计局预测,2008—2018 年美国制造业将有超过 220 万个生产性就业岗
位空缺。后危机时代,美国政府面临拉动经济增长、促进就业的当务之急。
美国制造业的固有规模、就业优势和发展潜力使之成为奥巴马政府解决现实
问题的天然选择。事实上,自 2008 年金融危机以来,美国就不断思考和推出
拉动制造业和"再工业化"的主张。2009 年 11 月,美国总统奥巴马更是提出,
美国经济要转向可持续的增长模式即出口推动型增长和制造业增长。所谓
"再工业化",是基于工业在各产业中的地位不断降低、工业品在国际市场上
的竞争力相对下降而提出的一种"回归"战略,也就是重回实体经济,让工业
投资在国内重新集中。之所以要"再工业化",就是由于在过去很长一段时
间,美国人工成本和医疗保健开支不断上涨,以及海外市场的不断开放,越来
越多美国企业喜欢将制造业工厂移植到海外,因为这样可以更廉价地加工产
品和承担工程。不过尽管此种方式可以让美国企业的利润率节节攀升,但对
于美国国内就业形势却没有任何帮助。在美国"再工业化"战略中,大力发展
新兴产业特别是投资发展气候友好型能源已成为重要的政策举措。美国政
府不仅计划在 10 年内投资 1500 万美元支持发展下一代新燃料和燃料基础设
施,还将采取政策措施,鼓励企业,特别是中小企业创新,使美国成为清洁技
术的领导者。这些"后工业化国家"重打工业化的"老牌",无疑会冲击像中
国这样的新兴工业化国家,进而使其面临来自拥有技术优势的发达国家工业
产品的激烈竞争。

4.全球气候变化规则和低碳经济浪潮将压缩中国传统生产方式和消费模
式的存在空间。2009 年的哥本哈根会议和 2010 年的坎昆会议发出了一个重

要信号,那就是国际社会将在《京都议定书》的基础上开始重新制定新的全球气候变化规则,即国际范围内为实现温室气体减排所做的各种制度性安排。可以说新的全球气候变化规则的矛头直指中国、印度、巴西、俄罗斯等新型工业化国家和广大发展中国家。其用意是通过限制温室气体排放来限制广大新型工业化国家崛起和发展。哥本哈根会议前后,发达国家利用气候变暖和鼓动一些岛屿国家打"悲情牌"向中国等新兴工业化国家施压,进而要求中国等减少碳排放,就是一个例证。因此,我们在通过参与这一新规则制定谈判争取权利的同时,也必须充分看到,未来气候变化规则不仅将重塑全球产业结构的形态和布局,而且将为清洁能源和低碳经济的发展创造制度环境。而这将在一定程度上决定各国在未来国际分工中的地位。中国需要重新定位和规划自己的产业结构和发展模式。

5."中等收入陷阱"迫使中国要妥善处理经济发展与社会进步的关系。经过改革开放 30 多年的发展,中国人均 GDP 达到 3000 美元,2009 年更是达到 3700 美元,不仅成为世界中等收入国家中的一员,而且真正步入全面建设小康社会的新阶段。然而,历史证明,这个阶段是中等收入国家能否完成产业升级步入高收入国家的敏感阶段,即"中等收入陷阱"阶段。南美的巴西、阿根廷、墨西哥、智利和亚洲的马来西亚,20 世纪 70 年代进入中等收入国家行列之后,由于收入差距过大造成内需增长缓慢、城市化进程出现大量的贫民窟、金融风险造成国家财富损失、一般制造业向高端产业和社会服务业升级过程中出现不可跨越的障碍等原因,至今仍然挣扎在同样的经济发展水平上。中国的台湾、香港,以及新加坡和韩国则花了不到 20 年的时间,就成功进入了高等发达国家和地区的行列。韩国的突破方向是制造业产业升级、娱乐服务业崛起。新加坡服务业起的作用比较大。因此,中国要安全渡过这一阶段并"成功升级",必须借鉴国际经验妥善处理传统产业与战略性新兴产业、经济与社会、集权与分权、法治与民主等关系,最大限度地减少经济结构调整成本和社会冲突。

6.总人口、老龄人口、就业人口"三峰叠至"与自然资源严重不足的突出矛盾将增加中国经济结构调整的复杂性。中国的最大问题是人口难题:一是人口数量太大,人口增长过快。现在虽然实行严格的计划生育政策,但是每年仍净增 1400—1500 万人,即每年增加一个世界大国的人口,到 2040 年中国总人口将达 16 亿人；二是在人口增长过程中，有 8—10 亿劳动力需要就业，就业压力巨大；三是人口老龄化负担剧增，中国人未富先老。根据全国老龄办发布的数据显示，2009 年全国 60 岁以上老年人口达到 1.6714 亿，占总人口的 12.5%。到 2040 年预计将达 25 亿人以上，占总人口的 23.79%，60 岁以上的人口是 20 多岁人口的 2—3 倍。我国人口发展的这些新特点很明显地与我国有限的自然资源的现实发生矛盾。具体表现是矿产资源短缺。我国矿产资源总量较大，约占世界的 12%，居世界第三位；但人均资源量少，仅为世界人均水平的 58%，居世界第五十三位。水资源短缺。我国人均水资源拥有量 2200 立方米，为世界平均水平的 1/4。耕地资源短缺。我国现人均耕地面积不足 1.4 亩，不到世界人均水平的 40%。能源资源短缺。2009 年人均石油开采储量、天然气可采储量、煤炭可采储量，分别为世界平均值的 11%、5.5% 和 58%。因此，我们必须从战略上统筹考虑我国这一人口与资源的突出矛盾，进一步坚定调整经济结构的自觉性。

二、危机后新约束下中国经济凸显的主要结构性矛盾

国际金融危机及给中国经济发展带来的新约束像一个检验经济发展健康程度的"CT 设备"，让我们看到我国经济发展过程中突出存在的结构性矛盾。这些结构性矛盾不仅直接决定着中国经济发展的方式、动力及质量，而且还决定着中国社会的稳定和和谐。它们的具体表现在以下几个方面：

1.城乡二元经济结构失衡，"三农"矛盾突出。2009 年，中国 11.7% 的农业 GDP 养活 53% 左右的农村人口，农村人口不可能依托农业增收。尽管 2004 年以来连年加大对农业的政策支持力度，但是，由于城乡二元经济结构和城乡分治的格局始终没有真正打破，优势资源和发展势力严重向城市倾斜，最终导致工农产品价格剪刀差、社会资本剪刀差、人力资本剪刀差和土地收益剪刀差等"不等价交换"趋势日益严重，最终导致了国家对农业的投入和补贴越多，城乡居民收入差距越大的"（投入）补贴悖论"。据统计，从 2004—2009 年，中央财政对农业的投入分别是 2626 亿元、2975 亿元、3397 亿元、3917 亿元、5955 亿元和 7161 亿元[1]。城乡居民收入差距从 1978 年的 2.56：1，1985 年的 1.86：1 到 2005 年扩大为 3.22：1，2006 年的 3.26：1，

---

[1] 从 2004—2010 年历年国务院政府工作报告中整理得出。

2007 年继续扩大到 3.33∶1, 2008 年仍然高达 3.31∶1, 2009 年再次扩大到 3.33∶1。由于这种城乡"不平等"的发展格局, 致使"三农"矛盾日益突出, 农业安全和农村稳定形势令人担忧。

2.需求结构失衡消费不足矛盾突出。一个国家的宏观经济健康发展的先决条件是"总供给＝总需求"。而在产能过剩的条件下, 总需求是否充足又成为决定经济增长快慢的关键。总需求由消费、投资和净出口三部分构成, 由此人们也把消费、投资和出口喻为拉动经济增长的"三驾马车"。过去长期以来由于我们过度追求 GDP 增长率, 忽视经济增长质量, 加上部分官员政绩观扭曲, 为保速度常常通过大量投资来追求"短平快", 久而久之忽视增加消费对经济稳定增长的长期拉动效应。由此, 消费不足成为我国长期没有很好解决的结构性矛盾。消费不足的根源又在于居民所得在整个国民收入分配格局中比例偏低, 使得老百姓没有得到与经济发展水平相当的"实惠", 没能充分分享经济发展的成果所致。因此, 千方百计扩大消费需求, 不仅是国际金融危机后出口受阻时的必然选择, 而且是维持中国经济可持续、健康发展的理性选择。

3.国民收入分配结构失衡, 民生和社会矛盾突出。我国目前国民收入分配结构失衡主要表现在三个方面: 一是居民收入占整个国民收入的比重不断下降, 企业和政府所得不断上升。据调查, 1995—2007 年, 从收入法核算的国内生产总值看, 初次分配中劳动报酬占比从 51.4% 持续下降到 39.7%。相反, 是企业所得(固定资产折旧＋利润)所占份额则从 36.3% 持续提高到 46.1%, 提高近 10 个百分点, 国家所得(生产税净额)份额从 12.3% 提高到 14.2%。劳动收入占比远远低于美国 70%、印度 55%、巴西 46% 的水平。二是国民收入(财产)在居民之间分配不平衡, 两极分化比较严重。据专家测算, 我国目前最贫穷的 1/5 家庭收入仅占全部收入的 4.27%, 次贫穷的 1/5 占 9.12%, 中间的 1/5 占 14.35%, 次富有的 1/5 占 21.13%, 最富有的 1/5 占 50.1%。而据美国 1990 年的数据, 美国最贫穷的 1/5 家庭收入占全部收入的 46%, 而最富有的 1/5 占 44.3%。这种失衡的分配结构, 不仅严重制约着消费需求的扩大, 而且也严重恶化了社会矛盾。

4.产业结构失衡, 服务业发展不足的矛盾突出。一产不稳、二产不强、三产不足, 是中国产业结构的基本特点。讲一产不稳, 就是由于基础设施落后,资本和科技投入不足,中国农业还没有摆脱"靠天吃饭"的尴尬。讲二产不强,就是由于我们缺乏核心技术和自主知识产权,尽管成为了"世界工厂"和制造大国,但还没能成为"创造大国"。不仅大量的机器设备需要进口,而且即便生产出的工业品也是获益微薄。口前集成电路90%,轿车制造装备、纺织机械等高技术装备70%依赖进口。医药专利的95%、汽车专利的90%、计算机芯片专利的80%、数控机床和纺织机械专利的70%,都掌握在外国公司手中。由于缺乏核心技术和自主品牌,我国企业不得不将每部国产手机售价的20%、计算机售价的30%、数控机床售价的20—40%,支付给国外专利持有者。中国生产的DVD机每台售价不到30美元,而交给别人的专利费接近10美元,生产企业的最终利润只有1美元。据美国《华盛顿邮报》的报道,中国制造的芭比娃娃玩具,在美国每个售价20美元,而从中国到美国的到岸价是2美元,其中1美元是运输费和管理费,0.65美元是原材料进口费,只有约35美分留在中国,仅占整个芭比娃娃零售价的1.75%。讲三产不足,就是第三产业严重滞后于中国的工业化和城市化水平,进而成为制约中国经济高效益发展的"瓶颈"。根据2006年《世界发展报告》:1990年与2005年相比,服务业在三产中的比重,高收入国家从62%上升到72%,中低收入国家从46%上升到53%,低收入国家从41%上升到50%。而我国2008年第三产业比重只有41%,第三产业就业只有33%;2009年第三产业比重是42.6%,第三产业就业不到34%。第三产业发展滞后,不仅成为我国经济发展方式粗放的直接表现,而且也是我国经济很难摆脱高消耗、高污染的重要原因。

5.区域经济结构失衡,中西部发展滞后的矛盾突出。中国区域经济发展不平衡呈现"矩阵式"的复杂结构。从大的区域结构看,东中西部发展不协调,区域收入差距扩大;从区域内部来看,西部不同地区、不同民族地区发展严重不平衡,中部地区内部各省之间发展不平衡,东部地区之间发展不平衡;具体到我国省市区内部发展,也严重不平衡,如新疆的南北疆之间、广东的珠三角地区与粤北地区、江苏的苏南和苏北地区之间发展也存在很大差距。造成这种区域发展不平衡,有的是自然条件等客观原因,有的是体制和政策等主观原因。对于由于体制和政策原因导致的,可以通过改革体制和调整政策来弥补发展差距,但是,由于自然条件等客观原因造成的收入差距恐怕很难弥补。也正是这种客观的差距成为引发区域发展矛盾乃至西部民族地区不稳定的重要根源。

6.对外贸易结构失衡,自主创新能力低下的矛盾突出。我国对外贸易在快速发展的同时,也积累了一些结构性矛盾。一是加工贸易所占比重偏大。2008 年加工贸易占对外贸易的比重达 41.1%,其中出口所占的比重更大。加工贸易是我国利用自身劳动力资源优势、参与国际分工的重要方式,有利于扩大就业、增加外汇收入。但加工贸易对税收和技术进步的贡献却不大,国内企业只能拿到很低的加工费。二是出口产品大量为贴牌生产。我国出口企业中拥有自主品牌的不到 20%,自主品牌出口占出口总额的比重低于10%。大部分利润被外国品牌商拿走,污染和消耗则留在国内。三是出口产品层次较低。出口产品主要集中在劳动密集型产品和制造环节上,即使是机电产品和高新技术产品,大部分也是中低端加工装配环节的产品,国内增值率不高,仅为 26.23%,比美国、日本及德国分别低 22%、22%和 11%。

三、加快我国经济结构战略性调整的价值取向和对策选择

(一)价值取向。

我国经济结构调整要以科学发展观为指导,以增强发展协调性和可持续性、提高自主创新能力为目标。为此,调整结构要坚持几个价值取向:(1)继续坚持把发展作为第一要务,妥善处理经济增长与结构调整的关系。既要通过保持经济平稳较快增长,为结构调整创造有利的环境和条件,又要通过结构优化升级提高经济增长质量和效益,使两者相互依存、相互促进。(2)必须坚持就业优先,妥善处理发展传统劳动密集型产业与发展战略性新兴产业之间的关系,稳步推进产业结构升级。(3)必须坚持市场导向,充分发挥市场在结构调整中的基础性作用,正确运用经济、法律和必要的行政手段推动结构调整。(4)必须坚持以我为主的原则,立足国内实际和自身优势,同时要树立全球视野,瞄准国际产业发展和世界经济结构演变的方向,推动我国经济结构不断优化升级。(5)必须遵循结构调整规律,充分考虑结构调整成本,坚持市场诱致和政府强制相结合的调整原则。为此,我们要借助这场国际金融危机所形成的"倒逼机制",选择有力措施切实推进经济结构的科学调整。

（二）对策选择。

1.扭住主要结构性矛盾,提高调整对策的针对性。

一是大力破除"二元经济"困局。在继续加强新农村建设的同时,着力推进城镇化和城乡发展一体化。城镇化是持久扩大内需、促进经济持续较快增长的重要途径。它不仅是多种经济资源向城镇集中的过程,更是人本身的变化过程,包括就业从农业转向非农产业,居住地由农村转到城市,最终使农民转为市民。城镇化的过程,将在城市基础设施、住房、公共服务等多方面产生巨大需求,成为今后相当长时期内我国经济持续较快增长的强大动力。据测算,我国城市人口每提高1个百分点,可拉动GDP增长1.5个百分点。我国城镇化率年均提高1.44个百分点,每年可增加消费1144亿元左右,最终拉动需求增长2.3个百分点。

二是大力调整需求结构。调整需求结构的关键在扩大内需,特别是扩大消费。扩大消费从根本上是让居民增收,这就要求一方面把"蛋糕"做大,在发展经济、扩大就业的基础上不断提高城乡居民收入水平;另一方面把"蛋糕"切好,着重提高广大农民和城镇低收入群体的收入水平。当前,我国收入分配不合理,从宏观角度看,表现为居民收入在国民收入中的比重偏低,劳动报酬在初次分配中的比重偏低,这是我国消费率持续降低、投资率持续升高的症结所在。从微观角度看,表现为居民内部不同群体收入差距持续扩大。低收入者的消费倾向高但缺乏购买力,高收入者购买能力强但消费倾向低。因此,合理调整收入分配关系,是扩大消费、促进经济平稳较快增长的必然要求。

三是大力调整分配结构。初次分配和再分配都要处理好效率与公平的关系,再分配更加注重公平。一方面,逐步提高居民收入在国民收入分配中的比重和劳动报酬在初次分配中的比重,努力使城乡居民收入增长不低于经济增长,使劳动报酬增长不低于、甚至应略高于经济增长和企业收入增长;另一方面,逐步缩小居民收入分配差距。既要充实完善强农惠农政策体系,加强社会保障体系建设,逐步提高扶贫标准和最低工资标准,不断提高农民和城镇低收入者的收入;又要完善企业管理层薪酬制度,规范垄断行业收入,加强对高收入者的税收调节,促进收入分配结构合理化。

四是大力调整产业结构。在继续加强农业基础地位,推动工业由大变强的同时,着力提高服务业的比重。作为我国经济中的突出"短板",服务业比重过低问题在这次国际金融危机冲击下反映尤其明显。加快发展服务业,从根本上要解放思想,彻底转变重实业、轻服务的观念,真正把服务业当作产业来对待,推动服务业发展成为国民经济的主导产业。同时要妥善处理发展战略性新兴产业与提升传统产业的关系。既要积极有序发展新一代信息技术、节能环保、新能源、生物、高端装备制造、新材料、新能源汽车等新兴产业,进一步培育新的经济增长点,又要大力发展和提升传统劳动密集型产业,继续保持比较优势,创造更多的就业机会。

五是大力调整区域结构。一方面,要着力构建东中西部优势互补、良性互动、协调发展新机制。既要大力推进区域间公共服务均等化,又要在产业发展上体现各区域的比较优势。每个区域都要在充分考虑资源环境承载能力的基础上,形成各具特色的优势产业。另一方面,要着力建立有利于区域分工协作、协调发展的生态补偿机制和碳排放权交易机制,通过调整物质利益关系来促进区域协调发展。

六是调整外贸结构。着力提高一般贸易中的自主品牌和高附加值产品出口比重。

2.加大改革力度,形成有利于结构调整和科学发展的体制机制。经济结构不合理的现象很多从根源上都可以追溯到体制机制问题。只有消除了体制机制障碍,才能为结构调整铺平道路。为此:

一要深化土地制度、户籍制度、财政和金融体制改革,建立有利于城乡一体化发展的体制机制。城乡一体化发展需基础性制度支撑。既要加快建立土地流转制度,放开农民进入中小城市的户籍限制,又要建立使所有社会成员之间公平占有公共资源的财政体制。同时要大力发展农村金融,为农村发展提供金融支持。

二要深化财税体制改革,实行有利于结构调整和科学发展的财税制度。下一阶段的改革就是要加快健全中央和地方财力与事权相匹配的体制,加快建立和完善有利于形成主体功能区的财政体制和政策体系,形成有利于结构调整、促进科学发展的财税体制和机制。

三要推进资源性产品价格改革,发挥好价格杠杆促进结构调整的作用。要加快推进能够反映市场供求关系、资源稀缺程度、环境损害成本的生产要素和资源性产品价格形成机制,充分发挥价格在节约能源资源、保护生态环境、抑制"两高"行业盲目扩张、调整经济结构中的杠杆作用。要建立真正反映农业生产成本的农产品形成机制,加快缩小工农产品剪刀差。

四要完善社会保障体系,为加快推进结构调整"保驾护航"。要在经济发展的基础上逐步提高社会保障水平,更好地发挥社会保障作为人民生活"安全网"和收入分配"调节器"的作用,为实现推进结构调整和维护社会稳定的双赢局面提供有力保障。

五要改善宏观调控,加强对结构调整的引导。一方面,要更大程度地发挥市场在资源配置中的基础性作用,通过市场优胜劣汰、企业兼并重组实现经济结构的调整优化;另一方面,要注重发挥政府调控的作用,通过宏观调控为结构调整创造有利的经济环境。

3.要推动政策创新,形成有利于结构调整和科学发展的正确政策导向。要通过政策的激励与约束作用,引导和推动结构调整朝着国家预期的方向发展。财税政策既可以通过减税、贴息、补助等方式鼓励特定产业的发展,也可以通过加税等方式限制特定产业的发展。产业政策可以通过调整行业准入门槛、促进企业兼并重组、调整产业技术标准等来鼓励或限制行业的发展。投资政策要发挥好政府投资的引导作用,进一步规范和改革投资审批、核准、备案制度,积极为扩大社会投资创造条件。信贷政策要以产业政策为基础,加强窗口指导,扩大或收紧对特定行业的信贷资金供应。环保政策可以通过环境评价和环保标准的调整推动结构调整。政策在结构调整中大有可为,关键在于区别对待,切实把"保"和"压"有机结合起来。同时,要加强政策之间的相互协调,形成推动结构调整的合力。

4.大力推进科技创新,形成有利于结构调整和科学发展的科技和人才支撑体系。提高自主创新能力是推进结构调整的中心环节,加强人才队伍建设是增强自主创新能力的重要保障。要加强基础研究、前沿技术研究和社会公益性技术研究,在能源、信息、生物、空间、海洋、新材料等领域取得新突破;找准制约我国重点产业发展的关键技术障碍,攻关研发出一批能有效促进产业升级、技术改造和节能减排的自主创新技术,并加大产业化力度和规模化应用。加快建立以企业为主体、市场为导向、产学研相结合的技术创新体系,引导创新要素向企业集聚。完善知识产权保护制度和激励机制。引进海外高层次科技人才回国创新创业、加快建设国家科技创新人才培育基地等方式，培养一批高层次科技领军人才。要系统设计和整体推进教育改革，把我国从人口大国转变为人力资源强国。

5.加快完善政绩考核体系，形成有利于结构调整和科学发展的组织保证。推动经济结构调整，领导班子和领导干部是关键。中央印发了《关于建立促进科学发展的党政领导班子和领导干部考核评价机制的意见》，强调干部考核评价指标要体现综合性、全面性，既要注重发展的速度和规模，又要注重发展的方式、质量、结构、效益；既要注重经济建设情况，又要注重社会发展、人与自然和谐发展情况；既要注重已经取得的显绩，又要注重打基础、利长远的潜绩。要按照推进主体功能区建设的要求，针对不同区域主体功能定位，突出不同区域的考核重点；要强化对违反科学发展观行为的刚性约束，充分发挥干部考核对推动结构调整、促进科学发展的导向作用。

（原载《经济研究参考》2011 年第 12 期）

从"制度损耗"看经济增长方式的转变契机

一、我国经济粗放增长的制度影响

中国经济高投入、低产出、低效率地粗放发展，是中国经济发展的一贯轨迹。如果说改革以来经济增长的集约化程度有所提高的话，那么，功归于改革所进行的"制度创新"。但十几年的改革并没有真正使中国经济走上集约型发展的道路。粗放型的经济增长方式，仍然是当前经济生活中许多矛盾和问题的症结所在，而这又可以归结为"制度创造"不足。换句话说，"制度"成了中国经济增长方式转变的决定性因素。

一般来讲，经济增长取决于资本（K），劳动（L）和技术（T）等生产要素的投入。然而，这些生产要素要最终有贡献于经济增长，必须经过由"制度"所决定或制约下的"人的行为"才能实现。即（资本+劳动）×技术×制度（人类行为）= 经济增长。这个过程会由于"制度"不同（人类行为不同），有不同的结果。如果"制度"科学，就会有资本、劳动和技术等生产要素的低投入、高产出的集约增长；相反，如果"制度"不科学，在经济运行中发生"制度损耗"，那么必然导致资本、劳动、技术的高投入、低产出、低效率的粗放增长。根据一般形式的生产函数并加以改进,我们可以用数量模型更清晰地表示在经济增长中制度的功能与效用。

$$Y = TF(L, K)(1)$$

式中,Y 表示产出,函数 F 表示现有技术条件下投入与产出的关系;L 表示劳动量;K 表示资本量;T 表示"技术进步"对产出增长的贡献。生产函数既可以用来描述一个国家、部门或一个企业内的投入产出关系,也可在总量意义上被视为社会生产函数,表明社会总产出量 Y 取决于劳动量 L,资本量 K 和技术进步 T。然而,这一生产函数是假定"制度"不变,或者说没有考虑到"制度"因素的作用条件下的情形。考虑到"制度"这一重要的变量,我们可以把上述生产函数修正为:

$$Y = \sigma HF(\alpha N, \beta Q)(2)$$

式中 α 代表劳动者的努力程度或者是敬业程度;β 代表资本的有效利用程度,它取决于资本在区域上和规模上的配置效率;σ 代表技术创新和利用程度;N 代表投入的劳动力人数。那么,就业人数乘上劳动者努力程度 α,为实际发挥作用的劳动量 L;Q 代表一定时期社会拥有的各种机器设备和原辅材料等资本量,它乘以资本有效利用程度 β,为对经济总量提供贡献的总量 K;H 为社会拥有的"技术与知识资源",与技术创新或利用程度 σ 的乘积,为技术创新对总产出的贡献。显然,σ、α、β 都是"制度变量",它们取决于一定制度所提供的激励和 σ 约束,取决于各种经济行为主体的利益目标和相互间的利益矛盾。如果由于劳动、资本、技术的稀缺性制约,我们让一定时期投入的劳动、技术与资本量不变;那么,经济增长完全可以在"制度创新或改良"条件下实现。这种通过"制度创新"所实现的经济增长,即为"集约型"的经济增长,用模型表示为:

$$\frac{\triangle Y}{Y} = \frac{\triangle \sigma}{\sigma} HF(\frac{\triangle \alpha}{\alpha}. N, \frac{\triangle \beta}{\beta}. Q)(3)$$

而在各种要素投入有所增加的条件下,"集约型"的经济增长模式(3)又可变型为:

$$\frac{\triangle Y}{Y} = \frac{\triangle \sigma}{\sigma} . \frac{\triangle H}{\Pi} F(\frac{\triangle \alpha}{\alpha}. \frac{\triangle N}{N}, \frac{\triangle \beta}{\beta}. \frac{\triangle Q}{Q})(4)$$

式中，$\dfrac{\triangle\sigma}{\sigma}$、$\dfrac{\triangle\alpha}{\alpha}$、$\dfrac{\triangle\beta}{\beta}$ 都可以理解为新时期由于"制度创新"所带来的技术创新程度、劳动者努力程度和资本利用程度的增进。

通过上述分析，我们可以看出，中国经济的粗放式增长在于制度的影响；同时我们还可以看出，由于各经济主体之间的利益在原有制度下的扭曲、摩擦，导致劳动者努力程度低下、资源配置效率低下等经济效率的"制度损耗"。

二、现行的制度与经济效率的"制度损耗"

（一）制度的界定。

关于"制度"这一概念，简单地说，就是一系列规范人们行为的规则，具有激励和约束的双重功能。制度的外延，是十分广泛的，既包括各种政治、社会的行为规则，又包括经济生活中规范经济行为的各类机制、规章制度与政策法规，如市场机制、产权制度、分配制度、投资制度、决策制度、产业政策、技术政策，等等。

（二）现存制度缺陷与效率损耗。

中国经济转型期的制度缺陷，主要归因于新制度供给不足，形成"制度真空"和由于制度供给过剩而导致的"制度重叠"两个方面。前者是由于旧体制诸多计划规则、行政法规被废弃，而在新的经济活动中经济行为主体的某些行为，特别是不合理行为没有相应的制度安排进行约束与规范，从而造成这些行为上的失控；后者是由于一则旧体制下的一些规则与制度仍然借惯性行之有效，而又出台新的政策与法规，出现新的"制度重叠"；二则由于"条块分割"政出多门，缺乏统一规划，造成中央与地方、地方与地方、地方与部门、地方与企业都出台相类似、甚至是相抵触的关于同一类经济行为的规则，或不同规则同时并存运行。结果从全社会范围内看，造成人们无所适从，行为紊乱，给"寻租"活动以可乘之机。最显著的"制度重叠"现象莫过于中国经济体制改革过程中出现的"双轨"制，造成了宏观与微观经济运行的混乱现象，由此引发了资源的大量制度性损耗。

在企业内部，现代企业制度尚未形成，对政府还有依赖性，没有真正形成市场经济所要求的"市场导向型"的企业资产运行机制、经营决策机制和行为约束机制。特别是国有企业产权关系不清晰以及由此引发的责、权、利关系的混乱,导致基层企业经营行为扭曲。首先,从企业经营决策来看,大到新项目投资、新产品开发,小至产品质量与花色品种,不是从市场或消费者的需求出发,致使许多项目和产品竣工投产之日,也正是被市场淘汰之时。加之企业领导仍沿用政府任命方式,政府部门仍然以"数量速度"型的考核标准来评价其政绩,这就不可避免地使企业片面追求规模数量,忽视企业效益,造成产品积压、资金滞流、相互拖欠、银行呆账,使大量的社会资源有存而无用,浪费严重。其次,从企业行为约束来看,由于产权关系模糊,责、权、利关系不清,企业经营者(承包人、租赁人、股份制企业领导)作为政府或上级主管部门的代理人,既可能讨好委托人只追求数量速度指标,进行高投入、粗放经营;也可能借"信息不对称"(即上级对企业的真实情况不清楚,而经营者心里却明明白白),独自或与企业职工"串通"合谋侵吞国有资产。据统计,由于收入分配向个人倾斜和企业虚亏实盈的偷漏行为,致使国家财政收入占国内生产总值的比重逐年下降:1979 年为 26.71%,1985 年为 20.83%,到 1995 年下降到 13%左右。而发达国家如美国、法国、英国、原联邦德国,1989 年该比重分别为 34.59%、46.08%、41.38%和 45.94%,即使一些发展中国家如巴西、匈牙利、马来西亚、埃及等,同期同类指标也分别为 51.19%、61.33%、29.85%和 34.94%。并且由于企业的外部与内部的利益关系摩擦扭曲,企业主体缺乏技术创新、提高企业技术素质的动力,致使内涵扩大再生产,提高企业资本利用效率等,根本不可能实现。另一方面,企业职工缺乏有效的制度激励和行为约束,也降低了企业的劳动生产率。

　　在地方或部门经济领域,由于传统计划经济体制下的"条块"分割及利益冲突,形成了带有地方或部门特色的"诸侯经济"。这种"诸侯割据"经济运行机制必然带来一系列恶果,致使各种资源和生产要素的区域配置效率、规模配置效率和技术配置效率大为降低。具体表现在:一是地方割据与行政封锁,割裂了全国统一的经济联系,不能形成公平、开放、物畅其流的统一市场,各种生产要素不能合理流向高收益地区,使资源的空间配置效率受损;二是各地方(或部门)作为一级"财政"出于自身利益,在既定地理位置、自然条件和技术水平条件下,一个地方占用的资源越多,获取的"加工收入"就越多,因此都竞相向上级争投资、要项目;并且根本不考虑中央统一的产业政策和生产力布局规划,重复投资,重复建设,结果导致各地区产业结构严重"趋同",

造成资源浪费。同时,由于利益驱使,各地方往往不顾资源在整个经济中合理配置的要求,即使本地区技术落后,缺乏规模经济,并不是生产某种产品的最合适场所,也会想方设法把资源留在本地加工,保护本地技术落后企业或缺乏规模效益的企业生存,致使全国各地争相抢购资源,形成"材料大战",设备、技术先进的企业因"吃不饱"而出现设备闲置,而设备、技术落后的企业却生产不出适销对路的优质产品,结果名优与伪劣共同争夺有限的市场,大量资源就在这种地方利益冲突和行为摩擦中被耗费。三则各地方政府为了地方经济发展和地方政府的"政绩",各地争相制定有利于地方利益的地方政策,或吸引外资流入,或激励地方企业,致使一时间"房地产热"、"开发区热"轰轰烈烈,资源浪费严重。在宏观方面,我国尚未形成有效的宏观经济调控机制和宏观决策机制。具体来说,其一,政府职能并没有根本转变,"父爱主义"行为也并未改变。宏观决策者(计划者)的赶超意识和速度偏好仍很强烈,这也在某种程度上助长了地方和企业追求外延扩张和高速度的经济行为。在传统计划体制仍然有效的条件下,只要中央一提"翻番"或"上台阶",地方或企业为了自己的地位、实力排序名次,就必然"多翻"或上更多的"台阶",层层加码,这就必然形成地方之间的攀比效应,使中国经济发展难以摆脱"高速-粗放"发展的怪圈。其二,中央政府尚未建成一个手段有力、信息通畅的科学决策系统和监控约束系统,这也是宏观计划或政策有误或失效的重要原因,致使许多不合理的地方与企业行为在"上有政策,下有对策"的机制下仍得以泛滥。

三、"制度创新"扭转粗放增长的关键

通过对中国经济粗放增长的制度解析和对中国改革以来现行制度效率损失的理论实证分析,笔者深感中国经济增长方式的转变根本还在制度,在制度创新。没有一个全新的能够规范经济主体"集约化"行为的制度体系,是不可能通过任何其他捷径达到目标的,即使制度创新的过程充满艰辛与风险。

所谓"制度创新",就是指通过深化社会主义市场经济体制改革,废止旧的不合理制度,选择更有效的宏观经济决策、约束与调控机制,建立更有效率的现代企业制度,以及配套建立若干有利于社会主义市场经济健康运行的法

律、规则。在中国,政府特别是中央政府无疑承担着制度创新主体的职责。政府如何通过新的制度规则来促使中国经济集约化,我想有几个重点:

第一,从意识形态或者指导思想上,必须用"效益观"取代"速度观"。从实际出发,我国经济既要持续快速地发展,更需要实实在在、高效益地快速发展。

第二,加快国有企业的现代企业制度改造进程。核心是通过明晰产权关系,进一步明晰"剩余索取权"。通过真正使企业的经营者、劳动者的贡献与收入相联系,约束微观经济主体的行为,激励经营者与劳动者的积极性和创造性。虽然这一点很难,但难也得改,否则,作为国民经济命脉的国有企业就无效率,中国经济集约化发展就是空话。

第三,通过政治体制与经济体制的双重改革,解决中国经济中的"诸侯割据"问题,必须维护中央权威,重倡"全国一盘棋"。

第四,通过宏观的立法,特别是执法维护宏观产业政策、投资政策、技术政策等宏观调控手段的严肃性。

最后,深化政治体制改革,根本转变政府职能,通过政策服务,为基层和企业创造宽松的环境。

(原载《理论与现代化》1996 年第 5 期)

加快转变经济发展方式要"动真格"

——学习习近平总书记关于加快转变经济发展方式的重要论述

转变经济发展方式,必须"在'加快'上下功夫,在'转变'上动真格,在'发展'上见实效",是习近平总书记提出的重要论断。深刻领会其丰富理论内涵和政策含义,对于我们进一步提高加快转变经济发展方式的自觉性有着重要的现实意义。

一、必须在"加快"上下功夫

"以科学发展为主题,以加快转变经济发展方式为主线,是关系我国发展全局的战略抉择",是党的"十八大"根据新的世情、国情变化作出的新的战略论断。经过国际金融危机的洗礼,中国经济快速崛起成为世界"第二大经济体"。无论是出于意识形态的冲突、冷战思维的惯性,还是出于世界大国之间的实力比拼,中国都将遭遇前所未有的国际竞争。特别是世界经济仍处低迷,国际贸易保护主义泛起,国际市场需求萎缩的情况下,中国传统粗放的经济发展方式已经没有了出路。而且,每一次大危机之后,都会孕育着世界经济结构的大调整,特别是"第三次工业革命"的浪潮已经出现端倪,欧美等发达国家重振制造业优势的"再工业化"政策已经初见成效,我们没有理由等待观望。对此,习近平总书记强调:"加快推进经济结构战略性调整是大势所趋,刻不容缓。国际竞争历来就是时间和速度的竞争,谁动作快,谁就能抢占先机,掌控制高点和主动权;谁动作慢,谁就会丢失机会,被别人甩在后边。"

二、必须在"转变"上动真格

认识到加快转变经济发展方式的紧迫性和必要性很重要,但不能"纸上谈兵",要切实在"转变"上动真格。

第一,要下决心调整和优化经济结构,在淘汰落后和过剩产能上动真格。目前,重化工业过度发展造成的产能过剩,是我国经济结构不合理且造成消耗大、污染重的最大顽疾。习近平总书记指出:"产能过剩越来越成为我国经济运行中的突出矛盾和诸多问题的根源。""化解产能过剩必然带来阵痛。有的行业甚至会伤筋动骨,但调整是大势所趋。有关地方和部门要认清形势,主动把思想和行动统一到中央要求上来,不要囿于眼前利益。如果现在不痛下决心,将来必定付出更大的代价。"必须下决心关停并转一批产能过剩和技术落后企业,把更多资源配置到有技术、有市场、有就业的战略性新兴产业和生产性服务业中去,为提高经济增长质量打牢经济结构基础。

第二,要下决心深化改革开放,在突破利益固化的藩篱上动真格。转方式提出了近20年,至今未能取得显著成效,根源在体制性障碍及其背后权力安排和既得利益。对此,习近平总书记强调:"必须以更大的政治勇气和智慧,不失时机深化重要领域改革,攻克体制机制上的顽瘴痼疾,突破利益固化的藩篱,进一步解放和发展社会生产力,进一步激发和凝聚社会创造力",从而"通过改革开放促进经济发展方式转变和经济结构调整"。

第三,要下决心实施创新驱动战略,在加大研究开发投入和保护知识产权上动真格。要实现国家强盛和竞争力的提升,实现经济发展方式的根本转变,实现经济结构的转型升级,根本还是要依靠科技进步和创新的有力支撑。因此,习近平总书记指出,在日趋激烈的全球综合国力竞争中,我们必须正视现实、承认差距、密切跟踪、迎头赶上,走自主创新道路,采取更加积极有效的应对措施,在涉及未来的重点科技领域超前部署、大胆探索,加快从要素驱动发展为主向创新驱动发展转变,发挥科技创新的支撑引领作用。国家和企业研发投入不足,一直是制约我国科技进步和创新能力不强的"硬约束",要提高科技进步和创新对经济发展的贡献率,必须下决心予以突破。同时,知识产权保护不力,假冒伪劣和盗版侵权现象严重,必须毫不留情地予以打击,切实使发明专利、品牌、商标等知识产权得到强有力保护。

第四,要下决心建设"两型社会",在惩治污染环境和浪费资源的生产行为和消费行为上动真格。习近平总书记指出:"节约资源、保护环境是我国发展的必然要求,全社会都要提高认识,坚持走可持续发展道路。"我们必须建立最严格的资源利用和环境保护制度,为土地使用、资源开发、污染物排放设置"红线",对严重的资源破坏、环境污染、奢侈浪费的行为进行严肃查处。正像习近平总书记在中央政治局第六次集体学习时所强调的那样:"只有实行最严格的制度、最严密的法治,才能为生态文明建设提供可靠保障。要建立责任追究制度,对那些不顾生态环境盲目决策、造成严重后果的人,必须追究其责任,而且应该终身追究。"

三、必须在"发展"上见实效

党的"十八大"指出,发展仍是解决我国所有问题的关键。转变经济发展方式本身不是目的,而是为了"使质量和效益、就业和收入、环境保护和资源节约协调推进,稳中求好、稳中求优,促进经济持续健康发展"。为此,首先,必须摒弃速度崇拜,防止把发展简单化为增加生产总值。像我们这样一个正处在社会主义初级阶段的发展中人口大国,没有一定的经济增长速度是不行的,但关键是要一个什么样的速度。如果经济增长速度很快,但搞得消耗浪费很大,环境乌烟瘴气,分配差距加大,群众幸福感不高的话,那又有什么意义呢?因此,习近平总书记指出:"我们强调要以提高质量和效益为中心,不再简单以国内生产总值增长率论英雄。"

其次,必须处理经济增长与扩大就业关系,确保居民收入增长跟上经济的增长速度。经济增长是保证就业的基本前提。只有把经济发展蛋糕做大,才能把就业蛋糕做大。因此,习近平总书记强调指出,就业是民生之本,也是世界性难题,要从全局高度重视就业问题。没有一定增长不足以支撑就业。解决就业问题,根本要靠发展。提高居民收入,让人民群众分享经济发展成果,既是经济发展的目的,也是经济发展的内在动力。因此,在确保扩大就业的同时,必须重视提高居民收入在国民收入分配中的比重和劳动者劳动报酬在初次分配中的比重。

最后,必须处理好经济增长与资源节约和环境保护的关系,切实做到绿色、循环、低碳、可持续发展。任何的经济增长都依靠资源的消耗,都存在着某种程度的环境污染。我们决不能再走西方国家走过的"先污染后治理"的老路,自觉处理好经济增长与资源节约和环境保护的关系。因此,习近平总书记指出:"要牢固树立保护生态环境就是保护生产力、改善生态环境就是发展生产力的理念,更加自觉地推动绿色发展、循环发展、低碳发展,决不以牺牲环境为代价去换取一时的经济增长。"

(原载《光明日报》2013 年 12 月 10 日)

经济发展战略与经济发展方式转变

国际金融危机后,世界经济格局深刻调整,主要大国都开始调整其发展战略。"十三五"期间中国要实现"十八大"提出的全面建成小康社会的宏伟目标,为最终实现中华民族伟大复兴的"中国梦"奠定坚实的基础,必须大力推进供给侧结构性改革,加快解决中国经济发展过程中的"结构性"矛盾,加快转变经济发展方式。

一、后危机时代世界主要大国的经济发展战略

(一)实施"再工业化",重振制造业成为发达国家的战略选项

对美国来说,"再工业化"一词并不陌生。早在上世纪 70 年代,美国就曾针对其东北部重工业基地改造,提出通过"再工业化"重振相关地区的经济和发展。奥巴马政府上台不久,就把"再工业化"作为美国整体经济复苏的重大

战略推出的。20世纪后期,随着信息时代的到来,劳动力成本高企等因素,促成了全球经济的再分工。"去工业化"中的美国,金融业突飞猛进和制造业蜂拥外迁,成了这一时期的两大突出现象。也恰恰由于金融衍生品的泛滥和第二产业的空洞化,导致美国陷入了自大萧条后的最大经济危机,导致失业率飙升到10%上下、房地产大面积崩溃等等,即使是上百年来让美国人骄傲的汽车制造业,也面临着破产的现实威胁。面对严重金融危机的冲击,奥巴马政府痛定思痛,竭力寻找引领美国经济走出困境的突破口,最终把目光聚焦到"再工业化"。"再工业化"战略的实质,是要推动美国制造业的脱胎换骨,要催生一种新的生产方式,造就类似于信息革命那样的大趋势,掀起一场新的工业革命。奥巴马政府实施的"再工业化"战略,中期目标是要重振美国制造业,创造就业,推动美国经济走出低谷等,而远期目标则是要在世界经济领域掀起一场"战略大反攻",以"再工业化"作为抢占世界高端制造业的战略跳板,促使主导"新型制造业"的先进技术和设备在环保、能源、交通,乃至所有经济领域遍地开花,以达到巩固并长期维持其世界第一大经济体地位的战略目标。奥巴马政府期望,"再工业化"战略能延续美国经济霸主地位。由此看来,其思考不可谓不深刻,其部署不可谓不长远。

欧洲也非常重视"再工业化"。2010年的《欧盟2020战略》中明确提出恢复工业的应有地位,使工业与服务业共同成为欧盟经济发展的支柱。作为该战略的重要组成部分,欧盟在同年还出台了工业发展新战略,以巩固和发展欧盟工业竞争力。德国推出工业4.0版,突出三大主题推进制造业升级换代:一是"智能工厂",重点研究智能化生产系统及过程,以及网络化分布式生产设施的实现;二是"智能生产",主要涉及整个企业的生产物流管理、人机互动以及3D技术在工业生产过程中的应用等。该计划将特别注重吸引中小企业参与,力图使中小企业成为新一代智能化生产技术的使用者和受益者,同时也成为先进工业生产技术的创造者和供应者;三是"智能物流",主要通过互联网、物联网、务联网,整合物流资源,充分发挥现有物流资源供应方的效率,而需求方,则能够快速获得服务匹配,得到物流支持。

(二)实施创新驱动,维持领先地位成为世界主要大国的战略选项

美国在2011年发布《美国创新战略》,其要点是:(1)竞争的核心是教育,培养掌握21世纪技能的下一代,创造世界一流素质的劳动力;改善提高美国

的科学、技术、工程和数学教育;改革初等和中等教育;创建一流的早期教育
体系。(2)基础研究的领先地位,公布美国历史上增幅最大的研发投资;研发
投资要占到 GDP 的 3%。(3)建造先进的基础设施,发展高速铁路,构建新的
运输体系;开发下一代空中交通控制系统。(4)信息技术系统,发展覆盖全国
的、高水准通信网络;扩大宽带接入;电网现代化;支持下一代信息和通信技
术研究。2015 年 10 月,美国国家经济委员会(NEC)与白宫科技政策办公室
(STPO)又发布新版《美国创新战略》,突出 9 大领域:1.先进制造。奥巴马政
府推出国家制造业创新网络来恢复美国在高精尖制造业创新中的领先地位。
2.精密医疗。2016 年,美国预算投资 2.15 亿美元启动精密医学倡议,在保护
个人隐私的前提下,推动基因组学、大型数据集分析、和健康信息技术的发
展。3.大脑计划。通过基因对大脑进行全方位的认知,协助科学家和医生更
好地诊断和治疗神经类疾病,奥巴马政府预算 3 亿美元支持大脑计划。4.先
进汽车。奥巴马总统 2016 年财政预算加倍投资汽车技术研究、提升全自动
汽车的性能和安全标准。5.智慧城市。奥巴马政府 2016 年财政预算 3000 多
万美元用于投资智慧城市新研究和部署智慧城市设施。6.清洁能源和节能技
术。在过去六年的时间里,美国来自风能和太阳能的电力生产增加了 20 多
倍,要继续保持新能源生产量增加这一势头。7.教育技术。总统提议为 99%
的学生在 2018 年之前接通高速宽带网络。8.太空探索。2016 年,美国财政
预算 12 亿美元用于美国宇航局的商业航天计划,7.25 亿美元用于美国宇航
局的太空技术任务理事会。9.计算机新领域。这一战略将刺激创建和部署前
沿计算技术,有助于提升政府经济竞争力、促进科学发现和助力国家安全。

　　2010 年欧盟 27 个成员国的首脑通过了未来 10 年的经济发展战略,即
"2020 战略"。这份纲领性文件提出了欧盟关于未来经济增长方式的三个核
心概念:第一,"聪慧增长",意即实现以知识和创新为基础的经济增长;第二,
可持续性增长,意即实现资源效率型、更加绿色和更具竞争力的经济增长;第
三,包容性增长,意即实现经济、社会和地区聚合的高就业增长,使所有地区
和人群都能分享到经济增长成果。

　　根据该项计划,欧盟在未来十年内将重点关注科技创新、研发、教育、清
洁能源及劳动力市场自由化。为此,欧委会在欧盟发展战略中设定了一系列
具体目标:到 2020 年,20—64 岁适龄人群就业率由目前的 69%提升至 75%;

研发投入占欧盟总体 GDP 比重由 1.9%增加至 3%;二氧化碳排放量在 1990 年基础上削减 20%,可再生能源占最终能耗来源的比重达到 20%,能耗下降 20%;削减贫困人口 2000 万左右。

(三)促进中小企业的发展,优化产业组织结构成为发达国家的战略选项

第三次工业革命在生产方式方面的变革为小型化、分散化和互联化。特别是为了促进就业,在产业组织结构上,欧美改变过去"做大做强",转向重视国内中小企业的发展。

美国政府近年的措施是,财政部 2012 年 2 月 22 日发布改革方案,其内容包括消除妨碍小企业发展的几十项税收漏洞和补贴方式;简化小型企业报税程序;降低企业所得税税率,使其最高税率从现有的 35%下调至 28%;降低制造业企业的税率使其不超过 25%;针对美国公司的海外经营收入设定最低企业所得税税率,以鼓励在美国国内投资等。美国政府 2013 年的预算计划中,有 8000 亿美元用于扩大就业的产业和企业方面的措施,其中 3000 亿是给能增加就业的中小企业的减税退税。

欧盟委员会于 2008 年 12 月出台"小企业法案",期待通过为中小企业提供融资便利、简化行政审批程序、改善市场环境、促进中小企业国际化等措施,改善中小企业经营业绩,鼓励中小企业发展并促进就业。在欧盟国家申请创立新企业的平均审批时间由 2007 年的 12 天缩减到 2008 年的 7 天,申请手续费用则由 485 欧元下降到了 399 欧元。

日本在 2008 年危机后,更是重视中小企业的生存和发展。首先,扩大资金供给。引入"紧急担保制度",扩充为中小企业融资的安全网贷款;成立为中小企业融资的日本政策金融公库;修改金融机能强化法;放宽金融机构自有资本限制。其次,稳定中小企业的经营。改善和支持中小企业与大企业的交易条件;扩大面向中小企业的政府采购;防止中小企业连锁破产。再次,提升中小企业的经营能力。组建中小企业再生基金,在咨询、培训、信息等各方面,对中小企业的发展提供帮助。

(四)主导制定国际贸易新规则,争夺国际贸易控制权,成为世界大国是美国贸易战略的重要选项

美国不仅加快实施以发展高端制造业为核心的"再工业化"战略,同时提出以扩大出口为重点的"一轴两翼"的全球贸易战略。即以北美自由贸易协

定（NAFTA）为主轴，以主导跨太平洋伙伴关系协定（Trans-Pacific Partnership Agreement，TPP）和跨大西洋贸易与投资伙伴协定（Trans Atlantic Trade and Investment Partnership，TTIP）为"两翼"的贸易发展战略。同时，美国与欧盟、日本等20多个世界贸易组织成员国开展"服务业贸易协议"（TISA），着力打造一套由TPP、TTIP和TISA构成的由美国主导的新型高标准国际贸易规则，意在从知识产权保护、政府采购、竞争中立、环境保护、劳工标准等方面限制中国。对此，美国《时代》周刊刊文称："这两个协议有着不可告人的秘密：'它们把世界最大和发展最快的经济体中国排除在外'。"并援引美中经济与安全委员会委员戴维·韦塞尔的话说："虽然我认为人们从未听到总统公开称这是一项遏制中国的政策，但关起门来说，显然就是这么回事。其目标就是加强美国的经济联系强化对美国市场而不是中国的市场的依赖，以及提高限制，进一步让中国成为局外人。"①对此，美国总统奥巴马在2015年1月20日在美国国会所做的国情咨文中也明确谈到："中国想要为世界经济增长最快的地区制定规则，这会对我们的工人和企业很不利……这些规则应该由我们来制定。"

二、中国经济发展方式存在的结构性短板

第一，城乡二元经济结构失衡，"三农"短板突出。2015年，中国9%的农业GDP养活45%左右的农村人口②，农村人口不可能依托农业增收。尽管2004年以来连年加大对农业的政策支持力度，但是，由于城乡二元经济结构和城乡分治的格局始终没有真正打破，优势资源和发展势力严重向城市倾斜，最终导致工农产品价格剪刀差、社会资本剪刀差、人力资本剪刀差和土地收益剪刀差等"不等价交换"趋势日益严重，这种城乡"不平等"的发展格局，不仅直接导致农村和农民的贫困，而且导致农业安全和农村稳定问题日益突出。

第二，产业结构失衡，技术贡献少和服务业发展不足的短板突出。一产不稳、二产不强、三产不足，是中国产业结构的基本特点。讲一产不稳，就是由于基础设施落后，资本和科技投入不足，中国农业还没有摆脱"靠天吃饭"

---

① 转引自《参考资料》，2014年1月27日。
② 根据国家统计局统计，2013年中国城市化率为53.7%。

的尴尬。讲二产不强,就是由于我们缺乏核心技术和自主知识产权,尽管成为了"世界工厂"和制造大国,但还没能成为"创造大国"。不仅大量的机器设备需要进口,而且即便生产出的工业品也是获益微薄。讲三产不足,就是第三产业严重滞后于中国的工业化和城市化水平,进而成为制约中国经济高效益发展的"瓶颈"。第三产业发展滞后,不仅成为我国经济发展方式粗放的直接表现,而且也是我国经济很难摆脱高消耗、高污染的重要原因。

第三,区域经济发展失衡,中西部特别是东北地区发展不足的短板突出。2015 年西部地区人均 GDP 是全国平均的 80%,中部地区的 90%,是东部地区的 56%。西部农民年人均收入 8300 元,比全国低 2900 元,比东部地区低8400 元。2015 年全国有 14 个集中连片特困地区、592 个国家扶贫开发重点县、12.8 万个贫困村、2948.5 万个贫困户、7017 万贫困人口。贫困人口超过500 万的有贵州、云南、河南、广西、湖南、四川 6 个省区。贫困发生率超过15%的有西藏、甘肃、新疆、贵州、云南 5 个省区。

第四,人与自然发展失衡,生态环境和自然承载力的短板突出。由于经济结构仍较粗放、科技贡献较低,以及生产方式和生活方式落后,不仅导致资源使用效率低下和资源浪费,而且直接导致环境污染严重和自然承载力下降,进而直接阻碍经济发展质量和效益的提高。我国万元 GDP 能耗是世界平均水平的 3—4 倍,是日本的 8 倍。我国万元 GDP 耗水为 193 公斤,世界平均水平是 55 公斤。

第五,国民收入分配结构失衡,社会与民生短板突出。我国目前国民收入分配结构失衡,主要表现在两个方面:一是居民收入占整个国民收入的比重不断下降,企业和政府所得不断上升。二是国民收入(财产)在居民之间分配不平衡,两极分化比较严重。这种失衡的分配结构,不仅严重制约着消费需求的扩大,而且严重恶化了社会矛盾。

第六,对外贸易结构失衡,经济安全性不高的短板突出。我国对外贸易在快速发展的同时,也积累了一些结构性矛盾。一是加工贸易所占比重偏大。加工贸易是我国利用自身劳动力资源优势、参与国际分工的重要方式,有利于扩大就业、增加外汇收入。但加工贸易对税收和技术进步的贡献却不大,国内企业只能拿到很低的加工费。二是出口产品大量为贴牌生产。三是出口产品层次较低。出口产品主要集中在劳动密集型产品和制造环节上,即使是机电产品和高新技术产品,大部分也是中低端加工装配环节的产品。特别是无论是出口产品还是进口资源,80%左右要走马六甲海峡,由此造成了中国经济难以治愈的"马六甲之痛"。

三、加快转变经济发展方式的战略对策

习近平在 2016 年 1 月 29 日主持中共中央政治局第三十次集体学习时指出,推进结构性改革特别是供给侧结构性改革,是"十三五"的一个发展战略重点。要在适度扩大总需求的同时,着力推进供给侧结构性改革,促进经济发展方式根本转变。

第一,实施创新驱动发展战略。习近平总书记在中国科学院第十七次院士大会、中国工程院第十二次院士大会上强调,今天,我们比历史上任何时期都更接近中华民族伟大复兴的目标,比历史上任何时期都更有信心、有能力实现这个目标。而要实现这个目标,我们就必须坚定不移贯彻科教兴国战略和创新驱动发展战略,坚定不移走科技强国之路。面对科技创新发展新趋势,我们必须迎头赶上、奋起直追、力争超越。历史的机遇往往稍纵即逝,我们正面对着推进科技创新的重要历史机遇,机不可失,时不再来,必须紧紧抓住。

然而,技术创新和技术进步用市场换不来,用钱买不来,最根本的出路是坚持走中国特色自主创新道路,提高自主创新能力。提高自主创新能力,关键要深化科技体制改革,破除一切制约科技创新的思想障碍和制度藩篱,处理好政府和市场的关系,推动科技和经济社会发展深度融合,打通从科技强到产业强、经济强、国家强的通道,以改革释放创新活力,加快建立健全国家创新体系,让一切创新源泉充分涌流。要着力加快制定创新驱动发展战略的顶层设计,改革国家科技创新战略规划和资源配置体制机制,深化产学研合作,加强科技创新统筹协调,加快建立健全各主体、各方面、各环节有机互动、协同高效的国家创新体系。

实施创新驱动发展战略,人才是关键。习近平总书记强调,没有强大的人才队伍作后盾,自主创新就是无源之水、无本之木。因此,要不断优化完善人才培养引进政策措施,破除阻碍人才发挥作用的体制机制障碍,不拘一格选拔、使用人才,营造勇于创新、鼓励成功、宽容失败的良好氛围,最大限度调动科研人员的创新积极性。为此,要实施知识产权战略,加强知识产权保护。

第二,实施扩大内需战略。扩大内需是我国经济摆脱出口依赖,转变经济发展方式,实现自主性成长的前提条件。扩大内需无疑需要继续扩大国内投资需求。但从长远来看,加快建立扩大消费需求长效机制,释放居民消费潜力才是最根本的出路。扩大消费需求,关键是增加居民收入。当前,我国居民收入的主要来源是工薪收入,提高工薪收入无疑决定着消费能力,因此,努力实现工薪增长和经济发展同步应当成为我们的政策目标。但就我国实际情况而言,大幅提高工薪水平对企业意味着人工成本的过快上升,而成本过快上涨对企业特别是劳动密集型企业的生存和发展则构成压力,进而导致就业困难或不稳定。就业困难或不稳定,又会导致居民对工薪收入增长的未来预期不乐观,从而抑制居民消费。因此,这就需要构建居民收入稳定快速增长的长效机制,即在努力实现劳动报酬增长和劳动生产率同步提高的同时,扩张居民的财产性收入、转移性收入和营业性收入等其他收入来源。同时,国家要加大社会保障投入力度,加快建立覆盖城乡的医疗和养老保险制度,从根本上解除居民超前或扩大消费的后顾之忧。

第三,实施好"四化同步"发展战略。解决好农业农村农民问题是全党工作重中之重。工业化、信息化、城镇化、农业现代化同步发展是解决"三农"问题的根本途径。城镇化是实现"四化同步"的重要载体,是解决农业、农村、农民问题的重要途径,是推动区域协调发展的有力支撑,是扩大内需和促进产业升级的重要抓手,对全面建成小康社会、加快推进社会主义现代化具有重大现实意义和深远历史意义。因此,一方面,要全面放开建制镇和小城市落户限制,有序开放中等城市落户限制,进而推进农业转移人口市民化,加快解决已经转移到城镇就业的农业转移人口落户问题。另一方面,要加强对城镇化的管理,制定实施好国家新型城镇化规划,建立空间规划体系,城市规划要由扩张性规划逐步转向限定城市边界、优化空间结构的规划。要特别重视加快转变农业发展方式,着力构建现代农业产业体系、生产体系、经营体系,提高农业质量效益和竞争力,推动粮经饲统筹、农林牧渔结合、种养加一体、一二三产业融合发展,走产出高效、产品安全、资源节约、环境友好的农业现代化道路。

第四,实施经济结构调整战略。结构调整是加快转变经济发展方式的主攻方向和主战场。优化调整经济结构,强化需求导向,推动战略性新兴产业、先进制造业健康发展,加快传统产业转型升级,推动服务业特别是现代服务业发展壮大,合理布局建设基础设施和基础产业。当前,推进产业结构调整,要把化解产能过剩和落实"中国制造2015"作为产业结构调整的重点和方向,全面提升中国制造业的国际竞争力。习近平总书记指出:"产能过剩越来越成为我国经济运行中的突出矛盾和诸多问题的根源。""化解产能过剩必然带来阵痛。有的行业甚至会伤筋动骨,但调整是大势所趋。有关地方和部门要认清形势,主动把思想和行动统一到中央要求上来,不要囿于眼前利益。如果现在不痛下决心,将来必定付出更大的代价。"因此,必须下决心关停并转一批产能过剩和技术落后企业,把更多资源配置到有技术、有市场、有就业的战略性新兴产业和生产性服务业中去,为提高经济增长质量打牢经济结构基础。

第五,实施全面改革开放战略。改革开放是决定当代中国命运的关键一招,也是决定实现"两个一百年"奋斗目标和中华民族伟大复兴"中国梦"的关键一招。经济体制改革是全面深化改革的重点,核心问题是处理好政府和市场的关系,使市场在资源配置中起决定性作用和更好发挥政府作用。习近平总书记指出:"使市场在资源配置中起决定性作用、更好发挥政府作用,既是一个重大理论命题,又是一个重大实践命题。在市场作用和政府作用的问题上,要讲辩证法、两点论,'看不见的手'和'看得见的手'都要用好,努力形成市场作用和政府作用有机统一、相互补充、相互协调、相互促进的格局。"因此,全面深化经济体制改革,从更加广度和深度上推进市场化改革,使市场在配置资源中真正起决定性作用。同时,要切实转变政府职能,把政府职责和作用的重点放到保持宏观经济稳定,加强和优化公共服务,保障公平竞争,加强市场监管,维护市场秩序,推动可持续发展,促进共同富裕,弥补市场失灵上来,用政府权力的"减法"换来市场和企业活力的"加法"。

实施好更加积极主动的全面开放战略,进一步完善互利共赢、多元平衡、安全高效的开放型经济体系,是全面深化经济体制改革的又一重要内容。实施全面开放,不仅要创新开放模式,促进沿海内陆沿边开放优势互补,形成引领国际经济合作和竞争的开放区域,培育带动区域发展的开放高地,而且要坚持出口和进口并重,强化贸易政策和产业政策协调,形成以技术、品牌、质量、服务为核心的出口竞争优势,促进加工贸易转型升级,发展服务贸易,推动对外贸易平衡发展。特别是要加快中国企业"走出去"步伐,增强企业国际化经营能力,培育一批世界水平的跨国公司。目前,最重要的是要统筹双边、多边、区域次区域开放合作,加快实施自由贸易区战略,加快同周边国家和区域基础设施互联互通建设,推进"一带一路"建设,加快构建全方位开放新格局。

第六,实施好绿色发展战略。绿色是永续发展的必要条件和人民对美好生活追求的重要体现。为了实现绿色发展,必须划定农业空间和生态空间保护红线,构建科学合理的城市化格局、农业发展格局、生态安全格局、自然岸线格局。要实行最严格的水资源管理制度,以水定产、以水定城,建设节水型社会。要建立健全用能权、用水权、排污权、碳排放权初始分配制度,培育和发展交易市场。特别是要以提高环境质量为核心,实行最严格的环境保护制度,形成政府、企业、公众共治的环境治理体系,实行省以下环保机构监测监察执法垂直管理制度。

（本文是作者在 2015 年中共中央党校省部级干部"战略思维"研究专题班上的讲稿）

中国经济新常态与供给侧结构性改革

国际金融危机后受世界经济复苏乏力、国际分工深化、中国经济增长动力转换,以及周期性因素等多重影响,中国经济进入了新常态。认识、适应、引领中国经济新常态已经成为当前和今后中国经济工作和供给侧结构性改革的大逻辑。因此,从理论和实践辩证统一的高度去深刻认识习近平总书记中国经济新常态与供给侧结构性改革思想的深刻内涵及二者之间的逻辑联系,不仅有利于进一步领会习近平总书记系列讲话精神,而且有利于提高我们进一步促进经济发展方式转变和深化供给侧结构性改革的理论自觉。

一、经济新常态是引领供给侧结构性改革的大逻辑

"新常态"这个概念,是 2013 年 12 月 10 日习近平总书记在中央经济工作会议的讲话中首次使用的。2014 年 5 月在河南考察时,他针对当时人们担

心经济增长速度放缓会影响错失战略机遇期时又明确指出："中国发展仍处于重要战略机遇期,我们要增强信心,从当前中国经济发展的阶段性特征出发,适应新常态,保持战略上的平常心态。"随后,2014 年 11 月 9 日,习总书记在亚太经合组织工商领导人峰会开幕式上的演讲上指出,中国经济呈现出新常态,有几个主要特点:一是从高速增长转为中高速增长。二是经济结构不断优化升级,第三产业、消费需求逐步成为主体,城乡区域差距逐步缩小,居民收入占比上升,发展成果惠及更广大民众。三是从要素驱动、投资驱动转向创新驱动。从而清晰界定了中国经济新常态的基本内涵①。

此后,2014 年 12 月召开的中央经济工作会议上,习近平总书记又综合需求侧和供给侧的九个方面系统阐述了中国经济新常态趋势性特征。

从消费需求看,模仿型排浪式消费阶段基本结束,个性化、多样化消费渐成主流,必须采取正确的消费政策,释放消费潜力,使消费继续在推动经济发展中发挥基础作用。

从投资需求看,传统产业相对饱和,但基础设施互联互通和一些新技术、新产品、新业态、新商业模式的投资机会大量涌现,必须善于把握投资方向,使投资继续对经济发展发挥关键作用。

从出口和国际收支看,全球总需求不振,我国低成本比较优势发生转化,同时我国出口竞争优势依然存在,高水平引进来、大规模走出去正在同步发生,必须加紧培育新的比较优势,使出口继续对经济发展发挥支撑作用。

从生产能力和产业组织方式看,传统产业供给能力大幅超出需求,产业结构必须优化升级,企业兼并重组不可避免,新兴产业、服务业、小微企业作用更加凸显,生产小型化、智能化、专业化将成为产业组织新特征。

从生产要素相对优势看,人口老龄化日趋发展,农业富余劳动力减少,要素的规模驱动力减弱,经济增长将更多依靠人力资本质量和技术进步,必须让创新成为驱动发展新引擎。

从市场竞争特点看,数量扩张和价格竞争正在逐步转向质量型、差异化为主的竞争,统一全国市场、提高资源配置效率是经济发展的内生性要求,必须深化改革开放,加快形成统一透明、有序规范的市场环境。

---

① 韩保江:《中国经济中高速增长的"多元动力"——论习近平经济发展思想的基本内核与逻辑框架》,《中共中央党校学报》,2015 年第 6 期。

从资源环境约束看,环境承载能力已经达到或接近上限,必须顺应人民群众对良好生态环境的期待,推动形成绿色低碳循环发展新方式。

从经济风险积累和化解看,伴随经济增速下调,各类隐性风险逐步显性化,风险总体可控,但化解以高杠杆和泡沫化为主要特征的各类风险将持续一段时间,必须标本兼治、对症下药,建立健全化解各类风险的体制机制。

从资源配置模式和宏观调控方式看,全面刺激政策的边际效果明显递减,既要全面化解产能过剩,也要通过发挥市场机制作用探索未来产业发展方向,必须全面把握总供求关系新变化,科学进行宏观调控。

2016 年 1 月 18 日,习近平总书记在中央党校省部级主要领导干部学习贯彻党的十八届五中全会精神专题研讨班上的讲话中,又进一步把中国经济新常态界定为四方面的主要特点,他认为:"新常态下,我国经济发展的主要特点是:增长速度要从高速转向中高速,发展方式要从规模速度型转向质量效率型,经济结构调整要从增量扩能为主转向调整存量、做优增量并举,发展动力要从主要依靠资源和低成本劳动力等要素投入转向创新驱动。这些变化,是我国经济向形态更高级、分工更优化、结构更合理的阶段演进的必经过程。"①

不管是"三特征""九特征"还是"四特征",习近平总书记阐述的经济新常态其实都说明中国经济已经告别了以追求数量、规模的发展阶段,进入了一个以追求经济增长质量为先,努力谋求经济结构优化的新发展阶段。维持这样一个阶段持续稳定发展不能再依靠廉价资源和大规模投资来驱动,必须依靠技术、制度、文化、政策等多方面创新来驱动。

至于中国经济发展进入新常态的背景和原因,习近平总书记最初讲过是"三期叠加",后又从历史过程、从时间、从空间等多方面论证了新常态的必然性。中国经济发展进入新常态,不是偶然的,更不是人为的,它完全符合事物发展螺旋式上升的运动规律。从经济增长理论上分析,中国经济下行首要原因是需求放缓和供给"呆滞"。讲需求放缓,无非外需放缓,内需不足。外需放缓总的原因是国际金融危机的余波未尽,欧美日以及新兴经济体经济增长低迷,消费需求萎缩所致。但其中也有我国传统国际市场被劳动成本较低的

---

① "习近平在省部级主要领导干部学习贯彻党的十八届五中全会精神专题研讨班上的讲话",《人民日报》2016 年 5 月 10 日。

发展中国家"挤占"以及发达国家再工业化"挤出"等原因。讲内需不足,就是大规模、排浪式消费热潮已经过去,绝大多数中国居民物质生活已达到或接近小康,除仅剩的少数(2015 年底约有 5575 万贫困人口)居民物质产品边际消费倾向(恩格尔系数)较高外,绝大多数居民尤其是城市居民的物质产品边际消费倾向进入下降阶段。消费需求不足,引致投资需求下降(尤其是四万亿刺激经济计划使得高速铁路、高速公路、机场等基础设施投资新需求下降),最终使得国内需求出现"萎缩"。讲供给"呆滞",是指由于技术创新能力不足,导致对旧技术和传统产业产生"路径依赖",进而使得供给被资源性、低附加值的低端传统产业"锁定",新产业成长缓慢,形成结构性供给过剩。一方面老百姓需要的高质量产品无法满足,另一方面老百姓消费欲望不高的传统产业出现产能过剩。其次,经济体制改革滞后,市场配置资源的决定性作用难以发挥,多种所有制企业缺乏公平竞争,加上沉重的劳动力成本、融资成本、交易成本等导致企业发展动力减弱。民间投资大幅度下滑就是例证。第三,地方政府追逐 GDP 的"政绩竞赛"机制被打破,新的政绩评价机制尚不完善,导致地方政府招商引资的积极性下降。第四,环境和资源约束硬化,传统粗放发展行为受到遏制。第五,经济周期的影响。1926 年俄国经济学家康德拉季耶夫提出的一种为期 50—60 年的经济周期。该周期理论认为,从 18 世纪末期以后,经历了三个长周期。第一个长周期从 1789 年到 1849 年,上升部分为 25 年,下降部分为 35 年,共 60 年。第二个长周期从 1849 年到 1896 年,上升部分为 24 年,下降部分为 23 年,共 47 年。第三个长周期从 1896 年起,上升部分为 24 年,1920 年以后进入下降期。康德拉季耶夫周期尽管与中国经济下行不完全吻合,但从国际经验来看,中国经济下行也符合国外经济发展的一般趋势。

既然这是规律,那就不能不面对、不遵循。因此,在认识新常态上,要准确把握内涵,注意克服几种倾向。其一,新常态不是一个事件,不要用好或坏来判断。新常态是一个客观状态,是我国经济发展到今天这个阶段必然会出现的一种状态,是一种内在必然性,并没有好坏之分,我们要因势而谋、因势而动、因势而进。其二,新常态不是一个筐子,不要什么都往里面装。新常态主要表现在经济领域,不要滥用新常态概念,搞出一大堆"新常态",什么文化新常态、旅游新常态、城市管理新常态等,甚至把一些不好的现象都归入新常态。其三,新常态不是一个避风港,不要把不好做或难做好的工作都归结于新常态,似乎推给新常态就有不去解决的理由了。新常态不是不干事,不是不要发展,不是不要国内生产总值增长,而是要更好发挥主观能动性、更有创造精神地推动发展。因此,我们无论是谋划经济发展思路、出台新的政策,还是推进供给侧结构性改革,都要服从这个大逻辑,遵循这个大逻辑。

二、供给侧结构性改革本质内涵与基本要求

"供给侧结构性改革",是习近平总书记在 2015 年 11 月 10 日召开的中央财经领导小组第十一次会议上首先提出的,他提出:"在适度扩大总需求的同时,着力加强供给侧结构性改革,着力提高供给体系质量和效率,增强经济持续增长动力。"[①]2015 年 12 月 18 日,中央经济工作会议明确提出把供给侧结构性改革作为应对经济新常态的根本出路,认为"加大结构性改革力度,矫正要素配置扭曲,扩大有效供给,提高供给结构适应性和灵活性,提高全要素生产率"。"推进供给侧结构性改革,是适应和引领经济发展新常态的重大创新,是适应国际金融危机发生后综合国力竞争新形势的主动选择,是适应我国经济发展新常态的必然要求。"[②]之后习近平总书记又多次在不同场合论述供给侧结构性改革。尤其是 2016 年 1 月 18 日在中央党校举办的省部级主要领导干部学习十八届五中全会精神专题研讨班上的讲话中专门阐述了供给侧结构性改革的本质内涵和基本要求。他说:"供给侧结构性改革,重点是解放和发展社会生产力,用改革的办法推进结构调整,减少无效和低端供给,扩大有效和中高端供给,增强供给结构对需求变化的适应性和灵活性,提高全要素生产率。"[③]

供给侧结构性改革,重在解决结构性问题,注重激发经济增长动力,主要通过让市场在配置资源中起决定性作用和更好发挥政府作用,创新体制机制,优化要素配置和调整生产结构来充分调动各类经济主体的发展积极性,提高供给体系质量和效率。马克思主义政治经济学理论认为,从生产的角

① 《习近平主持召开中央财经领导小组第十一次会议》,新华网,2015 年 11 月 10 日。
② 《中央经济工作会议在北京举行》,《人民日报》2015 年 12 月 22 日。
③ 习近平"在省部级主要领导干部学习贯彻党的十八届五中全会精神专题研讨班上的讲话",《人民日报》2016 年 5 月 10 日。

度,财富增长主要取决于劳动数量、劳动分工与资本积累的规模。根据现代经济增长理论,总供给的一般模型为:$Y = AF(K, L, R)$,即资本(K)、劳动(L)、自然资源(R)和全要素生产率(A)。供给侧的人力资源、自然资源、资本、技术创新等是决定供给能力与经济增长的"四个轮子"。因为"事实上,研究经济增长的经济学家已经发现,无论是穷国还是富国,经济增长的发动机必定安装在相同的四个轮子上。这四个轮子或者说经济增长的要素就是:人力资源(劳动供给、教育、技能、纪律、激励);自然资源(土地、矿产、燃料、环境质量);资本(工厂、机器、道路、知识产权);技术变革和创新(科学、工程、管理、企业家才能)。"[①]

人力资源供给:经济学家认为,劳动力的数量和质量是一个国家经济增长的最重要的因素。经济发展中,如果只有高科技,先进的机器,更好的设备是不够的,只有经过劳动者的使用,充分发挥劳动力的创造性,才能够生产出更好的产品,才能提高劳动生产率,才能创造出新的价值。劳动者是唯一具有创造能力和增值能力的资源。因此,除了要深化人口制度改革,促进人口再生产,进而保持劳动力资源的可持续供给外,还要深化劳动制度和收入分配制度改革,进而充分调动劳动者的积极性和创造性。

自然资源:经济增长离不开自然资源,这里的自然资源主要包括土地、石油、水利、矿产等资源。没有自然资源的持续供给和保护,经济增长就难以为继。只有建立严格而清晰的自然资源产权保护与交易制度,自然资源才能持续供给,经济增长才能拥有牢固的物质支撑。

资本:主要指社会基础资本和民间生产资本,前者主要是由政府来承担,包括的项目,比如有公路、铁路、灌溉工程、电力等。这些投资的特点是整体性,不可细分,而且具有规模效应,具有外部经济或溢出效应。民间生产资本主要是用来生产私人产品的企业设备和生产投资、积累。民间资本形成不仅取决于私人资本获取利润的多少,还取决于民间资本权益和私有财产权保护的力度。

技术变革和创新:也就是指生产过程中的变革或新产品、新服务的引进。技术进步更主要的是以一种无声的、不为人察觉的方式,不断以微小的改进

---

① 保罗·萨缪尔森、威廉·诺德豪斯:《经济学》(第十九版),商务印书馆,2014 年,第 858 页—859 页。

来提高产品质量和产出数量。技术创新更是供给直接创造需求的关键。因此,建立严格的知识产权保护制度,不断完善科研人员收入分配制度和激励机制,从而最大限度地调动科研人员的创新积极性,是实现经济增长的决定性前提。当然公平的竞争环境、充分的学术自由和宽容失败的社会包容也是激发社会科技创新能力的重要因素。

马克思主义政治经济学和现代经济增长理论还认为,要激活劳动力、自然资源、资本和技术这些生产要素并提高上述全要素生产力,就必须不断调整生产关系及上层建筑,不断优化资源配置机制和经济发展激励机制。以诺斯为代表的新制度经济学派,从制度变迁的角度阐述了制度对经济增长的作用,提出"清晰的产权和有效率的组织是决定经济增长的关键"。因此,如果说人力资源、自然资源、资本、技术变革和创新是决定经济增长的"四个轮子",那么制度及体制机制(包括经济政策)就自然成为决定这"四个轮子"跑得快慢的"发动机"。而体制机制改革就成为了更新或改造"发动机"的重要途径。供给侧结构性改革,本质就是要通过进一步改革生产关系和上层建筑,优化所有制结构、收入分配制度,以及政治制度、法律制度和文化制度等,更新和改革曾经驱动过去"数量型"扩张增长的"老发动机",加快形成驱动中国经济"质量型"发展的"新发动机"的过程。

当然,我们提出的供给侧结构性改革与西方经济学中的供给学派也不是一回事。西方供给学派兴起于上世纪70年代。当时凯恩斯主义的需求管理政策失效,西方国家陷入经济"滞胀"局面。供给学派强调供给会自动创造需求,应该从供给着手推动经济发展;增加生产和供给首先要减税,以提高人们储蓄、投资的能力和积极性。这就是供给学派代表人物拉弗提出的"拉弗曲线"。目的是充分调动美国企业的发展积极性。虽然也提出调整结构,但供给学派强调的重点是减税,过分突出税率的作用,并且思想方法比较绝对,只注重供给而忽视需求、只注重市场功能而忽视政府作用。我们提的供给侧改革,是在中国经济仍然保持较高增长速度的基础上提出来的。如果说西方供给学派的政策主张是被动的,我们的供给侧结构性改革则是主动而为。重点是解放和发展社会生产力,用改革的办法推进结构调整,减少无效和低端供给,扩大有效和中高端供给,增强供给结构对需求变化的适应性和灵活性,提高全要素生产率。这不只是一个税收和税率问题,而是要通过一系列政策举措,特别是推动科技创新、发展实体经济、保障和改善人民生活的政策措施,来解决我国经济供给侧存在的问题。我们讲的供给侧结构性改革,既强调供给又关注需求,既突出发展社会生产力又注重完善生产关系,既发挥市场在资源配置中的决定性作用又更好发挥政府作用,既着眼当前又立足长远。从政治经济学的角度看,供给侧结构性改革的根本,是使我国供给能力更好满足广大人民日益增长、不断升级和个性化的物质文化和生态环境需要,从而实现社会主义生产目的。

三、推进供给侧结构性改革思路和举措

作为"十三五"时期引领经济新常态,贯彻落实创新、协调、绿色、开放、共享发展理念的重要抓手,供给侧结构性改革是一项系统工程,既包括旨在实现去产能、去库存、去杠杆、降成本、补短板这"三去一降一补"短期任务的重点改革,又包括旨在进一步完善中国特色社会主义,提高国际治理体系和治理能力现代化这一全面深化改革总目标的系统改革。它的着眼点是破解无效供给过剩,有效供给不足的结构性矛盾,但落脚点是为了"使市场在配置资源中起决定性作用和更好发挥政府作用"而进行的体制机制改革。"改革"是供给侧结构性改革的"灵魂"。

(一)供给侧结构性改革的短期任务:"三去一降一补"

1.去产能。我国有些产品已处于价格再怎么下降,消费总量也难以扩大的阶段,价格弹性为零甚至为负。如我国钢铁、煤炭的价格一直在下降,但近两年全国消费总量却在减少。根本原因是产能过大,不是需求不足。过剩产能在企业层面表现为存在大量"僵尸企业"。"僵尸企业"是那些已经丧失偿付能力、不能清偿到期债务,达到破产法规定的申请破产条件,却依靠银行贷款、政府补贴、母公司补贴等僵而不死的企业。"僵尸企业"占用信贷、财政、土地、劳动等资源,抬高杠杆率,扭曲市场价格信号,限制市场优胜劣汰,制约经济升级,长此以往会把行业中的优质企业拖垮,还加剧道德风险,损害债权人利益,损害全体人民的利益。要把处置"僵尸企业"作为化解产能过剩的牛鼻子,减少过剩产能,使产能和消费大体均衡,提高产能利用率,稳定工业品价格,止住价格下跌,让优质企业看到希望,改善生产经营状况,增强优质企业盈利能力。

2.去库存。目前全国商品住宅待售面积和施工面积相对于城镇现有户籍人口而言是多了,但相对于在城镇就业和生活的2.5亿非城镇户籍人口而言就不多了。问题是户籍制度的制约,使这些非户籍人口很难形成在城镇长期定居从而买房租房的预期,更主要的是在一、二线城市,绝大多数的非户籍人口买不起住房。一方面这些人口的城镇化需要住房,另一方面三四线城市房地产库存高企。破解这一困局,要打通供需渠道,通过城镇化去库存,而不是用加杠杆的办法去库存,为非城镇户籍人口在城镇定居落户创造居住方面条件。

要采取两方面的重大举措。一是落实户籍制度改革方案,允许农业转移人口等非户籍人口在就业地落户,满足他们在就业地买房或长期租房的预期和需求。二是明确深化住房制度改革方向,以满足新市民住房需求为主要出发点,以建立购租并举的住房制度为主要方向。户籍制度改革已经有了总体方案,要加大落实力度。

深化住房制度改革的要点应该是,对有能力直接买房的,支持他们包括城镇非户籍人口在内的城镇居民购买产权房;对一时买不起的,支持他们先租房;对难以承受市场化房租并符合条件的,政府给予货币化租金补贴,把公租房扩大到非户籍人口。

3.去杠杆。我国宏观杠杆率过高、增长过快。全社会杠杆率达到234.2%,特别是非金融企业负债率过高,超过其他国家企业的普遍水平。如此高的负债率,按照综合融资利率计算,企业1年付的利息就是4万多亿,年新增贷款的三分之一以上被利息占用了,导致宏观上的货币宽松与微观上的融资难融资贵的悖论。过高和增长过快的杠杆率,对经济健康的危害很大,尽管短期内杠杆率很难降下来,但必须坚持去杠杆的政策方向。

4.降成本。我国还是中等收入国家,但很多方面的成本已经偏高,接近或超过发达国家水平,呈现"未富先高"现象。

企业之所以成为企业,首先要盈利,企业没有盈利,一两年也许能扛下去,三四年后就撑不下去了。要去产能、去杠杆、降成本三管齐下,增强企业盈利能力。微观主体有活力了,经济发展才有持久动力。要按照十八届五中全会关于开展降低实体经济企业成本行动的要求,打出"组合拳",实行"七降"。一是降低制度性交易成本,转变政府职能、简政放权,进一步清理规范中介服务。二是降低人工成本,企业对人工成本上升反映强烈,要从国家利益和人民根本利益出发,正确处理劳资关系,防止超越发展阶段的增加收入,劳动和利润的增长都要建立在劳动生产率提高基础上。三是降低企业税费负担,清理各种不合理收费特别是垄断性中介服务收费,全面实施"营改增",减轻企业税费负担。四是降低社会保险费,精简归并"五险一金",将生育保险和基本医疗保险合并实施,阶段性降低企业养老金缴付比例、企业住房公积金缴付比例。五是降低企业财务成本,金融部门要创造利率正常化的政策环境,为实体经济让利,减少收费、共担风险。六是降低电力价格,推进电价市场化改革,完善煤电价格联动机制。七是降低物流成本,推进流通体制改革,平衡各种运输方式,降低各种物流费等。

5.补短板。实现全面建成小康社会目标,还面临不少短板,可以从不同角度看短板。从不同收入群体看,全面建成小康社会的最大短板是农村贫困人口;从产业看,现代农业、新兴产业,现代服务业是短板;从产品看,绿色产品和生态产品是短板;从质量和数量看,高品质产品是短板;从资本看,相对于物力资本,人力资本是短板;从生产要素看,相对于资本和劳动,创新特别是颠覆性创新是短板等。

当然,供给侧结构性改革不仅要做好"减法",还要做好"加法""乘法"和"除法"。做加法,就是要促进产业转型升级,培育新一代信息技术、新能源、生物医药、高端装备、智能制造和机器人等新兴产业,使新增长点汇聚成强大的增长动力。做乘法,就是要转向创新驱动,加大研发投入力度,加强知识产权保护,完善科技成果转化的激励机制,提高技术进步对经济增长的贡献率。做除法,就是要提高单位要素投入的产出率,通过加大人力资本投资、加强职业技术教育,提高劳动者技能和在劳动力市场的竞争能力,提高劳动生产率;通过能源资源价格形成机制改革,引入市场化交易机制,提高能源资源利用效率,增强经济的可持续增长能力。

(二)供给侧结构性改革的长期任务:实现全面深化改革总目标

首先,要按照"两个毫不动摇和两个不可侵犯"的总要求,加快完善基本经济制度,努力形成进一步解放和发展生产力的混合所有制结构。一方面要坚持公有制为主体毫不动摇,公有制经济财产权不可侵犯。要进一步深化国有企业改革,坚定按照公益类与商业类"分类改革"的要求,努力推进国有企业兼并重组和集团层次的股份化改革,加快现代企业制度和法人治理结构建设,加快提高国有企业活力和效率。另一方面要坚持鼓励、支持、引导非公有制经济发展,激发非公有制经济活力和创造力毫不动摇,非公有制经济财产权同样不可侵犯。非公有制经济在支撑增长、促进创新、扩大就业、增加税收等方面具有重要作用。坚持权利平等、机会平等、规则平等,废除对非公有制经济各种形式的不合理规定,消除各种"玻璃门"、"弹簧门"和"旋转门",隐性壁垒,鼓励非公有制企业进入特许经营领域,鼓励非公有制企业参与国有企业改革,鼓励发展非公有资本控股的混合所有制企业,鼓励有条件的私营企业建立现代企业制度。特别要重视中小科技企业产权保护,保护知识产权,扩大知识产权及其拥有者参与利润分配的份额,进而最大限度地调动科技人员的创新积极性。

其次,政府要进一步简政放权,创造条件使市场在配置资源中起决定性作用,真正实现"看不见的手"和"看得见的手"的辩证统一,努力形成有利于生产要素自由流动和优化配置的市场机制。这方面的改革除了政府要进一步简政放权外,重点是加快现代市场体系和市场规则建设,努力构建开放公平有序的市场竞争环境。唯有如此,更重创新活动才能活跃,更重创造财富的源泉才能充分涌流。

第三,深化收入分配制度和财税制度改革,科学处理国民收入初次分配和再分配中的个人(劳动者)、企业(资本)、国家之间的分配关系,进而调动各类经济发展主体的发展积极性。初次分配要讲效率,但也要重视公平,劳动报酬增加要与劳动生产率提高保持同步,努力提高劳动所得在初次分配中的比重。这既是按劳分配原则的体现,也是生产要素贡献分配的要求。同时要保证企业能够获得平均利润,进而保证企业进行资本积累和扩大再生产的积极性。唯有如此,企业才能源源不断地为劳动者创造就业机会。因此,劳动者与企业既是利益共同体,也是命运共同体。再分配要更加注重公平,当然也不能不顾效率。政府与企业之间要处理好税收与留利的关系,要"放水养鱼"而不能"竭泽而渔"。这是通过供给侧结构性改革,调动企业投资和发展积极性的内在要求。中央政府与地方政府之间要处理好事权与财权、中央所得与地方所得的关系,要以调动地方发展积极性为前提。一方面要避免再犯过去"财权上收,事权下放"的毛病,努力做到"事权与财权相匹配",切实把中央和省一级政府该办的事由中央和省自己办。尤其是尽量不搞中央、省和地市县政府"几家抬",更不能"中央请客,地方买单"。为调动地方发展积极性,不仅要适度扩大中央与地方共享税的地方比例,而且要培植具有较为稳定收入的地方税收税种,最大限度地把地方政府从土地财政中解放出来。

第四,管理好各类经济发展主体的"改革与发展预期",充分调动地方政府与官员、国有企业及其经营管理者、民营企业及民营企业家、外资企业及其投资者的发展和投资积极性。当下经济下行尽管有很多客观原因,但各类主体尤其是地方政府和官员、国有企业及经营管理者投资和发展积极性不高是重要原因。因此,必须加快建立"容错机制",宽容地方政府及官员、国有企业及经营管理者由于改革和发展失误所犯的某些错误,努力营造"想干事、敢干事"的改革和发展氛围。

（本文是作者在 2016 年中共中央党校国有企业领导
干部"国有企业改革与发展"专题班上的讲稿）

第六章
城乡平衡与区域协调发展

我国城乡双重贫困的表现、原因与对策

对于贫困问题的研究由来已久。我国作为一个发展中国家,贫困问题不可避免。依据贫困人口所属区域的不同,贫困可以分为农村贫困和城市贫困。目前在我国,农村贫困和城市贫困同时存在,如何解决城乡双重贫困成为摆在我们面前的重要课题。由于城乡贫困在致贫的原因、贫困主体、贫困特征等各个方面存在很大的差异,因此有必要对其分别进行分析和研究。

一、城市贫困的表现及其原因

对城市贫困人口的界定,目前主要是依据各地城市的最低生活保障线,即人均可支配收入水平低于当地"低保线"的人口为贫困人口。

20世纪50、60年代,我国城市贫困的主体是"三无"人员,即"无劳动能力、无法定赡养和抚养人、无生活来源"的人群。他们大部分待业、无业,或家庭有业成员供养的人口较多,以及由民政部门救济的鳏寡人口。这类贫困人口一直比较稳定,其产生原因主要不是体制性的,而是个体性的因素。

进入20世纪90年代中后期以来,城市贫困人口的构成发生重大的变化,呈现出如下几个特点:

一是城市贫困人口多元化。除了原来一直靠民政救济的"三无"人员外,

还包括因企业亏损和结构性调整而下岗的无业人员、长期失业的无业人员、企业停产或半停产被拖欠工资及放长假的生活特困的职工（其中有的处于半失业状态）、收入低的退休职工，以及这四类人员所赡养的家属；部分进城居住时间在半年以上（或居住在某一城市不满半年、离开户口所在地半年以上的，游离于不同城市之中的），无固定工作和就业方向的从农村向城市流动的人口；其他特殊的贫困人口，包括因病残、意外事故、意外灾害、吸毒、赌博致贫的人员，以及"劳教、劳改"释放的无业人员等。

二是城市贫困属于相对贫困[1]。随着我国改革开放政策的实施和综合国力的增强，我国城市绝对贫困人数急剧减少。从总体上看，当代的城市贫困人口已不再主要是生存意义上的贫困，更主要是体现在与社会成员平均水平的相对差距上。

三是城市贫富差距由收入差距为主向财富占有差距为主转变[2]。随着我国社会主义市场经济体制的建立，按劳分配和按生产要素分配相结合的收入分配制度的实施，除了工资收入在不同群体之间产生贫富差距外，因拥有房产获得租金、拥有股票获得股息和红利、拥有资本而获得利息、拥有技术获得转让使用费、拥有权力而进行寻租等这些因素而导致的贫富差距要比工资收入的差距大得多。换句话说，由于近些年来社会资源和社会财富越来越向少数地区、少数群体、少数人手中集中，即便是在城市建立最低生活保障制度，也不能改变城市贫富差距日益扩大的趋势。

四是城市贫困具有地域性、行业性和阶层性。（1）从地区分布看，我国城市贫困人口多数分布在中西部地区、三线地区和老工业基地地区，地域性特点比较突出。发达地区城市经济发展水平高，城市居民的生活条件相对较好，其城市的贫困居民主要是以农民工和移民等外来人口为主。但对于贫困地区而言，城市发展缓慢，居民表现为整体贫困，整个城市居民的生活水平远远落后于发达地区，其城市贫困居民主要是拥有所在城市户口的贫困居民。这一点在资源型城市的城市贫困居民中表现得更为突出。（2）从行业构成看，城市贫困人口多源于下岗分流、减员增效、兼并破产中的部分国有、集体亏损、双停企业，在纺织业、采掘业、制造业、建筑业、社会服务业等传统行业

---

① 叶普万：《贫困经济学研究》，中国社会科学出版社，2004年，第9页。
② 王昆：《转型期中国城市贫困问题制度研究》，硕士学位论文，复旦大学2007年，第19页。

和计划体制控制严格的行业中表现得尤为突出,而在金融、保险、科研综合技术服务业、电子、煤气及水的生产和供应等行业,贫困的发生率几乎为零。(3)我国城市贫困的阶层性表现得越来越明显,从社会阶层看,人力资本、阶层地位、家庭资产占有情况,以及参与市场竞争的机会和能力成为决定贫困与否的重要因素,尤其是受教育程度和职业所影响的阶层地位对人们的收入具有很大的影响。个人以职业、教育程度为主要标志的阶层地位越高,就越不可能陷入贫困。而那些阶层地位较低的人,尤其是受教育程度比较低,在传统行业从事着简单劳动,以及没有工作的人越有可能陷入贫困。

五是城市弱势群体具有一定的规模。与西方发达国家不同,我国"未富先老",已于1999年进入老龄化社会。许多老年职工退休时间比较早,退休收入普遍比较低,或生育的子女多,子女就业情况不好,致使家庭负担过重,几乎无存款应付现在的医疗、住房、子女教育等制度性变革所带来的生活支出的增加。此外,因病残和意外灾害导致个人生存和劳动能力障碍、过高的负担系数等产生的社会弱势群体在城市贫困群体中也占有一定的比例。

六是城市贫困人口的群体意识较强,成为社会的不稳定因素。不同于农村人口居住分散,有一块土地可以维持生存,城市贫困人口生活在城市的最底层,工作、生活环境艰苦,被剥夺、被排斥感强烈;居住相对集中,群体意识强,为了改变生存状况而容易形成内部认同感,出现集会、集体上访等群体性事件,以致成为社会不安定的因素。

分析城市贫困化的原因,既有宏观原因,又有微观原因。

城市贫困化的宏观原因主要有以下几个方面:

一是经济体制改革导致国有企业隐性失业显性化。在计划经济体制下,国有企业中存在大量的冗员,企业职工享受着"低工资、高福利"待遇的问题,隐蔽性失业现象严重。随着20世纪90年代社会主义市场经济体制的提出和建立,原来处于"保险箱"的大中小型国有企业被推向市场,参与市场竞争。国有企业的改制,导致了大量职工下岗失业。这些职工多年来没有太多的积蓄,下岗失业后不仅收入下降,原有的福利待遇包括公费医疗、福利分房、子女的免费教育等也被一并取消,使其很容易陷入贫困的境地。

二是产业结构调整导致大量人员失业。近些年来,我国产业结构发生重大的变化。商业、金融业、信息业等服务业和众多高新技术产业纷纷崛起,成为新的经济增长点。同时,农业、采掘业、纺织业等传统产业由于市场萎缩、资源枯竭、产品过时等原因而难以维系。传统产业的下岗失业人员被大量推向社会,一些身无一技之长的劳动者很难在其他行业找到工作。新兴产业的迅速发展需要大量拥有现代技能和知识的人员,而传统产业的人员无法胜任,结果出现了失业与空位并存的局面。产业结构调整下的就业不足,成为导致城市贫困人口产生的原因之一。

三是政策制度的二元性、地域性、差异性引发城市贫困。长期以来,我国的就业制度、户籍制度、社会保障制度具有城乡二元性。随着经济社会的发展和农业劳动生产率的提高,农业中的大量剩余劳动力开始向城市的非农产业转移。但是由于大部分农民工自身的人力资本积累不足,加上一些地方政府出于地方利益保护的考虑,在就业、雇佣等方面制定了一些歧视性的政策,因而农民工成为城市的边缘群体,缺乏合法的、制度化的利益表达渠道,政治、经济权利诉求很难得到重视,生存状况令人堪忧。另外,由于各地区缺少平均分配国家资源、平等交流的机会,政策制度的地域性直接影响到城市失业人员的异地就业行为。同时,社会保障制度与户籍制度的联动,使得在外就业人员很难享受到原有的社会保障政策。这就使得那些在户籍所在地无法找到工作的人员也很难实现异地择业,严重影响了下岗失业人员的再就业并摆脱贫困状态。教育制度的差异性对城市贫困也产生了促进作用,教育资源的集中化与教育收费的高标准使很多低收入家庭难以负担,使其很容易陷入教育缺乏-就业困难-收入低下-贫困发生与加重-教育更加缺乏的恶性循环,贫困出现代际传递现象。

四是收入分配不公导致城市贫困。我国现行的分配体制是以按劳分配为主体、多种分配方式并存,但是由于历史和传统体制形成的竞争初始条件差异、不公平竞争和再分配能力不足,以致居民收入差距在多个层面迅速扩大。收入差距扩大,是一部分低收入人群及家庭陷入贫困的主要原因。

五是社会保障机制不健全导致城市贫困。社会保障制度是安全阀、稳定器,它对于补救市场缺陷,弱化市场机制运行中产生的不平等,缓解经济社会矛盾具有重要的作用。这些年来,我国政府虽然在社会保障方面作出了很多努力,但仍存在一些缺陷,推进了城市贫困化的进程。(1)城市居民最低生活保障制度:标准过低且相对固定,不能真实反映物价水平、生活需求的变动情况;采用登记制,不能完全反映我国城市贫困人群的真实情况;"授鱼"式而不是"授渔"式的救助模式,不能培养救助群体的自立意识,容易出现"贫者愈贫"的恶性循环;以户籍为界的低保制度,不能对辖区范围内的外地务工人员予以保障。(2)社会保险制度:尚未建立全国统一的社会保险法律制度,出现"法出多门、各行其政"的尴尬局面;很多中小企业、民营企业拖欠、不交社会保险费的现象比较严重;随着人口老龄化和失业率的不断上升,社会保险基金的负担越来越重。(3)廉租房、经济适用房制度:由于缺乏实施细则及相应的配套措施,城市低收入人群很难享受到住房保障;很多人在住房上一项的支出就占到其年支出总额的较大比重,住房上的大笔开支已成为城市低收入人群致贫的一个重要原因;由于制度不健全,真正能够享受这一保障政策的人群往往不是城市中的贫困人口。

城市贫困化的微观原因主要有以下几个方面:

一是贫困者自身人力资本短缺。人力资本是指通过对劳动者教育、培训和保健等方面的投资,使其变为劳动生产率更高的一种新要素。具体说来,人力资本主要表现为受教育程度、工作技能和工作经验三个方面。人力资本对劳动者的作用主要在于能否使劳动者具备较高的劳动效率,能否使其找到合适的就业机会,能否使其得到能力的提升和个人的发展。据有关数据显示,我国城市贫困人群普遍受教育程度低、劳动技能低,在劳动力市场上的竞争能力和对社会各种结构转变的适应能力较差,或者就业困难,或者从事简单的体力劳动。一旦裁员,他们往往是首当其冲的对象,失业后又较难就业,很容易陷入贫困。

二是贫困者家庭的因素。家庭人口多,或家中有长期患病、残疾人口的,就业者负担重,家庭很难进行资本积累包括人力资本积累的投资,容易形成"低收入-低储蓄-低投入-低产出-低收入"的恶性循环。

三是就业观念落后。户籍制度的存在,对故乡的眷恋和强烈的归属感,不仅影响了劳动者异地就业,而且使劳动者缺乏一种走出去的魄力;对体面工作的追求和对第三产业的就业歧视也使很多劳动者白白错失身边可能存在的工作机会,影响其就业的实现和收入的提高;此外,一些下岗失业者求职观念上的误区和依赖思想,以及被动等靠国家和企业的心理,成为其再就业的无形障碍。

二、农村贫困的表现及其原因

农村贫困是我国贫困的重要组成部分。农村贫困是指缺乏满足人们生存所需的基本物质生活资料，或虽已满足基本物质生活资料，但相对同一时期的城乡社会经济平均发展水平、同一时期农村社会经济平均发展水平还存在较大的差距。因此，农村贫困有相对贫困和绝对贫困之分。

关于农村贫困的界定标准，国际上主要以恩格尔系数为参考，即食品支出在家庭消费总支出中所占的比重。当恩格尔系数在59%以上时，即为贫困[1]。在我国，国家统计局对贫困线的解释，是指在一定的时间、空间和社会发展阶段的条件下，维持人们的基本生存所必需消费的物品和服务的最低费用，贫困线又叫贫困标准。国家一般选择农民人均纯收入作为贫困线的指标。随着经济社会的发展，我国贫困线标准不断提高。到2011年底，农民人均纯收入2300元（约合355.6美元）是我国新的扶贫标准，相较于2009年的年人均收入低于1196元的标准，新标准提高了92%。按照以前的扶贫标准，2010年全国农村贫困人口已减至2688万人。而在新标准下，有待国家扶贫的农村人口有望达到近1.3亿，比2010年增加了约1亿左右。

我国农村贫困是一个综合性的概念，不仅表现在经济贫困上，还表现在环境贫困、文化贫困上，具体表现出以下几个特点：一是经济贫困明显。进入21世纪以来，我国农村贫困人口的生活质量并没有得到根本改善。生活入不敷出，食品消费量严重偏少；家庭支出恩格尔系数高，自给性消费比重大；家庭设备数量少，档次低；没有可以流动的金融资本积累；缺乏对人力资本进行投入的能力，健康状况不良；儿童辍学风险大；农业生产水平低，没有长效投资。这一系列指标仍然是农村贫困人口的典型特征。二是环境贫困与经济贫困并存。这些年来通过国家的扶贫开发，一些条件相对较好的农村地区人口已经基本解决了温饱问题，而未脱贫的多是那些自然条件相对较差的地区的人口，这些区域有相当一部分属于沙漠化地区、高寒区、地方病高发区、水土严重流失等不适合人类生存的"自然障碍区"，或是环境容量严重超负荷的区域，大多属于老、少、边、穷地区，缺乏基本的生产和生活的基础设施，在经济上处于一种自我封闭的状态，存在经济贫困与环境贫困互为相关的恶性循

---

[1]　潘强敏：《恩格尔系数和居民生活质量关联度研究》，《中国信息报》2009年1月13日。

环。三是文化贫困与经济贫困共存。我国的农村贫困,从外在形式上看是低人均收入、低生产率和低物质供给,实际隐含的却是文化贫困、知识贫困和权利贫困。表现为农村贫困人口缺少本应享有的公民权、政治权、文化权和基本的人权;缺乏基本的人类能力,人类能力如识字水平、足够营养、预防疾病、健康长寿等;获取、交流、创造知识和信息的能力缺乏,导致农村贫困人口不能掌握现代科技知识,不具备适应市场经济的谋生技能,更为重要的是缺乏发展的机会和权利,只能固守在贫瘠的土地上进行简单的劳作,科技成果也很难在这些地方得到转化应用。四是返贫现象比较严重。长期以来,我国的贫困标准只是一个较低的生存贫困标准,仅仅考虑了农村劳动力最低限度的生存需要和个人维持生命的最低需要,没有考虑学费、医疗费等支付需求,以及必要的劳动力再生产成本和维持成本,这在一定程度上掩盖了农村贫困的真实状况。因此,尽管有些贫困人口已经达到或超过扶贫标准,但由于生产、生活条件并没有得到根本的改善,抵御自然灾害的能力较差,再加上缺乏完善的社会保障体系,一旦遇到天灾人祸、经济波动等情况,就很容易重陷贫困的境地。

分析农村贫困产生的原因,有政策制度因素,也有非政策制度因素。

从制度因素看,传统计划经济体制下所形成的城乡二元体制,对农民和市民采取截然不同的户籍制度、社会保障制度、教育制度等,是导致农村贫困的制度原因。一是城乡二元的户籍制度。从 1957 年开始,我国就开始实行控制户口迁移的政策。1958 年初《中华人民共和国户口登记条例》的出台,从法律上剥夺了农民的居住和迁徙的自由权。从此,我国内地就人为地将全体公民划分为农业户口和城镇户口,农民被固定在有限的土地上。改革开放之后,虽然允许农民进入城市经商或务工,但农民没有"农转非"的权利,只能在一些"非正规部门"就业或从事一些城市人不愿意做的工作,最后大多数人不得不返回农村①。二是城乡二元的社会保障制度。长期以来,我国的社会保障制度覆盖面窄,国家每年只为城镇居民提供上千亿元的各类社会福利性保障(养老、医疗、失业、救济、补助等方面),广大农民要在乡村统筹为五保户、烈军属的基础上才有补助救济,但其生老病死伤残几乎没有任何保障;政府对农村卫生投入不足,卫生资源配置严重不公,效率低下,医疗保障缺乏,

---

① 刘玉龙:《农村贫困的制度性分析》,《兰州学刊》,2005 年第 1 期。

农民因病致贫、因病返贫的现象尤为突出。三是城乡二元的教育制度。我国自 20 世纪 80 年代中期开始实行九年制义务教育制度，这无疑是要追求教育平等。然而细察义务教育的制度设置，我们还是不难看出存在某种"城市优先"的倾向。虽然在义务教育就学机会上城乡差距在缩小，但是城乡学校在软硬件的配备上都存在巨大的差距，城市享有的优势资源是农村难以比拟的。农村义务教育落后直接制约着农民致富和农村经济的发展。此外，现行的高校招生制度也导致城乡适龄青年受教育的机会很不均等。大学缴费制度使一些原本就生活拮据的农村家庭降低了对子女上大学的期望，不少农村家庭，即使子女考上大学，也是半喜半忧。城乡基础教育环境和教学条件存在巨大的差距，城市考生不仅在整体上被录取的比例高，考入二本和一本高校的比例也高；农村考生不仅录取比例低，考上二本和一本高校的比例也低。这些不得不使农村贫困人口在"收入水平低－人力资本投资不足－谋生能力差－收入水平低"的恶性循环中挣扎①。四是城乡公共基础设施投入的二元性。长期以来，城市的公共基础设施建设主要是由国家财政拨款予以解决。相比之下，农村的公共基础设施的投入严重不足。目前，我国大部分农村地区的农田水利、道路、电网等基础设施仍十分落后，许多地方的基础设施还停留在 20 世纪 60、70 年代的水平。以粮食生产为例，我国农业基础薄弱，抗灾能力不强，在很大程度上还是"靠天吃饭"。这些年来，我国的一些地方接连不断发生自然灾害，农产品的产量波动过于频繁、幅度过大，对粮食供求关系和社会经济生活产生了很大的影响，也直接影响到了农民的增收和生活状态的改变。五是扶贫思路和政策因素。在经济发展的不同时期，农村贫困人群的特点和性质都会发生改变。因此，科学制定和实施一个适应时代要求的扶贫政策是有效消除贫困的关键所在，我国过去取得的扶贫工作的成果都与正确制定了扶贫政策有关。近些年来，虽然政府加大了对贫困地区的扶贫力度，但有些地方政府部门受短期行为的影响，只注重扶贫政绩的目标，忽视其贫困的根本原因；只重视人的收入贫困，忽视收入背后的其他方面，比如教育、卫生等；只重视接受扶贫后实现温饱，忽视高返贫率的问题。这样的扶贫工作只能是治标而不治本，不能从根本上改变当地经济落后和贫困的面貌。

从非政策制度因素看，农村贫困的原因主要有以下几个方面。一是自然

---

① 袁振国：《中国教育政策评论 2004》，教育科学出版社，2004 年，第 96—98 页。

环境因素。我国贫困人口大多集中在自然条件恶劣、地理位置偏僻、地形复杂、土地贫瘠、资源匮乏的地区,这些作用在农民生产经营上的直接结果就表现为农业生产力低下,靠天吃饭,一部分人常年处于绝对贫困的状态。此外,我国的经济增长一段时间以来就是建立在消耗资源、破坏环境的基础之上。环境破坏一方面使农民在遇到洪涝、地震、海啸、火灾、虫灾等自然灾害时更加无能为力,另一方面也使农民的医疗和生活支出的成本显著增加,使本来就处于贫困状态的人口更加雪上加霜。二是个人与家庭原因。从个人因素看,孤寡老人和孤儿、残疾人、重症患者、受教育程度低者通常是农村贫困人口的基本成员。从家庭结构看,单亲家庭和有残疾人、重症患者、无养老金保障的家庭,往往经济负担较重,容易陷入贫困。三是观念落后。贫困地区不少农民小农意识严重,信息封闭,观念守旧,不愿意改变周围的事物,生产和生活方式落后;一贯视农为本,宁愿守着土地受穷,也不愿意冒险外出经营工商业;许多农民听天由命,消极悲观,缺乏信心和勇气,把希望寄予老天爷能风调雨顺;依靠国家救济的等、靠、要的思想比较严重,视吃救济、拿补贴为理所当然。

三、应对城乡双重贫困化问题的对策

解决城乡双重贫困化问题非一日之功,需要多措并举,逐步推进。

一是要打破城乡二元体制,努力实现基本公共服务均等化。基本公共服务均等化是指政府要为社会成员提供生存和发展最基本的、与经济社会发展水平相适应的、能够体现公平正义原则的大致均等的公共产品和服务。从我国的现实情况出发,基本公共服务主要包括:(1)基本民生性服务,如就业服务、社会救助、养老保障等;(2)公共事业性服务,如公共教育、公共卫生、公共文化、科学技术、人口控制等;(3)公益基础性服务,如公共设施、生态维护、环境保护等;(4)公共安全性服务,如社会治安、生产安全、消费安全、国防安全等。这些基本公共服务做好了,才能使全体社会成员共享改革发展的成果。通过对城乡贫困化产生原因的分析可知,城乡二元体制带来的基本公共服务非均等化是造成城乡双重贫困的主要原因。首先,要在就业、养老等基本民生服务方面实现均等化。要改革城乡二元的户籍制度,取消农业户口和非农业户口为统一的居民登记制度,避免因户籍限制而导致的就业歧视和教育歧

视;要适时在全国范围内建立农村失业登记制度,失业人员凭失业登记证明享受公共就业服务、就业扶持政策,或按规定申领失业保险金,以在一定程度上解决农村失业人口的最低生活保障,减轻农民人口多、劳动力少、成员患重大疾病的农村家庭的贫困;要完善农村最低生活保障制度,逐步提高保障标准,尽快建立覆盖全国的农村低保管理和执行的制度;要稳步推进农村养老保障制度,将缺乏养老保障的农村老年群体纳入国家养老的统筹范畴,逐步与城镇养老保险制度接轨;要逐步提高国家扶贫标准;其次,要在义务教育、公共卫生和基本医疗等公共事业性服务方面实现均等化。在义务教育方面,要逐步提高财政性教育经费占国内生产总值的比重,保障义务教育阶段的投入;将农村义务教育全面纳入公共财政保障范畴,在经费投入、教学条件、师资队伍上统一城乡标准;发展农村贫困教育基金,建立固定性的贫困学生资助申请和帮扶制度;农民工子女的义务教育要和城市子女的义务教育一视同仁,不得歧视;对于有学习能力的残疾学龄青少年,保证其九年义务教育的权利,同时加强盲聋哑学校、培智学校的建设。在公共卫生和基本医疗方面,要建立覆盖城乡居民的基本公共医疗卫生制度,完善新型农村合作医疗制度,逐步扩大报销病种和报销比重;要加快农村自然灾害、流行性疫病灾害等应急救助和公共安全的体系建设;要建立医疗救助专项基金,负责对贫困居民进行医疗救助;要加强社区卫生服务中心及服务站的建设,使社区成为价廉方便并能提供较好服务的基层卫生组织。在公共文化服务方面,要从符合当地经济社会发展水平、满足城乡居民的基本公共文化需求、政府财政能够负担的角度出发,为城乡居民提供诸如公共图书馆、文化馆等公共文化产品和送书下乡、送电影下乡等服务,并将农民工纳入城市公共文化服务体系中,以提高全体居民的文明素质和文化水平。再次,要在公共基础设施、生态环境保护等公益基础性服务方面实现均等化。政府财政要向农村和老少边穷地区倾斜,加强农业用水和生活用水、农电网络改造、交通道路、能源燃气、居住房屋等方面的基础设施建设,切实改善农村的生产、生活条件;要治理农药、化肥和农膜等面源污染,全面推进畜禽养殖污染的防治;加强农村饮用水水源地的保护、农村河道的综合整治和水污染的综合治理;强化土壤污染防治监督管理;实施农村清洁工程,加快推动农村垃圾集中处理的管理,严格禁止城市和工业污染向农村扩散。

　　二是调整产业结构,提高发展能力。一产不稳、二产不强、三产不足,是我国产业结构面临的主要问题,也是造成城乡贫困的结构性的原因。为此,必须进行产业结构的战略性调整,增强经济发展能力。首先要大力发展现代农业,提高农民的增收能力。在我国,农业是弱质产业,许多农村地区的农民还是靠天吃饭,农业收入偏低。要改变这种状况,增加农民收入,就必须用现代物质条件装备农业、用现代科学技术改造农业、用现代产业体系提升农业、用现代经营方式推进农业、用现代发展理念引领农业、用培养新型农民发展农业,探索一条具有中国特色的农业现代化道路。这就要求:一是要建立农业投入稳定增长机制。按照总量持续增加、比例稳步提高的要求,不断增加"三农"投入。保证中央和县级以上地方财政每年对农业的总投入增长幅度高于其财政经常性收入的增长幅度。二是要改善农村金融服务。加快农村金融组织、产品和服务的创新,推动发展村镇银行等农村中小金融机构。完善农民专业合作社管理办法,支持农民开展信用合作,落实农民专业合作社和农村金融有关税收的优惠政策。扶持农业信贷担保组织的发展,扩大农村担保品的范围。加快发展农业保险,完善农业保险保费补贴的政策,探索完善财政支持下的农业大灾风险分散机制。三是要加大对农业科研和技术推广的支持力度。将乡镇或区域性的农业技术推广、动植物疫病防控、农产品质量监管等公共服务机构履行职责所需的经费纳入地方财政预算,基层农业技术推广体系改革与建设示范县项目基本覆盖农业县(镇、乡、村),农业技术推广机构的建设项目覆盖全部乡镇。加大动物疫病防控的经费投入,完善病死动物无害化处理的补贴制度,建立和完善农作物病虫害专业化统防统治的补助政策。四是要构建农产品的现代流通体系。加快农业产业化步伐,由当地农业方面的龙头企业就地加工农副产品。发展农产品批发市场、配送中心、连锁超市、农业网站等流通平台,保证农产品产销畅通。五是要加强农村劳动力的技能培训。针对各地的本土特色,利用现行的乡镇农业科技教育中心的功能,开办发展特色农业、生态农业、休闲农业的实用技能培训,并建立配套的跟踪技术咨询服务队伍,培育一批种养业能手、农机作业能手和科技带头人等新型农民。其次,要大力发展中小企业。中小企业在吸纳剩余劳动力就业、增加税收、稳定社会方面具有重要的作用,我国的非公经济和第三产业也比较适合开办中小企业。因此,国家须减轻中小企业的税费负担,简化行政审批和许可环节,对其贷款、土地使用方面等实施支持政策,大力扶持和促进中小企业的发展,通过增加就业机会来缓解失业性贫困。此外,要重点发展第三产业中的社会服务业、旅游业等劳动密集型产业,积极采取多种形式和途径对国企下岗的失业人员、进城农民工、残疾和年龄偏大等就业困难的群体进行职业培训,为其提供更多的就业岗位,使其能为自己的脱贫致富而奋斗。

三是要理顺收入分配关系。实现公平的收入分配,对缓解贫困具有积极的意义。为此,要按照“提低、扩中、调高、打非”的政策取向,规范收入分配秩序,形成“两头小、中间大”的橄榄型收入分配格局。在“提低”方面,要加强最低工资的立法,严格执行最低工资制度,规范最长的工作时间,完善最低生活保障制度;建立企业职工工资正常增长机制和支付保障机制;根据经济增长情况适时调整最低工资标准;加强国家对企业工资的调控和指导,发挥工资指导线、劳动力市场价位、行业人工成本信息对工资水平的引导作用;通过完善法律法规、深化改革和宏观调节,规范初次分配秩序,使劳动报酬的增长与经济、企业利润的增长相适应;强化各级工会组织的建设,全面实行劳动合同制度和工资集体协商制度,确保工资按时足额发放;进一步提高企业退休人员的基本养老金水平,为低收入人群建立托底机制。在“扩中”方面,要在稳定居民工资性收入的同时,允许各种非劳动力要素参与收入分配,通过发展和完善各类金融、技术、房地产、信息市场等,拓宽投资渠道,提高居民财产性收入的比重。在“调高”方面,要发挥税收的杠杆作用,将个人所得税建立在居民的实际收入(包括货币收入和非货币收入)之上;实行差别和累进税制,适时开征遗产税、赠与税、社会保障税和鼓励高收入者向各种公益、慈善事业提供援助的减免税政策,建立以个人所得税为主体,辅之以财产税、消费税、不动产税、社会保障税等新税种为体系的综合税制;要加强对垄断收入的控制,通过消除市场准入歧视,最大限度地引入竞争机制来打破行业垄断和地区封锁,加强对垄断行业工资收入的管理和总量调控,加强对垄断经营企业职工工资外收入的监督检查,完善垄断行业企业内部工资分配的制度改革,加大对垄断行业职工收入的税收调节力度,防止行业收入差距扩大。在“打非”方面,通过建立健全个人收入统计调查制度和监督制度,落实财产申报制度,提高个人收入透明度;完善相关法律法规,加大监督和惩处力度,对腐败行为如权力寻租、权钱交易等予以严厉的打击和取缔；积极推进政务公开及各类社会事务信息的公开，增强各种权力运行的法制化、民主化、科学化、透明化建设，严防权力私有化、暗箱化和资本化。

（原载《宁夏社会科学》2012 年第 5 期，与李霞合撰）

城乡协调发展要"闯五关"

　　中国作为世界上最大的发展中国家，要全面建设小康社会和实现现代化，最根本的任务是要彻底解决"三农问题"。然而，要彻底解决"三农问题"，必须跳出传统城乡割据，"就农谈农、以农养农"的思维方式，应该着眼"农外"，通过统筹城乡协调发展来根本解决"三农问题"。因此，党的十六届三中全会明确提出要统筹城乡发展，建立有利于逐步改变城乡二元经济结构的体制。从理论上说，坚持走"城乡统筹协调发展"的道路已经成为共识，但在实践中如何实现城乡统筹协调发展却是一个很难回答的问题。笔者认为，难回答也得回答，"城乡统筹"是我们解决"三农问题"、全面建设小康社会和实现现代化绕不过的"坎儿"。俗话说："没有过不去的火焰山。"要过火焰山需要"勇气和智慧"，更需要搞到能够解决问题的"芭蕉扇"。

一、体制闯关：铲除"城乡分治"的扭曲体制，落实"国民待遇"，是实现城乡统筹发展的"前提"

　　中国革命的成功，得益于我们理性选择了一条"农村包围城市"的道路。然而，立足农村革命建立起来的"统一政权"，却长期实行"城乡分治"的体制。城乡分治形成的"一国两策"，体现在农民在户籍制度、教育制度、保障制度、人事制度、就业制度、医疗制度等多方面。即使在允许农民进城经商务工的今天，与城市居民相比，农民仍然是"二等公民"。这种"制度藩篱"，不仅割断了城乡之间的商品交换，阻隔了城乡之间各类生产要素的有效流动，而且加剧了中国二元经济结构的矛盾与冲突，阻碍了城乡差别的有效弥合。因此，统筹城乡发展，必须首先拆除阻碍城乡之间生产要素自由流动的制度壁垒，给予农民平等发展的机会和国民待遇，逐步建立农民主体的利益表达和权利保护机制。具体来说，要达到城乡协调发展必须首先过体制关。一要完善和丰富家庭联产承包责任制,改革农村土地归集体所有的土地制度,将农民对土地的承包权物权化,保证农民有一份能够自由处置的土地资产;二要改革户籍制度,降低农民进城的限制性"门槛"和交易成本,给农民以自由迁徙的权利;三要取消城市对进城农民及其子女在就业、教育、医疗等方面的"歧视性政策",还给农民真正平等的竞争机会;四要建立以政府为主导,社会多方参与的农村最低社会救济和生活保障制度,满足农民最基本的生存和发展权利要求。

二、市场闯关:根治"自给自足"的自然经济痼疾,促进农村生产要素的自由流动,是实现城乡统筹发展的"根本"

农村经济落后,说到底是由于农村市场经济发育得不充分,广大农民没有摆脱"自给自足"的自然经济的束缚,而成为真正自主创业的市场竞争主体。一家一户作为生产经营单位的"承包责任制"虽然基本解决了"自给自足,丰衣足食"的问题,但没有解决由于农村劳动生产率的提高而带来的"剩余产品"和"剩余劳动力(生产能力)"如何交换和有效配置的问题。这不仅限制了蕴藏在农村的土地、资本、技术、劳动等生产要素的优化配置,降低了农村各类资源的"增殖能力",而且限制了农民获取信息和知识能力的提高,恶化了农民"不等价交换"地位。因此,进一步推进农村经济体制改革,推进农村经济市场化进程,让农民"在市场中学习市场",提高农民的市场经济意识和驾驭市场经济的能力,是实现城乡统筹的根本条件。从根本上说,作为拥有13亿人口的大国,"吃饭问题"始终是一个很难彻底解决的大问题。实践证明,不用市场的办法不会唤起农民的市场经济意识,不维护农民在市场交易中的权益,不调动农民生产粮食的积极性,"粮食安全"将始终困扰着中国的发展。因此,一方面,要鼓励农村各类生产要素的自由流动,促进生产要素向优势产业、优势企业和种田能手集中,努力提高农业生产的规模经济效益;另一方面,要深化农村税费体制改革,降低甚至取消农业税,通过让农民得到"农业利润"而焕发农民从事农业生产和经营的热情。同时,要大力精简县乡政府机构,减少对农民生产经营行为的行政干预,既要减轻农民负担,又要维护农民的合法产权,真正还农民以"自由"。

三、组织闯关:完善"家庭承包"的基本经营制度,推进农村专业合作组织建设,是实现城乡统筹发展的"基础"

农村市场化程度和农业增殖能力低下的一个重要表现或原因,是农村经济的组织化程度低。自从实现家庭联产承包责任制、废除人民公社、生产大队等旧的农业生产组织方式以来,以家庭为生产单位的小生产方式,由于受到有限生产资料和生产经营能力的束缚,使得以规模经济为基础的机械化、种子改良与农业科技推广、农产品深加工、农产品推销等市场化生产经营方式"没有用武之地"。所以缺乏市场引导、科技武装和合理分工的"家庭生产"在完成了"填饱肚子"的任务之后,已经无力肩负起为农民增收的艰巨使命。因此,必须推进农业生产方式的"再革命",重视新的农村经济组织的建设,只有根据市场要求和专业化分工需要组织起来的农民,才能提高生产效率和抵御市场风险,最终实现增产增收。对目前在许多地方由农民自发创造的"股田制"、股份合作制、合作社、"公司+农户"、"公司+农户+基地"、专业技术协会等形式,应该积极引导和鼓励。但要重点加强农村信用体系建设和农民维权工作,打击假种子、假化肥、假集资、假合同等欺诈行为,切实保护"弱势群体"的合法权益。

四、素质闯关:健全"农村人力资本"投资和积累制度,提高农民的就业能力和文化素质,是实现城乡统筹发展的"关键"

农民受教育机会少、文化程度低、就业能力差,是制约农村剩余劳动力向城市转移、实现城乡统筹发展的"素质瓶颈"。我国15岁以上的人口中,有1.8亿文盲和半文盲,其中85%出自农村,许多青壮年农民只有小学文化,没有接受过现代科学技术和知识的培训。这种文化水平和知识结构,不仅使农民很难到城市工作和生活,即使进入城市务工也只能从事收入偏低且有职业风险的粗重劳动,而且使没有进城的农民也很难在农村获得发展机会。因此,增加政府和社会各界对农村教育的投入,将农村义务教育的主要责任从农民转移到政府。不仅中央和各级财政要加大对农村基础教育的支持力度,推行农村"免费或补助"教育,让农民子女享有平等接受教育的权利,而且要实现农村基础教育、职业教育和技能教育统筹兼顾,围绕提高农民"就业能力"来对农村教育体系进行改革。只有在广大农村积累大量的人力资本,逐步填平城乡之间的教育、能力和知识"鸿沟"，真正意义上的城乡统筹发展才能实现。否则，"城市像欧洲，农村像非洲"的不平衡发展的现状难以根本改变。

五、城市闯关：选择"城市和产业协同发展"城市化道路，增加城市对农村人口的吸纳能力，是实现城乡统筹发展的"出路"

推进城市化，增加城市对农村剩余劳动力的吸纳能力，是减少农村人口、实现城乡统筹发展的最终出路。目前中国农业产值在 GDP 中的比重不到 15%，但它却养着近 9 亿人的生老病死和 50% 的就业人口。因此，靠农村经济和农业的"自我挣扎"，无论如何也解决不了中国的"三农问题"，无论如何也实现不了城乡协调发展。从发达国家已经走过的经济发展道路来看，解决城乡矛盾，冲破"二元结构"桎梏，都是靠不断推进城市化并逐步减少农村人口来解决的。我国人均 GDP 已经达到 1000 美元，而我国的城市化水平与发展水平相当的其他国家相比，却落后了 11 个百分点，更低于 50% 的世界平均水平。国际经验表明，当区域城市化水平超过 50%，区域社会开始从传统社会步入现代社会，并向城乡融会即一体化方向迈进。因此，要实现城乡统筹发展，就必须大力推进中国的城市化进程，坚决补上"城市化缺课"。但是，要推进城市化，必须克服"有城无市或有市无城"的城市发展怪圈，努力打造与城市发展相适应的城市产业结构，实现城市发展与产业结构升级的"良性互动"。只有具有真正"产业内涵"并提供丰富就业机会的城市才能吸引人、留住人。只有吸引人、留住人的城市不断扩张，才能为国民经济发展不断提供新的动力。有研究表明，每 1% 的农业劳动力转移到非农业，将使 GDP 增加 0.50%—0.85%；每 1% 的农村人口转移到城市，将使全国居民消费额提高 0.20—0.34%。

（原载《中国财经报》2004 年 2 月 17 日）

西部大开发：先挣开西部经济发展的"制度瓶颈"

市场经济制度残缺、城市化进程受阻和所有制结构单一是制约西部经济高效发展的重要制度原因。西部地区要把握好西部大开发的机遇，就要正视制度在经济发展中的关键作用，挣开制约西部经济发展的"制度瓶颈"。

一、制度是决定经济增长的关键

这里的所谓"制度",在西方新制度经济学家看来,就是一种行为或游戏规则,是决定人们之间相互关系的一系列约束。包括用于降低交易费用的制度,如货币、期货市场等;用于影响生产要素的所有者之间配置风险的制度,如合约、分成制、合作社、公司制、保险、公共社会安全计划等;用于提供职能组织与个人收入流的联系的制度,如财产制度、分配制度、资历和劳动者的其他权利;以及确立由市场或政府来分配资源与收入的规则等。制度通过提供这样一系列规则界定人们的选择空间,约束人们之间的相互关系,从而减少环境中的不确定性,减少交易费用,保护产权,促进生产性活动。制度的主要功能在于通过内部和外部两种强制力来约束人的行为,帮助交易主体形成稳定的预期,防止交易中的机会主义行为,进而降低交易成本、提高交易效率。

D·诺斯和 R·托马斯在他们合著的《西方世界的兴起》中通过大量的实证研究认为,18 世纪以后西欧之所以率先出现经济迅速发展,人均收入迅速增长的局面,是由于这些国家具有更有效率的经济组织和保障个人财产安全的法律体系。其中,荷兰和英国经济发展尤为迅速,其根源在于它们最早进行了产权结构方面的变革,其企业、居民享有比西班牙、法国和欧洲其他地方更能够抗拒当地政治、宗教或城市行会势力的压迫、垄断和横征暴敛的能力,因而身家财产比较有保障,也能够比较自由地经营企业,进而从制度上激发和保护了经济领域内的创新活动。因此,能够保证创新活动的行为主体获得应有的创新收益,提供适当的个人刺激的有效制度是决定经济增长的关键。

西方新制度经济学非常强调产权与制度变迁的重要性,把制度安排当作影响经济绩效的重要因素。如果把整个西部经济看成是一个"投入-产出"系统,根据新古典经济增长模型,一国或地区的国民收入产出可以看成是一国或地区的自然资源、资本、劳动、技术和管理才能等生产要素投入的函数。一定时期投入的自然资源、资本、劳动、技术、管理才能等各种生产要素,能不能完全转化为产出,转化效率(投入产出率)如何,实际上取决于要素配置制度如何,取决于该制度决定人与人之间的物质利益关系是否协调,取决于该制度能否提供足够的激励,真正调动起各种生产要素所有者和监护者的积极性。因此,考虑制度因素的新古典经济增长模型,就转变为 Y(国民收入的产出)= F 资源配置制度(自然资源、资本、劳动、技术、管理才能)。在这里,资源配置制度就像经济发展的"引擎"一样,成为决定经济增长效率的关键。有效率的资源配置制度和规则,有利于调动各类生产要素所有者的积极性,扩大"乘数效应",提高投入产出率,进而促进经济增长。这里的资源配置制度,包括广义的资源配置制度(市场制度或者计划制度)、资源聚集制度(城市化或者乡村化)、所有制和产权制度(混合所有制还是单一所有制)、激励与约束制度(物质激励与法律约束是否到位)、分配制度(按贡献差别分配还是平均主义)、组织制度、管理制度、法律政策,等等。显然,不同的制度决定着不同的资源配置,产生不同甚至天壤之别的产出效果。

二、制度落后制约了西部经济增长

综观东西部经济发展过程与差距,西部经济发展落后的根源在于其"制度落后",在于多年以来制度创新不足,传统计划经济制度和相应的思想观念根深蒂固,市场化、城市化进程缓慢,使西部地区的"资源优势"无法变成"效益优势"。首先,西部地区计划经济体制退出缓慢,政府管理模式和行为方式落后。一方面西部地区各级政府,仍然习惯于计划经济体制下的管理模式和行为方式,"计划"意识和自然、半自然经济所形成的封闭保守意识依然根深蒂固,仍像"算盘珠"一样,中央"拨一拨",就"动一动",甚至对中央已经明确了的改革政策,也要千百次"统一思想","起步慢、刹车快",习惯于"等、靠、要"。争项目、争投资、"跑钱进京"仍是西部开发中的常见现象。另一方面西部地区各级政府机构重叠臃肿,人浮于事,交易成本过高。据统计,西部地区党政干部占职工人数的比重为9%,比全国平均高出约2个百分点。全国政府消费占最终消费的比重为19.3%,而西部地区这一比重平均为26%左右。由于西部地区经济发展落后,财政普遍困难,行政和事业费用普遍紧张,政府部门为了"运转",必然想方设法"增收",致使"乱设卡、乱摊派、乱收费、乱罚款"和党政机关、公检法部门办企业等现象普遍存在。结果,进一步恶化了西部经济发展环境,阻碍了生产要素的"西向流动"。

其次,西部地区所有制结构"畸形",形不成富有活力的竞争格局。企业是一国(或者地区)经济发展的微观基础。由于不同性质的企业内部产权结构和利益机制不同,企业效率存在很大差异。按照市场经济发展的基本要求,企业所有制结构应该多元化和混合化。西部地区市场化进程缓慢,经济发展落后,一个重要原因是西部企业所有制结构过分单一,国有经济比重过高,非国有经济比重过低。从国有资产占总资产的比重来看,西部十省区(市)1997年的比重分别为:四川(含重庆)65%、贵州84%、云南80%、西藏82%、陕西83%、甘肃86%、青海79%、宁夏94%、新疆87%,平均超过80%。在工业总量中非国有工业比重不足50%的省份全国有10个,西部地区就占8个。由于单一公有制经济缺乏相互竞争的压力,以及企业内在产权关系模糊导致激励与约束不足,公有制企业普遍缺乏活力和低效率。

第三,西部地区市场化进程缓慢,分配制度不合理,扭曲要素流动和配置规律,导致人才聚集和资本形成率降低。有人说,西部经济发展之所以落后,原因是科技、教育发展落后,人才短缺。真的是这样吗?东南沿海的广东的顺德、东莞、深圳、珠海,浙江的温州、宁波,江苏的无锡,福建的石狮等地所拥有的科研院所、高等学校乃至人才,远不如西北、西南地区多。然而,为什么能够快速崛起呢?也有人说,西部经济发展缺乏资本支持,但西部资本却为何源源不断地"东南流"呢?因此,我们不能不思考这种现象背后的"体制根源"。从体制根源来讲,是传统计划经济体制仍然"作祟",扭曲了资源配置的"利益信号",违背了市场化的生产要素流动规律所致。在市场经济条件下,资源配置基本运行规律——"物以稀为贵",越是稀缺的生产要素,要素价格应该越高,需要资源的市场主体越是珍惜这种生产要素。但是,在西部地区资本、人才等生产要素,不仅投入回报普遍偏低,而且并不能得到尊重和爱惜。由于体制扭曲,要素价格不能反映生产要素的稀缺程度、投资环境差。西部地区不仅不能吸引足够的资本,而且自身发展所需的资本和人才大量外流。以利用外资为例,1998年西部十省区(市)实际利用外资额为13.74亿美元,仅为全国利用外资总额(452.84亿美元)的3%。而市场化了的东部十省市实际利用外资则高达364.15亿美元,占到全国利用外资总额的80%。

最后,城市发展落后,城乡"二元经济"阻碍了资源聚集和产业扩张,延缓了西部经济发展。城市在地理上是一个空间概念,然而在生产要素配置上却是一种机制和资源配置制度。城市以其很强的"要素聚集效应"和"产业扩张效应"而成为各国或地区实现工业化和现代化的必由之路。我国东部经济的快速发展并非只得益于进出口总额的增长,更重要的是在对外开放过程中的城市建设、基础设施投入以及要素聚集和相关产业的扩张。与东部地区相比,西部地区发展的制约"瓶颈",除了体制、所有制等方面,就是城市化程度过低,导致生态脆弱、基础设施条件差、生产要素和人口聚集程度低。

三、冲破制约西部经济增长的"制度瓶颈"

西部经济要用好自身优势,变资源优势为效益优势,谋求经济快速发展,必须下决心深化改革,进行制度创新。用制度创新去激活"人气",以"人气"去吸引"财气",以"财气"推动发展。因此,根据新经济增长理论、工业化发展规律以及东部经济发展的经验,西部大开发必须在立足自身优势的基础上,咬定市场化、混合化和城市化的发展方向,进行制度整合,进而形成符合西部地区实际的市场经济新体制。

首先,大力推进市场化进程,巩固市场机制在配置资源当中的基础性地位。市场经济是独立微观经济主体按照利益最大化原则自主选择和决策的经济,而不是靠政府动员的经济。市场经济中政府的主要职责是制定市场交易规则和保护产权。计划经济条件下集"裁判员"与"运动员"于一身的政府,不能在市场经济条件下行使好政府职权,不利于有限资源的合理有效的配置。因此,西部地区要加快市场经济体制建立步伐,一方面,政府首先要放弃传统计划经济体制下政府为主、计划直接动员配置资源的管理方式,按照市场经济规律要求去制定政策,通过要素收益信号和要素市场流动机制,吸引和引导各种生产要素,特别是最为稀缺资本、人才等要素流入和流动;另一方面,政府要精简机构,实现从大政府、小社会向小政府、大社会转变,切实提高效率。特别是要保护好产权和要素所有者权益,进而调动各种生产要素所有者的积极性。

其次,坚决发展混合所有制经济,激活西部经济振兴的微观基础。根据西部经济发展实际和东部地区经济发展经验,西部大开发必须大胆调整所有制结构,坚持发展混合所有制经济不动摇。一方面要大规模推进国有企业改组,按照"有进有退,有所为有所不为"的方针,加快国有企业民营化进程,提高非公有制经济在整个经济当中的比重。另一方面,要加快国有企业股份化改革进程,减持国有股比重,大力发展混合所有制企业。同时要健全和规范企业法人治理结构,建立有效的经营管理者激励与约束机制。因此,西部各地政府要扩大企业的市场准入,减少企业准入成本,积极发展各种非公有制经济,大胆扶持个体私营企业发展。只有这样构筑起充满竞争和活力的混合所有制经济发展格局,西部经济腾飞才会有真正的动力和后劲。

第三,积极推进城市化进程,撑起西部经济腾飞的翅膀。振兴西部经济,应该抓住"城市化"这个突破口,提高资源集中与优化配置程度、人口聚集程度和最经济地改善基础设施条件,培育真正能够带动西部经济发展的"先发地区"和"增长极"。通过发展城市经济,解决区域开发战略与国民经济整体战略之间、资源开发与环境保护之间、工业化基础薄弱与加快人民增收迫切要求之间、结构调整与总量扩张之间、基础设施不足与战略性大开发之间、弱小市场经济成分与强大的国有经济和自然经济成分之间、"二元"分割的城乡经济之间、经济发展与社会发展之间等诸多矛盾。为此,必须克服西部大开发中的"撒胡椒面"现象,一方面,要集中有限的稀缺资源,集中投入有发展前途的新老城市和发达的工业区,培育若干经济中心城市;另一方面,要围绕县城建设加快中小城镇建设,让一些不适宜人类居住的地区人口、"一退三还"地区的人口尽可能向城市周围集中迁徙。这样利用城市经济的聚集效应和扩张效应,不仅有利于培育新的经济增长火车头,提高西部地区的人均收入,解决就业问题,而且有利于调整经济结构,巩固经济发展成果。只有这样以城市化为载体,深化产业经济与区域经济结构调整,实施必要的产业结构升级,西部经济才能真正走上高效、可持续发展的康庄大道。

(原载《现代经济探讨》2000 年第 11 期)

新一轮西部大开发政策的调整与创新

一、过去十年西部大开发的主要成就和政策评估

实施西部大开发战略十年来,随着各项开发政策的贯彻落实,西部地区的经济社会发展取得了巨大成就。一是西部地区经济保持平稳较快发展,与东部地区经济发展差距逐步缩小。2000—2009 年,西部地区人均地区生产总值由 4687 元增加到 18086 元,与东部地区的差距由 2.4 倍降低到 2.2 倍。二是基础设施建设取得突破性进展。十年来,国家不断加大对西部地区交通、

水利、能源、通信、市政等基础设施建设的支持力度,2000—2008 年累计新开工重点工程 102 项,投资总规模达 1.7 万亿元,青藏铁路、西气东输、西电东送、国道主干线西部路段和大型水利枢纽等一批重点工程相继建成,完成了送电到乡、油路到县等建设任务。三是生态环境保护和建设取得显著成效。十年来,先后实施了退耕还林、天然林保护、京津风沙源治理、退牧还草等生态工程,大力增加和恢复林草植被,水土流失减少,风沙危害减轻,长江上游、黄河上中游等重点流域生态环境明显改善,国家西部生态安全屏障得到巩固。四是教育、科技等社会事业快速发展。西部大开发以来,国家大幅度增加了对西部地区社会事业的投入,扩大公共服务,完善社会管理,有效改善了西部地区社会事业发展滞后的状况。368 个县通过"两基"验收,人口覆盖率达到 98%,累计扫除文盲 600 多万人,青壮年文盲率降到 5% 以下。"两免一补"政策率先在西部地区推行,4880 万学生受益。五是扶贫开发成效显著。2000—2008 年,中央财政安排扶贫资金 598.1 亿元,西部地区农村贫困人口从 5731.2 万人减少到 2648.8 万人,减少了 3082.4 万人,占全国同期减少贫困人口的 56.9%。

然而,在过去的十年中所实施的西部大开发政策也还存在许多问题,这些问题需要在制定新一轮西部大开发政策过程中予以关注和解决。

首先,西部大开发政策存在"重基础建设,轻产业培育"的倾向。过去十年的西部大开发的重点是基础设施建设。例如,西部地区新增公路通车里程 88.8 万公里,其中高速公路 13927 公里。2008 年底公路通车总里程达 142.1 万公里,占全国公路总里程的 38.1%,其中高速公路 16456 公里,占全国高速公路总里程的 23.2%。全长 1100 多公里的青藏铁路通车,填补了我国唯一不通铁路省区的空白,成为青藏高原千百年来永载史册的辉煌穿越。但同时也存在一个重要问题,那就是这些基础设施的使用效率并不是很高。这就暴露出西部地区工业化水平低,产业发展不充分的突出矛盾。"要致富先修路"说法不错,但如果没有产业发展支撑,再好的基础设施也很难派上用场。实际上,西部许多地区的产业发展有基础,"一五"和"二五"时期,国家集中力量在西部地区布局了一批钢铁、煤炭、电力、机械等重大项目,组织了大规模的农业开发,西部地区长期荒凉贫困状况开始改变。"三线"建设时期,还统建、迁建了一批国防军工项目,奠定了西部地区的工业基础。但关键是要通过企业改革、技术创新、财政金融支持把西部地区的原有产业"激活",只有如此才能真正解决西部大开发过程中存在的"开而不发"的问题。

其次,西部大开发政策存在"重国有大企业发展,轻民营小企业生存"的倾向。在过去十年里,西部地区大的开发工程和资源开发项目都是由大企业特别是国有大企业完成的,民营企业特别是小企业的发展却没有得到多少机会或政策惠顾。到2007年底,按经济类型分的全社会固定资产投资中,西部地区个体经济仅占全国的23.3%。然而,把大企业作为西部大开发的主体,可能会有利于增加地方财政收入,提供地方GDP的总量和增长速度,但是并不一定有利于当地老百姓就业和增加收入。这就是人们常说的"大企业能强国,但小企业才能富民"的道理。因此,要让西部地区的老百姓真正富裕起来,还必须重视发展民营经济和中小企业。

第三,西部大开发政策存在"重同质开发,轻差异发展"倾向。过去十年的西部大开发政策,有许多是针对整个西部地区的,不管是哪一个省或自治区,都是进行基础设施建设、都是生态环境保护和建设、都是大企业主宰的资源开发。然而,西部地区的不同省区之间存在的巨大差异,甚至西部省区内部的发展也非常不平衡,因此,要想"一个药方,包治百病"是不现实的。必须从广大西部地区自然条件差异巨大且发展不平衡的实际出发,在重视解决西部地区发展中的共性问题的同时,要"一地一策",着重解决不同地区所面临的特殊性、差异性的困难。这样才能更有利于西部地区各省区之间、区域内部不同地区之间的平衡发展。

第四,西部大开发政策存在"重资源开发和转移,轻生态和利益补偿"的倾向。过去十年,西部大开发最典型的工程莫过于"西气东输"和"西电东送"两大工程。这两大工程共同的特点就是把在西部地区生产的清洁能源、廉价资源输送到长三角和珠三角地区。在这一资源开发转移过程中,西部地区不仅要输出资源,而且要承担环境污染的成本。由于资源税很低且从量计征,即便从价计征,由于资源价格没有充分反映资源环境成本,因此也不能给资源地留下多少利益。因此,东部地区在使用了清洁廉价能源之后,如何去反哺西部,就成了破解东西部协调发展难题必须回答的问题。也就是说,除了中央要继续加大对西部地区的转移支付力度之外,东部地区应该通过建立生态补偿和利益补偿机制,提高对西部地区特别是生态脆弱和资源输出地区的补偿水平。

第五,西部大开发政策存在"重经济发展,轻体制创新"的倾向。过去西部大开发十年的发展成就的取得更多地是依赖政府驱动和国有经济支撑。市场化改革的贡献不如东部地区,其国有经济比重高,要素市场尤其是资本市场发育不完善,外向型经济发展水平还比较低;行政办事效率低,审批环节繁琐,服务意识较差等等问题,都使得西部地区市场经济发育比较迟缓。因此,西部大开发从某种程度上强化了西部地区的"计划经济体制依赖",强化了西部地区的"等、靠、要"思想,强化了西部地区的"跑步进京"行为。西部地区的持久发展说到底要靠市场经济体制的建立和完善,要靠发挥市场在配置资源中的基础性地位,要靠非公有制经济成分的不断增大。否则,单纯靠政府投资和东部援助,单纯靠国有企业进入,西部地区不可能形成多种经济成分相互竞争、各种财富源泉充分涌流、社会活力竞相迸发的发展新格局。

二、新一轮西部大开发的历史方位和约束条件

(一)历史方位。改革开放 30 多年以来,中国已经成为仅次于美国、日本之后的"第三大经济体"。同时,人均 GDP 由 1978 年的 137 美元增长到 2009 年的 3600 美元。2009 年,在金融危机的严重冲击下,中央政府的财政收入仍然达到 68477 亿元人民币。因此,与十年前的西部大开发的政策选择相比,支撑新一轮西部大开发的政策选择的物质基础更加雄厚。

同时,国际金融危机不仅冲击了沿海地区的外向型经济,而且冲击了我国传统粗放的经济发展方式。因此无论是扩大内需的需要,还是加快转变经济发展方式的要求,都更加凸显西部地区战略资源丰富、市场潜力巨大的优势。特别是国内经济结构深刻变革和发展方式加快转变,为西部地区承接产业转移和构建现代产业体系创造了有利条件。西部地区的持续发展,已经成为中国决胜后国际金融危机时代重要力量支撑。

随着传统欧美市场在国际金融危机冲击下的不断萎缩,特别是新一轮国际贸易保护主义的泛起,我国必须加快推进周边国家区域经济一体化,不断拓展东盟以及周边国家市场。这就为西部地区加快向西开放、提升沿边开放水平提供了新契机。加上西部地区自身投资环境和发展条件不断改善,为实现跨越式发展奠定了基础。

（二）约束条件。一是西部地区基础设施落后、生态环境脆弱的瓶颈制约仍然存在。我国的沙化土地主要分布在新疆、内蒙古、西藏、青海、甘肃等西部五省区，这五省区的沙化土地面积占全国沙化土地总面积的83.3%。二是经济结构不合理、自我发展能力不足的状况仍然没有根本改变。经过十年的大开发，西部地区一二三产业比例由1999年的23.8∶41.0∶35.2调整为2008年的15.6∶48.1∶36.3，但与2008年全国的一二三产业的比例11.3∶48.6∶40.1和2009年的10.6∶46.8∶42.6相比，第一产业比重高，第三产业发展不足的问题仍然十分突出。三是基本公共服务能力薄弱、贫困面广量大的问题仍然突出。西部地方政府尤其是县乡政府公共服务能力明显不足，地区公共服务水平较低，离中央要求的实现基本公共服务均等化目标仍有很大差距。四是加强民族团结、维护边疆稳定的任务仍然繁重。五是西部地区与东部沿海发达地区发展差距扩大的趋势尚未得到扭转。六是环境问题国际化和国内节能减排目标使得西部地区经济发展面临新压力。

三、新一轮西部大开发政策选择思路与创新

（一）政策选择思路。

首先，要着眼夯实长远发展基础，继续加强基础设施建设。一是以建设和完善"五横四纵四出境"①交通主通道为骨干，扩大路网规模，提升运输能力，提高通达深度，形成横贯东西、纵贯南北、覆盖城乡、联通内外的综合交通运输网络。二是加快枢纽机场和支线机场建设。三是大力推进实施重点水利工程。继续推进病险水库除险加固和防洪工程建设。加大四川都江堰、宁夏青铜峡、内蒙古河套等大型灌区续建配套与节水改造力度。四是推进能源基础设施建设。加快西气东输二线建设，完善西电东送电网。

第二，要着眼发展循环经济和低碳经济，继续加大环境保护和生态建设投入。一是继续加大资金投入，巩固退耕还林、退牧还草成果。二是继续推进重点生态工程建设。扎实推进三北防护林、京津风沙源治理、天然林保护、青海"三江源"自然保护区建设、甘肃石羊河流域综合治理、甘肃甘南黄河重

---

① 　即西北至华北出海、拉萨至青岛、亚欧大陆桥、成都至上海、瑞丽至上海等"五横"通道，包头至广州、临河至防城港、兰州至昆明、库尔勒至成都等"四纵"通道，连接东北亚、中亚、南亚、东南亚"四出境"国际运输通道。

要水源补给区生态保护与建设等重点工程。三是强化环境综合治理。加大丹江口库区及上游、三峡库区、黄河中上游、滇池等重点流域、区域水污染防治力度,继续开展排污权有偿使用和交易试点,积极推进碳交易市场建设。

第三,要着眼加快转变经济发展方式,调整优化产业结构。一是继续加快发展特色农业。积极改造中低产田,大力发展旱作农业、节水农业。加强四川成都平原、陕西关中平原、内蒙古河套地区、宁夏沿黄地区、甘肃河西走廊等粮食生产能力建设。二是推进工业优化升级。组织实施和认真落实国家重点产业调整和振兴规划。积极发展技术引领型产业,提高航空航天、现代装备制造、电子信息、国防科技、新能源、新材料等产业发展规模和水平。三是提升自主创新能力。加强在西部地区部署国家科技基础设施,继续建设一批国家级重点实验室、工程技术研究中心。四是加快提升现代服务业发展水平。加强旅游基础设施建设,完善旅游区基础设施,积极发展自然生态旅游、乡村民俗旅游,培育和开发一批精品旅游景区线路。着力发展文化、会展、创意等现代服务业,加快发展服务外包。五是引导产业有序转移。发挥东部地区资金、技术、人才、管理优势和西部地区资源、市场、劳动力优势,引导东部地区产业向西部地区梯度转移。

第四,要着眼促进民族团结和社会和谐,加强民生工程建设。一是加快保障性安居工程建设。加快城市廉租住房建设,加大国有林区(场)、垦区、矿区棚户区、城市棚户区以及中央下放地方煤矿棚户区的改造力度。二是改善农村生产生活条件。增加农村基础设施投入,逐步取消公益性建设项目县及县以下资金配套。加快解决西部地区农村人口饮水安全问题。三是加大扶贫开发力度。继续增加扶贫资金投入,落实对低收入人口全面实施扶贫政策的措施。优先支持革命老区、民族地区、边疆地区扶贫开发,加大对特殊类型贫困地区扶持力度。四是做好农民创业就业工作。加强农村劳动力转移就业服务和职业技能培训体系建设,继续实施农村劳动力技能就业计划、农村劳动力转移培训阳光工程、星火科技培训、雨露培训计划。引导农民有序外出就业,鼓励农民就地就近就业,扶持农民工返乡创业,提高非农收入。

第五,要着眼提高基本公共服务水平,加快社会事业发展。一是优先发展教育。进一步普及巩固九年义务教育,争取3年内基本解决农村"普九"债务问题。二是提高基本医疗卫生服务水平。积极推进医疗卫生体制改革,优化区域卫生规划,加强公共卫生服务体系建设。大力发展中医药和民族医药。巩固和发展新型农村合作医疗,扩大参合农民受益面,提高受益程度。三是完善基层公共文化服务体系。加快广播电视村村通、乡镇综合文化站、全国文化信息资源共享工程建设,提高县级文化馆、图书馆等级标准。做好西部地区自然遗产、非物质文化遗产和大遗址保护,加强重点文物保护工程等建设。

第六,要着眼完善市场经济体制,构建对内对外开放新格局。一要切实转变政府职能,减少和规范行政审批,提高行政效率。强化社会公共管理和服务,构建责任型政府和服务型政府。二要加快非公有制经济发展,优化发展环境,提高其在国民经济中的比重。三要加快推进资源税改革,进一步完善矿产资源补偿费中央与地方的分配关系。研究建立生态补偿机制,在青海"三江源"等大江大河源头区、生态位置极为重要的区域开展生态补偿试点。四要坚持政府推动、市场运作、机制创新、互利共赢的原则,加快建立健全区域协调互动机制,形成东中西部地区协调互动、相互促进、共同发展的新格局。五要加大引进国际产业资本和金融资本力度,提高西部地区利用外资的质量和水平,支持国际资本通过创业投资基金、股权投资基金投资符合国家政策导向的重点项目和企业。支持企业"走出去"。

(二)创新开发政策。

首先,创新财政税收政策。从财政体制方面来讲,要加快完善均衡性转移支付办法,提高转移支付的规范性和合理性。提高中央财政对西部地区均衡性转移支付水平,力争用2—3年时间实现中央对西部地区地方标准财政收支缺口全额补助,其他一般性转移支付也要加大对西部地区的支持力度。中央财政用于节能环保、新能源、教育、社会保障、农业综合开发、扶贫开发等方面已有的专项转移支付,重点向西部地区倾斜。中央财政增加生态补偿专项转移支付科目。在中央国有资本经营预算中每年安排10%的资金,统筹用于西部地区集中连片贫困地区的乡村基础设施建设和改善民生。中央财政代地方发行的地方政府债券,继续向西部地区倾斜,重点用于基础设施、生态环境建设等配套资金。中央财政对商业银行在西部地区发放的低息贷款和政策性贷款给予贴息。从税收体制和税收政策来讲,对西部地区鼓励类产业企业减按10%的税率征收企业所得税,对鼓励类产业新设企业所得税执行

"两免三减半"的政策。对使用东中部地区及国外投资所获利润在西部再投资企业和整体搬迁到西部的企业给予所得税"三免五减半"政策。将石油石化、煤炭行业的所得税、增值税纳入共享税范围。对油气管道在西部地区产生的运输营业税全额返还地方。研究制定企业总部所在地征收的所得税返还分支机构所在地的政策措施。改革资源税制度,调整部分品目资源税计征方式,对原油、天然气和煤炭的资源税由从量征收改为从价征收,适当提高税负水平,增加资源产地方财政收入。省级以下政府在资源税分配上,要向资源产地基层政府倾斜。边境口岸征收的关税和进口环节增值税按一定比例返还地方,专项用于口岸设施建设。边境小额贸易进口税收全额返还地方。对从周边国家进口的有色金属和非金属矿产等资源统一实行进口零关税的优惠政策,对进口的民族特需用品给予免征进口关税和进口环节增值税的特殊政策。

第二,创新投融资政策。加大中央财政性投资、预算内投资、国债投资向西部地区倾斜力度,当年占全国投资比重不低于总量的40%,并逐步提高。中央部门专项建设资金要逐年增加投入西部地区的比重,提高对水利、公路、铁路、民航等建设项目投资补助标准和资本金注入比例。国际金融组织和外国政府优惠贷款,原则上70%以上用于西部地区。从融资体制和金融政策来讲,要扩大国家政策性贷款规模,重点支持西部地区基础设施、节能环保、生态建设、特色优势产业等。完善西部地区金融机构体系,在机构设置、股东资质、注册资本等方面调整放宽农村金融机构准入政策,培育新型农村金融机构,核销农村信用社政策性债务,促进其健康发展。要积极支持大型企业集团在西部地区设立非银行金融机构或服务分支。各级政府通过设立担保基金、税费减免、资本金注入等方式,鼓励融资性担保机构从事中小企业担保业务,中央财政支持建立再担保机制和风险补偿机制。研究设立西部开发政策性银行。扶持创业投资企业,发展股权投资基金。在西部地区研究探索非上市公司股份转让的有效途径,规范发展产权交易市场。

第三,创新产业政策。放宽市场准入条件,实行有差别的产业政策。制定西部地区鼓励类产业目录,促进特色优势产业发展。优先审批核准西部地区能源资源开发利用和新兴产业等项目。允许地方骨干企业参与油气资源开发和深加工。加大中央地质勘查资金、国土资源大调查资金对西部地区的投入力度,实施国家战略矿产资源勘查储备计划,制定西部地区矿产资源勘查开发指导目录。鼓励外资参与提高矿山尾矿利用率和矿山生态环境恢复治理新技术开发应用项目。

第四,创新土地与价格政策。一方面,要给予西部地区更加宽松的土地政策,简化程序,保障西部大开发建设用地。要实施差别化土地政策,放宽西部荒山、沙地、戈壁等非耕地建设用地指标。适当降低西部地区开发园(区)建设用地的基准地价。在安排土地利用总体规划建设用地指标和土地利用年度计划指标时,向西部地区倾斜,西部大开发重点工程用地指标计划单列。加大中央土地出让金和新增建设用地土地有偿使用费向西部地区倾斜的力度。另一方面,要对西部地区新建铁路和部分支线铁路,可根据实际情况,按照偿还贷款本息、补偿合理经营成本的原则,核定新线和支线特殊运价,中央财政给予适当补贴。逐步提高城市供水价格,实行阶梯水价,超量加价。合理确定中水价格,鼓励中水回用,中央在中水回用设施建设上给予投资支持。扩大水资源费征收范围,提高征收标准,适当提高污水处理费价格,逐步达到合理水平,中央财政对污水处理运行费用给予适当补助。逐步提高天然气产地外输的价格,理顺天然气和可替代能源之间的比价关系。推行上网电价竞价、电力用户与发电企业直接交易。完善可再生能源发电定价政策,调整可再生能源电价附加费的征收办法。

第五,创新生态和利益补偿政策。按照"谁开发谁保护、谁受益谁补偿"的原则,逐步在森林、流域、草原、湿地和矿产资源开发领域建立生态补偿机制。提高国家重点公益林森林生态效益补偿标准,扩大补偿范围。抓紧研究开展对湿地的生态补偿。充分考虑江河上游地区生态保护的重要性,中央对上游地区给予必要的补偿。鼓励上下游之间、生态受益地区与生态保护地区协商建立横向补偿机制。按照核减超载牲畜数量、核定草地禁牧休牧面积的办法,开展草原生态补偿。以矿产开采量或销售额为标准,建立矿产资源所在地政府向开采企业征收矿产资源可持续发展基金、开采企业自提自用矿山生态环境恢复治理保证金制度,专项用于矿区接续替代产业发展、地质灾害治理和生态修复。加快制定关于生态补偿政策措施的指导意见和生态补偿条例,研究开征生态税。

第六,创新人才与帮扶政策。一方面,要完善艰苦边远地区津贴政策,提高津贴标准,提高工资待遇水平,改善工作和生活条件。继续实行鼓励各类人才到西部工作的各项政策。对长期坚持在基层工作的教师、医务人员等专业人才,给予提高工资、退休后享受全额工资待遇等奖励。另一方面,要进一步加大对西藏、新疆和集中连片贫困地区的对口支援力度,充实干部、人才、经济、项目支援内容,建立健全对口支援长效机制,完善效果考核办法。对口支援省市每年从地方财政收入中拿出一定比例,专项用于对口支援。鼓励中央企业通过对口支援、互动合作等多种方式支持和带动西部地区经济发展。

（原载《国家行政学院学报》2010 年第 6 期）

经济发展"三级跳"——西部经济开发策略

一、立足基础:正确看待西部经济振兴的"物质优势"

西部大开发应该从哪里开始? 重点该从哪里突破? 是重打锣鼓另开张,还是立足原有基础,用"增量"激活"存量"? 我认为,建国 50 多年来,西部经济一直在发展,特别是改革开放以来经济发展也取得了可喜的成就,虽然与东部地区经济发展相比存在较大差距,但并不是一点发展基础没有,有许多相对优势可以成为今天和未来西部开发与经济起飞的物质基础。因此,西部开发并不是要在"一张白纸"上画"最新最美的图画",而是要在一格已经初见轮廓的"素描"的基础上,泼以重彩,绘制出更加宏伟壮观、绚烂多彩的发展蓝图。50 年的经济发展是西部大开发实现经济起飞的"踏板",离开"踏板"就无法跨越得更远,就难圆西部经济振兴和国家强盛之梦。

西部经济起飞的"踏板"在哪里? 以下几个方面的基础和优势不能忽视。

首先,应立足"三线建设"的伟大成就。虽然过去"三线建设"的目的是准备应付侵略战争,建立国家的战略后方基地,主要项目也主要是军事工业和为之配套的重工业和交通运输设施,但是,"三线建设"作为实质上的我国建国以来的一次空前规模的生产力布局大调整,对于改变我国生产力布局畸重沿海、工业布局与资源布局严重脱节的状况,进而改变西部地区愚昧落后的面貌、增强全国各民族的大团结,功不可没。上世纪 80 年代初,国家成立三线企业调整办公室,对三线企业的状况曾进行过评估,得出的结论是:84%

是好的和比较好的,16%需要搬迁。近年来虽然有些三线企业由于种种原因陷入经管困境,但也崛起一批如四川长虹、嘉陵摩托、长安汽车等中国工业"巨头"。所以有人认为"三线建设"是在"错误的时间、错误的地点进行的错误建设"是不完全正确的。不能否认三线建设中有失误之举,但是也不能否认三线建设在我国经济建设历史上的巨大成就。没有三线建设,特别是没有那些尖端军事工业的建设和发展,就没有我国经济发展的独立自主;没有当年军工生产的科技投入与科技力量的积蓄,也不会有今天的生产力发展水平。撇开三线建设搞西部大开发将失去根基,或者成本增大。因此,重新整合"三线建设"的成就,以新的资本、技术等"增量投入",去激活已有的优势"存量",实现西部经济的"二次辉煌",应该成为西部大开发的战略基点。

其次,要立足西部的自然资源优势。西部地区不仅有丰富的农、牧、林业资源,而且有石油、煤炭、有色金属等丰富的自然资源。种类齐全的自然资源是西部地区经济发展依赖的基础,也是西部经济发展的禀赋优势。因此,未来的西部大开发应该牢牢立足资源优势,延长产业链条,承载东部发达地区的产业转移和结构升级,形成以垂直分工为基础、优势互补的东西联合,实现经济协调发展。

第三,要立足西部的文化资源优势。西部许多地区都具有丰富而独特的文化资源,既有古老的传统文化,又有展现民族风情和生活习惯的民族文化。气势恢宏的兵马俑、魂牵梦绕的古丝绸之路、独具匠心的敦煌壁画、金碧辉煌的布达拉宫、烽烟四起的巴蜀古战场等等,无不可以成为西部大开发中的"亮点"。西部地区应该在挖掘和整理这些传统文化资源的基础上,构思自己的城市规划,为唱好经济发展"大戏",搭好"文化大舞台"。

二、制度整合:挣开制约西部经济发展的"制度瓶颈"

认识到了这些优势,进而转化这些资源优势,使之成为西部经济腾飞的动力就成为西部大开发过程中必须解决的关键问题。长期以来西部地区的"资源优势"之所以无法变成"效益优势",除了由于西部地区的资源与东部地区的制成品价格"剪刀差"导致不等价交换等客观原因,一个导致"资源优势、效益劣势"的直接原因,就是"制度瓶颈"制约了西部经济的"优势转化"。

多年以来,传统计划经济制度和相应的思想观念在西部根深蒂固,市场化进程缓慢。由于多年以来西部始终像"算盘珠"一样,中央"拨一拨"就动一动,甚至对中央已经明确了的改革政策,也要千百次"统一思想","起步慢、刹车快",很少去创新,习惯于"等、靠、要",因此,西部经济要用好自身优势,变资源优势为效益优势,谋求经济快速发展,必须下决心深化改革,进行制度创新。用制度创新去激活"人气",以"人气"去吸引"财气",以"财气"推动发展。因此,根据新经济增长理论、工业化发展规律以及东部经济发展的经验,西部大开发必须在立足自身优势的基础上,咬定市场化、混合化和城市化的发展方向,进行制度整合,进而形成符合西部地区实际的市场经济新体制。

首先,大力推进市场化进程,巩固市场机制在配置资源当中的基础性地位。市场经济是独立微观经济主体按照利益最大化原则自主选择和决策的经济,而不是靠政府动员的经济。市场经济中政府的主要职责是制定市场交易规则和保护产权。一方面,政府要放弃传统计划经济体制下管理经济的方式,按照市场经济规律去制定政策,吸引和引导各种生产要素,特别是最为稀缺的资本、人才等要素流入和流动;另一方面,政府要精简机构,提高效率,保护好产权,进而调动各种生产要素所有者的积极性。

有人说,西部经济发展之所以落后,原因是科技、教育发展落后,人才短缺。其实,东南沿海的广东顺德、东莞、深圳、珠海,浙江温州、宁波,江苏无锡,福建石狮等地所拥有的科研院所、高等院校乃至人才,远不如西北、西南地区多。为什么那些地区的经济能够快速崛起呢? 也有人说,西部经济发展缺乏资本支持,但西部资本却为何源源不断地"东南流"呢? 从体制根源来讲,是传统计划经济体制仍然在起作用,扭曲了资源配置的"利益信号",违背了市场化的生产要素流动规律所致。在市场经济条件下,资源配置基本运行规律是"物以稀为贵"。越是稀缺的生产要素,要素价格应该越高,需要资源的市场主体越是珍惜这种生产要素。但是,在西部地区,资本、人才等生产要素不仅投入回报普遍偏低,而且并不能得到尊重和爱惜。由于体制扭曲,要素价格不能反映生产要素的稀缺程度,投资环境差。西部地区不仅不能吸引足够的资本,而且自身发展所需的资本和人才大量外流。以利用外资为例,1998 年西部十省(区市)实际利用外资额为 13.74 亿美元,仅为全国利用外资总额(452.84 亿美元)的 3%。而市场化了的东部十省(市)实际利用外资则高达 364.15 亿美元,占到全国利用外资总额的 80%。因此,只有推进市场经济改革进程,以市场导向整合政策和各项规章制度,提高各种稀缺生产要素的收益率,维护生产要素所有者的产权利益,才能促进资本、人才等稀缺生产要素向西部流动,调动生产要素所有者的投入积极性,进而加快西部经济的发展。

其次,坚决发展混合所有制经济,激活西部经济振兴的微观基础。企业是一国(或者地区)经济发展的微观基础。由于不同性质的企业内部产权结构和利益机制不同,企业效率存在很大差异。按照市场经济发展的基本要求,企业所有制结构应该多元化和混合化。西部地区市场化进程缓慢,经济发展落后,一个重要原因是西部企业所有制结构过分单一,国有经济比重过高。从国有资产占总资产的比重来看,西部十省(区市)1997 年的比重分别为:四川(含重庆)65%、贵州84%、云南80%、西藏82%、陕西83%、甘肃86%、青海79%、宁夏94%、新疆87%,平均超过80%。由于单一公有制经济缺乏相互竞争的压力,以及企业内在产权关系模糊导致激励与约束不足,公有制企业普遍缺乏活力和低效率。因此,西部大开发必须坚持发展混合所有制经济不动摇,一方面要大规模推进国有企业改组,按照"有进有退,有所为有所不为"的方针,加快国有企业民营化进程。另一方面,要加快国有企业股份化改革进程,大力发展混合所有制企业。西部各地政府要扩大企业的市场准入,减少企业准入成本,积极发展各种非公有制经济,大胆扶持个体私营企业发展。只有构筑起充满竞争和活力的混合所有制经济发展格局,西部经济腾飞才会有真正的动力和后劲。

第三,积极推进城市化进程,撑起西部经济腾飞的翅膀。城市在地理上是一个空间概念,然而在生产要素配置上却是一种机制和资源配置制度。城市以其很强的"要素聚集效应"和"产业扩张效应"而成为各国或地区实现工业化和现代化的必由之路。我国东部经济的快速发展并非只得益于进出口总额的增长,更重要的是在对外开放过程中的城市建设、基础设施投入以及要素聚集和相关产业的扩张。与东部地区相比,西部地区发展的制约"瓶颈",除了体制、所有制等方面,就是城市化程度过低,导致生态脆弱、基础设施条件差、生产要素和人口聚集程度低。因此,要振兴西部经济,应该抓住"城市化"这个突破口。一方面,集中有限的稀缺资源,集中投入有发展前途的新老城市和发达的工业区,培育若干经济中心城市。另一方面,围绕县城建设加快中小城镇建设,让人口尽可能向城市周围集中迁徙。这样利用城市经济的聚集效应和扩张效应,不仅有利于培育新的经济增长火车头,提高西部地区的人均收入,解决就业问题,而且有利于调整经济结构,巩固经济发展成果。

三、经济起飞:走好西部经济振兴的"正确道路"

借助制度整合,西部经济发展还要坚持走好"两条道路"。一是结构调整,二是可持续发展。这是西部地区通过"干中学"总结出的重要经验。

经济结构畸形化,一直是制约西部经济发展和经济效益提高的重要原因。这种经济结构畸形表现在五个方面:一是重"重"轻"轻"的老毛病始终没改。西部地区除云南外绝大多数省(区市)工业总产值中的重工业比重普遍高于全国平均水平,而重工业中又以采掘业和原料工业为主。长期以来,西部地区的能源、原材料产品低价卖出,所需的工业品,特别是大多数日用消费品和耐用消费品从东部地区高价买入,进而造成西部经济效益在输入输出中大量流失。二是重"农"轻"城","二元结构"突出。这样的经济结构不仅由于城市经济发展投入不足削弱了工业经济发展的基础,而且由于城市化速度缓慢,农业剩余劳动力增多,延缓了农民致富的进程。三是重"大"轻"小",忽视产业组织关联。西部地区过分依赖大中型企业,而大中型企业多是中央直属的军工、能源、原材料企业,其产业链主要在东部,并不与西部自身的小企业相连,西部小企业发展形不成"气候",进而形不成对地方经济的辐射和带动。四是重"公"轻"私",私营资本不能发挥作用。东部地区许多省份借助机制灵活、充满生机的个体私营经济而获得发展,比重占85%的私营经济成为浙江经济繁荣的"杀手锏"。所以大力发展个体私营经济也应该成为西部经济起飞的必由之路。五是西部地区经济结构严重趋同,重复建设、重复生产,自己砸自己的"饭碗"。因此,西部经济起飞和振兴,必须进行脱胎换骨的结构改造,做好与东部经济结构的衔接,向结构调整要机遇、要效益、要出路。

同时,西部经济必须坚持可持续发展,以改善生态环境为根本,保护黄河、长江源头和上游地区的森林与植被,综合治理水土流失、荒漠化,彻底走出"越垦伐越穷,越穷越垦伐"的恶性循环。对石油、煤炭、天然气等战略性资源要实行保护性开采,保证这些不可再生性资源的永续利用。特别要处理好生态与经济、文化与经济发展之间的关系,实现生态-人-社会-经济的协调发展。

（原载《中国国情国力》2000 年第 9 期）

振兴东北的新机制如何破局

从何处入手破解东北老工业基地发展困局,不仅关系着 1 亿多东北人民的未来和命运,而且关系着国民经济健康发展的全局和中国工业化和现代化的进程。

一、落后源于旧体制残余

受浓厚的计划体制和陈旧观念影响,曾有"共和国装备部"和"天下粮仓"美誉的东北三省,在改革开放后发展明显滞后,体制性和结构性矛盾日趋显现。

改革开放初期,东北三省的制造业占全国制造业的 20%。辽宁省的工业总产值多年位居全国首位,其国内生产总值也曾是广东省的 2 倍,近年来却已滑落到全国第十位左右,黑龙江省的国内生产总值曾与东部六省市的平均值相当,挤进全国前 8 位,但目前已经退到 13 位,职工收入更是退到了全国第 25 位。目前整个东北三省的 GDP 也只能勉强与一个广东省持平。

东北何以如此? 说到底是其顽固的计划经济观念和体制残余,排斥了市场经济观念和体制的成长和发展,遏制了国有企业成为真正市场主体的步伐,压制了非公有制经济的发展速度。当全国的轻工业和非国有经济迅猛发展,市场辐射范围快速扩张时,东北却由于其严密的计划化的重工业,而难以实现产业转型和制度变迁;当东南沿海市场经济日趋成熟,各地都在争创新优势的时候,东北地区却沉浸在传统体制、传统产业和历史贡献中不能自拔的"休克状态"。因此,要振兴东北老工业基地,必须溯本求源,从深化体制改革入手,努力构建振兴东北老工业基地的新机制。

因而,要构建新机制,首要的问题就是要从灵魂深处认识到市场化程度低、旧的计划经济体制残留过多,体制机制落后是制约东北老工业基地快速发展的直接"瓶颈",因为无论是矿产物质资源、基础条件、国家投资,还是人力资本和知识积累,东北老工业基地都比东南沿海地区有优势,就是由于体制机制落后导致资本的"一江春水向东流"和人才的"孔雀东南飞"。所以,振兴东北老工业基地必须走出要政策、求投资、跑项目的"输血"怪圈,要着眼增强"造血"功能,打造市场化的新体制。其次就是要从本质上看到国有经济比重过大、所有制单一;重工业、大企业过多,轻工业、小企业发展不足;制造业发达、服务业落后,经济结构不合理是制约东北地区快速发展的直接障碍。所以,振兴东北老工业基地,必须放弃"贪大求洋"、"重重轻轻"、好高骛远的"大而全"情结。

二、东北破局的思路和对策

破局之一:"以小搏大"。

要构建新体制,就不能不重视发展"中小企业",学会"以小搏大"。针对重视发展中小企业,英国著名经济学家舒马赫曾针对资本密集型、资源密集型大企业的通病专门著书赞扬:"小的是美好的。"中小企业之所以美好,是由于它不仅是技术创新最积极的主体,而且是推进专业化、创造就业机会的生力军。特别是针对东北和西部地区国有企业比重大、计划经济烙印深的缺陷,通过发展小企业,启动民间资本,壮大非公有制经济,更有利于形成市场竞争氛围,催化东北老工业基地市场机制的发育和成熟。可以肯定地说,东部地区的市场经济的发达和就业矛盾的缓解归功于数以万计的非公有制性质的中小企业的充分竞争和快速发展,东部地区国有企业顺利改革并快速走向市场归功于广大非公有制经济性质的中小企业对下岗失业人员的有力吸纳和"挤压示范效应"。

由于中小企业的特殊魅力,世界各国都十分重视发展中小企业并借助中小企业发展来解决产业发展中"大、中、小"企业失衡、失业增加和技术持续创新能力不足的难题。许多国家把发展中小企业看作是振兴经济和创造就业机会的"法宝"。例如,两德统一后,德国政府为了振兴原东德所辖地区的经济,解决骤然增加的失业大军问题,明确提出要通过发展中小企业来解决这两个难题。通过鼓励和支持中小企业大发展,不仅使德国比较平稳地渡过了"合并转型期",而且为后来的经济发展注入了新的动力。日本政府也认为,鼓励创办研究开发型中小企业,大力培育高新技术产业,是解决失业人员再就业的最重要途径。为此,日本政府在 2002 年编制了一项 1844 亿日元的预算,主要用于支持创办高新技术企业和稳定就业形势。这项援助措施主要是政府根据新办企业的技术含量和雇佣员工人数,提供一定数量的新办企业助成金。同时日本厚生劳动省还积极拓展护理、保育、家居装修、人才派遣等领域的就业机会,并为本国居民在这些领域创业和发展提供优惠条件。如果是失业人员自行在上述领域创办企业,将得到一笔无偿的事业助成金。

"他山之石,可以攻玉"。振兴东北等老工业基地,必须摒弃"等、靠、要"思想,应该积极行动起来,从"小"处着眼,促进各类"名、优、新、特"的中小企业发展,大力发展民营经济,鼓励和支持个人创业,形成声势浩大的中小企业发展氛围,努力用发展中小企业的"巧劲",来推动老工业基地的制度创新和产业改造。

破局之二:"公"搭"私"车。

要构建新机制,必须打破"一大二公三纯"的公有制产权结构,"公"搭"私"车,实现投资主体多元化,大力发展混合所有制经济。国有经济比重高,国有独资企业多,仍是东北老工业基地市场进程缓慢和活力不足的主要症结。目前,辽宁、吉林、黑龙江三省的国有经济比重分别高达 78.2%、86.2% 和 87.2%,分别高出全国平均水平的 13.3、21.3、22.3 个百分点。从国有经济运行的实践来看,由于国有资本存在"人格主体虚无"、"动力机制扭曲"、"信息机制破损"、"决策机制失衡"和"运动机制呆滞"等缺陷,致使其国有企业效率不彰的现象仍比较普遍。以产权关系不清为特点的国有企业,很难搞过"三资企业"、私营企业。一个好厂长、一个好产品,以及国有银行贷款和政策扶持,可以救企业一时,但缺乏长久的制度保证。因此,依托建立"归属清晰、权责明确、保护严格、流转顺畅"的现代产权制度,通过各类资本的流动和重组,真正做到"有进有退,有所为有所不为",充分引进外商资本和民间资本,通过"公"搭"私"车,推进投资主体多元化,大力发展混合所有制经济,努力克服国有资本的内在缺陷。

当务之急是要培育和壮大真正非国有投资主体,做强做大"私车"。具体来讲:首先,要完善私有财产保护制度,鼓励私有经济做强做大,提高私有经济收购国有股份和购并国有资产的能力。根据全国工商联 2002 年对全国私营企业的调查,分别有 8% 和 13.9% 的私营企业已经和准备兼并收购国有企业,有 25.7% 的私营企业是由原来国有或集体企业改制而成的。其次,要推进国有企业海外上市,鼓励外资参与国有企业改造和重组,调动跨国公司和国外战略投资者投资收购国有股份。根据商务部统计,截至 2004 年 10 月底,外商对华投资累计设立外资企业 50 多万家,合同外资金额超过 10621 亿美元,实际使用外资金额达到 555.25 亿美元。跨国公司 500 强中已经有 420 多家在中国注册投资。但是,相当数量的外资企业还是外商独资,由于政策限制(比如中方必须控股 51%)和政策多变(政府换届、政策调整),外商投资国有企业的积极性还不高。第三,随着养老金、社会保障基金以及其他社会基金的出现,培育中国的机构投资者,鼓励各种基金投资股市,参与国有企业的股份制改造,对于"稀释"国有股比重和优化股权结构大有裨益。第四,完善产权交易市场,坚持公平、公正、公开、竞争的原则,规范 MBOs 管理层收购和MEBOs 职工收购。一方面,要大力完善产权市场,健全国有资产和国有产权交易规则;另一方面,要积极建立旨在促进管理层收购和职工收购的信托投资制度,提高管理层和职工收购国有资产的能力。第五,借鉴"金股制"(Golden Stock),推进某些重要行业的国有企业的股份制改造,推进企业转换经营机制。

要构建新机制,由"抓大放小"到"抓小放大",扶"小"助"私"应该成为振兴东北老工业基地的主要政策取向。东北地区的各级政府要按照现代市场经济要求的"小政府、大社会"的方向进行机构精简和职能转变,通过打造"有限政府"和"法治社会",实现"无为而治"、"有为而帮"和"放水养鱼",为小企业和非公有制经济发展提供良好的社会环境。政府要从"搞活国有经济"到"振兴国民经济",把工作重点从"办国企、管企业"转变到提供基础设施、创造法治环境、规范市场秩序和健全社会保障制度上来。

(原载《瞭望》2005 年第 20 期)

振兴东北政府一定要"当主角"吗?

振兴东北老工业基地,不仅关系着一亿多东北人民的未来和命运,而且关系着国民经济健康发展的全局和中国工业化和现代化的进程。振兴东北老工业基地无疑需要政府的"大有作为",但在市场在资源配置中发挥基础性作用的现代市场经济条件下,政府到底应该扮演什么样的"角色"?政府还要像过去计划经济时期那样来扮演"全知全能、神通广大、包罗万象"的大包大揽的"大政府"吗?政府一味地跑项目、搞开发、忙赶超,而没有坚实的市场化制度和健全的投融资体制的基础支撑,会给东北带来真正的振兴和繁荣吗?

笔者认为,振兴东北的关键,是政府要科学定位,要甘当"配角",努力搞好服务。振兴东北的"玄机",是政府要处理好"有所为有所不为、有进有退"的辩证关系,努力营造宽松、有序、诚信的经济发展环境。一句话,打造"廉洁高效"的"小政府",培育真正的微观市场竞争主体,是东北振兴的根本出路。

一、东北滞后的症结:政府本位且费用昂贵

享有"共和国装备部"和"天下粮仓"美誉的东北三省,其重工业和农业不仅有力地扶持和养育了新生的共和国,而且一直到改革开放之前也堪称是中国国民经济的脊梁。

由于东北和西部地区深厚的计划经济体制烙印和陈旧观念阻碍了其市场化改革进程,致使其体制性和结构性矛盾日趋显现,经济发展与东部地区相比明显落后了。目前整个东北三省的 GDP 也只能勉强与一个广东省持平。

东北何以如此?说到底是其顽固的计划经济的观念和体制残余,排斥了市场经济观念和体制的成长和发展,遏制了国有企业成为真正市场主体的步伐,压制了非公有制经济的发展速度,即政府包揽一切的过度干预挤压了市场机制的作用空间;政府过度行使的公共权力严重侵害了民间资本或经济主体的私有产权;国有经济的过度扩张严重替代了非国有经济特别是非公有经济的快速发展。

现代市场经济理论告诉我们,经济自由是市场经济的"灵魂",各类市场主体和经济成分发自内心并自主追逐自身物质利益最大化的经济行为是经济发展的不竭动力。正如亚当·斯密的《道德情操论》所言:"追求私利的人类利己本能乃是大自然所赋予的,它是引导全社会的生产和繁荣的原动力。"

应该说,东北老工业基地是"中央集权和家长专制色彩"的传统计划经济体制的发祥地,是"官本位"和"权力经济"的重灾区。虽然改革开放以来东北老工业基地的市场化取向改革取得了显著成绩,但是已经渗透到东北地区

经济体制和东北文化"骨子里"的"政府强权"和"政府全能"却很难彻底改变。

所以,当全国的轻工业和非国有经济迅猛发展,市场辐射范围快速扩张的时候,东北却由于其严密的计划化的重工业,而难以实现产业转型和制度变迁;当东南沿海市场经济日趋成熟,各地都在争创新优势的时候,东北地区却沉浸在传统体制、传统产业和历史贡献中不能自拔的"休克状态";当东南沿海地区的人们和企业主动甩开政府自主创业、自我发展的时候,东北地区的人们和企业仍然依赖政府包办;当东南沿海地区的政府寻求"无为而治",努力打造"小政府、大社会"的时候,东北地区的政府却仍是"事必躬亲",无法摆脱"机构臃肿、人浮于事"的弊端。

如果在"短缺经济"和市场竞争不太激烈的情况下,东北老工业基地可以凭借"吃老本"勉强度日,体制缺陷不甚明显的话,那么,在"过剩经济"已经来临,国内市场国际化趋势日益显著,市场竞争空前激烈的情况下,东北老工业基地的市场化程度低、政府干预过多、微观经济主体不成熟、非公有制经济不发达、政府不廉价等缺陷不仅日益明显,而且已经成为制约东北老工业基地的最大体制性障碍。

因此,东北陷入了一个"政府包揽越多,市场发育越慢,微观主体越难成熟——政府包揽越多,需要的机构和人员越多,政府费用越庞大,税赋越重,微观投资和微观经济就越没有活力——为了发展政府就越'恨铁不成钢'进而过度干预、跑项目、争投资"的发展怪圈。

二、政府"角色错位"根源:陷入"项目陷阱"不能自拔

目前,东北三省已经掀起了争上项目的"比学赶帮超"的热潮,不仅招商引资有指标,而且跑项目也要层层摊派。历史经验雄辩地证明,在投融资体制不健全,政府投资决策失误难以追究责任的情况下,政绩驱动下的政府投资,很难避免盲目决策和重复建设。

因此,政府必须从"投资一线"退下来,把立项和投资的权利还给企业,让具有独立利益的企业去"冲锋陷阵"。尽可能提供充足的公共产品,多履行社会公共事务管理职能,切实把工作的重点转移到十六届三中全会所要求的"为市场主体服务和创造良好发展环境上来"。

因此,政府要重点扮演好"五大员":

一要潜心当好"保安员"。政府不仅要全力提高稳定社会秩序的能力,而且要提高保护各类财产权完整和安全的能力。著名经济学家阿瑟·刘易斯强调,所有权或产权是资源稀缺的反映,没有产权保护资源就会被滥用,"资本形成是经济增长的条件之一,而所有权制度的存在又是资本形成的条件之一。"如果保护公共财产不被私人滥用是必要的,那么,保护私人财产不被滥用同样也是必要的,"在世界上每一个地方,所有权都是一种得到承认的制度,没有这种制度,人类无论如何也不会取得进步,因为这种情况下不存在改善他们所生活环境的动机。"

二要潜心当好"裁判员"。市场经济是竞争经济,市场经济因精彩的竞争而繁荣。然而,像精彩的球赛一样,球员精彩的球艺固然重要,但要让每一个球员表演得淋漓尽致,就必须有一个明察秋毫、公正无私的好裁判。否则,无论球员技艺多么高超,也很难打出精彩的比赛。因此,东北经济要想充满活力,政府必须努力扮演好"裁判员",公正裁决好"债权与债务""公权与私权""劳与资""内资与外资""国企与私企"等各种官司,努力创造一个公平竞争、诚信有序的市场经济环境。

三要潜心当好"指导员"。在现代市场经济条件下,由于市场机制作用的"滞后性"和微观主体的"狭隘性"的存在,需要政府站在全局的高度进行宏观的战略规划和产业指导。因此,政府应该通过制定发展战略和实施宏观经济政策来引导微观经济活动,使之尽可能符合全局和国家利益。

四要潜心当好"监管员"。市场经济是秩序经济。政府应该捍卫各种有利于市场经济发展的各项法律法规,打击各种破坏市场竞争秩序的经济犯罪,努力防范各种经济风险和社会风险。

五要潜心当好"服务员"。政府要放下"官架子",放弃只重"管制与审批",轻视"民主和自决"的传统做法,尊重市场主体的意志和广大群众的首创精神。

从发达国家和发达地区的市场经济运行实践来看,哪里的政府重视当好"五大员",哪里的微观经济就充满生机。

三、振兴东北的起点:法治化的有限政府

市场经济说到底是一种"候鸟型的经济"。气候好、环境适宜,候鸟就会

不期而至。所谓"气候好、环境适宜"就是讲要少一些人为打扰和干预。世界银行的一份研究报告认为,从许多新兴市场的转型过程可以看出,对政府干预和准入监管越多的国家,腐败和地下经济就越严重,其经济就越萎靡不振。众所周知,权力背后就是资源,谁掌握权力,谁就拥有资源。在市场经济条件下,如果政府仍然掌握巨大的干预经济活动的权力且不受监督,那么必然给相应的权力部门和官员带来获得资源或权钱交易的机会,进而威胁和破坏市场经济健康发展和市场竞争秩序。因此,防止政府"过当干预和行为的随意性",打造"法治化的有限政府"成为当今世界的一股新的潮流。

振兴东北老工业基地,必须正视这一潮流的客观必然性,不仅要严格制约政府官员的权力,防止"公权私用",而且要把政府活动的范围严格限制在消除外部性、对少数特定行业实行规制、维护基本的社会公平和维护市场秩序等"市场失灵"的方面。如果政府只看到"市场失灵",并且"看不惯就管"(理想化),而看不到"政府干预也会失灵",那么,本应是"万马奔腾"的市场经济就会由于"权力扭曲下的过度管制"而变成"万马齐喑"的市场经济。只有把政府的干预行为和政府包办的国有经济、政府项目限制在"有限的空间",微观经济行为和以民为本的非公有制经济、私人项目、中小企业才能有更大的发展空间。

只有民间经济的活跃和广大民间资本的大量涌入,东北老工业基地才能彻底振兴。

(原载《法人杂志》2004 年 21 期)

乡镇企业吸纳劳动力边际递减与剩余劳动力反梯度转移

一、引言

在中国农村巨大剩余劳动力就业压力下,发展乡镇企业被主流观点看成是这种剩余劳动力的"吸纳器",因为城镇部门为农业剩余劳动力所提供的就业机会是极其有限的。从全国情况来看,在农业剩余劳动力的转移总量中,大约只有12%的劳动力转移到各类城镇部门,而约有88%的劳动力是在农村工业、商业及服务部门实现就业转移的。因此,要把农业剩余劳动力转移的基点放在农村乡镇企业发展上①。但是,也有观点认为,农村乡镇企业的"大推进"式扩展已近极限,原有模式的"离土不离乡"对剩余劳动力的容量愈来愈小②。或者说,以乡镇企业为主要载体的农业剩余劳动力转移方式已无法完成今后数以亿计且不断增加的农业剩余劳动力的转移任务,应该走城市开发转移的新途径③。这两类观点也都力图用各种理由来论证自己的主张。本文并不想与这些观点商榷什么,只是想对这些观点失之偏颇的地方做一些补证。

二、乡镇企业吸纳劳动力边际递减规律的实证

1.基本假定:提出问题

中国经济作为典型的"劳动剩余经济"(the labour surplus economy),分析其剩余劳动力就业与转移问题,首先应有三个假定前提:

假定 I:农业对剩余劳动力有绝对的推力和排斥力。在存在近 1.3 亿农村剩余劳动力的条件下,无论如何"加强对农业的广度深度开发"④,农业自身只能吸纳极小比例。

假定 II:乡镇企业对剩余劳动力有绝对强的拉力。所谓"绝对强的拉力",就是指在乡镇企业就业者收入不变的情况下,由于从事农业生产比较利益低,乡镇企业也能对劳动力有足够大的吸引力。

假定 III:资本(K)积累是吸纳劳动力(L)的基础。乡镇企业劳动力就业增长率依赖于乡镇企业资产规模与资产增长率。在这里,用固定资产原值规模及增长率来近似表示资本规模及增长率。

根据上述假定,利用 1978—1993 年中国乡镇企业职工就业人数及固定资产原值资料,实证分析乡镇企业劳动力就业与固定资产原值之间的相互关系变动和离异趋势(见表 1、图 1)。

---

①　陈吉元等:《中国的三元经济结构与农村剩余劳动力转移》,《经济研究》1994 年第 4 期。

②　陈东琪:《未来 15 年中国就业的困境与战略选择》,《经济研究》1995 年第 1 期。

③　吴晓华:《城镇化:我国农业剩余劳动力转移的新阶段》,《中国农村经济》1993 年第 12 期。

④　王凤山:《关于"民工潮"的思考》,《经济研究》1994 年第 4 期。

表 1　1978—1993 年乡镇企业职工人数与固定资产原值的变动

年份	职工人数（万人）	环比增长率（%）	固定资产原值（亿元）	环比增长率（%）	固定资产原值与职工人数增长率（百分点）
1978	2826.6	–	229.6	–	–
1979	2909.3	2.9	269.7	17.5	14.6
1980	2999.7	3.1	326.3	21.0	16.9
1981	2969.6	−2.1	375.5	15.1	17.2
1982	3112.9	4.8	429.3	14.3	9.5
1983	3234.6	3.9	475.6	10.1	6.2
1984	5208.2	61.0	709.8	49.2	−11.8
1985	6979.0	34.0	910.0	28.2	−5.8
1986	7937.7	13.7	946.7	4.0	−9.7
1987	8776.3	10.7	1597.7	68.8	58.1
1988	9545.5	8.8	2098.7	31.3	22.5
1989	9366.8	−0.2	2499.6	19.1	19.3
1990	9264.8	−0.1	2980.5	19.2	19.3
1991	9609.1	3.1	3385.2	13.4	10.3
1992	10600.0	10.3	4512.2	33.4	23.1
1993	11200.0	5.7	6015.2	33.2	27.5

　　表 1 和图 1 显示的固定资产原值（资本）增长率与就业量增长率之间的变动与离异的程度表明：1978—1983 年期间，是中国乡镇企业大发展的起步和准备阶段。其特征是资本积累增长快于就业量的增长，平均增长率差为近13 个百分点，这一方面说明乡镇企业发展正处在购置设备、修建厂房，进行"外延性"固定资产投资阶段；另一方面也说明广大农民尚未摆脱"以农为本"的生产经营行为模式，也尚未认识到乡镇企业广阔的发展前景，在比较了到乡镇企业"带风险性"就业的预期收入与从事农业生产获得稳定的收入（虽然很低）的前提下，大多数农民并未像现在这样积极到乡镇企业去就业，但总的来讲，就业量是随资本投资的扩大而呈速增之势。从 1984 年至 1986 年，是中国乡镇企业发展最繁荣的时期，乡镇企业职工就业增长率开始高于固定资

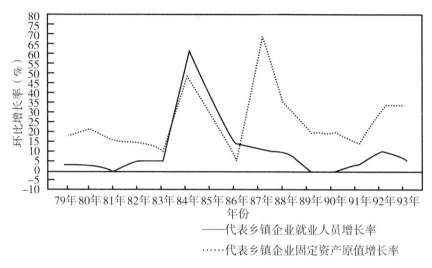

图1　乡镇企业就业人数与固定资产原值变动差异

产原值增长率,二者增长率平均相差 9 个百分点。说明乡镇企业发展对农村剩余劳动力具有极大的吸纳力,单位新增固定资产可以吸纳比以前更多的劳动力。同时,也说明随着思想观念的解放和乡镇企业快速发展良好趋势的诱惑,人们开始离开土地,或就业于当地乡镇企业,或走南闯北就业于异地他乡。然而从 1987 年至 1993 年,乡镇企业职工人数增长率又落后于固定资产增长率,二者平均增长率差竟高达 26 个百分点,而且乡镇企业就业量增长率越来越低,后期接近于零增长(1989—1990 年由于市场疲软等原因为负增长),虽然 90 年代初稍有回升,但降低的趋势没有改变。并且,乡镇企业固定资产增长与就业量增长差异有逐步扩大的趋势。那么这种波动性增长差异拉大的趋势究竟说明了什么呢?笔者认为这说明了中国乡镇企业已由量的扩张发展阶段开始向质的集约发展阶段转变,资本对劳动的吸纳力正在降低,乡镇企业吸纳劳动力边际递减规律开始发挥作用。

2.乡镇企业吸纳劳动力边际递减规律的界定。

所谓乡镇企业吸纳劳动力边际递减规律,是指乡镇企业一定的资本增长率所引起的就业量增长率的逐渐减小的趋势。如果用资本对劳动力的边际吸纳弹性来表示乡镇企业对劳动力的吸纳力,吸纳弹性的高低代表着吸纳力的大小。如果用 E 表示资本对劳动力的吸纳弹性,$\triangle K(t)$ 表示 t 年乡镇企业资本增长,$K(t)$ 表示资本总规模;$\triangle L(t)$ 表示 t 年乡镇企业就业人数增量,L （t）表示 t 年全部就业总量。则用公式表示：E＝△L(t)÷L(t)/△K(t)÷K<t)。

　　式中，E 越大，乡镇企业对劳动力的吸纳力越大；反之，E 越小，乡镇企业对劳动力的吸纳力越小。根据表 1 中乡镇企业就业增长和固定资产原值的增长资料，计算 1979—1993 年各年相应的乡镇企业吸纳弹性系数，可以看出乡镇企业对劳动力的吸纳力，从 80 年代中期开始呈边际递减的趋势（见表 2）。

表 2　1979—1993 年中国乡镇企业资本对劳动力吸纳弹性的变动趋势

年份	资本对劳动力的吸纳弹性（E）	吸纳弹性的五年移动平均修匀值	年份	资本对劳动力的吸纳弹性（E）	吸纳弹性的五年移动平均修匀值
1979	0.166	－	1987	0.156	1.012
1980	0.148	－	1988	0.281	0.740
1981	0.139	0.235	1989	－0.010	0.131
1982	0.336	0.448	1990	－0.005	0.161
1983	0.386	0.661	1991	0.233	0.137
1984	1.240	1.319	1992	0.308	－
1985	1.206	1.283	1993	0.172	－
1986	3.425	1.262			

三、乡镇企业对劳动力吸纳边际递减的原因及区域差异

1.乡镇企业对劳动力吸纳边际递减的内部原因与外部原因。

中国乡镇企业的发展经历了 80 年代中期的"外延扩张性"大发展之后，从 80 年代后期开始逐步向"内涵集约性"的发展模式转变，在这一转变过程中，诸多因素相互作用，使乡镇企业资本对劳动力的吸纳力逐渐降低。具体来讲：

（1）乡镇企业资本增密，资本有机构成 C∶V 不断提高。在乡镇企业发展的初期，主要是以手工技术为基础的小手工业和采掘业为主，由于资本有机构成比较低，致使资本增加，必然带动劳动力就业更快地增加。然而，随着乡镇企业的发展，市场竞争的加剧，迫使原有的乡镇企业和新创办的乡镇企业设法采用较新技术，更新机器设备，使乡镇企业由起初的小手工业、采掘业为主，发展到农副产品深加工和建筑、服装、建材、饮食等行业，进而延伸到能源、化工、冶金、机械、电子、生物技术等领域，涌现出了一批能生产高精尖产品的现代企业。这种情况反映在 C∶V 上，则表现为乡镇企业用于购置机器

设备与原材料的资金增量扩大与用于安排劳动力就业的资金量相对减少。乡镇企业日益由劳动密集型向资金与技术密集型过渡,实现乡镇企业产值增长越来越依靠科学技术的贡献。据统计,乡镇企业技术进步对总产值的贡献率,1990 年尚为 35%,1993 年为 45%,到 1994 年就已经上升到 50% 以上。

(2)乡镇企业重视集约化经营,全员劳动生产率大幅度提高。从 1978 年到 1986 年中国乡镇企业发展带有"高资本投入与高劳动投入"的粗放经营特征,乡镇企业职工全员劳动生产率平均为 2778.5 元。1987 年以后,乡镇企业开始重视科学管理和人员的优化配置,追求规模经济效益,集约化经营程度有了很大提高,乡镇企业职工全员劳动生产率在 1987 年至 1993 年平均高达 12406.8 元,是乡镇企业发展初期的 4 倍多。由于乡镇企业劳动生产效率的成倍提高,导致乡镇企业完成一定生产任务需要的劳动力,相应地大幅度下降。

(3)乡镇企业布局分散化。据调查,1992 年全国有 92% 的乡镇企业分布在自然村,7% 分布在建制镇,只有 1% 分布在县城或县城以上的城市。乡镇企业这样分散发展,相互分离,产生不了相应的集聚效应和辐射力,所以就无法相应地带动农村第三产业的发展,阻碍了劳动力在农村第三产业就业。从 80 年代中期以来,第三产业产值占乡镇企业总产值的比重一直没有提高,徘徊在 15% 左右。这就使得第三产业"投资少,劳动密集"的优势不能充分发挥,从而也就无法创造更多的就业机会。

(4)乡镇企业职工就业成本越来越高。我们即使假定乡镇企业职工工资相对稳定,但由于乡镇企业职工固定资产装备程度的大幅度提高,一定量的投资用于安排劳动力就业的部分也很低。据统计,在上世纪 70 年代末中国乡镇企业起步阶段,乡镇企业职工人均装备固定资产仅 810 元,上世纪 80 年代中期为人均 1280 元,到 1993 年竟高达 5370 元,是 70 年代末期的 6.5 倍,是 80 年代中期的 4 倍。另一方面,乡镇企业对就业者的文化技术水平提出了更高要求,而农村剩余劳动力素质普遍偏低,实现其就业无论是社会还是就业者个人都需要增加教育成本。

从乡镇企业发展的"外部性"看,一些不可控因素也影响乡镇企业对劳动力的吸纳能力:

(1)财税体制改革和新税制的实行,使乡镇企业的税赋陡增,亏损面扩大,新税制开征了资源税、消费税、土地增值税等新税种,并提高了部分税种的税率,更为突出的是新税制对国有企业取消了"两金",而乡镇企业仍需继续交纳。而且,金融体制的改革和宏观调控的偏紧,加剧了乡镇企业的资金紧张状况,带来了乡镇企业资金使用成本居高不下。新税制取消了对乡镇企业的减免,税前还贷,以税还贷,这使乡镇企业还贷能力下降,不利于获得银行贷款,导致乡镇企业扩大规模和吸纳劳动力的能力受损。

(2)社会关注乡镇企业的环境污染治理,分散发展的乡镇企业,对生态环境的污染越来越严重。国家开始注意对乡镇企业污染的治理,并要求乡镇企业实行"三同时"(环境保护设施与主体设施同时设计、同时施工、同时运转)制度。据统计,到1990年,全国乡镇企业各类环保人员11万,环境保护设施的固定资产原值近14万元,并且近年来乡镇企业环保投入逐步增大。由于乡镇企业新增投入用于环保的投资增加,也必然减少用于吸纳劳动力就业的份额。

(3)随着社会主义市场经济体制的逐步建立和对外开放的扩大,国有企业转换经营机制,使乡镇企业参与市场竞争的范围、领域扩大,竞争对手更多更强,迫使乡镇企业精兵简政,苦练内功,应付挑战。

2.乡镇企业吸纳劳动力边际递减规律的区域差异。

中国乡镇企业整体发展很快,实际上区域间的发展却很不平衡,广大中西部地区的乡镇企业发展无论是从企业规模,还是从企业集约化经营程度来看,都大大落后于东部乡镇企业发达地区。也正是由于这种不平衡性,虽然乡镇企业吸纳劳动力边际递减规律的作用是普遍的,但是其起作用的时间和作用的强度在东部、中部与西部地区之间存在着显著的差异性(见表3)。

表3　80年代后期以来乡镇企业吸纳劳动力边际递减的区域差异

年份	东部地区			中部地区			西部地区		
	职工人数增长率(%)	固定资产原值增长率(%)	吸纳弹性(Ee)	职工人数增长率(%)	固定资产原值增长率(%)	吸纳弹性(Em)	职工人数增长率(%)	固定资产原值增长率(%)	吸纳弹性(Ew)
1986	14.7	31.1	0.473	12.3	20.9	0.589	19.8	22.5	0.880
1990	1.2	4.7	0.255	0.4	4.3	0.093	2.6	1.3	2.000
1991	1.25	5.0	0.250	1.7	4.2	0.404	2.3	1.2	1.917
1992	9.3	75.1	0.124	15.2	54.5	0.279	11.4	37.2	0.306

从乡镇企业吸纳劳动力边际递减规律发挥作用的时间上来看,由于中西部地区乡镇企业发展起步存在时滞,而且发展速度比较缓慢,因此,中西部地区,特别是西部地区吸纳劳动力最强的时期出现在 1990 年和 1991 年。从吸纳力逐年横向比较来看,在吸纳力递减过程中,东部、中部、西部的乡镇企业对劳动力的吸纳能力依次上升,如 1991 年和 1992 年,三大区域的吸纳弹性比 Ee：Em：Ew 分别为 0.260：0.404：1.971 和 0.124：0.279：0.306(或 0.260<0.404<1.971 和 0.124<0.279<0.306)。东部、中部和西部地区乡镇企业对劳动力吸纳能力这种区域上的差异性表明,东部乡镇企业发达地区,仅靠发展乡镇企业来吸纳劳动力的能力已很有限,如果再让其提高吸纳力,必须另谋他策。而广大的中西部地区,特别是西部地区,只有大力发展乡镇企业,才能使农村人口和剩余劳动力均占全国 2/3 的广大区域里的剩余劳动力,得到最大限度的吸纳,并且潜力巨大。对于国家或者地方安排新的投资方向来讲,投到中西部来支持该地区的乡镇企业发展比投到东部能吸纳更多的剩余劳动力就业。

四、政策建议:构想剩余劳动力反梯度转移战略

通过上述对乡镇企业吸纳劳动力边际递减规律及其区域差异的实证分析与理论分析,笔者认为,如果像主流观点那样,对乡镇企业吸纳农村剩余劳动力的前景过分乐观,认为未来应通过单纯发展乡镇企业来安排全国 1.3 亿左右的农村剩余劳动力就业,而不能充分认识到乡镇企业吸纳劳动力能力递减的趋势,则对正确选择中国农业剩余劳动力转移对策不利。因为就目前来讲,乡镇企业比较发达的东部地区吸纳劳动力的能力的确很有限。而另一类主张认为发展乡镇企业已无法完成今后数以亿计且不断增加的农业剩余劳动力的转移任务,城市化则是我国农业剩余劳动力转移的唯一选择,似乎又过于片面。东部地区乡镇企业吸纳劳动力的能力减弱并不等于广大中西部乡镇企业欠发达地区通过发展乡镇企业来吸纳剩余劳动力的潜力不大。1992 年召开加快发展中西部地区乡镇企业经验交流会后,中央政府拨专款支持中西部乡镇企业发展,随后东部发达地区又推出"西进计划",经过努力已经取得了较好的成绩,1993 年中西部地区乡镇企业发展速度开始超过东部地区,并且中、西部地区乡镇企业总产值的增长率比东部分别高 4.3 和 6.9 个百

分点。1994 年上半年,全国乡镇企业产值又比 1993 年同期增长 4.8%,其中中部增长 75%,西部增长 52%,分别高出全国平均水平 30.2 和 7.2 个百分点,乡镇企业就业人数大幅度增加。

因此,根据乡镇企业吸纳劳动力边际递减规律及其在东、中、西部发挥作用的差异特征,笔者认为,要转移今后中国农业大量剩余劳动力,应该构想一个"反梯度转移战略",即根据中国乡镇企业发展不平衡状况和剩余劳动力西余东缺的特点,把乡镇企业发展重点首先放在西部地区,因为广大西部地区随着沿疆对外开放的深入,乡镇企业发展速度将进一步加快,吸纳劳动力的余地也会更大;其次是中部地区,因为中部地区具有丰富的自然资源,通过发展以开发利用自然资源为主的劳动密集型的乡镇企业也能为剩余劳动力提供大量的就业机会。在中西部地区乡镇企业尚未充分发展的情况下,过早地提出走城市化道路是不科学的。因为一个城市的形成并不是人为的过程(除有特别的资源),而应是在当地乡镇企业充分发展、经济比较发达的基础上自然发育成熟的。由于乡镇企业充分发展和经济发达程度的提高,在广大农村会形成若干"成长极"和"增长点",并会提出第三产业随之发展的要求,在此基础上才会出现城市化,并发挥出城市的集聚和辐射效应,相应地调整产业结构,大力发展第三产业,以创造更多的就业机会。这种情况只能适合于乡镇企业比较发达的东部地区。

要实现中国农村剩余劳动力"反梯度转移"战略,必须:(1)站在摆脱农村贫困的高度来看待发展中西部乡镇企业。因为我国东部和中西部地区农村经济发展中的差距,就农村社会总产值来看,1991 年东部与中部地区农业人口平均社会产值相差 1858 元,其中 81.2% 来自乡镇企业;东部与西部地区农业人口人均社会产值相差 2247 元,其中来自乡镇企业的差距占 89.8%。因此,乡镇企业发展缓慢,是中西部地区农村经济落后的根源。未来时期通过大力发展中西部地区的乡镇企业,安排更多的农业剩余劳动力就业,提高中西部地区人口的收入水平,以彻底摆脱贫困。(2)借鉴东部乡镇企业发展经验,避免结构趋同、重复建设和分散布点。

(原载《经济研究》1995 年第 7 期)

后 记

由于在高校和中央党校从事马克思主义政治经济学和中国现实重大经济理论与现实问题教学的缘故，我长期关注马克思主义政治经济学、社会主义市场经济理论与中国经济发展问题研究。作为教师，要想教给学生或学员"一滴水"的知识或见解，自己必须要拥有"一桶水"的储备。为此，无论是针对不同讲题准备讲稿的备课过程，还是针对学员提出需要教员解答的热点难点问题所作的答复，我都从问题研究和撰写论文入手，争取把每个问题弄清楚，然后再把深思熟虑并通过调查研究检验过的学术观点和政策建议写进讲稿或答复学员。正是因为始终坚持研究先行，努力做到科研成果进讲稿、进课堂，所以我的讲课始终都能得到绝大多数学生和学员认可，认为我的讲课"有见解""接地气""有味道"。可以说，这本文选中收录的绝大多数文章，都是为了回答干部群众关心的热点难点问题而撰写出来的。所以，许多文章具有鲜明的针对性、阶段性特质。通过这些文章，不仅可以看出我对社会主义市场经济体制、基本经济制度建构、国有企业改革、政府与市场关系、经济增长与发展模式、区域经济发展等问题"由浅入深"的认识过程，而且从一个视角折射出中国特色社会主义制度变迁与理论成熟的发展过程。

整理个人曾经发表过的文章，尤其是很多年以前写的文章，并不是一件容易的事情。过去出于评职称的需要而不得不注意收集和保存刊载自己文章的报刊，后来没了职称评定的需要，收集和保持这类报刊的热情也随之下降，尤其是多次搬家、换办公室等原因，许多报刊都不知去向。还好现在有了互联网，上"知网"检索，二十几年来公开发表的文章大部分都可以查到。粗略检索到二百多篇公开发表的长短不一的文章，有些文章由于时效性、政策性太强或理论味道不太浓,不便收入文选,最终还是按照一定的学理逻辑和章节结构要求,从中选出了四十五篇文章,并通过"合并同类项",分成六个部分,整合形成了目前呈现在读者面前的这部"个性味儿"十足的经济学论文选。文选中的这些论文,基本上都是"原汁原味",未作大的改动。虽然有些文章今天读起来有些"稚嫩",但毕竟是在那个时期改革现实的真实反映和我的学术水平。

这里我要感谢李萌、韩晓梅两位博士研究生,他们不仅帮我利用互联网检索到我许多年前发表过的文章,而且帮我把一些 PDF 格式文章转化为文本文件,并对一些引文注释进行校对。我还要感谢中华书局的责编,为出版我这本文集而给予的大力支持,对书稿内容的选择提出很多好的建议。在付梓出版之际,对他们为这本文选编辑出版给予的帮助表示感谢!

韩保江

2016 年 10 月于中央党校